Herta Schindler

Sich selbst beheimaten
Grundlagen systemischer Biografiearbeit

Mit einem Geleitwort von Aleida Assmann

Mit Beiträgen von Eva Burghardt, Christa Hengsbach, Anna Hoff, Susanne Ringeisen, Julia Schmidt

Vandenhoeck & Ruprecht

Mit 34 Abbildungen und 7 Tabellen

Bibliografische Information der Deutschen Nationalbibliothek:
Die Deutsche Nationalbibliothek verzeichnet diese Publikation in der
Deutschen Nationalbibliografie; detaillierte bibliografische Daten sind
im Internet über https://dnb.de abrufbar.

© 2022 Vandenhoeck & Ruprecht, Theaterstraße 13, D-37073 Göttingen,
ein Imprint der Brill-Gruppe
(Koninklijke Brill NV, Leiden, Niederlande; Brill USA Inc., Boston MA, USA;
Brill Asia Pte Ltd, Singapore; Brill Deutschland GmbH, Paderborn, Deutschland;
Brill Österreich GmbH, Wien, Österreich)
Koninklijke Brill NV umfasst die Imprints Brill, Brill Nijhoff, Brill Hotei, Brill Schöningh,
Brill Fink, Brill mentis, Vandenhoeck & Ruprecht, Böhlau, V&R unipress.

Alle Rechte vorbehalten. Das Werk und seine Teile sind urheberrechtlich
geschützt. Jede Verwertung in anderen als den gesetzlich zugelassenen Fällen
bedarf der vorherigen schriftlichen Einwilligung des Verlages.

Umschlagabbildung: © shutterstock.com/Andrej Privizer

Satz: SchwabScantechnik, Göttingen
Druck und Bindung: ⊕ Hubert & Co. BuchPartner, Göttingen
Printed in the EU

Vandenhoeck & Ruprecht Verlage | www.vandenhoeck-ruprecht-verlage.com

ISBN 978-3-525-46279-9

Inhalt

Geleitwort von Aleida Assmann 9
Vorwort 12
Die Autorin erzählt 16
Was geschieht, indem ich eine, indem jemand seine Geschichte erzählt? 22
Wie kann dieses Wissen in der professionellen Beratung wirksam werden? 23

Teil A Geschichte(n) als Grundlagen – theoretische Rahmung systemischer Biografiearbeit

1 Biografiearbeit – die Kunst, über das Leben zu erzählen 26
   1.1 Einführung in Begrifflichkeiten oder: Wer hat eigentlich eine Biografie und was geschieht bei Biografiearbeit? 26
   1.2 Eine mögliche Entwicklung der Biografiearbeit oder: »Mit meiner Stimme sprechen, mehr, andres hab' ich nicht gewollt« (Christa Wolf) 30
   1.3 Biografiearbeit im Kontext systemischen Denkens und Handelns oder: »Geschichten sind die Bausteine unserer sozialen Welt« (Arist von Schlippe) 42

2 Theoretische Rahmung 51
   2.1 Biografiearbeit als Arbeit mit individuellen und sozialen Gedächtnisebenen oder: »Ohne Anteilnahme kein Gedächtnis« (Christa Wolf) 51
   2.2 Die Verortung der Biografiearbeit zwischen unterschiedlichen Disziplinen oder: »Wer bin ich wo – und wenn ja, wie viele?« (frei nach Richard David Precht) 69
   2.3 Die Bedeutung des schöpferischen Ausdrucks in der Biografiearbeit oder: »Form ist das an die Oberfläche gebrachte Wesentliche« (Victor Hugo) 79
   2.4 Zur Haltung der Mentor:in für Biografiearbeit oder: Die Begleitung biografischer Prozesse als sokratische Hebammenkunst 91

Teil B Praxis systemischer Biografiearbeit

3 Arbeiten mit den vier Grundthemen der Biografie oder: Geschichten schichten 104
   3.1 Die Arbeit mit dem Lebensbaum 104
   3.2 Ausgangsorte: Familiengeschichte und Herkunft als Basis der Biografie 114
   3.3 Lebenswege: Die Entwicklung im individuellen Lebenslauf 130
   3.4 Lebenslagen: Biografien im Spannungsfeld gesellschaftspolitischer Konfliktlagen und/oder traumatischer Erfahrungen 157
   3.5 Lebensfragen: Geburt und Sterben als die großen Tore der Biografie; Sinn- und Glaubenshorizonte, Zweifelhaftes und Frag-Würdiges ... 180
   3.6 Recherche in der Biografiearbeit oder: Gewusst wie 195

4 Biografische Prozessgestaltung am Beispiel von Schreibgruppen oder: Vom roten Faden zum Gewebe des Lebens 202
   4.1 Zielgruppen und Kontexte – wo, wann und mit wem? 202
   4.2 Themenfindung und Themengestaltung 203
   4.3 Über die Kunst, auseinanderzudividieren und zusammenzufügen – Aufbau von biografischen Schreibprozessen 205
   4.4 Die Entwicklung des poetischen Selbst und der Erzählstimme 206
   4.5 Gehör finden oder: Die Bedeutung der Vorleserunde 210
   4.6 Die Aufgabe von Mentor:innen im Gruppenprozess 213
   4.7 Methodische Anregungen und Hinweise 215

5 Biografiearbeit als Bestandteil psychosozialer Arbeitsfelder oder: »Versuchen, die Fragen selber lieb zu haben« (Rainer Maria Rilke) 217
   5.1 Biografisches Arbeiten im Kontext des Jugendamtes 217
   5.2 Generationsübergreifendes Arbeiten in biografischen Gruppen oder: »Die Zeit ist eine Brücke« (Håkan Nesser) 239
   5.3 Biografisches Arbeiten mit älteren Menschen oder: »Die Zeit ist eine Diebin« (Håkan Nesser) 250
   5.4 Biografisches Arbeiten im Kontext von Pflegebedürftigkeit und mit Sterbenden oder: Leben ein Leben lang (Ein Beitrag von Susanne Ringeisen) 259
   5.5 Biografisches Arbeiten im Kontext Supervision oder: Wenn die Wellen höher schlagen 265
   5.6 Biografisches Arbeiten im Kontext Coaching oder: Zurückgucken, um vorwärtszukommen 282

6 Einblicke in Vielfalt oder:
Das Mosaik der Biografiearbeit 289
6.1 Biografiearbeit tänzerisch oder: Biografiearbeit in Bewegung
(Ein Beitrag von Eva Burghardt) 289
6.2 Pferdegestützte Biografiearbeit – ein theoretischer und praktischer
Überblick (Ein Beitrag von Julia Schmidt) 298
6.3 Inter- und transkulturelle Biografiearbeit – theaterspielende
Ansätze zur Überwindung von Fremdenangst und Rassismus in
einer diversen Gesellschaft (Ein Beitrag von Christa Hengsbach) ... 305
6.4 Biografiearbeit als Methode der politischen Bildung gegen gruppenbezogene Menschenfeindlichkeit (Ein Beitrag von Anna Hoff) 316
6.5 Storytelling oder: Gesellschaftliche Narrative gemeinsam neu
erzählen 323

Nachwort: Sich selbst beheimaten 334

Die Beteiligten 338

Abbildungs- und Tabellenverzeichnis 340

Literatur 343

Für meine Mutter
und
meine Töchter

Mein Dank gilt den Biografisierenden, mit denen ich arbeiten konnte, ebenso wie den Menschen, die mit mir gearbeitet haben. Er gilt meiner Familie für vielfältige Unterstützung und den Autor:innen, deren Bücher ich gelesen und deren gedankliche Anregungen mich begeistert haben. Ebenso gilt mein Dank dem Verlag und seinen Mitarbeiter:innen, die die Entstehung des Buches mit viel Engagement ermöglicht und begleitet haben.

Systemisches Institut Mitte
syim.de

Geleitwort von Aleida Assmann

Wie Erzählen befreit und verbindet

Das Buch »Sich selbst beheimaten. Grundlagen systemischer Biografiearbeit« von Herta Schindler ist eine Einführung in eine neue Praxis – die Hebammenkunst der Biografiearbeit. Biografiearbeit ist vielfältig, kann niedrigschwellig überall ansetzen – im nachbarschaftlichen Austausch, in der Schreibgruppe, in der Erinnerungsarbeit in Seniorenheimen, in Integrationsgruppen, in Schulen. Denn sich mit dem eigenen Leben zu beschäftigen, ist ein urmenschliches Anliegen. Überall, wo dieses Leben in die Isolation geraten ist, durch traumatische Gewalt verformt wurde oder durch Zäsuren der Migration durchschnitten ist, steigt der Druck und die Bereitschaft, sich einer solchen Arbeit zu widmen. Aber nicht nur der Wunsch nach Therapie ist ein Anstoß für Biografiearbeit. Der wichtigste Impuls dahinter ist und bleibt die Selbstaufklärung, verbunden mit einem Bedürfnis nach Mitteilung, Kommunikation und Austausch. Dieses Buch zeigt, was Biografiearbeit sein und wie sie kundig angeleitet werden kann. Diese antwortet auf grundlegende menschliche Bedürfnisse und hat zugleich das Potenzial, stützend und heilend auf die Gesellschaft einzuwirken. Erzählte Geschichten wirken in zwei Richtungen: Sie ermöglichen, sich selbst zu beheimaten und einen gesellschaftlichen Raum zu schaffen, in dem diese Heimaten ihren Platz finden. Jeder Mensch ist ja nicht nur ein Zeitgenosse, sondern auch ein Zeitzeuge. Er kann in die Arbeit der Selbstaufklärung einsteigen, wichtige Erfahrungen vermitteln und dabei das Wissen in der Gesellschaft anreichern. Die eigene Geschichte zu erzählen, kann zu einer Grundkompetenz werden, die über schmerzhafte Grenzen des Schweigens, der Differenz und Indifferenz hinweg Kommunikation ermöglicht und damit zugleich gegenseitiges Interesse, Anteilnahme und Reflexion.

Biografiearbeit als neues Paradigma

Biografiearbeit unterscheidet sich deutlich von der Technik der Oral-History-Forschung. Diejenigen, die hier ihre Stimme erheben, informieren zwar andere über sich selbst und die eigenen Erfahrungen, aber sie tun das nicht als »Zeitzeugen«, die eine Geschichtsquelle abliefern, sondern als Menschen, die selbst über sich nachdenken, forschen und ihre Erfahrungen kritisch reflektieren.

Geschichten zu erzählen ist kein neuer Impuls. Es wird überall erzählt und Erzählen ist in viele Kontexte eingebunden. Dieses Buch ist innovativ, nicht weil es ein neues Thema vorstellt, sondern weil es viele, weit verstreute und sehr heterogene Aktivitäten zusammenfasst und für sie einen theoretischen Rahmen sowie einen didaktisch gut geordneten Fundus praktischer Anleitungen anbietet. In der Biografiearbeit spielen ja viele Dimensionen zusammen: Psychologie und Soziologie, Geschichte und Politik. Biografiearbeit hat, wie anfangs in diesem Buch betont wird, nirgendwo einen festen Stammplatz, öffnet aber einen nicht zu unterschätzenden Zugang zur Vergangenheit, der in seinem Potenzial noch nicht angemessen erkannt ist. Der Impuls der Biografiearbeit hat deshalb zwei Anliegen: Das erste besteht darin, die verstreuten Ansätze zu dieser Theorie und Praxis aus unterschiedlichen Therapieformen sowie der Sozial-, Erziehungs- und Geschichtswissenschaft zu sammeln, und sie zweitens so miteinander zu verbinden, dass das in diesem Ansatz liegende Potenzial voll genutzt werden kann.

Bei der Integration der verschiedenen Ansätze geht es auch darum, die Grenze zwischen dem Privaten und Öffentlichen zu überschreiten und die Analyse privater Geschichten mit öffentlicher Erinnerungsarbeit zu verbinden. Gewiss dient die Membran zwischen Privatem und Öffentlichem dem Schutz der Privatsphäre. Wenn wir aber dem Soziologen Maurice Halbwachs (1991) folgen, ist diese Grenze immer schon durchlässig, weil selbst die individuelle Erinnerung sozial geformt und kollektiv gestützt ist. Eine wichtigere Grenze ist heute die zwischen dem Erzählten und dem Nichterzählten. Die damit verbundenen Fragen lauten: Wie kann man sich dem annähern, wofür es noch keine Sprache gibt? Was bleibt unerzählt? Wofür findet man in der Öffentlichkeit Anerkennung, Empathie und Gehör? Die Bereitschaft zur Mitteilung ist in den letzten Jahren deutlich gestiegen, jedoch nicht in gleicher Weise die Bereitschaft zum Zuhören. Es entstehen gerade neue Diskursräume, denn es wächst in der Gesellschaft inzwischen der Impuls, sich als Individuum mit der eigenen Familien- und Migrationsgeschichte auseinanderzusetzen und diese Fragen auch in die Öffentlichkeit zu tragen. Diese Auseinandersetzung mit individuellen Biografien hat inzwischen wichtige Diskussionsräume geöffnet und Lernprozesse angestoßen.

Erinnern in der diversen Gesellschaft

Neue Fragen werden inzwischen gestellt: Wer erzählt die Geschichte der Nation? Wer kommt darin vor und wer nicht? Die Biografiearbeit von Menschen mit nichtdeutschen Herkunftsgeschichten hat deutlich zugenommen und in den vergangenen Jahren die Gesellschaft enorm verändert. Hier nur einige Beispiele. In Ihrem Buch »Sprache und Sein« hat die Autorin Kübra Gümüsay den Leser:innen in der deutschen Mehrheitsgesellschaft erklärt, wie durch Sprache und Wahrnehmungsmuster permanent unsichtbare Grenzen in der Gesellschaft aufgebaut werden. Emilia Roig, Tochter einer schwarzen Mutter, die aus den französischen Kolonien stammt, schildert in ihrem Buch »Why we matter« (2021) ihren Leser:innen aus eigener Erfahrung anschaulich, was Mehrfachdiskriminierung bedeutet. Asal Dardan, deren Familie aus Iran geflohen ist, beschreibt in ihren »Betrachtungen einer Barbarin« (2021), wie schwer es ist, nach dem Verlust von Traditionen eine neue Heimat zu finden. Und der Pädagoge Burak Yilmaz, der in einem türkischen Ghetto in Duisburg aufgewachsen ist, hat sich in seinem Buch »Ehrensache. Kämpfen gegen Judenhass« (2021) mit der deutschen Geschichte beschäftigt. Er entdeckte, dass in seinem Viertel jüdische Migranten wohnten, die von den Einheimischen vertrieben und deren Geschäfte arisiert wurden, bevor in den 1960er Jahren türkische Migranten angesiedelt wurden. Im Stadtarchiv fand er die ihm bekannten Straßen und Geschäfte wieder, wo heute türkische Brautmoden ausgestellt sind und erkannte sich selbst in der Kontinuität der Geschichte.

Bücher wie oben genannte sind wertvolle Fortbildungsangebote für die gesamte Gesellschaft. Die darin erzählten Familiengeschichten sind heute der beste Weg, um etwas über Verflechtungen in der Geschichte und in der globalisierten Welt zu erfahren. Im Grunde schafft die Biografiearbeit, wie dieses Buch deutlich macht, dabei eine Win-win-Situation – was man für sich selbst tut, erweist sich auch als gut für die Gesellschaft: Sie fördert Empathie und ermöglicht neue Perspektiven, sie erhöht das Reflexionsniveau, indem sie eine neue Sprache und Begriffe schafft, sie höhlt Stereotypen aus und ist damit ein ganz wichtiges Instrument im Kampf gegen Politisierung und Polarisierung.

Vorwort

Was ist eine Biografie? Kommt uns Menschen eine Biografie zu, indem wir leben, oder ist Biografie etwas, das wir uns erarbeiten? Lassen sich beide Aspekte überhaupt trennen? In welchem Maße ist unsere persönliche Erinnerung familiengeschichtlich und gesellschaftspolitisch geprägt? Wie lässt sich systemische Biografiearbeit gestalten? Wer braucht sie? Wie hilft sie beim Bewältigen des Alltags? Und was verbindet sie mit Zukunftsaspekten? Diesen und weiteren Fragen wird im Buch nachgegangen. Dabei zeigt sich: Systemisch orientierte Biografiearbeit eröffnet einen schöpferischen Raum für Fragen und Suchbewegungen, die unsere Klienten oder uns selbst nicht loslassen.

Das Buch lebt von den reichen Beispielen aus einem langjährigen Erfahrungsschatz. Es versteht sich als Sachbuch und ist doch auch ein Stück »*Literatur des Lebens*«, das die Lesenden erzählerisch an die Hand nimmt und mitnimmt in biografische Geschichten und ihre Konstruktionen. Es ist deshalb ebenfalls für interessierte Laien geeignet, die sich mit ihrer eigenen Biografie beschäftigen möchten. Das Buch ist neben einer Einführung in die Biografiearbeit und ihre Praxisfelder damit auch ein Geschichtenbuch. Und das sollte ein Buch über Biografiearbeit auch sein (siehe dazu auch Angela Steideles »Poetik der Biografie«, 2019).

Das aus dem Griechischen stammende Wort »Biografie« wird häufig übersetzt mit »Lebensniederschrift«. Ich möchte einen variierenden Begriff einführen, den Begriff der Lebenssprache. Das Wort Lebensniederschrift lässt an etwas Festgeschriebenes denken, das zwar fortgeschrieben, aber im Wesentlichen nach hinten nicht mehr veränderbar ist. Ich plädiere dafür, die Entwicklung eines Bewusstseins für biografische Zusammenhänge stattdessen im Sinne von Sprachentwicklung zu verstehen, in der mit zunehmender Reife immer komplexere Zusammenhänge ausgedrückt, entwickelt und verstanden werden. Biografie, das Leben des Menschen in der Zeit, ist viel mehr diese Lebenssprache als eine Niederschrift. Von der Sprache aus denkend, lassen sich die verschiedenen

Ebenen der Biografie mit denen der Sprache (Worte, Grammatik, Sätze, Interpunktion) erklären, die – in Verbindung gebracht – zu immer differenzierteren Strukturen und Erkenntnissen führen. Es gibt dann darin kein Zuendekommen, sondern ein Verweilen auf einer bestimmten Ebene des Verstehens oder ein Weitergehen zu übergeordneten Zusammenhängen. Dieses Verständnis trägt den seelisch-geistigen Entwicklungsprozessen des erwachsenen Menschen Rechnung, sodass eine sich wandelnde Sichtweise auf die biografischen Ereignisse und Zusammenhänge als eine sich ausdifferenzierende Kenntnis von der Sprache des Lebens verstanden werden kann.

Warum dieses Buch in dieser Form entstanden ist

Im Folgenden umreiße ich Entstehungshintergründe, Sinn und Zweck sowie den Aufbau des Buches.

In den vergangenen Jahrzehnten hat Biografiearbeit (Kapitel 1) sich entwickelt als *interdisziplinäre Arbeit* im Schnittfeld von Therapie (individuelle Aufarbeitung von Lebensproblematiken), Soziologie (Bearbeitung gesellschaftlicher Fragestellungen), Literatur (Theorie und Praxis des Erzählens) und Geschichtswissenschaften (Geschichte aus der Perspektive von Zeitzeugen bzw. als historische Erkundungsprozesse von Laien). Sie in ihrem Verhältnis zu den genannten Disziplinen zu verorten und den ihr eigenen Platz und die eigenständige Bedeutung der systemisch ausgerichteten Arbeit an der Biografie deutlich zu machen, ist ein Anliegen des Buches.

Dabei lehne ich mich an die *Unterscheidungen von Gedächtnisformen* an, wie sie Aleida Assmann (Literatur- und Kulturwissenschaftlerin) und Jan Assmann (Ägyptologe) vorgenommen haben. Die sehr unterschiedlichen Praxisbezüge des biografischen Arbeitens werden durch diesen Fokus miteinander verbunden und geordnet. Es entsteht damit ein Bezugssystem für die Felder der Biografiearbeit, das die bisherigen – mehr oder weniger in Aufzählungen von Praxisfeldern und Methoden steckenbleibenden – Ordnungsprinzipien übersteigt. Die Konturen der Biografiearbeit sind damit umrissen.

Biografie und Biografiearbeit sind durch den Lebensvollzug unverbrüchlich an den Körper gebunden. Wir »antworten« auch mit Körperreaktionen auf Suchbewegungen und Lebensfragen, auf sich abzeichnende Zusammenhänge und wiedergefundene Bedeutsamkeiten. Das Buch greift deshalb *körperliche Prozesse als Grundlage für biografische Prozesse* auf. Dieser Aspekt korrespondiert u. a. mit der Aufstellungsarbeit, in der körperliche Signale bzw. deren Mitteilungen wichtige Impulse über soziale Dynamiken und familiengeschichtliches Erleben geben.

Biografische Erkundungen benötigen ein Ausdrucksgeschehen, das wiederum die Selbstreflexion fördert. Die ernste Freude, die dieses Ausdrucksgeschehen begleitet, verweist auf das spielerische Element in der Biografiearbeit und damit auf das *schöpferische Gestalten*. Dem kommt eine besondere Bedeutung zu, denn ohne schöpferisches Gestalten ist Biografiearbeit nicht möglich. Biografien werden – dem systemischen Verständnis entsprechend – auf der Grundlage von subjektiven Wahrnehmungen konstruiert, ihr Entstehen ist ein Gestaltungsprozess. Welche äußeren Anregungen dafür hilfreich sind und welchen inneren Impulsen dieser Schaffensprozess folgt, wird beschrieben.

Immer wieder stellt sich die Frage: Wer ist es eigentlich, der oder die in der Biografiearbeit arbeitet – die Leitenden oder die (ja, wie nennen wir sie eigentlich?) Biografisierenden? An der Diffusität der Bezeichnung wird deutlich, dass die biografische Begleitungsarbeit bisher noch nicht eigenständig konturiert ist.

Für die Begleitungsarbeit (Kapitel 2) habe ich einen eigenen Ansatz entwickelt, der sich im Laufe zahlreicher Weiterbildungen mit Fachkräften aus unterschiedlichen Berufsfeldern bewährt hat: Der bzw. die Begleiter:in im biografischen Prozess wird als *Mentor:in für Biografiearbeit* eingeführt. Für die Haltung des Mentors oder der Mentorin beziehe ich mich auf die Hebammenkunst, d. h. die Gesprächsführung nach Sokrates, so wie sie Hannah Arendt in einem Aufsatz (2016) beschrieben hat. Es ist damit für die biografische Begleitungsarbeit ein eigenständiger Ansatz beschrieben und eine eigene Bezeichnung entwickelt, der sich neben Beratung, Therapie, Supervision und Coaching stellen lässt und zugleich auch daran anschlussfähig ist – endlich, möchte ich sagen. Die praktisch arbeitenden Fachkräfte finden damit eine Orientierung in der Ausgestaltung ihrer fachlichen Rolle.

Biografische Geschichten sind verflochtene Geschichten. Sie haben mehrere Ebenen – in der Literatur würde man sagen Erzählstränge –, die in einer (Lebens-)Geschichte zusammenfließen. Zusammen sind sie, wie jede Ganzheit, mehr als die Summe ihrer Teile. Im Teil B, dem Praxisteil, skizziere ich in Kapitel 3 die *Grundthemen*, aus denen sich das Geflecht von Biografien zusammensetzt, und stelle in Kapitel 4 *Methoden* vor, mit denen diese Themen erkundet und gestaltet werden können. Des Weiteren gibt es Hinweise auf *Netzwerke und Quellen* für Formate, die die eigene Recherche erleichtern. *Methodische Anregungen* erweitern den professionellen Werkzeugkasten. Das Buch kann damit zur *Unterstützung bei der Entwicklung biografischer Projekte* genutzt werden.

Um *die Breite der biografischen Praxis* sichtbar zu machen, wird im Kapitel 5 Biografiearbeit in unterschiedlichen psychosozialen Feldern mit unterschiedlichen Zielgruppen vorgestellt, mit entsprechenden methodischen Anregungen und Beispielen. All dies wird durch Geschichten, die in Schreibgruppen entstanden sind, und durch Darstellung längerer Verläufe lebendig und anschaulich erzählt.

Einblicke in Vielfalt (Kapitel 6) gewähren Kolleginnen, die in ganz unterschiedlichen Feldern und mit verschiedenen Gestaltungsmitteln biografisches Arbeiten realisieren. Dazu zählen (neben anderen) das generationsübergreifende Tanzprojekt einer freien Choreografin ebenso wie Biografiearbeit in der pferdegestützten Therapie, das im Rahmen einer Doktorarbeit konzeptionell entwickelt und in die Praxis implantiert worden ist. Das Kapitel will dazu anregen, eigene, noch ungewohnte Ideen des biografischen Arbeitens in die Tat umzusetzen.

Das Buch richtet sich somit an Fachkräfte, die bereits in der Biografiearbeit tätig sind und an einer eigenständigen Verortung und Weiterentwicklung ihrer Arbeit interessiert sind. Angesprochen sind des Weiteren Fachkräfte aus dem psychosozialen Feld, u. a. Sozialpädagogen:innen, Erzieher:innen, Therapeut:innen, Psycholog:innen, Erziehungswissenschaftler:innen und solche, die in ihrem beruflichen Kontext mit Menschen und deren Lebensgeschichten in Berührung kommen und damit arbeiten wie Pfarrer:innen, Ärzt:innen, Heilpraktiker:innen. Entsprechend wendet sich das Buch ebenso an Tätige unterschiedlicher Professionen in Berufsfeldern, die für Biografiearbeit prädestiniert sind, wie die Arbeit im Pflege- und Adoptivkinderbereich, in der Erwachsenenbildung, mit alten Menschen und Sterbenden. Für systemische Therapeut:innen und Berater:innen, systemische Supervisor:innen und Coaches mag das Buch eine anregende Ergänzung zu bisherigen Sichtweisen und Interventionen darstellen.

Das Buch stellt schließlich den Gedanken in den Raum, Biografiearbeit im systemischen Feld als eigenständiges Verfahren zu etablieren. Bisher werden vorrangig seine Methoden als Tools in verschiedene Kontexte hinein adaptiert. Mit diesem Buch liegen nun erstens eine geschichtliche Herleitung, zweitens mit der Verknüpfung von thematischen Schwerpunkten und Gedächtnisformen eine theoretische Grundlage und drittens mit dem Konzept der Mentorenschaft eine Definition der damit verbundenen professionellen Haltung vor – Gründe genug, Systemische Biografiearbeit als ein Verfahren neben andere systemische Verfahren wie Systemische Beratung, Systemische Therapie, Systemische Supervision u. a. zu stellen. Ein Verfahren, das – neben anderen Potenzen – im großen Feld der psychosozialen Prophylaxe einen wichtigen Platz einnehmen kann.

Die Autorin erzählt

Wie ich zur Biografiearbeit gekommen bin

Seit über drei Jahrzehnten bin ich in der Biografiearbeit auf vielfältigsten Wegen, in unterschiedlichen Bereichen und Settings tätig, was schließlich in der Entwicklung einer Biografieweiterbildung und im Schreiben dieses Buches mündete. Im Folgenden finden Sie Einblicke in meine eigenen biografischen und fachlichen Entwicklungsprozesse. Es dient meiner Kenntlichmachung und kann helfen, die nachfolgenden Inhalte in ihrem Entstehungskontext zu verorten.

Sobald ich in die Schule kam – vermutlich schon früher, denn ich konnte bereits lesen – war ich an Schrift interessiert, mehr noch, ich war ihr verfallen. Ich »verschlang«, was ich bekommen konnte: Das waren exakt drei Bücher in der Woche. So viel war erlaubt, auszuleihen aus der Dorfbücherei, jeden Donnerstag um halb sechs.

Diesen Dorfbüchereigeschichten vorangegangen und sie flankierend waren Erzählungen aus dem Alten Testament, die Jahr für Jahr im Kindergottesdienst in einem sich wiederholenden Rhythmus in unser Ohr geträufelt wurden: Josef, seine Brüder und die ganze Dynastie einschließlich Engeln und dem lieben Gott, der brennende Dornbusch mit der körperfernen Stimme, die aus ihm spricht, der Turmbau zu Babel und sein jähes Scheitern – alles, alles war da und kehrte immer wieder.

Die Sprache dieser Bibel-Erzählungen war von eindringlicher Intensität (es war die Lutherübersetzung), die Gewaltigkeit der Darstellung, die imposante Größe aller Figuren und ihrer Charaktere waren meine erste Literatur von Weltrang und zugleich meine ersten Erzählungen von der Welt überhaupt, und sie haben sich heute für mich verbunden mit dem Licht und der Dramatik von Rembrandts malerischem Werk, von dem einige Bilder in der Gemäldegalerie im Schloss Wilhelmshöhe in Kassel zu sehen sind.

Diese Geschichten waren bedeutsam, weil sie mir einen Erzählweg wiesen. Dies umso mehr, als meine Eltern und drei meiner vier Großeltern des Erzählens nicht mächtig waren. Mein Vater und meine Mutter waren als Kinder und Jugendliche von den Kriegsereignissen auf sehr unterschiedliche Weise überrollt worden. Meine mütterliche Familie stammt aus der Tschechei, so hieß das damals bei uns, und meine Mutter erlebte mit 14 Jahren die Vertreibung von dem, was sie als ihr Zuhause begriff. Diese und andere dramatische und zugleich alltägliche Ereignisse konnten nicht in Worte gefasst werden, bekamen keine erzählbare Form. Mithin, es gab einen gravierenden Mangel an zusammenhängendem Verstehen.

Meine Eltern – und schmerzlich empfunden hauptsächlich meine Mutter – blieben in gewisser Weise ferne Gestalten, die zu erreichen mir nie ganz vergönnt schien. Heute wird man diese Art von Ferne als Folge einer posttraumatischen Belastungsstörung bezeichnen. Damals war es, was es war.

Aufwachsend in der schwarzen Materie dieser und anderer nicht gesprochener und doch präsenter Situationen wuchsen in mir unnennbare Fragen. Die grundlegendsten Fragen, die sich aus der Verbindung von Nichterzähltem und Erzähltem bildeten, waren:
- Was ist eigentlich ein Mensch?
- Befindet der Mensch sich an dem Ort, an dem er ist? (Oder ist er an irgendeinem Vergangenheitsort verloren?)
- Wie gehören Wort und Gefühl zusammen (die oft nicht übereinzustimmen schienen)?
- Wie ist also der Mensch in sich selbst gestimmt? Stimmt er denn? Stimmt, was er sagt, was er zeigt, was er tut? Was erzählt das Nichtstimmige?

eine Frage sind wir, eine Frage

Im 7. Hauptschuljahr kam ich, vermutlich deutlich zu früh, durch einen frisch von der Universität kommenden Lehrer intensiv mit den Geschehnissen des so genannten »Dritten Reiches« und der Judenvernichtung in Berührung.

Zwei Jahre zuvor hatte meine Cousine mir diesbezügliche Geheimnisse ins Ohr geflüstert: Dass mein Elternhaus ein »Judenhaus« gewesen sei, dass es bei uns im Dorf eine große jüdische Gemeinde gegeben habe, dass unser Großvater dabei gewesen sei, als die Synagoge angezündet wurde und wo eben diese gestanden habe. »Und der Kronleuchter aus der Synagoge«, flüsterte meine Cousine, »der hängt jetzt beim Engelwirt.«

Mit eben dieser Cousine hatte ich Jahre zuvor ausgiebige Spielnachmittage auf dem verfallenen jüdischen Friedhof verbracht, auf dem wir, in unser Spiel versunken, Kreuze aufrichteten und Blumen auf Gräber legten.

Die Ungereimtheiten, auch Schrecknisse meiner Kindheit waren erfreulich durchleuchtet und gehalten von starken, über die Sinne aufgenommenen Lebendigkeiten, von allen Wettern, Gerüchen und Spielen, von lebensstarken Menschen in der Großfamilie, von einer Oma, die Träume und Geschichten von einer fernen Verwandtschaft zum Besten gab, von Franzl beispielsweise, der Lehrer beim Russischen Staatszirkus war – ja, der Franzl –, und die am Samstag, während sie erzählte, Powidldatschgerl buk.

Aus all diesen erzählten und empfundenen Wirklichkeiten entstand eine fraglose Kenntnis und Erkundung der Verknüpfungen zwischen politischen, gesellschaftlichen, religiösen und familiären Erzählungen. Das Interesse daran habe ich seitdem nicht verloren.

eingewoben in Geschichten

Während meines Studiums (Diplom-Sozialarbeit, zwei Semester Soziologie und Germanistik) habe ich mich vertraut gemacht mit unterschiedlichen Möglichkeiten des Erkundens und Auffindens von Geschichten und Geschichte. Zweierlei Erfahrungen waren besonders prägend:

Die erste Erfahrung war die Suche in Archiven nach zeitgeschichtlichen Dokumenten zur Situation der jüdischen Bevölkerung in meinem Heimatort. So fand ich z. B. ein »Verzeichnis der z. Zt. in Burghaun noch wohnhaften Juden« vom 21. Oktober 1939 mit genauer Wohnortangabe zur Vorbereitung von Deportationen. »Anschel Braunschweiger, geboren 1873«, ist dort beispielsweise zu lesen, »wohnhaft in der Dimbachstr. 13«. Ebenso las ich eine Anordnung der Gestapo in Kassel an den Hünfelder Landrat vom 28. August mit einem Deportationsfahrplan für den 5. September 1942. Für 15.50 Uhr ist dort als Halteort meine Heimatgemeinde eingetragen.

Bei der zweiten prägenden Erfahrung handelt es sich um die Arbeit mit narrativen Interviews. Diese Methode ist in den 80er Jahren von dem Soziologen Fritz Schütze an der Gesamthochschule Kassel entwickelt worden und wurde in Seminaren und Forschungskolloquien gelehrt und geübt.

In dieser Interviewform entwickeln die Interviewten ihre eigene Erzählform und werden darin nicht durch Fragen des Interviewers unterbrochen. In der Auswertung werden dann verschiedene Ebenen der Texte analysiert. Neben den erzählten Inhalten gehört dazu die Art und Weise, wie Inhalte aufeinander bezogen werden und die grammatikalische Sprachstruktur, in der erzählt wird. Die erzählende Person erzählt dem geübten Ohr also durchaus mehr als das, was sie zu erzählen vermutet.

Narrative Interviews habe ich geführt mit einigen Familienangehörigen, mit Bewohnern und dem Pfarrer unseres Dorfes. In diesen Erzählungen tauchten die Fakten aus den Archiven als erlebte Geschichte aus dem Blickwinkel und mit den Verarbeitungsmustern von Dorfbewohnern wieder auf.

Anschel Braunschweiger z. B. war 1941 als letzter jüdischer Dorfbewohner auf dem örtlichen Judenfriedhof beerdigt worden. Mein Vater hat dies in seinem narrativen Interview erzählt, ebenso, dass er die Beerdigung als Zwölfjähriger im Kreise der Dorfjungen, wohl durchaus im doppelten Sinne des Wortes, mitverfolgt hat. Ebenso hörte ich Erzählungen über die Sammlung der jüdischen Bevölkerung auf dem Marktplatz und ihren Weg zum Bahnhof im Zuge der Deportation. Das Erzählen enthielt ein Bemühen, diesen Erfahrungen einen Randplatz in den eigenen Erinnerungen zuzuteilen und zugleich die nicht zum Verstummen kommenden Beunruhigungen daraus zu begrenzen.

Antrieb für diese Nachforschungen war, etwas von den verschwiegenen Ereignissen zu erhaschen, die durch mein Leben geisterten.

In den 80er Jahren lebte die Tätergeneration des Faschismus noch und Nachforschungen waren durchaus mit einem Risiko verbunden: mit dem Risiko, bestraft zu werden für das Herausholen von Themen und Menschen aus den schwarzen Löchern der Kommunikation durch – paradoxerweise – den Ausschluss aus der Schweigegemeinschaft.

Ich habe mich dann entschieden, nicht weiter als »Geschichtenhervorlockerin« mit der Methode der narrativen Interviews im Bereich der Soziologie zu arbeiten: Ich erfuhr zu viel. Zu viele Zusammenhänge, von denen die Erzählenden selbst nicht wussten, dass sie sie mir erzählt hatten – und die ich demzufolge nicht zurück in unser Gespräch bringen konnte. Ich war in eine kommunikative Sackgasse geraten.

Mit den Themen wollte ich mich weiter beschäftigen, aber ich wollte es innerhalb von Kommunikation tun und auf eine Art, die Beziehung und Gespräch förderte. Ich suchte nach neuen Wegen. Mitnehmen würde ich das angeeignete Wissen, ein Wissen über den Aufbau von mündlichen Erzählungen, über die inhaltliche Bedeutung der Grammatik, über Erzählstrategien zur Vermeidung von schmerzlichen, bohrenden Themen und Zusammenhängen in Lebensgeschichten und natürlich auch geschichtliches Wissen.

Worte Zeichen

Was ist der Mensch?
Was sind unsere Schrecken, unsere Schmerzen? Unsere Glückseligkeiten?
Rufen und Antwort erhalten.
Verloren gehen und gefunden werden.

Den Raum des Sprechens, den Raum des Schweigens als menschlichen empfinden.
Im eigenen therapeutischen Beziehungs- und Selbsterkundungsprozess fand ich eine vertiefte Form der Antwort auf meine Suche, eine Form, in der ich mich im Raum der Begegnung niederließ, in dem ich dort nach meiner Mutter (nach dem Leben) suchen konnte, mir begegnete, aufstand, mein Bett nahm und ging.
Was ist der Mensch?

wandernde, sich wandelnde

Meine Frage, was ein Mensch (wo meine Mutter) sei, eine liebende Frage, hatte mich zur Ergründung meiner Familiengeschichte, meiner Dorf- und Zeitgeschichte, meiner innerseelischen Bilder und tiefen Empfindungen geführt. Dies sind die Quellen, die meine berufliche Profession gespeist haben.

Meine Ausbildung und Arbeit als Systemische Therapeutin und Lehrtherapeutin haben sich mit diesen Erfahrungen aufs konstruktivste verbunden. Über die Jahre entwickelte ich meinen eigenen Ansatz und konzipierte die einjährige Weiterbildung »Sich selbst beheimaten – Neue Zugänge zur systemischen Biografiearbeit«[1].

Nun, am Ende meines kurzen Rückblicks angekommen, möchte ich noch einmal auf den Anfang, auf die alttestamentarischen Erzählungen zurückkommen. Deren Geschichten werden immer als lang angelegte, familiäre Epen mit politischer Kontextualisierung erzählt und auf ihre Bedeutung im Bewusstsein der Zeitlichkeit des Lebens befragt.

Heute und in der Biografiearbeit geht es mir darum, diese Ebenen zusammenzuführen und gemeinsam mit Biografisierenden zu durchdringen, in gewisser Weise also episches Erzählen, ein episches Verständnis von Erfahrungen zu befördern, ein episches Verstehen, in dem Menschen ihren Sinnbezug pflegen und ihre Handlungsfähigkeit stärken können. Und in dem sie in der Verdichtung zu sich selber kommen.

In der Biografiearbeit, wie ich sie verstehe, suchen wir Ausdruck für unser Menschsein. Wir schauen auf uns als ein geborenes, mit Seele und Geist begabtes, leibliches Wesen, das in einem familiären, kulturellen, politischen Raum lebt und sich verstehen will und das handelt in eben diesem Raum. Und das diesen dann auch wieder verlässt.

Menschen

---

1 Die Weiterbildung findet am »Systemischen Institut Mitte – SYIM, Kassel« statt.

> wir Menschen,
> eine Frage sind wir, eine Frage
> Eingewoben in Geschichten
> Worte Zeichen
> Wandernde sich wandelnde
> Menschen
> wir

Vom Zählen zum Erzählen

Wie hängen Zählen und Erzählen zusammen? Was hat es mit den Schichten in den biografischen Ge-Schichten auf sich? Der nachfolgende Text lädt ein, sich anhand einer kleinen Anekdote aus meiner Schulzeit auf den Weg zu ersten Antworten zu machen. Darin bringe ich das Ereignis, in eine Kinderkur geschickt zu werden, mit dem Rechenunterricht in Verbindung und beides mit dem Nachdenken über Biografiearbeit. Im Aufeinanderbeziehen dieser Ereignisse hat sich folgende Geschichte entwickelt:

Als ich in der zweiten Klasse war, wurde ich »in Erholung« in ein Kinderkurheim geschickt, so nannte man das damals, aus unserem Dorf an der Haune nach Bad Karlshafen an der Weser, was die Grenzen meiner vertrauten Welt bei Weitem überschritt. In der Schule hatten wir zu dieser Zeit das Teilen (Dividieren) durchgenommen. Am Tag, bevor ich losfuhr, hatte ich die Achterreihe aufbekommen und ich weiß noch, ich stand auf dem Spielplatz, als mir der zufriedenstellende Gedanke kam, ich würde ab jetzt kaum noch etwas verpassen. Was sollte noch kommen?

Wir hatten bereits zählen gelernt, Reihen, die aufs Zuverlässigste aufeinander folgten. Wir hatten diese Zahlen zusammengerechnet und wieder voneinander abgezogen. Schließlich hatte man uns in etwas so Wunderbares wie in das Malnehmen eingeführt: Mit den gleichen Zahlen wie zuvor bekam man nun ein Vielfaches mehr. Und jetzt noch das Teilen! Eine große Menge wurde gerecht verteilt unters Volk oder unter die Kinder, sogar der Rest war kalkulierbar, und jung wie ich war, wusste ich doch schon, dass das einem Wunder gleichkam. Was also sollte jetzt noch kommen? Die Welt der Zahlen, so schien es, war durchschritten. Ich fuhr gelassen los.

Was durchgenommen worden war, als ich nach sechs Wochen zurückkam, erinnere ich nicht. Zu meinem Erstaunen aber ging es immer weiter. Gut erinnern kann ich mich an das Rechnen mit einer Unbekannten. Dass es Unbekannte gab, wusste ich ja. Aber dass man mit ihnen rechnen konnte, und zwar so lange, bis sie einem bekannt waren, war überraschend und löste Befriedigung über das Ergebnis aus. Als später Rechnungen mit mehreren Unbekannten gelangen, war man doch schon besser gerüstet für die Welt. Es geht, wie wir wissen, auch danach weiter in der Mathematik. Ich habe gelernt, dass es kein Zuendekommen gibt bei ihr. Mit Null, also nichts, und neun Ziffern lässt sich bis ins Unendliche denken.

Jahrzehnte später, als ich schon lange im Bereich der Biografiearbeit tätig war, wollte ich in einer Ausbildungsgruppe die Dimensionen des Biografischen erläutern, als mir meine Rechengeschichte als Metapher einfiel. Mit Lebensgeschichten, habe ich gesagt, ist es ganz ähnlich wie in der Mathematik. Auch mit ihnen kommt man nie zu Ende. Und falls wir denken, unser Leben und die Geschichte davon sei überschaubar geworden, öffnet sich eine neue Frage, eine Herausforderung, eine Unsicherheit, begegnen wir einem Menschen mit fremden Fragen und sind aufgerufen, die Er-Zählungen unseres Lebens in neuen Dimensionen aufeinander zu beziehen.

Und schon ist die Vergangenheit dabei, sich zu ändern.

Was geschieht, indem ich eine, indem jemand seine Geschichte erzählt?

Eine biografische Erzählung entsteht, indem ein Ereignis mit anderen in eine Reihenfolge gebracht wird. Hier bekommt die Anekdote von der Achterreihe einen zusätzlichen Bezug: In dem Wort Erzählung steckt die Zahl, das Zählen, das Aneinanderreihen von Verschiedenem. Ganz wie im Erleben der Mathematik entsteht Dynamik, indem wir Geschehnisse in ihrer inneren und äußeren Qualität aufeinander bezogen erzählen. Die Art der Reihung entwickelt der erzählende Mensch durch seine momentane Perspektive und Erkenntnismöglichkeit. Eine Lebensgeschichte erscheint uns umso umfassender, je mehr Ereignisse aufeinander bezogen sind und je vielfältiger sich Bewegungen durchdringen und miteinander korrespondieren, also, indem die bloße Reihung verlassen wird und wir, quasi aufgestiegen in die gehobenen Ebenen der Mathematik, komplexere Erzähloperationen vollziehen. Eine Geschichte ist demzufolge das, was entsteht, wenn mehrere Erlebensschichten in Bezug aufeinander in den Blick genommen werden.

Daraus ergibt sich eine weitere Bedingung: Um Erlebnisse aneinanderzureihen und sie damit aufeinander zu beziehen, muss die erzählende Person entscheiden, dass sie etwas für ein Ereignis, für eine Erfahrung hält.

Nehmen wir besagte Sequenz, in der das Kind, auf dem Spielplatz stehend, die Rechenwelt für durchschritten hält. Jahrzehntelang war diese Erinnerung nur vage vorhanden, ohne dass ich ihr Bedeutung beigemessen hätte. Hätte ich sie zu einem anderen Zeitpunkt hervorgeholt, wäre sie möglicherweise in eine Belegerzählung zu einer Aussage über den Lebensalltag in den 1960er Jahren auf dem Land gewesen. Indem ich sie mit meinen Erfahrungen im Umgang mit Lebensgeschichten zusammenbrachte, bekam sie Bedeutung und Wert im Rahmen einer Ausbildung im Bereich Biografiearbeit. So ist mir aus dem kindlichen Erleben eine bedeutsame Geschichte geworden. Stellen wir also fest:

- Ich kann nur zusammenfügen, was ich für wert halte, erzählt zu werden.
- Zugleich gewinnt das, was ich in Zusammenhänge stelle, an Wert.
- Darin liegt die Gestaltungskraft des biografischen Erzählens: Dem, was wir für ein Ereignis halten, messen wir im Erzählen eine bestimmte Qualität zu.
- Diese Qualität ist nicht festgelegt und absolut, sondern wandelt sich, je nachdem, in welchen Zusammenhang die Erzählsequenz von uns (oder anderen) gestellt wird.
- Eine biografische Geschichte entsteht somit durch das Zusammenhängen von Erlebtem und zugleich durch das Konstruieren dessen, was für ein Erlebnis gehalten wird.

Wie kann dieses Wissen in der professionellen Beratung wirksam werden?

In der Biografiearbeit regen wir das Aufspüren verschiedener Schichten von Erfahrungen und deren Überführen in Geschichten an und unterstützen Menschen darin, sie auf schöpferische und heilsame Weise »zusammenzuzählen«, oder – anders ausgedrückt – sie zusammen zu erzählen. Biografiearbeit zielt darauf ab, diesen vielschichtigen Prozess kompetent zu begleiten, die Aktivität, auch Arbeit, in Bezug auf das Hervorbringen und Gestalten einer Lebenserzählung zu unterstützen. Dabei kann das Hervorbringen auf vielfältige Weise angeregt werden: Durch Gesprächsarbeit, durch biografisches Schreiben, durch Malen, durch filmische Projekte, Theaterspielen, Tanzen und mehr. Wenn von Erzählen die Rede ist, ist immer an all diese Erzählweisen zu denken.

Und wenn wir so vom Leben erzählen – vielschichtig und immer wieder neu –, wer weiß, vielleicht werden wir dann zu dem, was man früher weise nannte: Menschen, die um die Schichten des Lebens wissen und sie in Geschichten erzählen.

Teil A
Geschichte(n) als Grundlagen – theoretische Rahmung Systemischer Biografiearbeit

1 Biografiearbeit – die Kunst, über das Leben zu erzählen

Zu Beginn erfolgt eine Annäherung an Biografiearbeit: Begrifflichkeiten werden eingeführt, Entwicklungsperspektiven aufgezeigt und der systemische Kontext aufgezeigt.

1.1 Einführung in Begrifflichkeiten oder: Wer hat eigentlich eine Biografie und was geschieht bei Biografiearbeit?

Unter einer Biografie verstehen wir eine individuelle Erzählung über das gelebte Leben eines konkreten Menschen. Das Individuelle entfaltet sich dabei auf der Grundlage des Allgemeinen. Der universelle Charakter der Biografie zeigt sich in gemeinsamen menschlichen Bedingungen, an denen wir uns in der Gestaltung unseres Lebens »abarbeiten« wie eine Künstler:in an seinem bzw. ihrem Material.

Allgemeine und individuelle Ebenen in der Biografie

Grundlegende Entwicklungsbedingungen gehören in alle Lebensverläufe, sie sind somit überindividuell und unumkehrbar:

- Geburt und Tod als die großen Dimensionswechsel unseres Daseins
- die Notwendigkeit, die leiblichen Grundbedürfnisse zu befriedigen
- die Angewiesenheit auf menschliche Bindungen
- der stetige Entwicklungs- und Alterungsprozess
- die Zeitgenossen:innenschaft

Individuelle Fakten des Lebens sind ebenfalls nicht veränderbar: wie Geburtszeit- und -ort, leibliche Herkunft, Geschwisterfolge. Die Bedeutungen, die wir diesen Unausweichlichkeiten geben, sind es allerdings schon. Diese wandeln sich im Lebensprozess. Insofern sind wir in der Biografiearbeit mit einer doppelten

Realität, der Gestaltung des Wandelbaren auf der Grundlage des Gegebenen, befasst. Das jeweils *Eigenartige* tritt aus diesem Gegebenen hervor gleich einem individuellen Daumendruck. Dabei kommt gerade das Selbstverständliche nicht zur Sprache und bildet »das Hintergrundrauschen« der biografischen Erzählung. Es bleibt eine Herausforderung, Konstruiertes vom Faktischen zu differenzieren, wie wir z. B. an der Geschlechterthematik [Sex-/Gender(selbst)zuschreibungen] erkennen, und »dominante Diskurse« sichtbar zu machen, die über gesellschaftspolitische Normen »Unsichtbarkeit« erzeugen.

Von Gedächtnisspuren zur biografischen Erzählung

Biografiearbeit fußt auf dem Bedürfnis, sich seiner eigen-art-igen Erfahrungen zu vergewissern, sich darin zu verstehen, Sicherheit, Erleichterung, Orientierung zu entwickeln, indem sie in eine Geschichte überführt werden. »Alle Menschen tragen in ihrer Psyche vielfältige Gedächtnisspuren, doch kontinuierliche Erinnerung gibt es nicht. Das ist einfach auch schon deshalb ausgeschlossen, weil nur einige besondere Spuren im Langzeitgedächtnis gespeichert werden« (Heller, 2020, S. 133) Die Hinwendung zur Biografie, der eigenen oder der eines anderen, beinhaltet die Beschäftigung mit diesen Gedächtnisspuren, um ihnen im Rahmen einer Geschichte Sinn und Bedeutung zu geben. Der Anlass dafür liegt in der Gegenwart, und die Gegenwart ist auch »das Ziel der Geschichte« (S. 133).

Das Anfangsinteresse bleibt somit leitend für den biografischen Erkundungsweg. Es übernimmt die Funktion des Ariadnefadens aus der griechischen Mythologie, in der Theseus den Minotaurus in dessen Labyrinth aufsuchen und töten will: Ariadne, die Tochter des Königs Minos, übergibt ihm den legendär gewordenen Faden, dessen Anfang am Ausgang des Labyrinths Theseus auf seinem Weg sichert. Nun kann er sich in das Labyrinth vorwagen, ohne sich darin zu verirren und zugrunde zu gehen.

In dem ungeordneten »Wildwuchs« der Gedächtnisspuren übernimmt der Ausgangsaspekt diese Aufgabe: den Bezug zur Gegenwart zu halten, sich nicht im Labyrinth seinen Erinnerungen zu verlieren. Im biografischen Arbeiten werden die sporadischen Erinnerungsspuren »in einer Erinnerungskette verbunden, in einer Geschichte, die einer sich selbst oder anderen über seine Vergangenheit erzählt. So entsteht die autobiografische Erinnerung, die John Locke ›Identität‹ nannte« (S. 133). In der biografischen Erzählung wird somit eine Gestalt des eigenen Lebens im Wandel der Zeit umrissen. Indem sich Erinnerungsspuren dabei beweglich aufeinander beziehen lassen, wird die biografische Arbeit »zu einem Selbstbildungsprozess, in dem Identität sich flexibel ›clustert‹ und sich entlang von Diskontinuitäten und Brüchen prozesshaft immer neu ausrichte[n lässt]« (Jansen, 2011, S. 20).

Dies kann als selbstorganisierender Prozess verstanden werden. Dabei schränken strukturelle Muster die Möglichkeiten, Erlebtes wahrzunehmen und zu erzählen, ein. Zugleich werden diese Muster erkennbar und wandeln sich stetig durch veränderte Erzählperspektiven. Systemisch ausgerichtete Biografiearbeit unterstützt die Arbeit an diesem Erzählrahmen, indem sie die breite Möglichkeit von Erinnerungskonstruktionen unterstützt bzw. schwankenden biografischen Boden durch Erkundungsprozesse stabilisieren hilft.

Biografische Recherche

Brüche und Nichtwissen machen Recherche nötig, um zu einer kohärenten Erzählung zu kommen. Recherche findet sowohl im familiären Rahmen durch Nachfragen, Gespräche, Sichten von Dokumenten etc. statt als auch durch Erkundungen historischer Bedingungen in Bibliotheken, Archiven und durch das Aufsuchen von bedeutsamen Orten. Teil der Biografiearbeit können deshalb Reisen, Bibliotheks- und Archivbesuche sowie Interviews sein. In die Biografie fließen sowohl die Ergebnisse der Recherche ein als auch die Erfahrung und emotionale Wirkung, die dieser Prozess auslöst. Die Markierung der Grenzen des Wissens und Erinnerns sind ebenfalls Teil der Auswertung von Rechercheprozessen.

Wer oder was hat eigentlich (k)eine Biografie?

Biografiearbeit nimmt neben den Lebensgeschichten von Personen zahlreiche weitere »Identitätsprozesse« in den Blick: Geschichten von Orten und Gebäuden, von Firmen und Institutionen, von sozialen Gruppen. Was als von Menschen gestaltet wahrgenommen werden kann, kann biografisch beschrieben werden. In der Umkehrung bedeutet das: Was biografisch beschrieben wird, wird als vom Menschen geprägtes »Subjekt mit Geschichte« gekennzeichnet.

Bei jeder Person und in jeder Gesellschaft gibt es nicht in Erzählungen übergeführte Aspekte und Artefakte, die sich der Erzählfähigkeit entziehen oder bei denen sich die Erzählfähigkeit erst bildet. Es handelt sich dann um im gegenwärtigen familiären oder gesellschaftspolitischen Bezugssystem nicht »biografiewürdige« Personen und Gruppen, Orte und Erfahrungsebenen. Biografisierende bewegen sich entlang dieser inneren und äußeren Erzählgrenzen und suchen tastend einen Sprachraum für bisher Ungestaltetes. Dies ist zu unterscheiden von dem, was mit dem Begriff »Narration« umrissen ist.

Narrativ

Der seit ca. 1990 verwendete Begriff bezieht sich auf sinnstiftende Erzählungen über Gruppen und Gemeinschaften. Narrationen dienen als gesellschaftspolitisches Medium, um im weitesten Sinne »Sinn« zu verankern, also auf Deutungen Einfluss zu nehmen. Im Narrativ werden Werte und Interessen mit Emotionen verknüpft, es wird ein vorteilhafter Bedeutungszusammenhang konstruiert, der eine bestimmte Sichtweise erklärt und rechtfertigt, stabilisiert oder erneuert. Narrative werden gebraucht und weiterentwickelt, um Gruppen und Institutionen zu konturieren, z. B. Nationen, die EU, politische Systeme, aber auch Berufsgruppen, Altersgruppen, Geschlechtszugehörigkeiten. Sie werden eingesetzt für die Bedeutungsmarkierung von Markenartikeln, Konsumbedürfnissen, aber auch für die Präsenzfeststellung von Werten und Verhaltensweisen.

Bei narrativen Erzählungen stellt sich die »biografische« Frage: Wer spricht? Und: Wer spricht mit welchem Interesse? In der Biografiearbeit taucht Narration auf im Zusammenhang mit der Frage, wie Aspekte einer Person oder Herkunft in der öffentlichen Wahrnehmung auftauchen.

Der Begriff »Narrativ« hat, ähnlich wie »Diskurs« oder »Trauma«, starke Verbreitung gefunden. Der Ansatz im Bereich »Storytelling« bezieht sich auf die Veränderung von Narrativen.

Für wen eignet sich Biografiearbeit?

Das Fragen nach der eigenen Biografie entsteht in Zeiten von Lebensübergängen und Lebenskrisen, bei drängenden Lebens- und Familienthemen und in Alterungsphasen, in denen eine Lebensernte vollzogen werden will. Biografiearbeit ist nicht altersabhängig. Bei Kindern und Jugendlichen unterstützt sie die Identitätsentwicklung, wenn sie gravierende Abbrüche und Verluste erlitten haben, die nicht eingeordnet werden können. Biografiearbeit dient dann als Möglichkeit, ein Bewusstsein von Kontinuität für das eigene Leben zu entwickeln und dem Verlorenen einen symbolischen Platz zu geben. Ähnliches gilt für alle Gruppen, die Selbstvergewisserung durch Suche nach der Herkunft oder Vergangenheit erfahren können.

Biografische Begleitungsarbeit

Das Land der eigenen Erfahrung mit seinen Grenzen zu erkunden und dadurch zu verändern, ist ein freiwilliger Akt, der Einwilligung braucht – und oftmals auch Ermutigung. Die biografische Begleitungsarbeit setzt »fachliche Professionalität voraus, die dazu in der Lage ist, ein spezifisches Setting der Biografiearbeit zielorientiert und Adressatinnen spezifisch zu entwickeln und zu gestalten« (Jansen, 2011, S. 26). Dazu gehören Methodenkompetenz, Fähigkeit in der Prozessbegleitung und Kontextwissen bezüglich der Interessent:innengruppe. »Biografien sind subjektive und bedeutungsstrukturierte Konstruktionen des individuellen Lebens, wie sie sich in der kognitiven, emotionalen und körperlichen Auseinandersetzung zwischen individuellem Erleben und gesellschaftlichen und kulturellen Dimensionen herausbilden. […] In der Biografiearbeit geht es deshalb nie um die Rekonstruktion von Fakten […], vielmehr um das Verstehen des ›Eigen-Sinns‹ biografischer Äußerungen« (Miethe, 2011/2014, S. 21). Systemische Begleitungsarbeit unterstützt diese Erkundungswege:

- durch Kenntnisse über komplexe Systemdynamiken, diese beziehen sich
  - auf individuelle Entwicklungsprozesse im Lebensverlauf
  - auf familiäre Mehrgenerationendynamik
  - auf gesellschaftspolitische Macht- und Ohnmachtserfahrungen
- durch Ressourcenorientierung und Wertschätzung im Umgang
  - mit Menschen
  - ihren Erinnerungen
  - ihren Ausdrucksweisen

1.2 Eine mögliche Entwicklung der Biografiearbeit oder: »Mit meiner Stimme sprechen, mehr, andres hab' ich nicht gewollt« (Christa Wolf)

Will man die Entwicklung der Biografiearbeit erkunden, lautet die zentrale Frage: Wessen Stimme ist es, die wir jeweils hören? Eine Frage, die uns auf eine weite, gedankliche Reise führt.

Biografiearbeit als Sujet ist nicht eindeutig definiert. Ingrid Miethe setzt sich mit dieser Thematik auseinander und kommt zu folgender Feststellung: »Was genau unter Biografiearbeit zu verstehen ist, was noch dazu zählt und was nicht, ist begrifflich gar nicht so einfach einzugrenzen. Ist es nur Biografiearbeit, wenn wir ein Seminar zum Thema ›Biografiearbeit‹ ausschreiben, zu dem sich Teilnehmer anmelden? Oder ist es auch Biografiearbeit, wenn wir in der stationären Jugendhilfe ein Kind ins Bett bringen und mit diesem über seine Eltern sprechen? Ist es Biografiearbeit, wenn wir in einem Seminar z. B. Zugang zu dem zu behandelnden Stoff zu bekommen und somit das Interesse an der Veranstaltung zu steigern? Oder ist es auch Biografiearbeit, wenn wir uns im Kreis von Freundinnen die Geschichte unserer ersten Liebe erzählen? Um es kurz zu machen: In der Literatur gibt es keinerlei einheitlichen Gebrauch für die Verwendung des Terminus ›Biografiearbeit‹« (Miethe, 2011/2014, S. 21 f.). Die Ambivalenz und Vagheit des Begriffs der Biografiearbeit werden durch Miethes Worte deutlich; es zeigt sich, dass biografische Themen in unterschiedlichen Kontexten mit jeweils spezifischen Schwerpunkten zur Sprache kommen, ohne dass deren Konturen klar umrissen sind. In welchem Umfeld welche Person etwas äußert, um sich selbst und ihrem Erleben Ausdruck zu verleihen, bietet einen ersten Rahmen für eine zu schaffende Ordnungsstruktur im Bereich der Biografiearbeit (siehe auch Unterkapitel 2.1, S. 51).

Was heißt: »Mit meiner Stimme sprechen«?

Mit meiner Stimme sprechen! – Wer spricht da? Im Roman der Schriftstellerin Christa Wolf ist es Kassandra, die Tochter des trojanischen Königs Priamos und der Königin Hekabe, die dies begehrt. Denn sie ist mehr als die Tochter des Königs, sie ist Seherin und als solche mit eigenen Sichtweisen verbunden. Denen will sie Gehör verschaffen. Und unterliegt doch dem Fluch, dass keiner ihr zuhört, mehr noch, dass man ihre Einblicke für gefährlich hält. Sie zahlt denn auch für das Erheben ihrer Stimme mit dem Verlust ihrer Freiheit und ihres Lebens. Christa Wolf lässt sie im gleichnamigen Buch am Tag ihrer Hinrichtung über ihr Schicksal berichten.

So dramatisch vollzieht sich das Erheben der eigenen Stimme in der Biografiearbeit nicht. Hier geht es, im Umkehrschluss, eher darum, Eigenmächtigkeit und Souveränität der Selbstaussage zu entwickeln. Das Zitat zeigt dennoch, welche inneren Anstrengungen und äußeren Kämpfe nötig sein mögen, um die eigene Stimme (wieder) zu finden.

Als Voraussetzung dafür klingt im Wolf-Zitat zweierlei an: zum einen der Rückbezug auf sich selbst, also das Bedürfnis und die Bereitschaft zur Selbstreflexion: *Meine* Stimme, wie klingt die, was will ich mit meiner Stimme über mich und die Welt, in der ich lebe, sagen? Zum anderen schwingt das Finden eines Zugangs zum sozialen Raum mit, in den hinein ich sprechen kann. Und in dem sich ein Gegenüber findet, zu dem ich spreche – Menschen also, die mich hören und hören wollen und die dann auch noch antworten.

Dass es biografische Selbstreflexions- und Mitteilungsräume gibt, ist an gesellschaftliche Voraussetzungen gebunden, denn »Vergangenheit steht nicht naturwüchsig an, sie ist eine kulturelle Schöpfung« (Assmann, 2007, S. 48). Die Praxis der Biografiearbeit setzt damit ein im weitesten Sinne geschichtliches Bewusstsein und demokratische Kulturräume voraus. Was liegt also näher, als mit einem kurzen Rückblick in weit zurückliegende Epochen zu beginnen.

Entstehung der Geschichtlichkeit

Aus der frühkindlichen Entwicklung kennen wir, alle Menschen, das Leben vor dem Begreifen der Zeit. Vor dem Bewusstsein der unumkehrbaren Abfolge Vergangenheit-Gegenwart-Zukunft liegt das Erleben rhythmischer Wiederholungen; davon sind die basalsten vermutlich dunkel-hell-dunkel-hell, gesättigt-hungrig-gesättigt, müde-wach, müde-gesättigt und hungrig-müde. Diese ineinandergreifenden, rhythmisch wiederkehrenden und damit kreisförmigen Lebensbewegungen werden im Laufe von Jahren allmählich durch ein Verständnis für das lineare Vergehen der Zeit erweitert.

Auch menschheitsgeschichtlich wurde diese Entwicklungsabfolge vollzogen. Die wiederholenden Rhythmen differenzierten sich in komplexen Mythen aus, die das unumkehrbare Vergehen der geschichtlichen Zeit noch nicht berücksichtigen. Die Verehrung des ägyptischen Sonnengottes Ra veranschaulicht dies. In der ägyptischen Mythologie *ist* die Sonne der Gott Ra und der Gott Ra *ist* die Sonne. Deren unendlicher Auf- und Untergang entspricht dem »Pulsschlag […] des göttlichen und ewigen Kosmos« (Assmann, 2007, S. 183). Dieser Pulsschlag wird in den Vorstellungen des alten Ägypten sowohl bestätigt als auch aufrechterhalten und gefeiert durch den zelebrierten Ritus.

Die ältesten überlieferten Chroniken, die ägyptischen Königslisten, dienten denn auch diesem Mythos. Sie sind wahrhaftig ein Mammutwerk! Denn obwohl sie »Listen« heißen, sind sie nicht geschrieben. Sie sind in Stein gehauen. In der umfänglichsten der Listen, der des Totentempels von Sethos I., sind sage und schreibe 76 aufeinanderfolgende Pharaonen als Reliefs mit Namenskartuschen den Mauern eingeprägt. Dort lassen sie sich heute noch vorfinden, sodass der steinerne Palast als Gedächtnisträger fungiert. In ihrer Entstehungszeit dienten die Königslisten als Brücke. Mit ihrer Hilfe maßen die Ägypter die Vergangenheit bis in fabelhafte Tiefen hinein aus, um die mythische Urzeit, eine paradiesische »Zeit ohne Ende«, in kultischen Handlungen zu berühren und lebendig zu erhalten und durch Verehrungsrituale symbolisch mit der Gegenwart zu verbinden. Wesentliches Anliegen war, immer wieder bis in die »mythische Urzeit als die im eigentlichen Sinne wirklichkeitsschaffende Geschichte« (S. 185) zurückzukehren.

Der Blick der alten ägyptischen Kultur unterscheidet sich fundamental von unserer heutigen Sichtweise. Ja, die Perspektive wirkt entgegengesetzt: Die Jahrtausende weit zurückreichende Vergangenheit in Form der Königslisten lag den Ägyptern *vor Augen*. Demzufolge assoziierten sie die Zukunft, konträr zu unseren Vorstellungen, als *im Rücken* liegend. Zukunftsweisende Bilder als Imaginationen des Kommenden entstanden somit eher nicht.

Die ägyptischen Königslisten stellen eine Aufzählung dar. Sie sind noch nicht mit Ereignissen verbunden. Sie sind »kein Dokument der Rechenschaftsablegung, sondern [...] ein Kalender« (S. 184). Man könnte also sagen, die Königslisten sind die erste – in Stein gemeißelte – überlieferte und erhaltene Er-Zählung: Sie zählen die Pharaonenherrscher fast chronologisch auf. Interessanterweise fängt ihre Geschichtlichkeit an der Stelle an, an der Lücken in der Er-Zählung auftauchen, da sich daran Fragen entzünden lassen, die ins Erzählen führen: Welche Pharaonen wurden nicht »in Stein gemeißelt«? Was erzählen diese Auslassungen?

Machen wir einen Sprung in die Gegenwart: Die Chronik als Auflistung zeitlicher Abfolgen finden wir bis heute beispielsweise im tabellarischen Lebenslauf, in Datierungen historischer Ereignisse, in Datierungen von Gesetzesänderungen und Ähnlichem. Als solche spielen sie in der Biografiearbeit eine bedeutsame Rolle. Das, was in einer Chronik auftaucht, gilt oft als Faktum, zählt zu dem, was mit gesicherten Daten umrissen wird.

Bis heute sind Auslassungen im tabellarischen Lebenslauf bei Bewerbungen oder in Lebensgeschichten ein brisantes Thema: Was schreiben, was sagen über eine Zeit, deren Realität unerwünscht oder gar gefährlich erscheint? Wie mit einer Lücke umgehen, wenn diese entweder als nachteilig oder verdächtig gilt? Wie passe ich meine Erzählung dann den äußeren und inneren Erwartungen an? Diese Fragen sind Teil von Biografien, wenn sich Werte- und Machtverhältnisse mit ihrem Einfluss auf Lebenswege und -entscheidungen gravierend ändern.

Beispiele:
Eine alleinerziehende Frau bewirbt sich auf eine höher dotierte Stelle in einer anderen Stadt. Im Bewerbungsgespräch wird sie gefragt, wie sie »das mit ihrer Familie machen wird«. »Meinen Sohn«, sagt sie, »nehme ich mit, mein Mann kommt nach, wenn er eine entsprechende Stelle gefunden hat.« Sie bekommt eine Zusage und kommentiert: »Wenn ich gleich gesagt hätte, dass ich alleinerziehend bin, hätte ich die Stelle vermutlich nicht bekommen. Hinterher hat keiner mehr gefragt, wo mein Mann bleibt. Und das geht die ja auch nichts an.«

Eine »afghanische Krankenschwester«, die mit ihrem Mann und zwei Kindern in Deutschland Asyl beantragt hat, putzt in Privathaushalten. Nach Jahren eröffnet sie in den Putzstellen, sie sei Ärztin und spreche fünf Sprachen. »Wer hätte mich denn bei sich putzen lassen, wenn ich das gesagt hätte«, fragt sie. Anlass des »Aufdeckens« ist die Anerkennung ihres ärztlichen Diploms und die damit verbundene Arbeitserlaubnis in Deutschland.

Mit einigen biografischen Notizen können Sie diesem Themenaspekt bei sich selbst nachspüren:

> Versetzen Sie sich einmal zurück – Lassen Sie sich einen Augenblick Zeit:
>
> Bei welchen Ihrer Daten und Fakten im Lebenslauf spüren sie Stolz?
> Wie verbindet sich das mit Ihrer individuellen Entwicklung und familiären Herkunft?
>
> Welche Fakten und Ereignisse in Ihrem Leben lassen Sie in Ihrem Lebenslauf aus?
> Welche Werte schützen Sie mit der Auslassung?
> Welche Machtverhältnisse berücksichtigen Sie dabei?

Gehen wir noch einmal zurück und schauen auf den Übergang von der mythischen zur geschichtlichen Zeit: Der Übergang von der in die Vergangenheit weisenden Chronologie zum Zweck der Verbindung mit der Urzeit in die Verflechtung von Ereignissen zu einer Geschichte der Verheißung beginnt nach Jan Assmann (2015, S. 293 ff) mit der Erzählung über die israelische Knechtschaft in Ägypten und den »Auszug aus Ägypterland«, der Erzählung des »Exodus« (Bibel, 2. Buch Moses). Diese Ereignisse sind als Fließtext in der jüdischen Thora und im Alten Testament der christlichen Bibel festgeschrieben und nicht mehr, wie die Königsliste, in Stein gehauen.

Das bedeutet: Hier tauchen sowohl eine Erzählstimme als auch eine soziale Gemeinschaft auf, für die diese bestimmte Geschichte erzählt wird. Diese handelt von Menschen, die sich mit ihrem Erleben auseinandersetzen, diese Auseinandersetzung festhalten, um sie weiterzugeben, und die dadurch zu einer stabilen Identität gelangen. Im Beispiel der Exoduserzählung geschieht dies, während ihr Lebensalltag nach dem Ende der Sklaverei buchstäblich auf Sand gebaut ist: Nach 34 Jahren Knechtschaft haben sie 40 Jahre in der Wüste durchzustehen, so heißt es. Dabei haben sie die Verheißung auf das gelobte Land als Zukunftsvision mehr oder weniger deutlich vor Augen.

Diesen Prozess der Identitätsentwicklung vollzog diese Gruppe, indem sie sich als Schicksalsgemeinschaft in einer exklusiven Beziehung verstehen lernte, indem sie sich also Bedeutung innerhalb einer folgenreichen Beziehung gab, die sie fortan als Beziehungsgeschichte lebendig hielt. Denn »damit eine Gesellschaft daran interessiert ist, sich Rechenschaft über ihre Vergangenheit abzulegen, muss sie sich die Vergangenheit als ›ihre‹, als Teil ihres Selbstbilds, zurechnen. Sie muss die Vergangenheit, wie Claude Lévi-Strauss schreibt, verinnerlichen, um sie zum Motor für ihre Entwicklung zu machen« (Assmann, 2015, S. 174). Damit ist die Gegenwart in stetiger Wechselwirkung mit Vergangenheit und Zukunft verbunden.

Von der Er-zählung, der Aufzählung der Pharaonen, ging der Prozess damit zur Geschichte[2], der Mitteilung bedeutsamer innerer und äußerer Prozesse, über.

Zusammenfassend lässt sich sagen: »Auf der Ebene *allgemeiner [...] Orientierung* geht es um den Ausstieg aus der mythischen [...] hin zu einer geschichtlichen Zeitordnung, der [nun] die Vergangenheit im Rücken liegt und die Zukunft vor Augen steht in Form einer Verheißung [...]. Und da dieses Neue in vielfacher Weise die Welt bestimmt, in der wir noch immer leben, ist auch das biblische Buch Exodus als Gründungslegende dieser unserer Welt bis heute lebendig geblieben« (2015, S. 396 f.).

Die Frage, warum ich diese historischen Themen in ein Kapitel über die Geschichte der Biografiearbeit einbeziehe, führt wieder näher an die Gegenwart: Biografien, wie sie in tradierten Erzählweisen konstruiert werden, gehen auch heute noch auf diese Exodusgeschichte zurück. Deren erzählerischer Aufbau ist in jüdisch-christlich geprägten Kulturen, unabhängig von religiösen Bekenntnissen, tief verwurzelt. Wirkungen reichen bis in die Konstruktionsmuster von Hollywoodfilmen mit dem bekannten Erzählschema: Einführung der Figuren/ schwierige Situation/Retterfigur/Rettungsplan/Aufbruch/äußere Hindernisse/ innere Zweifel/Durststrecke/Wendepunkt/Happyend/Fortsetzung. Bis heute dienen diese Konstruktionen damit als Hintergrundfolie beim Zusammenfügen der Erinnerungsfragmente zu einer biografischen Erzählung.

In Settings der Biografiearbeit taucht immer wieder einmal der Satz auf »Über mein Leben gibt es eigentlich nichts zu erzählen«. Gemeint ist dann in der Regel, dass die oben beschriebene Erzählchoreografie nicht bedient werden kann. Die innere Erzählung folgt keinem als bedeutsam angesehenen Erzählmuster.

Kenntnisse über zugrundeliegende Muster biografischer Erzählungen unterstützen darin, deren Konstruktionen zu erkennen. In der multiethnischen Biografiearbeit ist differenziertes Wissen darüber unerlässlich, werden in unterschiedlichen Kulturen Erzählungen doch auf verschiedene Weise konstruiert.

So gibt es »kulturelle Unterschiede, was die Erinnerungspraktiken [...] angeht. In asiatischen Kulturen beziehen sich Eltern beim Erzählen weitaus mehr auf die soziale Gruppe als auf das Kind. Daher entwickeln Kinder aus asiatischen Kulturräumen weitaus weniger detaillierte Erzählungen einer persönlichen Vergangenheit als Kinder, die in Europa oder Amerika aufgewachsen sind« (Alley,

---

2 »Die Bedeutung geht im germanischen von dem Begriff des Zusammenseins, der Zusammengehörigkeit, der Vereinigung aus.« https://www.wortbedeutung.info/ge-/ (16.11.2021).

2019, S. 41). Andererseits muss davon ausgegangen werden, dass »Erzählmuster historisch wandelbare Phänomene sind, die grundsätzlich von kulturellen und gesellschaftlichen Kontexten abhängen: Sie sind also immer Brüchen und Wandlungen unterworfen« (Saupe u. Wiedemann, 2015, S. 7). In unterschiedlichen Kulturen und in unterschiedlichen Zeiträumen wird zudem Unterschiedliches mit generalisierten Bedeutungen belegt und als Faktum behandelt.

Damit wird deutlich: Auch das, was im Rahmen der Biografiearbeit als Daten und Fakten benannt wird, ist im weitesten Sinne durch kulturelle Erzählungen tradiert. Dazu zählen die Bedeutung von Geburtsdaten, die Definition von Geschlecht oder der Gebrauch von Familiennamen. So gibt es z. B. in Indonesien keine Familiennamen. Jeder Mensch hat mehrere Namen, von denen keiner erblich ist.

Nun, nach dem weiten Bogen über die ägyptischen Königslisten, die Gegenwartsbezüge in den Beispielen und möglicherweise auch in Ihren eigenen Erinnerungen sowie der Exoduserzählung samt ihren Bezügen zu modernen Mythen aus Hollywood schauen wir noch einmal auf das Anfangszitat »Mit meiner Stimme sprechen«: Christa Wolfs Kassandra äußert diesen tiefen Wunsch – und bleibt doch in Zweifel verstrickt, ob sie wirklich aussprechen darf und will, was sie, die Seherin, erblickt. Hier ist ein großes Thema der Biografiearbeit angesprochen: Erfahrungen, Gefühle, Einschätzungen durch eine als eigen erlebte Sprache in den eigenen Ausdruck zu bringen und damit zu sich selbst zu kommen, *eigentlich* zu werden, verbunden mit dem Risiko, durch die Sichtbarwerdung innerlich und äußerlich im doppelten Sinne des Wortes wirklich und angreifbar zu sein. Die Geschichte der Biografiearbeit wäre in diesem Sinne auch eine fort von den großen, offiziellen Erzählungen in Königslisten, Heldenepen und über göttliche Aufträge bedeutsamer Männer[3].

---

3 In ihrem Buch »Poetik der Biographie« schreibt Angela Steidele (2019, S. 26–27), dass »die Biografik in ihrer Gesamtheit ein durch und durch patriarchales Genre ist, [es] bildet nach Anne-Kathrin Reulecke nicht allein die historische Marginalisierung von Frauen ab, ›vielmehr kann die Biographie – so meine These – als bedeutsames *Medium* dieses Ausschlusses gesehen werden.‹ Reulecke frage sich, ›inwieweit das Erstellen einer Biografie einem männlichen Schöpfungsakt besonderer Art entspricht, da doch der Entwurf einer ›lebendigen‹ Figur den im Text ausgeführten Vorgang einer geistigen Geburt potenziert. Der Biograph, der über seinen Gegenstand ›beinahe alles‹ weiß, läßt diesen im Text wiederauferstehen, indem er ihm – durch das Erschaffen einer Geschichte – Leben ›einflößt‹. Es ist unter diesem Gesichtspunkt auffallend, dass die Verfasser von Biografien in der Folgezeit nicht selten selber zu Gegenständen von Biografien werden […]‹ Georg Forster schreibt über James Cook, Friedrich Schlegel über Georg Forster, Ernst Behler über Friedrich Schlegel und so fort. Die beinahe lückenlose Kette Schreibender und Beschriebener liest sich als Herstellung einer männlichen *Genealogie* und damit einer Traditionslinie, die sich ohne den Beitrag von Frauen reproduziert« (Reulecke, 1993, S. 119, 128 f.).

Die Biografiearbeit schaut nun stattdessen hin zu denjenigen Geschichten von Menschen, die in den gesellschaftlichen Narrativen leise oder eher rudimentär zu hören waren oder sind, die ihre Stimme nicht souverän im öffentlichen Raum erheben, aber trotzdem zur Geschichte gehören und Sehnsucht danach haben, ihre Stimme zu erheben.

Die Stimmen »kleiner Leute«

Mit einem großen zeitlichen Sprung bleiben wir nun näher an der Gegenwart mit der Frage: Wie entstand der biografische Prozess auch für die sogenannten »kleinen Leute«, für jedermann und hauptsächlich auch jedefrau? Denn Biografiearbeit ist – und nicht zufällig – ein tendenziell von Männern weniger genutzter Raum. Sowohl Mentor:innen als auch Biografisierende sind in ihrer deutlichen Mehrzahl weiblich. Männliche Bezugsgruppen sind seltener, und wenn dann eher im Bereich Ortsgeschichte und Oral History anzutreffen. Biografiearbeit als Raum zur Selbstbefragung und Selbstvergewisserung mit der Möglichkeit, die eigene Stimme »finden« bzw. entwickeln zu wollen, wird vermutlich immer noch eher als Schwäche denn als Möglichkeit erlebt, besteht doch im Bezugsrahmen männlicher Identitätsbilder der Anspruch, per se seine Stimme zu haben und sie zu erheben. Dies korrespondiert damit, dass das demokratische Stimmrecht für (wohlhabende) Männer zuerst eingeführt wurde. Frauen blieben ohne dieses Recht auf »ihre Stimme«. In Deutschland wurde das Stimmrecht für Frauen 1918, in Frankreich 1944, in der Schweiz erst 1971 eingeführt, im Kanton Appenzell per Bundesgesetz sogar erst 1990. Biografiearbeit erfordert, so wird deutlich, auch diese Geschichte mitzuberücksichtigen.[4]

Für lebensgeschichtliches Erzählen ist neben der Mündlichkeit die allmähliche Verbreitung des Romans ab dem 18. Jahrhundert eine wichtige Errungenschaft. Dabei fungiert der Briefroman als Zwischenschritt und Vermittlung zwischen öffentlicher und privater Sphäre. Mit der Verbreitung von Romanen und der aufgrund von Schulbildung sich erweiternden Möglichkeiten, diese auch zu lesen, entwickeln sich neue Fühl-, Denk- und Erzählkonstruktionen. Das Erleben von Differenz, also das Nichtaufgehen eigener Erfahrungen in gesellschaftlich angebotenen Rollen, nährt Fragen nach der eigenen Lebensführung, der individuellen Biografie.

---

4   Jutta Hengsbach berichtete mir von veränderten Erfahrungen bei Seminaren an der Universität Frankfurt zum Thema Biografiearbeit; in 2020 sei die männlich/weibliche Geschlechterverteilung unter den Teilnehmenden erstmals fast ausgeglichen gewesen.

Im 18. Jahrhundert beginnt auch die wissenschaftliche Auseinandersetzung mit biografischen Fragestellungen. »Neben der Literaturwissenschaft, der Histografie und der Philosophie war auch die Pädagogik an der Begründung der Biografieforschung maßgeblich beteiligt« (Röhrbein, 2019, S. 39).

Anfang des 20. Jahrhunderts wird, angeregt durch Rudolf Steiner, die anthroposophische Biografiearbeit in Theorie und Praxis begründet. Sie stellt bis heute einen eigenen biografischen Zweig dar. Die Bezugspunkte dieses Ansatzes unterscheiden sich deutlich von anderen Entwicklungsansätzen. Neben lebensgeschichtlichen Themen der Biografie bezieht das anthroposophische Denken vorschwangerschaftliche und nachtodliche Erfahrungen sowie Planetenkonstellationen mit ein. In ihr wird von wiederholten Erdenleben ausgegangen und demzufolge von inneren Aufträgen, mit denen die Seele auf die Welt kommt. Was ein Mensch willentlich oder schicksalhaft erlebt, steht mit diesen inneren Aufträgen in Verbindung. Anthroposophische Biografiearbeit will darin unterstützen, diese zu erkennen, um ein erfülltes Erdenleben zu verwirklichen. Im Sinne des systemischen Verständnisses handelt es sich hier um eine Konstruktion, die von seinen Vertreterinnen und Vertretern nicht als Konstruktion angesehen wird. Dies schließt differenzierte Betrachtungen zum Lebenslauf nicht aus. Anregungen aus der anthroposophischen Biografiearbeit haben auch in anderen Ansätzen Eingang und Verbreitung gefunden, ohne dass die Quellen des Wissens immer bekannt sind und angesprochen werden. Dazu zählen u. a. der Rückgriff auf die 7-Jahresschritte im Lebenslauf (siehe Unterkapitel 3.3, S. 130) und verschiedene, mittlerweile weitverbreitete Tools[5] (Miethe, 2011/1914, S. 95).

Mit Beginn des Ersten Weltkrieges kam die Entwicklung der Biografieforschung und -arbeit zum Stillstand. Das Interesse am individuellen Lebenslauf trat hinter nationalen Interessen und Forderungen zurück. Bereits vorhandene Ansätze lagen von da ab brach oder gerieten in Vergessenheit.

In der Weimarer Republik (1918–1933) erlebte die Biografieforschung einen, wenn auch kurzen, Aufschwung im Bereich Pädagogik und Psychologie (siehe auch Röhrbein, 2019, S. 40).

---

5 So taucht die Unterscheidung von vergangenheitsgerichteten Erkenntnisfragen und zukunftsgerichteten Entscheidungsfragen in mindestens zwei systemischen Fachbüchern auf (Röhrbein, 2019; Kindl-Beifuß, 2012), ohne dass eine Quelle angegeben ist. Meiner Recherche nach wurde das Modell zuerst veröffentlicht in dem Buch »Unternehmen Lebenslauf« (Brug u. Locher, 1997, S. 25), das in einem anthroposophischen Verlag erschien. Die Übernahme verweist auf Schnittmengen zwischen den unterschiedlichen Denkrichtungen.

Im Faschismus (1933–1945) wurde diesen Forschungszweigen die Grundlage wieder entzogen: Nicht das Augenmerk auf das Leben von Individuen, sondern deren Funktion und Opferbereitschaft für Führer und Nation oder deren Abwertung als »unwertes Leben« wurden propagiert und durchgesetzt. Während des Nationalsozialismus und dem Zweiten Weltkrieg gibt es keine Anzeichen, dass Biografiearbeit in Forschung und Praxis eine Rolle spielte (siehe auch S. 45 ff.).

Bis zu einem Wiederaufleben dieses Forschungsfeldes dauerte es denn auch nach 1945 noch eine geraume Zeit. Weder in den sogenannten Aufbau- und Wirtschaftswunderjahren der BRD noch in den sozialistischen Aufbaujahren der DDR finden sich Anzeichen für ein Wiederaufkeimen der Biografiearbeit. Doch allmählich erforderte die Erfüllung der notwendigsten Grundbedürfnisse für die breite Bevölkerung nicht mehr alle Lebenskräfte. Jahrzehntelange Abwesenheit von Krieg und existenzieller Not wurden somit eine der Voraussetzungen für die wieder in Gang kommende Entwicklung der Biografiearbeit im gesellschaftspolitischen, kulturellen und psychosozialen Kontext.

Aus diesem geschichtlichen Auf und Ab lässt sich ablesen, dass Biografiearbeit als Arbeit an individuellen Lebensgeschichten mit demokratischen Werten und deren Umsetzung verbunden ist. Das Wiedererstarken der Biografiearbeit korrespondierte demzufolge mit dem allmählichen Aufbrechen des Schweigens über die Verbrechen im Nationalsozialismus und der damit verbundenen Entwicklung von gesellschaftlicher Vielstimmigkeit. Eine wesentliche Rolle für dieses Aufbrechen hatte der Eichmann-Prozess in Jerusalem, der 1961 begann. Adolf Eichmann, SS-Obersturmbannführer war der maßgebliche Organisator der nationalsozialistischen Judenvernichtung und als solcher zuständig für die Deportation von über fünf Millionen Kindern, Jugendlichen und Erwachsenen aus ganz Europa in die Vernichtungslager. Er war vom israelischen Geheimdienst in Argentinien aufgespürt und in Jerusalem vor Gericht gestellt worden. Im Verlauf dieses Verfahrens gab es sehr viele Zeugenberichte von ehemals KZ-inhaftierten Menschen. Eichmann, der sich unerschütterlich bis zum Ende des Prozesses für »unschuldig und nur einen Befehlsempfänger« hielt, wurde zum Tode verurteilt. In ihrem Buch »Eichmann in Jerusalem« bezeichnete Hannah Arendt (1963) das, was sich als Haltung Eichmanns zeigte, also die Verweigerung jeglicher persönlicher Verantwortung durch den Hinweis auf Befehlsketten, als »Banalität des Bösen«[6].

Der Prozess erregte auch in Deutschland Aufmerksamkeit. Eine heranwachsende Generation, die nicht in Kriegsschuld verstrickt war, sah sich mit

---

6 Diese Bezeichnung zog eine heftige Kontroverse nach sich und stieß insbesondere in der jüdischen Community auf starke Gegenreaktionen.

drängenden Fragen in Bezug auf das Verhalten der eigenen Eltern und Großeltern konfrontiert: »Was hast du Entsetzliches getan oder geduldet?« »Was banalisierst du?« »Was hast du gewusst? Wie hast du in den Jahren des Faschismus gelebt? Was hast du unterlassen? Welcher Auseinandersetzung mit Schuld und Verbrechen verweigerst du dich?« Diese Fragen forderten: »Ich will deine, wir wollen eure Stimmen hören. Wir wollen wissen!« Und sie forderten heraus und führten zur Abwehr: Antworten wurden weitgehend nicht (zufriedenstellend) gegeben.

Ende der 1960er Jahre verschafften sich schließlich politisch emanzipatorische Bewegungen auf der Straße Gehör: Die Studentenbewegung ließ das Schweigen der Vorgenerationen und deren geschichtliche (Nicht-)Reflexionen zu den Gräueltaten des Faschismus sowie den aktuellen Gräueltaten im Vietnamkrieg nicht unkommentiert, sondern setzte ihm mit Forderungen und Protestmärschen zu.

Anhaltendes (inhaltliches) Schweigen als Antwort führte zu gesellschaftspolitischen Analysen über die Macht des Nichtgesagten. In den Emanzipationsbewegungen der 1970er Jahre entstand ein übergeordneter Diskurs über »die Beziehungen zwischen Sprache, gesellschaftlichen Institutionen, Subjektivität und Macht« (Grubner, 2013, S. 10).

Biografiearbeit entwickelte sich infolgedessen als »Instrument«, um Ausdrucksmöglichkeiten für spezifische, bisher eher nicht akzeptierte und kommunizierte Erlebensweisen zu entwickeln. Damit wurde sie Bestandteil eines gesellschaftspolitischen Entwicklungsraums. Beispiele dafür sind der von Gewerkschaften organisierte »Literaturkreis der Arbeitswelt« (siehe Unterkapitel 2.2, S. 69), die emanzipatorische »Erinnerungsarbeit«, die von Prof. Frigga Haug und ihren Mitarbeiterinnen an der Universität Hamburg konzipiert und gelehrt wurde, sowie der Beginn der zweiten Frauenbewegung in der BRD.

»Das Private ist politisch!«

Mit diesem Ruf erhoben Frauen in den 1970er Jahren ihre Stimme: Sie schrien damit ihre bislang auch von den emanzipatorischen Bewegungen bagatellisierten Erfahrungen, ihre erlebten Zumutungen und ihren Mut hinaus in den öffentlichen Raum. Die zweite Frauenbewegung begann.

Die von Alice Schwarzer in der Zeitschrift »Stern« nach französischem Vorbild organisierte öffentliche Aktion: »*Ich habe abgetrieben und fordere das Recht dazu für alle Frauen*« trug dazu wesentlich bei. Diese Aktion machte das strafbare, verheimlichte, weiblich-leibliche Erleben des Schwangerschaftsabbruchs öffentlich: 373 Frauen bekannten sich zu dieser Straftat und forderten das Recht auf körperliche Selbstbestimmung. Mit diesem gemeinsamen biografischen Bekenntnis ist ein neuer gesellschaftlicher Sprachraum aufgemacht worden. Weibliche Sexualität und deren Entrechtung bzw. Selbstermächtigung waren in einen neuen Diskursrahmen gestellt.

In überaus zahlreichen Frauengruppen, die sich als Selbsterfahrungsgruppen gründeten, nahmen Frauen nun biografische Erfahrungen als gesellschaftlich veränderungswürdige Themen wahr. In der Folge entstand die »Frauenliteratur«: von Frauen geschriebene, später auch in eigenen Verlagen herausgebrachte und aus der Perspektive von Frauen erzählte Romane und Erfahrungsberichte.

Im Unterschied zur »Literatur der Arbeitswelt« konnte die Frauenliteratur auf keine Organisation wie die Gewerkschaft zurückgreifen. Frauen sahen sich herausgefordert, mit der Hervorbringung der eigenen Stimme/Texte zugleich Strukturen und Systeme des Gehörtwerdens, also der gesellschaftlichen Macht, zu schaffen. Den traditionellen Er-zählungen von Heldenepen wurden damit eine Sie-zählung gegenübergestellt, die nach dem Verbleib der Frauen fragte und Frauengeschichte(n) in die Mitte des Geschehens brachte.

Ab den 1970er Jahren beginnt Biografiearbeit dann auch in der universitären Forschung wieder eine Rolle zu spielen. Dabei differenzieren sich unterschiedliche Schwerpunkte heraus. »Das allgemeine Interesse an Biografien hat […] in mehreren Sozial- und Humanwissenschaften Fuß gefasst. In der Soziologie (Soziologie des Lebenslaufs, Gründung der Sektion Biografieforschung), der Geschichtswissenschaft (Oral History), der Psychologie (psychologische Biographik), der Literaturwissenschaft und Pädagogik steigt das Interesse für die Auseinandersetzung mit Biografien« (Röhrbein, 2019, S. 41). In den folgenden Jahrzehnten rutscht sie allmählich vom Nischendasein in den Fokus der Aufmerksamkeit.

Aus diesen sowohl gesellschaftspolitischen als auch psychosozialen Dynamiken differenzierten sich im Laufe von Jahrzehnten verschiedene Felder der professionellen Biografiearbeit heraus (siehe Unterkapitel 2.2, S. 69).

Diskursverschiebungen bleiben in der Praxis der Biografiearbeit beständig Thema. Denn biografisch erarbeitet wird mit professioneller Hilfe nicht selten, was bis dahin im Ungesagten, Ungefähren oder Nichtkonturierten geblieben ist. Professionell begleitete Biografiearbeit hat hier zur Voraussetzung, dass Ressourcen bereitgestellt werden für einen reflexiven Raum, der auch dadurch entsteht, dass jemand anwesend ist, der hört (und nicht abtut). Dann, und nur dann, kann die eigene Stimme entstehen.

Und zum Nachtisch gibt es Krimi: Als Alltagszugang zur Biografiearbeit möchte ich auf die Vorliebe für Krimis verweisen: Durch ein Ereignis in der Gegenwart (Mord) beginnt im Krimi die spannende Suche nach biografischen

Motiven, die in die Vergangenheit führen, in der Hoffnung, dass für die Zukunft die Lebenswelt wieder gut, also vom Bösewicht befreit, sei. Zuschauende vertrauen sich in der Regel der Führung der Kommissar:innen an, ja, sie identifizieren sich mit ihnen. Deren Rolle lässt sich als Metapher für die Rolle der Mentor:in lesen. Beide sind nicht die unmittelbar Erleidenden bzw. Erlebenden, sondern diejenigen, die den Erkundungsprozess lenken: Ein bisschen professionelle Biografiearbeit light für jeden, könnte man augenzwinkernd sagen!

1.3 Biografiearbeit im Kontext systemischen Denkens und Handelns oder: »Geschichten sind die Bausteine unserer sozialen Welt« (Arist von Schlippe)

In welchem Verhältnis stehen Biografiearbeit und systemisches Arbeiten? Seit wann gibt es dieses »Verhältnis«? Und wann wurde aus dem Verhältnis eine Beziehung? Und, ja, wie eng, wie verbindlich ist diese Beziehung geworden, wodurch gestaltet sie sich?

Es ist spannend, wie immer, solchen Fragen nachzugehen und es lässt sich auch hier eine Geschichte (er)finden. Wie jede Geschichte ist ihr Anfang gesetzt und die Erzählerin entscheidet, wo sie beginnt. In diesem Fall beginnt die Geschichte mit Virginia Satir und der Frage: Auf welche Traditionen bezieht sich die Biografiearbeit im systemischen Kontext? Doch wir blicken zuerst auf Entstandenes. Zum Beispiel auf Ihr Entstandenes: Was ist Ihr eigenes Verhältnis – oder ist es eine Beziehung? – zur Biografiearbeit?

> Versetzen Sie sich einmal zurück ...Lassen Sie sich einen Augenblick Zeit:
>
> Wodurch ist Ihr Impuls, sich mit Biografiearbeit zu beschäftigen, entstanden?
> Was sind Ihre bisherigen Verbindungen dazu?
> Was inspiriert Sie dabei?
>
> Lassen Sie drei Erinnerungsmomente entstehen!
> Notieren Sie dazu je drei Worte oder Sätze.
> Beenden Sie mit einem Ausruf!

Mit dem Buch »Wo gehöre ich hin? Biografiearbeit mit Kindern und Jugendlichen« kam 1997 ein Fachbuch auf den Markt, das Biografiearbeit als Arbeitsansatz explizit benannte. Birgit Lattschar (Dipl.-Pädagogin, systemische Beraterin und Supervisorin) stieß, wie sie im Vorwort schreibt, in einem Urlaub auf das englische Original und übersetzte es ins Deutsche (Ryan u. Walker, 1997/2004). »Biografiearbeit war bis dahin ein relativ unbekannter Begriff in der (Fach-) Öffentlichkeit« (S. 7). Geschrieben war das Buch von den englischen Sozialarbeitern Tony Ryan und Rodger Walker, die mit fremd untergebrachten Kindern und Jugendlichen arbeiteten (siehe auch Lattschar u. Wiemann, 2007). Aus dem Zweig der Arbeit mit fremd untergebrachten Kindern entwickelte sich in der Folge ein professionelles Bewusstsein über Biografiearbeit auch in systemischen Fachkreisen, das sich auf weitere Arbeitsfelder wie Beratung, Therapie, Supervision und Coaching ausdehnte.

2007 veröffentlichte »systhema« ein Heft mit dem Themenschwerpunkt »Biografiearbeit – systemisch gesehen«. Es fußt auf der Beschäftigung mehrerer systemischer Fachkräfte mit ihren eigenen (Familien-)Biografien. Dabei nehmen die Verfasser:innen »Bezug auf Ansätze aus der Familientherapie und verknüpfen diese mit systemisch-konstruktivistischen Sichtweisen (S. 4). Dem vorausgegangen war eine gemeinsame Projektgruppe zum Thema, die sich anlässlich des 60. Geburtstags der Systemikerin Gesa Jürgens zusammenfand. Die so entstandene »Systemische Erinnerungs- und Biografiearbeit« fassten die Teilnehmenden in einem Buch zusammen (Girrulat, Markert, Nischak, Schollas u. Stachowske, 2007).

Infolge dieser Entwicklungen gab es an einigen systemischen Instituten den Versuch, Weiterbildungen in Biografiearbeit anzubieten. Diese bestanden noch weitgehend aus einer Sammlung mehrgenerationaler systemischer Methoden, die unter dem Stichwort »Biografiearbeit« zusammengefasst und in einer Art Kurzvermittlung angeboten wurden. Mittlerweile gibt es zahlreiche Seminare und Fortbildungen zum Thema. Es gibt jedoch keine eigenständige Konturierung der Biografiearbeit im systemischen Feld.[7] Die einzige Definition von systemischer Biografiearbeit, die ich in Fachpublikationen gefunden habe, erläutert: »Systemische Biografie- und Erinnerungsarbeit kann unseres Erachtens – in welcher Form und welchem Rahmen auch immer sie geschieht – dann als professionell angesehen werden, wenn die Fakten des gemeinsamen kommunikativen Prozesses sowie die Erzeugung von Erinnerungsbildern und von Wirklichkeitskonstruktionen aus systemischer Haltung heraus reflektiert werden« (Girrulat et al., 2007, S. 15 f.).

---

7 »Und das ist noch nicht alles. Systemische Biografiearbeit« (Röhrbein, 2019), so ist erstmals explizit ein Titel unter dem Stichwort »Systemische Biografiearbeit« in einem der bekannten systemischen Verlage (Carl-Auer) erschienen. Das spricht für die Zunahme des Interesses, mit dem auf dieses Feld geschaut wird. Allerdings könnte man sagen, der Titel ist Programm: Das ist noch nicht alles – systemische Biografiearbeit genauer zu konturieren steht noch aus. Aber das Thema ist eröffnet, und auch dafür hat dieser Titel ja eine schöne Doppeldeutigkeit.

Auf welchen Traditionen basiert systemische Biografiearbeit?

Arist von Schlippe schreibt im Vorwort zu Girruleit et al. (2007, S. 9): »Erzählungen setzen immer Beziehung voraus – und sind ihrerseits der Beziehung vorausgesetzt. Damit sind Geschichten auch Bindeglied zwischen der individuellen, psychologischen Identität eines Menschen und der Identität der ihn umgebenden, sozialen Systeme, für die die Geschichten so etwas darstellen wie ein soziales Gedächtnis.« Dies will ich berücksichtigen. Nachfolgend soll es also darum gehen, eine Geschichte, die die Verbindung zwischen Biografiearbeit und systemischem Arbeiten begründet, zu erzählen, um damit das gemeinsame soziale Gedächtnis zu nähren.

Die womöglich zentralste Passung zwischen Biografiearbeit im Allgemeinen und speziell systemischem Ansatz findet sich in der Entwicklung der mehrgenerationalen Arbeit in Form von Stammbaum, Genogramm und Genosoziogramm. Sehr unterschiedliche Traditionen sind in diesen Methodiken miteinander verbunden.

Virginia Satir (1916–1988), die bedeutende amerikanische Psychotherapeutin, die auch als Mutter der systemischen Familientherapie bezeichnet wird, hat mit ihren Klienten:innen gern folgende Überlegung angestellt: Bist du mit dieser (störenden) Verhaltensweise, dieser Eigenart (an der du leidest) auf die Welt gekommen? Falls nicht, hast du sie erlernt. Dies ist eine gute Nachricht. Du bist dieser Eigenschaft (und dir) nicht ausgeliefert. Du kannst umlernen, du kannst dazulernen, einen Wandlungsprozess beginnen.

Entwicklungsaufgabe im systemtherapeutischen Prozess war somit, gemeinsam zu entdecken, welche Erlebensmuster ein Mensch in seiner Kindheit erlernt hatte. Und auf welche Weise dieser Lernprozess geschah. Und ob man das Muster beibehalten oder ändern wolle. Und was man dafür tun oder lassen könne.

Es waren damit Erkundungsfragen, die das Familienleben und die Familiengeschichte beleuchteten. Stets hat sich Virginia Satir dabei die Freiheit genommen, experimentell und erlebnisorientiert vorzugehen. So arbeitete sie mit inneren Bildern und Metaphern, die sie aus ihrer eigenen Familiengeschichte herleitete. Diese fanden nachhaltige Verbreitung und werden in Ausbildungskontexten auch heute noch weitergegeben. Dazu zählt ihre sehr bekannt gewordene Veranschaulichung der Arbeit am Selbstwert als Voraussetzung für Veränderungskraft.

Ausgangspunkt für ihr metaphorisches Bild des »Selbstwertpotts« war ein großer Eisentopf, der in ihrer Kindheit zum Herstellen von Seife genutzt wurde. Für große – und ich stelle mir vor – auch schöne Familienfeste wurde er gesäubert. Und dann wurde in ihm das Essen für alle zubereitet: Ein und derselbe Topf konnte also völlig unterschiedlich gefüllt werden. Und dies immer wieder aufs Neue.

Diese biografischen Erinnerungen aus ihrer Kindheit nutzte Satir für ihre Klienten als Sinnbild für das Schwanken des Selbstwertgefühls – und die Fähigkeit mitzubestimmen, womit sie ihren Topf, ihren Selbstwert, gefüllt hatten und zukünftig füllen wollten. Mit Klient:innen und deren Angehörigen erkundete sie durch Familienrekonstruktionen generationsübergreifende dysfunktionale Muster der »Befüllung« und Wege zu neuen Erfahrungen: Mit der von ihr entwickelten, bis heute genutzten Methode der Familienskulptur wird ein lebendiges Bild der Familienbeziehungen von Personen verkörpert, um Dynamiken und festgefahrene Kommunikationsabläufe sichtbar, fühlbar und veränderbar zu machen.

Am Beginn der systemischen Familientherapie eröffnet sich so ein Resonanzfeld zur Biografiearbeit. Diese hat durch ihren Bezugspunkt zum Stammbaum schon immer Zugang zur Mehrgenerationalität, wenn auch mit anderen Absichten.

Innerhalb der sich ausdifferenzierenden systemischen Richtungen ist die Biografiearbeit dann auch am deutlichsten mit dem transgenerationalen Ansatz und seinem Blick auf die Mehrgenerationendynamik verbunden. Als Landkarte für diese Dynamik dient das Genogramm, das wiederum als eine Ausdifferenzierung des Stammbaums angesehen werden kann (siehe auch Unterkapitel 3.2, S. 114).

> Die Mehrgenerationenperspektive gehört zum Bestand der systemischen Familientherapie wie auch zum Kern allgemeiner Biografiearbeit.

Familienstammbäume

Solche Stammbäume werden seit Jahrhunderten erstellt. Gesellschaftlich bedeutende und reiche Familien hatten und haben einen Stammbaum und auch ein Familienwappen.

> Neben der Betonung der gesellschaftlichen Bedeutung der Familie dienen Familienstammbäume dazu, individuelle Zugehörigkeiten und Plätze im Familiengefüge zu dokumentieren.

Denn auf den Familienstammbaum gründen und beziehen sich Familiendynastien. Der »Stammhalter« als männlicher Erbe und Träger des Familiennamens galt als Garant zukünftiger Bedeutung. »Vor allem Adlige haben seit alten Zeiten die Geschichte ihrer Familie erforscht, aufgeschrieben und überliefert. Nur wer seine lückenlose Ahnenreihe mit jeweils ebenbürtigen adligen Partnern in zumindest acht Quartieren (d. h. vom Probanden aus drei Generationen zurück bis zu den acht Urgroßeltern) nachweisen und in einer Aufschwörungstafel mit dem gemalten Familienwappen vorweisen konnte, durfte

z. B. an Turnieren (den sog. Gestechen) teilnehmen [...] Seit dem 16. Jahrhundert begannen zunehmend auch wohlhabende Bürger und Stadtpatriziate ihre Familiengeschichte aufzuschreiben. Sie konnten von ihrem Landesfürsten sogar ein Familienwappen – allerdings gegen bare Münze – erwerben. [...] In bescheidenem Umfang haben die Pfarrer seit dem 17. Jahrhundert Ahnenforschung bei ihren Gemeindemitgliedern betrieben, um bei den Brautleuten durch sogenannte Ahnenproben festzustellen, ob und in welchem Grade diese möglicherweise miteinander verwandt waren« (Horst, 2003, S. 29 f.). Auch in bäuerlichen Familien verbreitete sich der Stammbaum – er braucht (wie der Bauer selbst) eigenes Land zum Wurzeln, also Kontinuität durch Sesshaftigkeit.

Die Erstellung eines Stammbaumes war also immer mit Absichten verbunden: dem Nachweis der adeligen Herkunft, dem Bekräftigen gesellschaftlicher Macht, dem Feststellen des Verwandtschaftsgrades.

Der Nachweis des Stammbaumes bis zur 3. Generation wurde im Nationalsozialismus verpflichtend und für die vom Nationalsozialismus als Personen jüdischer Abstammung definierten Menschen zu einer tödlichen Bedrohung. »In Deutschland pervertierte die Ahnenforschung [...] Mit Hilfe von Stammbüchern mussten zuerst Berufsbeamte (1933) und dann alle Bürger (ab 1940) den ›Ariernachweis‹ erbringen, d. h. jeder musste nachweisen, ›germanisch‹ zu sein und nicht von jüdischen Eltern oder Großeltern abzustammen« (S. 30). 1940 wurde für Ahnenangelegenheiten extra die »Reichsstelle für Sippenforschung« im eigens eingerichteten »Reichssippenamt« gegründet. Die so vom Nationalsozialismus als jüdisch definierte Bevölkerung wurde, sofern ihr nicht die Flucht gelang, in den Konzentrationslagern bis auf wenige Überlebende ermordet. Menschen mit einem Elternteil jüdischer Herkunft hätte bei längerer Dauer des Regimes ein vergleichbares Schicksal gedroht.

Damit gibt es in Deutschland und Europa grausame und tödliche geschichtliche Erfahrungen zur Arbeit mit dem Stammbaum und der Mehrgenerationenforschung. Sie sollte miterzählt werden in der Geschichte der Arbeit mit der Mehrgenerationendynamik. Das Wissen darum hilft auch dabei, datenschutzrechtlich aufmerksam zu bleiben in Bezug auf die Dokumentation von Genogrammen in behördlichen Akten.[8]

---

8 Heute ist das in der systemischen Arbeit entwickelte Genogramm mit Regelhaftigkeit in der Arbeit von Jugendämtern, bei Trägern der Familienhilfe etc. zu finden. Damit erkunden nun auch Patchworkfamilien, Multiproblemfamilien und »bedeutungsarme«, mittellose Familien mit (nicht immer) systemisch ausgebildeten Fachkräften »ihren Stammbaum« und die darin aufzufindenden Dynamiken von Verhaltensmustern, Wiederholungen und Stellvertretungen.

In der systemischen Familientherapie wurden Stammbäume als Erstes vom US-amerikanischen Psychiater und Psychotherapeuten Murray Bowen (1913–1990), einem Mitbegründer der systemischen Familientherapie, eingesetzt, um sich einen Überblick über die Familienmuster von Klienten im Laufe von Generationen zu verschaffen. Dies war der Startschuss, um den klassischen Stammbaum in ein neues Feld, die Psychotherapie zu übertragen. Virginia Satir griff diesen Ansatz auf und verlebendigte die Familienlandkarte mit dynamischen, körperbezogenen Methoden.

Vermutlich ist es kein Zufall, dass dieser Prozess des mehrgenerationalen Arbeitens gerade in den Vereinigten Staaten entwickelt wurde. Dazu eine persönliche Erfahrung: Ich erinnere mich an eine Reise dorthin, die ich als 23-Jährige machte. Amerikaner:innen, die ich traf, stellten sich folgendermaßen vor: Ich bin Nancy und italienischer Abstammung; ich bin John und irischer Abstammung usf. Die Verbindung zu den europäischen Herkünften war überraschend gegenwärtig – und damit waren es auch die schon längst verstorbenen Familienmitglieder, die einstmals aus europäischen Ländern nach Amerika aufgebrochen waren. Sie blieben lebendiger Teil im Bewusstsein ihrer Nachkommen.

Genogramm

An der darauffolgenden Weiterentwicklung des Stammbaums zur professionellen Genogrammarbeit haben Monica McGoldrick und Anne Ancelin Schützenberger (1919–2018) maßgeblichen Anteil (siehe auch Unterkapitel 4.1, S. 202).

Monika McGoldrick, auch sie eine Pionierin der Familientherapie, bezeichnet sich selbst »als irische Amerikanerin in vierter Generation, die mit einem griechischen Einwanderer verheiratet ist« (McGoldrick, 2007, S. 371). Gemeinsam mit Randy Gerson und Sueli Petry hat sie mit dem Buch »Genogramme in der Familienberatung« (2009) ein Standardwerk zum Thema geschaffen. Ein zweites Buch, »Wieder heimkommen. Auf Spurensuche in Familiengeschichten« (McGoldrick, 2007), geht Familiendynamiken anhand von Genogrammen berühmter Familien nach.

Begleitend zu dieser Entwicklung stellen sich Fragen nach dem Nutzen und der Nutzung des Genogramms, das auch Fachkräften zugänglich gemacht wird, die es nicht mit den Betroffenen gemeinsam erarbeitet haben. Es wird somit zu einer Art »Wissensfundus« für Fachkräfte *über* Familien und Personen statt *mit* ihnen. Es entfernt sich dann von der biografischen Bedeutsamkeit für die betroffenen Personen und Familiensysteme und damit auch vom biografischen Ansatz und wird eher zu einem methodischen Instrument für Fachkräfte.

> Der Begriff »Genogramm« setzt sich als sprachliche Neuschöpfung aus den Begriffen »Genealogie« (Ahnenforschung) und »Diagramm« (grafisches Schaubild) zusammen.

Mit den Veröffentlichungen von McGoldrick und Kolleginnen fand das Genogramm breiten Einlass in die systemische Arbeit und ist aus dem systemischen Ansatz nicht mehr wegzudenken. Das Genogramm stellt einen detaillierten Stammbaum dar, der mit »weichen« Fakten (besondere Begabungen, chronische Erkrankungen etc.) und Beziehungssymbolen angereichert wird, also mit der (Beziehungs-)Geschichte der Familienangehörigen. Familiengeschichte wird erforscht, indem diese Landkarte der Familienbeziehungen erstellt wird. Die Reflexion von Daten und die Frage zu deren Wissen und Nichtwissen lässt die Suche nach Deutungsmöglichkeiten aufkommen. Damit korrespondiert sie mit zentralen Themen der klassischen Biografiearbeit. Aus den Schnittmengen entsteht ein Ansatz zur systemischen Biografiearbeit.

Genosoziogramm

Anne Ancelin Schützenberger war Professorin für Psychologie an der Universität Nizza und Familientherapeutin. Sie hat das Genogramm zum Genosoziogramm weiterentwickelt. Was sie uns damit vorstellt, ist ausgesprochen spannend, auch aufregend. Sie bezieht in ihrem Ansatz Ebenen bis hin zum Jahrestagsyndrom bei gewalttätigen politischen Konflikten mit ein (so etwa beim Kosovo-Konflikt: Schützenberger, 2002, S. 234 f.).

Ihr in diesem aufsehenerregenden Buch »Oh meine Ahnen« vorgestellter Ansatz des Genosoziogramm ermöglicht einen tiefen Einblick in komplexe Systeme und deren Wechselwirkungen, die über das unmittelbare Familiengeschehen hinausweisen. Es »besteht aus einem detailliert ausgearbeiteten, möglichst weit zurückreichenden Familienstammbaum, bei dem zu jedem nahen und entfernten Verwandten neben den von Genealogen vor allem bevorzugten […] Daten auch Daten und Angaben gemacht sind von […] Krankheiten, Unfällen, Kriegen, Umzügen, Erfolgen und Enttäuschungen, Begünstigungen und Benachteiligungen bei Erbschaften oder Schenkungen oder zu wessen Vor- und Nachteil wer gekommen oder gegangen ist« (Horst, 2003, S. 43).

Schützenbergers Arbeit wiederum ist inspiriert von den Erfahrungen des französischen Psychiaters Henri Collomb (1913–1979). Er leitete in Dakar/Senegal ein psychiatrisches Krankenhaus und entwickelte dort einen transkulturellen Ansatz in der Behandlung seiner Patienten. Neben Psychiater:innen, Soziolog:innen und Ethnolog:innen arbeitete er jahrzehntelang mit afrikanischen Heiler:innen zusammen und berücksichtigte deren Umgang mit Familie und Ahnen. Die erlebbare Wirksamkeit dieser Heilrituale vermutete er in der gelungenen Vermittlung zwischen Sozialgruppe (Familie, Gemeinde), Vorfahren (verstorbene Angehörige) und symbolischer Ordnung (Werte, Verwandtschaftsregeln etc.). Bereits verstorbene Ahnen und mit ihnen die Vergangenheit wurden auf diese Weise einbezogen bei der Entstehung und Behandlung von Symptomen in der Gegenwart. Der afrikanischen Tradition folgend blieben außerdem während der Krankenhausbehandlung Familienmitglieder anwesend und hatten eine aktive Rolle im Kontext der Behandlung.

Durch diese Erfahrungen wurde es zu Collombs Anliegen, die Integration der modernen Psychiatrie in die afrikanische Kultur und Tradition und umgekehrt die Einbeziehung traditionellen afrikanischen Wissens in die moderne Psychiatrie zu fördern. In seiner Arbeit verband er gleichwertig Wissen der Psychiatrie und Wissen der Heiler:innen, ohne einen dieser Beiträge zu idealisieren oder zu untergraben.

1978 kehrte Henri Collomb nach Frankreich zurück. Sein in Afrika entwickelter Ansatz sollte in der psychiatrischen Klinik in Nizza französischen Fachkräften zugänglich gemacht werden. Anne Schützenberger begleitete als Professorin der Universität Nizza diesen Prozess. Allerdings starb Collomb ein Jahr später, und sein Tod setzte dieser Arbeit und Zusammenarbeit ein plötzliches Ende. Aber seine Inspirationen griff Schützenberger auf: Das von Collomb aus Afrika übermittelte Wissen über die Bedeutung und Wirkmächtigkeit der Ahnen und der Mehrgenerationendynamik hat sie in ihr Konzept des Genosoziogramms integriert.

> Das Genosoziogramm speist sich aus mindestens zwei Quellen: der europäischen Tradition des Familienstammbaums und der afrikanischen Tradition der Bedeutungsgebung der Ahnen und der Clanzugehörigkeit.

So wie das Geno(sozio)gramm auf der einen Seite den Stammbaum überschreitet, überschreitet es auf der anderen Seite den klassischen psychotherapeutischen Raum und weitet sich aus in den Bereich der Biografiearbeit.

»Der Klient [forscht] oft intensiv bei Standesämtern nach, bei kirchlichen Behörden, in Zeitungs- und Gemeindearchiven, in Geschichtsbüchern und genealogischen Dateien (z. B. im Internet), um Informationslücken zu füllen« (Schützenberger, 2002, S. 14). Hier, in dem innerlichen und äußerlichen Erforschen von Traditionen, Geschichten und verdeckten Erfahrungen sowie sozialen und gesellschaftspolitischen Mustern finden sich die verbindenden

Resonanzen und Schnittmengen zwischen Biografiearbeit und systemischem Ansatz.

> Unter Einbeziehung klassischer Methoden der Familienbiografie hat sich die systemische Beratung und Therapie in ihren Handlungs- und Deutungsräumen entwickelt und erweitert; durch den systemischen Ansatz hat die Biografiearbeit inhaltliche Vertiefung und Handlungsperspektive in zahlreichen Praxisfeldern gewonnen. Sie hat sich als systemische Biografiearbeit entwickelt.

Die Psychologin und systemische Lehrtherapeutin Evelyn Niel-Dolzer (Wien) beschäftigt sich in einem Aufsatz mit dem Thema »Biografie, Narrativ und Historizität – über den Unterschied zwischen Erzählen und Aneignen der eigenen Geschichte« (Niel-Dolzer, 2020). Darin schreibt sie, »es gehört zu unserer Existenz, dass wir unser gegenwärtiges ›Sein‹ nur im Kontext unseres ›Geworden-Seins‹ begreifen können.« Sie macht sich Gedanken darüber, »wie ›historisch‹ bzw. ›a-historisch‹ die Frage (und damit auch die Antwort auf die Frage) nach unserer ›biografischen Identität‹ in der Tradition systemisch-konstruktivistischer Denkfiguren […] angelegt ist.« Danach stellt sie »dieser konstruktivistischen Perspektive […] eine leib-phänomenologische Perspektive auf Zeitlichkeit und Gedächtnis (also Erinnerung und Vergessen) an die Seite« (S. 6).

Mit dieser leibphänomenologischen Perspektive schließen wir in gewisser Weise wieder an den Anfang des Kapitels an – bei Virginia Satir mit ihren auf Körpererleben basierenden erlebnisorientierten Methoden.

> In der systemischen Biografiearbeit spielt die leibphänomenologische Perspektive eine wesentliche Rolle, ist doch der Körper das elementarste »Material«, in dem sich unser Leben einschreibt. Und ist doch unser jeweiliges individuelles Leben zu Ende, wenn unser Körper aus seiner Aufgabe, lebendig zu sein, austritt. Wie viel auch immer Nachfahren dann noch mit uns zu tun haben werden: Unser individuelles Leben, unsere Geschichte beginnt und endet mit unserem Leib, sie ist eine leibhaftige Geschichte.

2 Theoretische Rahmung

Biografiearbeit beruht auf bestimmten theoretischen Annahmen und Perspektiven. Beleuchtet wird die Biografiearbeit im Hinblick auf die Auseinandersetzung mit individuellen wie sozialen Gedächtnisebenen, ihrem interdisziplinären Charakter, der Bedeutung des schöpferischen Ausdrucks und der Rolle der Mentor:innen als Hebammen.

2.1 Biografiearbeit als Arbeit mit individuellen und sozialen Gedächtnisebenen oder: »Ohne Anteilnahme kein Gedächtnis« (Christa Wolf)

Biografiearbeit ist Erinnerungsarbeit. Sie ist damit aufs Engste mit dem Gedächtnis verbunden. Um es exakter zu formulieren: Sie ist, je nachdem, welche Räume des Erinnerns erkundet werden, mit unterschiedlichen Gedächtnisebenen verbunden.

Die Fähigkeit, uns zu erinnern, ist abhängig vom Vorhandensein eines Beziehungsraumes. Ob unsere Erinnerungen konturiert werden oder sich abschwächen, ins Bewusstsein kommen oder im Ungefähren oder Leiblichen versinken, ist maßgeblich abhängig davon, was gehört und beantwortet, was überhört und mit Stillschweigen belegt oder was sanktioniert wird. Wenn wir von Gedächtnissen sprechen, sind deshalb neben dem individuellen, neurobiologisch definierten Gedächtnis, solche von Gemeinschaften gemeint, deren Trägermedium Kommunikation und Kultur sind.

Das individuelle Gedächtnis

Frühe Kindheitserinnerungen schwingen im Atmosphärischen und führen in diese Gestimmtheit zurück. Aus den im Gedächtnis aufsteigenden sinnlichen Eindrücken schließen wir, insofern wir die nötigen lebensgeschichtlichen Orientierungen haben, auf konkrete Zusammenhänge von Ort und Zeit.

Versetzen Sie sich einmal zurück – Lassen Sie sich einen Augenblick Zeit:

Lassen Sie eine frühe Kindheitserinnerung entstehen!
Was hören, riechen, sehen Sie darin?
Welche Gefühle und Stimmungen steigen auf?

Schreiben Sie einige Worte auf oder malen Sie ein Bild dazu mit der schreibungeübten Hand.
(Wo) Gibt es Ähnliches in Ihrem heutigen Erleben?

Die vier Gedächtnisebenen

Bewusste Erinnerungen werden ab etwa drei Jahren als Erinnerungsspuren im biografischen Langzeitgedächtnis gespeichert. Dabei bauen sie auf Grundlagen auf, die älter sind als die gespeicherten Eindrücke oder die – nimmt man das Wort »Erinnerungen« wörtlich – wirkliche Innerungen sind: Sie befinden sich im Inneren, sitzen uns in den Knochen, den Zellen, bilden unser implizites, unbewusstes Gedächtnis. Erst auf der Basis unbewusster leiblicher Erlebnisse im Zusammenhang mit nahen Menschen, die uns ihre Sprache und mit der Muttersprache ihre Gefühle und Deutungen weitergeben, entwickelt sich das individuelle biografische Gedächtnis.

Metaphorisch gesprochen können wir sagen: Das biografische Gedächtnis gleicht einer Reiterin. Sie braucht ein Pferd, um überhaupt eine Reiterin zu werden. Das Pferd bleibt jedoch Pferd, ob mit oder ohne Reiterin. Als Pferd fungiert in dieser Metapher das Körpergedächtnis.

Ein anschauliches Beispiel zu den Verbindungen zwischen impliziten und expliziten Erinnerungen findet sich bei Thomas Fuchs (2011, S. 295; zit. nach Niel-Dolzer, 2020, S. 15–17): »Über die Erinnerungen hinaus (gemeint sind die expliziten, bewussten Erinnerungen) ist das Elternhaus physisch in uns eingezeichnet. Es besteht aus einer Gruppe von organischen Gewohnheiten. Aus einem Abstand von zwanzig Jahren, allen anonymen, späteren Treppen zum Trotz, würden wir noch die Reflexe jener ›frühen Treppe‹ wiedererkennen, über eine bestimmte, zu hohe Stufe würden wir nicht stolpern [...]. Wir würden die Tür aufstoßen, die noch das gleiche Knarren hat, ohne Licht würden wir in den entlegensten Speicher gehen. Das Gefühl der kleinsten Klinke ist noch in unserer Hand.« So sei Vergangenes in unserem Leib eingeprägt – »freilich tiefer und nachhaltiger, als es das autobiografische Gedächtnis vermochte«.

Zwischen Körpergedächtnis und autobiografischem Gedächtnis finden sich Stufen des Übergangs und der Vermittlung. Sie lassen sich in vier Gedächtnisebenen mit je eigenen Ausdrucksformen darstellen (siehe Abbildung 1).

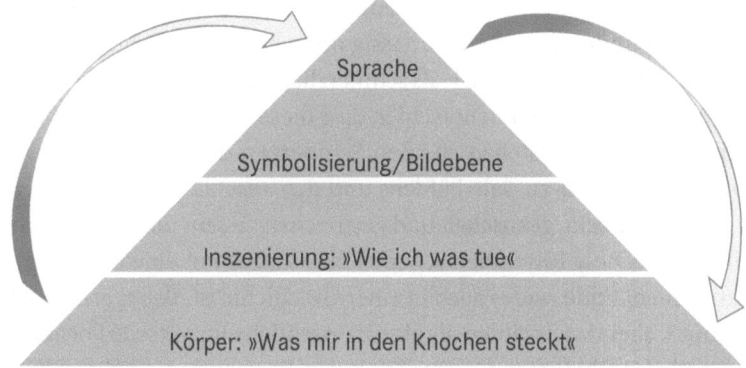

Abbildung 1: Die vier Gedächtnisebenen und ihre Ausdrucksformen (nach einer Anregung von Dr. Natascha Unfried in einem Seminar zur Psychotraumatologie, 2019 im SYIM, Kassel)

Der Prozess des Erinnerns läuft durch alle diese Ebenen und bleibt zirkulär. Was lebensgeschichtlich neu entwickelt wird, kommt hinzu, ohne dass das Vorherige aufgegeben wird. Viel von der sprichwörtlichen »Fülle des Lebens« verdanken wir der Zirkularität dieser Gedächtnisebenen. In der Biografiearbeit greifen wir mit unterschiedlichen Methoden immer wieder auf diese Zirkularität zurück, regen sie an und unterstützen ihre Differenzierung.

Was mir in den Knochen steckt – Körpergedächtnis

Bereits in der frühen Schwangerschaft, davon können wir ausgehen, beginnt sich das Leibgedächtnis zu entwickeln. Die grundlegenden Erlebensqualitäten, die der Fötus im Mutterleib vermutlich hat, sind: »wachsen und sich verwandeln« sowie »zugehörig sein«, also Wachstum und Bezogenheit. Mit diesem Grunderleben wird jeder Mensch geboren. Ihre qualitativen Ausprägungen sind unterschiedlich je nach körperlichem Schwangerschaftsverlauf, psychosozialer Befindlichkeit der werdenden Mutter und ihres familiären und gesellschaftspolitischen Umfeldes. Letzteres wirkt sich auf die schwangere Frau aus und hat damit Wirkung auf die Schwangerschaft. Zu diesem Werde-Erleben aus der Schwangerschaft kommen das Erleben der Geburt und der ersten Lebensmonate und Jahre hinzu, die ebenfalls nicht bewusst erinnert werden und doch wirksam bleiben.

In einem Vortrag beschreibt Siri Hustvedt, wie aus diesen nicht bewussten Erfahrungen, lange bevor ein Kind sprechen kann, erzählerische Bedeutung entsteht: »Das Kind kommt dazu, bestimmte Routinen des Fütterns, des Schaukelns, des Gehaltenwerdens und des Spielens zu erwarten. Diese Muster haben erkennbare Formen [...]. Sie sind erzeugt aus motorischen, sensorischen und affektiven Empfindungen. Die zuverlässig immer wiederkehrenden Störungen in diesem Rhythmus werden auch als schmerzhafte Brüche in einer antizipierten Melodie erkannt. Das Argument ist hier, dass diese Gefühle die Grundlage aller Bedeutung sind. Sie entstehen aus den Schmerzen des Hungers, der Magenkrämpfe oder des Sich-zu-kalt-Fühlens und den anschließenden Freuden, mit Milch gesättigt zu sein, gekuschelt und gestreichelt zu sein und sich unterhalten zu fühlen. [...] Diese Rhythmen schaffen ein Ganzes mit einem Anfang, einer Mitte und einem Ende, wie es auch in einer Geschichte ist. Babys erzählen keine Geschichten, aber das Erzählen als eine menschliche universelle Form beginnt in den wortlosen Rhythmen unserer Körper in Beziehung zu anderen Körpern, die eine präsymbiotische, emotionale Bedeutung haben« (Hustvedt, 2021).

<u>Wie ich was tue – Inszenierung unbewusster Verhaltensweisen</u>
Was nicht bewusst erinnert werden kann, kann auch nicht mit Sprache erzählt werden. Das frühe Erleben hat deshalb eine andere Form, in der es sich ausdrückt. Es spricht sich aus im Verhalten, zeigt sich in der Art und Weise von Aktionen in der Welt und Reaktionen auf die Welt. Frühe Erlebensmuster, wie sie oben beschrieben sind, werden in aktuellen Situationen durch Gefühls- und Handlungsmuster verlebendigt, ohne dass eine bewusste Absicht dahinter zu erkennen ist. In Inszenierungen lassen sich somit Handlungs- und Gefühlserinnerungen »lesen«: »Das ›szenische Erinnern‹ lässt sich als theatralischer Ausdruck latenter Erinnerungen in verdichteter Form« verstehen (Mahlke, 2013, S. 205).

Im unbewussten Verhalten aus den »Melodien« der frühen Kindheit, das wir Inszenierung nennen, sind wir mit dem Erleben noch ganz verbunden, wir sind eins damit. Es *ist* unser Leben. Wir sind darin nicht entzweit, zwiespältig, fragwürdig, also reflexiv – was wir als Inszenierung leben, ist Bedingung ohne Wahl und noch nicht Möglichkeit.

Die inszenierten Grunderfahrungen werden modifiziert, verstärkt oder abgeschwächt durch kontinuierlich hinzukommende Lebenserfahrungen, bilden aber den Grundstock, auf dem das biografische Gedächtnis aufbaut. Mit zunehmender Entwicklungsreife und durch Änderung der Umwelt treten manche dieser Inszenierungen allmählich ins Bewusstsein. Es wird uns z. B. klar, dass wir wieder einmal ins gleiche Fettnäpfchen getreten sind, dass wir schon wieder ausgewichen, uns schon wieder überfordert haben, und wir fangen an, uns zu fragen, was wir mit den Umständen, in die wir geraten, zu tun haben.

In der Biografiearbeit können in Erinnerungen »Inszenierungslieblingsmuster« durch Erzählen zutage treten oder es kann nach ihnen »gefahndet« werden. Erinnerungen aus dem impliziten Gedächtnis sind zwar als solche nicht zugänglich, »Unbewusstes ist als solches nicht erfahrbar«, aber es wird »aus den Bildern, die wir aus ihm schöpfen, zugänglich. Der Prozess der Transformation bleibt unanschaulich. Das Gestalten hilft uns zu seiner Anschauung« (Biniek, 1982, S. 114).

Ins Bild gebracht – Symbol-/Bildebene

In der dritten Gedächtnisebene ist der Übergang angezeigt von der Inszenierungs- zur Symbolisierungsebene. Damit einher geht der Übergang vom Erleben ins Erfahren. Mit der Symbolisierung gebe ich Erlebtem einen gestalteten Platz. Ich kann dann, was ich gestaltet und damit symbolisiert habe, betrachten aus einer Position der bezogenen Distanziertheit. Nun habe *ich* eine Erfahrung, statt dass das Erleben *mich* hat.

Die Erlebensebene geht dabei in den Gestaltungsprozess über: Ich erlebe mich als Schöpfer:in meiner Welt. Der Satz des documenta-Künstlers Joseph Beuys »Jeder Mensch ist ein Künstler« spricht die Bedeutung dieses Ebenenwechsels an.

In der Biografiearbeit unterstützen wir diesen Gestaltungsprozess, in dem Erleben zu Erfahrung, Eindruck zu Ausdruck wird. Was gestaltet, also symbolisiert ist, ist dem eigenen Erinnerungsvermögen als Erfahrung zugänglich. Damit sitzt Erlebtes nicht mehr im Körpergedächtnis fest und die mit dem Erleben verbundene Inszenierungsenergie nimmt ab.

Sprache

Durch Benennen und Erzählen werden Erfahrungen Bestandteil des biografischen und sozialen Gedächtnisses. Ohne Sprache gibt es kein biografisches Gedächtnis.

Indem ein Kind zunächst passiv, später aktiv über eine repräsentationale Sprache zu verfügen lernt, wird es ihm möglich, sich jenseits seiner unmittelbaren Gegenwart zu imaginieren – z. B. als jemand, der *gestern* (Zeit) im *Kindergarten* (Ort) Geburtstag gefeiert hat (mit Emotionen verbundenes Ereignis).

Normalerweise haben Kinder in ihren Familien die Möglichkeit, nach Erlebnissen aus ihrer Vergangenheit zu fragen bzw. diese tauchen als Anekdoten, Bemerkungen, auch Beschwerden in der Alltagskommunikation auf: »So war das bei deiner Geburt«, »Wo bin ich denn mit meinem Roller hingefallen?« »Was du am liebsten gegessen hast, waren Bratkartoffeln«. Dadurch können die unbewussten Erfahrungen der ersten Lebensjahre zum Teil verbalisiert, spätere Erinnerungen konkretisiert und Deutungen der Erinnerungen verändert werden. So formt und differenziert sich über Jahre die innere Landkarte des eigenen Lebens aus. Markowitsch und Welzer (2005) gehen davon aus, dass die Fähigkeit zur selbstständigen autobiografischen Erinnerung erst mit Beginn des jungen Erwachsenenalters erreicht wird.

Damit sich das biografische Gedächtnis des Kindes entwickelt, braucht es also nahe Menschen, die mit ihm über seine Erlebnisse kommunizieren und diese dadurch in ein übergeordnetes, soziales Gedächtnis einordnen.

Das autobiografische Gedächtnis –
und der Umgang mit Erinnerungsprozessen
Neurobiologisch betrachtet, gehört das autobiografische Gedächtnis zum Langzeitgedächtnis und liegt im Hippocampus, im Frontlappen und im Temporallappen. Seine zentralen Merkmale sind, dass emotional bedeutsame Ereignisse in die Dimensionen von Zeit und Ort eingeordnet werden und dass diese Inhalte an das Bewusstsein und die Selbstreflexion gekoppelt sind (nach Alley, 2019, S. 41). Mit den drei Markierungen Ort, Zeit, emotionales Ereignis entsteht symbolisch ein Raum der Identität, ein Zeiten-Raum, in dem das Ich sich finden und verorten kann (siehe Abbildung 2).

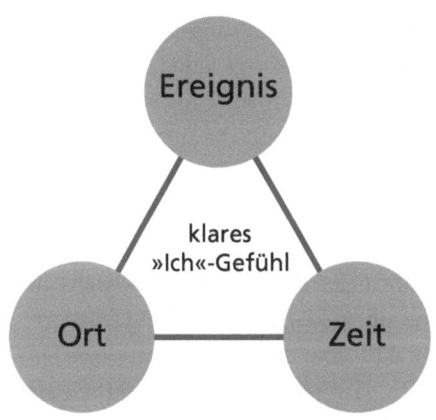

Abbildung 2:
Drei Grundaspekte des biografischen Gedächtnisses

Versetzen Sie sich einmal zurück – lassen Sie sich einen Augenblick Zeit:

»Das war so schön!«
Welche Erinnerung aus Ihrer Kindheit taucht mit diesen vier Worten auf?
Lassen Sie Ort, Tageszeit, Jahreszeit vor Ihrem inneren Auge entstehen.

Schreiben Sie dazu einen kleinen Text oder malen Sie Ihre Erinnerung.
Wie war Ihr Körpergefühl, Ihre Gestimmtheit?
Geben Sie der Episode eine Überschrift.

Wie fühlen Sie sich jetzt?

Was ich erinnere, wo ich Ort, Zeit und Ereignis kenne, das habe ich zur Verfügung, da bin ich »anwesend im eigenen Haus«.

Aber neben dem Auserzählen von gut Erinnerbarem treffen wir in der Biografiearbeit auf Menschen, die sich mit mehr oder weniger gravierenden Lücken in ihren Erinnerungen konfrontiert sehen und einen Umgang damit suchen. Stehen ein oder gar zwei der oben genannten »Fixpunkte« nicht zur Verfügung (siehe Abbildung 3), entsteht in Bezug auf die eigene Person ein diffuses Gefühl. Ein emotionales Ereignis, von dem wir nicht (mehr) wissen, wo es war oder wann es sich abgespielt hat, setzt innere Suchbewegungen in Gang. Dies beginnt bereits bei Urlaubserinnerungen, die wir nicht mehr klar einordnen können.

> Versetzen Sie sich einmal zurück – lassen Sie sich einen Augenblick Zeit:
>
> »Ich erinnere mich nicht genau an ...«
> Was fällt Ihnen dazu ein?
>
> Welcher Erinnerungsaspekt fehlt Ihnen dabei?
> Was würden Sie gerne genauer wissen?
>
> Wie erklären Sie sich Ihren Wunsch danach?
> Was könnten Sie tun, um Ihre Erinnerungen zu vervollständigen?

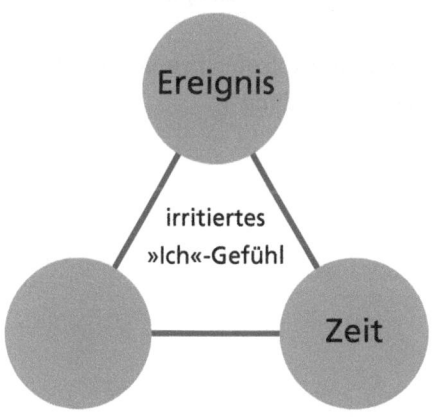

Abbildung 3:
Irritation des »Ich«-Gefühls durch fehlende Kenntnis eines Grundaspekts

Bei schwerwiegenderen Wissenslücken bleibt das eigene Identitätsgefühl in der Schwebe. Es können Suchbewegungen entstehen, deren Ausrichtung diffus bleibt. Das folgende Beispiel illustriert dies.

> **Beispiel**
> Ein etwa 30-jähriger Mann erklärt, keine Eltern zu haben. Während meiner Arbeit mit ihm stellt sich heraus, dass er als 15-Jähriger mit seiner Cousine als Flüchtling aus Eritrea nach Deutschland kam. Seine Eltern sind ebenfalls geflüchtet, an ihm unbekannte Orte geflüchtet, seine Familie hat er »vergessen«. Er erinnert das Ereignis der Flucht als Reise im Flugzeug und er erinnert die Zeit danach in Deutschland. Sein Leben in Afrika mit seiner Familie hat er ausgeblendet. Das Wahrnehmen der Ausblendung ist sowohl mit heftigen Gefühlen als auch mit Bluthochdruck verbunden. Über eine längere Zeit setzt er sich mit beidem auseinander und nähert sich innerlich dem »Ort« Afrika und seiner Herkunft an. Schließlich bricht er zu einer ersten Reise in seine alte Heimat auf. Dort nimmt er »nur« wahr: Gerüche, Klänge, Licht, Leben. Und kommt erfüllt zurück. Bei einer zweiten Reise traut er sich, Menschen aufzusuchen, die ihn von früher kennen oder ihm Genaueres über »damals« erzählen können. Die Vorstellung, keine Eltern und keine Herkunft zu haben, weicht konkretem Wissen über Ereignisse, die für sein Leben entscheidend waren. Es entstehen Beziehungsfäden in sein altes Leben – und für sein neues. Er verliebt sich in seiner ersten Heimat und wird mit dieser Frau später in seiner neuen Heimat eine Familie gründen.

Was nicht erinnert oder rekonstruiert werden kann, lässt sich in der Biografiearbeit als Nichtgewusstes markieren: Ist dieses markiert, kann die Person auf die Suche gehen, wenn und falls sie sich dafür entscheidet. Oftmals ist dies eine Frage des stimmigen Zeitpunkts, des inneren und äußeren »günstigen Augenblicks«.

Eine andere Situation finden wir vor, wenn die expliziten Erinnerungen und die Datenlage noch rudimentärer sind (siehe Abbildung 4).

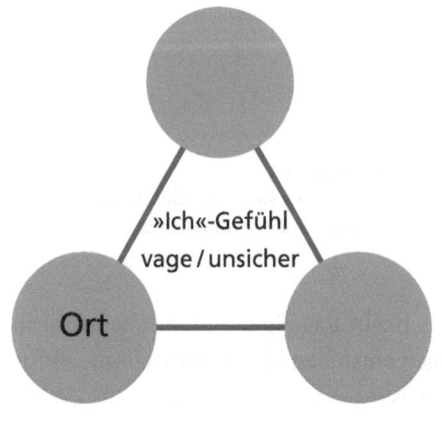

Abbildung 4:
Unsicherheit/Vagheit des »Ich«-Gefühls durch fehlende Kenntnisse über zwei Grundaspekte

> **Beispiel**
> Während eines Gesprächsabends zur Biografiearbeit mit Adoptiveltern höre ich von einem Vater folgenden Bericht: Seine Adoptivtochter wurde als neugeborenes Kind in eine Babyklappe gelegt. Sie war eingewickelt in ein blaues Handtuch. Ansonsten gab es keine Verbindung zu ihrer Mutter und dem Prozess ihrer Geburt. Was können die Adoptiveltern tun, um die Verbindung des Kindes zu seiner Herkunft, zur mystischen Zeit seines Ursprungs aufrechtzuerhalten? Auf Nachfrage erzählt der Vater, wie sie mit der Situation umgehen: Sie haben das blaue Handtuch aufgehoben als den bedeutsamen symbolischen Gegenstand, der mit dem emotionalen Ereignis der Geburt des Kindes und damit mit seiner leiblichen Mutter verbunden bleibt. Sie fahren in der Geburtstagswoche des Kindes zu seinem »Findeort«, »besuchen« die Babyklappe und feiern dann das Ereignis des Lebens mit Eis essen. Dieser Umgang ist bemerkenswert. Die Adoptiveltern sorgen so für eine »homöopathische Dosis« Zeit, Ort und emotionales Ereignis, sodass das Kind eine Chance bekommt, seinen Lebensanfang im biografischen Gedächtnis zu verankern.

Haben wir nur die Ahnung von »etwas« ohne Kontext, bleibt eine Leere, die uns verletzlich und indifferent zurücklässt. »Etwas geistert« in uns herum. Oftmals wird nicht gewusst, nach was gesucht werden könnte (siehe Abbildung 5). Dies trifft z. B. auf Menschen zu, die in ihrer Kindheit einer Zwangsadoption ausgesetzt waren. So wurden z. B. Kinder von Regimegegnern in der DDR nach der Geburt in regimetreue Familien gegeben, das Gleiche passierte unter der Militärdiktatur in Argentinien. Einige von ihnen berichten, dass sie sich als Kind nie »richtig fühlten«, ohne sagen zu können, was nicht stimmte (man beachte die Verschiebung der Aussage, wenn die Betonung auf *fühlen* statt auf *richtig* liegt).

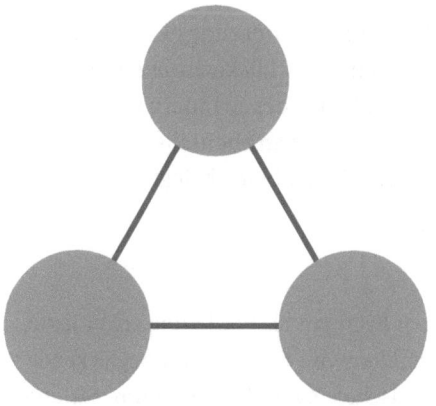

Abbildung 5:
Leere/Verletzlichkeit/Indifferenz
des »Ich«-Gefühls durch völlig fehlende
Kenntnisse von Grundaspekten

Erst das Wissen über ihre spezifische Herkunft nach einem Regimewechsel ermöglichte eine innere Verortung, da erst mit diesem Wissen das bedeutsame emotionale Ereignis auftauchte. Eine Entscheidung für oder gegen die Suche nach der Herkunftsfamilie kann sich danach entwickeln.

> **Beispiel**
> Einige Jahre nach dem Ende der neostalinistischen Diktatur unter Ceausescu 1989 wird aus Rumänien ein 8 Wochen altes Kind adoptiert. Die Adoptiveltern wissen nur, dass seine Mutter sehr arm war und mit zahlreichen älteren Kindern auf der Straße lebte. Für die Adoption des Kindes wurde Geld bezahlt, das zum Teil an die Familie, zum Teil an einen Notar ging. Als die Adoptiveltern mich aufsuchen, ist der Sohn bereits im jungen Erwachsenenalter. Er ist drogenabhängig und lebt teilweise auf der Straße. Die Adoptiveltern sind am Rande ihrer Kräfte, die Adoptivmutter wirkt ausgezehrt. Der Adoptivsohn möchte sich mit seiner Herkunft nicht beschäftigen. Es lässt sich als Hypothese annehmen, dass die spezifische Mischung aus schmerzlichen, rudimentären Informationen und Nichtwissen für ihn zu bedrohlich und die Bodenlosigkeit zu tief sind. Der Schritt in die Symbolisierung und in die Sprache hin zu Fragen nach der eigenen Identität sind (noch) zu belastend und übersteigen seine Kräfte. Stattdessen beschäftigen sich nun die Adoptiveltern mit ihrer Geschichte der Adoption und der Herausforderung, die ersten – die leiblichen Eltern – in ihrem Sosein und ihren Lebensumständen als real bleibende Wirkkräfte für »ihr« Kind zur Kenntnis zu nehmen. »Obwohl wir doch so viel für ihn getan haben«, lebt der Sohn jetzt »auf der Straße« – und nähert sich damit im Sinne der Inszenierung unbewusster Erfahrungen den mütterlichen (und damit auch seinen) Lebensbedingungen während der Schwangerschaft und möglicherweise auch in den ersten Wochen seines Lebens an.

In der Biografiearbeit werden Wissenslücken bei erinnerungswerten Themen als solche gekennzeichnet und in ihrer Wirkung als Lücke auserzählt; es sind die sogenannten weißen Flecken auf der Landkarte des Erinnerns.

Realisierte, sehr schmerzhafte Erfahrungen können ebenfalls markiert und als Bereich der Nichterzählung benannt oder mit Symbolen belegt werden, auch mit Symbolen des Schutzes.

> **Beispiele**
> Für eine Frau, die in Begleitungskontexten Erinnern als Forderung erlebt hatte, war dies im Vorgespräch zur Biografiefortbildung eine öffnende und beglückende Zusicherung: »Wir machen einen symbolischen Zaun darum herum. Sie ent-

scheiden, wohin Sie in Ihrer Lebenslandschaft gehen, wie weit Sie von diesen Themen wegbleiben oder sich annähern.« Ihr Gesicht leuchtete auf: »Ich muss mich nicht wohin prügeln?« »Nein, das müssen Sie nicht.« Anteilnahme und das Akzeptieren ihrer Erinnerungsangst öffneten dieser Frau im Verlauf der gemeinsamen Arbeit den Raum für Selbstanteilnahme, Erinnerungsbereitschaft und Akzeptanz des Erlebten.

Eine 70-jährige Frau markierte zu Beginn einer biografischen Gruppe von sich aus deutlich ihre Grenze der Erinnerungsbereitschaft: »Mein Vater war in der SS. Aber dazu möchte ich nichts machen.« Sehr viel später erinnerte ich sie einmal daran, dass sie dieses Wissen mit Nichterinnern belegt hatte. Auch das hatte sie vergessen und wunderte sich, kam aber auf dieses Thema nicht zurück.

Traumatische Situationen sind verkapselt; sie zeigen sich im Verhalten durch Inszenierungen und durch Flashbacks. Bewusstes Erinnern ist dann bedrohlich und bedarf besonderer Unterstützung. Traumatische Einschnitte zu markieren, um sie erinnerungsmäßig »umschiffen« und damit handhaben zu können, kann, wie oben beschrieben, als Entlastung in der Gegenwart erlebt werden.

Mentor:innen übernehmen durch ihre professionelle Anteilnahme die Zeugenschaft. Sie fördern und lenken damit Bezogenheiten zwischen den unterschiedlichen Gedächtnisebenen, die miteinander schwingen: Empfindungen, noch unklare Erinnerungsschnipsel, Nacht- und Tagträume, Impulse, Assoziationen werden ausgedrückt, gestaltet und erfahren Einordnung und Sinngebung. Das Pferd (Körpergedächtnis), um ins Bild zurückzukehren, geht nicht mit der Reiterin (autobiografisches Gedächtnis) durch und die Reiterin vergisst nicht ihr Pferd. Es entsteht viel eher ein aufeinander abgestimmtes Bewegtsein. Für die komplexen Wechselwirkungen zwischen den beschriebenen Gedächtnisebenen spricht auch nachfolgendes Zitat: »George Lakoff und Mark Johnson behaupten in ihrem Werk von 1980 ›Leben in Metaphern‹, metaphorische Begriffe entsprängen einer gelebten körperlichen Erfahrung, die sie als Elementarerfahrung bezeichnen. Die auf verkörperte Elementarerfahrungen zurückgehenden metaphorischen Begrifflichkeiten sind nicht notwendigerweise gleichermaßen elementar, und ihre Bedeutungen variieren von Kultur zu Kultur, aber begriffliche Metaphern werden durch körperliche Realitäten generiert – durch ein im Raum sich bewegendes Wesen, das Gefühle und Empfindungen in der Welt hat« (Hustvedt, 2019a, S. 261 f.).

Sich erinnern in der Biografiearbeit führt damit zur Verinnerlichung, zu einer stärkeren Verbindung zwischen den Gedächtnisebenen. Und zu dem Erleben, bei mir selbst, in meinem Körper, zu Hause zu sein. »In einer Auseinandersetzung mit Erkenntnissen von Freud sowie der neurowissenschaftlichen und phänomenologischen Forschung behaupte ich, dass ein körperliches, affektives, zeitloses Kernselbst den Boden für das narrative, zeitliche Selbst, für das autobiografische Gedächtnis und für Erzählliteratur abgibt und das Geheimnis von Kreativität nicht in sogenannten höheren kognitiven Prozessen liegt, sondern in traumartigen Rekonfigurationen emotionaler Bedeutungen, die unbewusst erfolgen« (S. 307).

Unser individuelles biografisches Gedächtnis entwickelt sich, dies ist deutlich geworden, im Zusammenhang mit den uns umgebenden und versorgenden Umwelten und entstand im personalen Refugium der versorgenden erwachsenen Personen. Die Rahmung des individuellen Gedächtnisses durch die Mitwelt bleibt auch im Erwachsenenalter bestehen. Damit ist das individuelle Gedächtnis an weitere, an soziale Gedächtnisse gebunden.

Gesellschaftliche Gedächtnissysteme

In der Darstellung von gesellschaftlichen Gedächtnissystemen lehne ich mich an die Definitionen von Aleida Assmann (Literatur- und Kulturwissenschaftlerin) und Jan Assmann (Ägyptologe) an. Sie unterscheiden:
- *Das soziale oder kommunikative Gedächtnis* ist an Familie und Gruppen gebunden, in denen sich das Leben abspielt. Das Erinnern geschieht dementsprechend im Alltäglichen, vorzugsweise im Gespräch. Deshalb taucht an dieser Stelle auch der Begriff des kommunikativen Gedächtnisses auf.
- *Das kollektive Gedächtnis* meint die Ebenen der Nation, Religion oder anderer großer Kollektive, wie wir sie z. B. auch im Sport finden. Es wird in ritualisierten Handlungen und mythischen Bildern vollzogen.
- *Das kulturelle Gedächtnis* manifestiert sich in den Kanons von Büchern, Bildern, Museen, Archiven und anderen Medien. Es muss von jeder Generation neu ergriffen werden, um wirksam zu bleiben und wird von jeder Generation erweitert.

Jeder Mensch steht erinnerungs- und identitätsbezogen in diesen komplexen Gedächtnisräumen, die sich stetig wandeln, so wie sich auch unsere Stellung darin verändert. Wenn wir den Rahmen unseres Lebens wechseln, »gehen die relevanten Bezüge verloren und die Erinnerungen verblassen, oder wir vergessen Dinge und Ereignisse, die wir schon einmal wussten. Solche Umarbeitungen verweisen auf den starken Gegenwartsbezug unseres Gedächtnisses, und sie verdeutlichen, dass wir Vergangenheit weniger rekonstruieren, sondern uns eher ein Bild von ihr machen« (Jureit, 2019, S. 142 f.). In der Biografiearbeit werden »Rahmungen« vergangener Zeiten wiederentdeckt und belebt, ihre einstmalige Präsenz und deren Verblassen reflektiert und emotional verarbeitet.

Das soziale oder kommunikative Gedächtnis

Das soziale Gedächtnis umfasst mehrere Generationen und dient dem Zusammenhalt von sozialen Gemeinschaften. Das Erinnern geschieht im Alltäglichen, im Gespräch mit denjenigen, mit denen man gemeinsam lebt, liebt, streitet, isst, arbeitet, spielt. Es umfasst, je nach Generationsbreite, einen Erinnerungszeitraum bis ca. 80 Jahren, also den Zeitraum, in dem mündlich Erzähltes von nachfolgenden Generationen im Gedächtnis behalten und weitererzählt werden kann. Dabei bleiben auch bereits verstorbene Personen gegenwärtig. Das kommunikative Gedächtnis bewegt sich mit der Zeit, d.h. frühere Erinnerungen verschwinden beständig und beständig werden neue hinzugefügt.

Bei Menschen, die Betroffene und damit Zeitzeugen bedeutsamer Ereignisse waren, wächst im Alter der Wunsch nach Aufarbeitung und Weitergabe, denn »was heute noch lebendige Erfahrung ist, wird morgen nur noch über Medien vermittelt sein. Dieser Übergang drückt sich […] in einem Schub schriftlicher Erinnerungsarbeit der Betroffenen sowie einer intensiven Sammelarbeit […] aus« (Assmann, 2007, S. 51). In der Biografiearbeit entspricht das der Motivation alt gewordener Menschen, für die Nachkommen festzuhalten, »wie es gewesen ist«. Damit sind Beschreibungen von Alltagshandlungen, Gegenständen und deren Gebrauch, die Art zu feiern, zu trauern usw. mitgemeint. Es besteht eine Tendenz, den eigenen Werten entsprechend, selektiv mit der Weitergabe von Erinnerungen umzugehen.

> **Beispiel**
> Mit einer Gruppe alter Männer arbeitete ich in den 1990er Jahren an einer Publikation zur Ortsgeschichte, die zu einer Jubiläumsfeier herausgegeben werden sollte. Es wurden Fotos, private Dokumente und Erinnerungen zum »Lauf der Zeit« zusammengetragen. In diesem Ort gab es in den 1930er Jahren eine aktive kommunistische Arbeiterschaft. Bei einem Treffen wurde erzählt, dass einer dieser Arbeiter von seinem Nachbarn an die Gestapo verraten wurde. »Aber das schreiben wir nicht«, wehrten sich die Männer, als ich diese Geschichte mit aufnehmen wollte. »Deren Söhne und Enkel sind ja heute noch Nachbarn. Die haben schon auf der Schulbank nebeneinandergesessen. Was sollen die denn denken?«

Dies ist ein Beispiel, wie ein Ereignis in der beteiligten Gruppe zwar erinnert, aber durch Entscheidung dem Vergessen übergeben wird: »Wenn wir tot sind, weiß das keiner mehr. Das ist auch gut so.« Der Konflikt bleibt im kommunikativen Gedächtnis und wird nicht integriert in das kulturelle Gedächtnis des Ortes. In der Einschätzung der Männer barg die Erinnerung eine zu unberechenbare Dynamik und war noch »aktiv«, hätte also zu möglichen gegenwärtigen Verwerfungen führen können.

Biografische Recherchen, die sich um angedeutete Geheimnisse, offene wie verdeckte Konflikte, um Auseinandersetzungen mit Familienwerten drehen, beziehen sich oftmals auf die Ebene des sozialen und kommunikativen Gedächtnisses. In der biografischen Praxis realisiert sich die Arbeit mit diesem Gedächtnis z. B. durch Erkundungsgespräche mit Angehörigen, auch ausgeschlossenen oder »vergessenen« Familienmitgliedern, deren Perspektive plötzlich interessant wird. Die Arbeit mit Fotos, das Aufsuchen von Lebensorten früherer Generationen etc. belebt diese Gedächtnisebene. Dabei treten oftmals Aspekte zutage, die für die Biografisierenden zu einer Neuordnung oder Erweiterung der Familiengeschichte führen.

Nicht selten gibt es ein Bedauern, weil Wissen aus dem kommunikativen Gedächtnis durch den Tod von Großeltern, Eltern oder nahen Angehörigen nicht mehr zur Verfügung steht. Dann hört man Sätze wie »Hätte ich ihnen doch damals zugehört. Da wollten sie immer erzählen. Aber da habe ich mich noch nicht interessiert«. Auch dieses Bedauern und die Grenzen des Wissens gehören dann in den biografischen Prozess.

Das kollektive Gedächtnis

> Versetzen Sie sich einmal zurück – lassen Sie sich einen Augenblick Zeit:
>
> Erinnern Sie sich an einen großen Fest- oder Gedenktag aus ihrer Kindheit!
> Was trug zur festlichen Stimmung bei?
> Welche Gemeinschaft mit welchen Werten wurde für Sie in der Feier bekräftigt?
>
> Beschreiben Sie in einer kleinen Skizze das Fest oder malen Sie ein Bild dazu.
> Wie haben Sie sich damals gefühlt?
> Wie schauen Sie heute darauf?

Das kollektive Gedächtnis zeichnet sich durch Alltagsferne aus. Das Gedächtnisdreieck – Zeit, Ort, emotionale Bedeutung – gilt aber auch hier. Um ein Geschehen ins kollektive Gedächtnis zu integrieren, braucht es zeitliche und räumliche Verbindlichkeit, also die ritualisierte Wiederholung des Begehens bis in seine Formgebung hinein. Diese zielt auf emotionale Auflagung ab.

Wiederholungen werden durch Ritualisierung von Körperhaltung, Kleiderordnung, Sprachformeln, Musik, räumlicher Arrangements sichergestellt. Kollektive Gedächtnisinhalte können so über Jahrtausende hinweg latent oder aktiv verfügbar bleiben, wie das z. B. bei den großen religiösen Festen der Fall ist.

Mit kollektivem Gedächtnis sind somit die »Gedächtnisse« von Nationen und Religionen gemeint, ebenso die Gedächtnisse von Fußballvereinen, politischen Parteien, Fastnachtsvereinen, aber auch die von »exklusiven« Gemeinschaften wie Lionsclub, Hells Angels oder Mafiaclans mit ihren spezifischen Riten. Das strukturierte und zeitlich andauernde Zelebrieren von Bedeutung vermittelt den jeweiligen Mitgliedern Identität und Zugehörigkeit. Will ein Kollektiv überdauern, braucht es ein gemeinsames Gedächtnis. Deren Gedächtnisspeicher sind:

- offizielle Gedenktage wie Weltgebetstag, Internationaler Frauentag, Militärparade zum Tag des großen Sieges in Russland, Internationaler Tag des Gedenkens an die Opfer des Nationalsozialismus
- Feiertage wie Tag der Deutschen Einheit, Weihnachtsfeiertage, aber auch die Spiele der Fußballweltmeisterschaft, Rosenmontag
- Eintritts- und Austrittsriten wie Taufe, Festakte beim Schulabschluss, Hochzeit, Vereidigungen in der Politik und der Bundeswehr
- repräsentative Gebäude, z. B. Notre Dame in Paris, der Deutsche Bundestag in Berlin, die Elbphilharmonie »Elphi« in Hamburg, der eingestürzte Twin Tower in New York.

Was aus dem großen Fundus des kollektiven Gedächtnisses aktiviert wird, hängt davon ab, welche Gegenwartsbedeutung dem jeweiligen Inhalt gegeben wird und wie die gesellschaftliche Macht in Bezug auf die Durchsetzung eines Narrativs verteilt ist. Dies unterliegt permanenten gesellschaftspolitischen Auseinandersetzungen. So gab es beispielsweise für den »Tag der deutschen Einheit am 3. Oktober«, den Tag der Unterzeichnung des Staatsvertrags für Deutschland, einen Gegenvorschlag. Alternativvorschlag war der »Tag des Mauerfalls«, also der 9. November. Dieser Vorschlag setzte sich nicht durch. Für diejenigen Menschen, die an den Montagsdemonstrationen in der DDR teilnahmen, kann die Entscheidung für den 3. Oktober als Tag des Erinnerns durchaus zugleich ein biografisches Ereignis sein: Denn der Wert eigener Erfahrungen verändert sich, je nachdem, welchen Platz diese im kollektiven Gedächtnis einnehmen. Veränderungen im kollektiven Gedächtnis, z. B. durch das Ende der DDR und der alten BRD und die damit einhergehenden Verluste, Wandlungen und Neuerungen von Gedenktagen und gesellschaftlichen Ritualen, erfordern Neuordnungen der Gedächtnisinhalte im individuellen Gedächtnis.

> **Beispiel**
> In einer Biografiegruppe tritt eine Frau klar und entschieden für sich, ihre Interessen und Sichtweisen ein. Dieses gilt, so wird an einer aktuellen Episode deutlich, auch gegenüber hochrangigen Vorgesetzen. Sie schildert der Gruppe mit viel Humor und Esprit ihren Schlagabtausch mit dem Chef einer Landesbehörde. Andere Biografisierende hören ihr irritiert, erschrocken, bewundernd zu und kommentieren ihre Erzählung entsprechend. »Ja, was denkt ihr denn!«, fragt die Erzählerin. Ja, was denken die anderen?
>
> Für die unterschiedlichen Umgänge und Emotionen führt die biografische Spur zur unterschiedlichen Gesetzgebung in der DDR und BRD. Besagte Frau wuchs in der DDR auf. Für sie war und ist selbstverständlich: Frauen arbeiten, und zwar viel und hart. Ihre Mutter und ihre Großmutter und alle anderen Frauen, die sie kannte, hatten ihr eigenes Geld, waren wirtschaftlich unabhängig und sagten, was sie dachten und wollten.
>
> Auf diesem Hintergrund zeigt sich die Frauensozialisation in der BRD mit neuer Schärfe: Die Mütter der westdeutschen Frauen waren sogenannte Nur-Hausfrauen gewesen oder hatten während der späteren Familienphase in Teilzeit gearbeitet. Die wirtschaftliche Sicherung der Familie geschah durch den Ehemann, d.h., die Mütter dieser Frauen befanden sich in wirtschaftlicher Abhängigkeit. Dies machte Vorsicht im Umgang mit eigenen Sichtweisen und Bedürfnissen erforderlich, was vermutlich auch Sinn der Gesetzgebung war: Bis 1977 war es in der BRD geltendes Recht, dass der Ehemann seiner Frau die Erwerbsarbeit erlauben musste. Im kollektiven Gedächtnis waren (und sind zum Teil immer noch) diese divergierenden Erfahrungen durch unterschiedliche Gedenktage repräsentiert: In der DDR wurde der »Internationale Frauentag« begangen, in der BRD »Muttertag« gefeiert.

Hier wird deutlich: Was Biografisierende sich »erlauben« oder nicht, welche biografischen Erinnerungen auftauchen, hängt maßgeblich auch von kollektiven Gedächtnisinhalten und ihrer (Nicht-)Aufarbeitung, also der Rahmung der individuellen Erfahrungen, ab.

In der Biografiearbeit tauchen kollektive Rahmungen im Kontext von Erinnerungen an die eigene Sozialisation auf und beinhalten eine Wiederbegegnung und Auseinandersetzung mit persönlichen und gesellschaftlichen Werten, wie z.B. katholische Kindheit mit einem süchtigen Elternteil. Die kollektive Rahmung wird zudem ein wichtiges Thema bei Systemwechseln als Forderung zur »Neuordnung« des Gedächtnisses, wie im obigen Beispiel von der »DDRlerin« zur »Gesamtdeutschen« zur »Ostdeutschen«, oder von der »Afghanin« zum »Flüchtling aus Afghanistan«, zur »anerkannten Asylantin in Deutschland«, zur »Deutschen afghanischer Herkunft«. Viele ehemals Westdeutsche haben diesen Rahmenwechsel vermutlich nur schwach vollzogen und die Veränderung hauptsächlich als Aufgabe »der anderen Seite« gedeutet.

Biografische Themen, die keinen Platz im kollektiven Gedächtnis haben, gehen emotional oft mit Scham, Abwertung oder Vergessen einher. Hier bedarf es vonseiten der Mentorin eines feinen, kontrapunktischen Hinhörens und einer Ermutigung für das Erzählen (siehe auch Unterkapitel 3.4, S. 157).

Das kulturelle Gedächtnis

> Das Haus meiner Kindheit – und mein Weg dorthin ...
> Ein Kinderlied, das mir in den Sinn kommt – und die Person, die es mir sang ...
> Der Lernstoff, den ich nicht verstand – und der andere, der mich begeisterte ...
> Die Art, zu tanzen in meiner Jugend – und wie ich mich dabei fühlte ...

All diese Erinnerungen schöpfen aus dem Füllhorn des kulturellen Gedächtnisses, in das hinein wir geboren werden und das uns mit anderen verbindet und zugleich von ihnen unterscheidet. »Das kulturelle Gedächtnis erweitert oder ergänzt die Alltagswelt [...] und heilt auf diese Weise die Verkürzungen, die dem Dasein durch den Alltag widerfahren« (Assmann, 2007, S. 57).

Gespeichert und gespeist wird es von Musik und Tänzen, von Literatur, von Gemälden und Museen, in Archiven und Gesetzestexten, aber auch in den Anlagen von Städten, in Gebäuden und anderen Strukturen, die innerhalb einer Gesellschaft geschaffen wurden. So sind Menschen von den Landschaften, in denen sie aufgewachsen sind, geprägt, von ländlichen oder städtischen Strukturen, von großen Häusern oder beengten Wohnungen.

Das kulturelle Gedächtnis muss von jeder Generation eigenständig ergriffen und belebt werden, um wirksam zu bleiben, denn »zu den vorgefundenen, gegebenen und überlieferten Umständen gehören zweifellos auch narrative Muster und Erzählstrukturen« (Saupe u. Wiedemann, 2015, S. 7). Ein Teil dieser »Belebung« wird durch Schulwissen in Form von Bildung weitergegeben. Die Art dieser Aneignung, das Lernen, ist wiederum Teil der Biografie.

Das Verhältnis, das Menschen zu sich selbst entwickeln, ist auch damit verbunden, welchen Platz sie in Kulturräumen einnehmen.

> Versetzen Sie sich einmal zurück – lassen Sie sich einen Augenblick Zeit:
>
> Wovon lassen Sie sich gerne anregen –
> Filme schauen, Musik hören, lesen, tanzen ...
> Wählen Sie einen Bereich aus.

> Notieren Sie z. B. fünf Bücher, die Sie bereichert haben, oder Songs, die sie lieben ...
> Schließen Sie ab mit dem Satz: »Was mich dabei beglückt, ist ...«
>
> Mit wem oder was fühlen Sie sich jetzt verbunden?

Im kulturellen Gedächtnis sind auch solche Inhalte aufgehoben, die im Rahmen aktueller Machtverhältnisse im kollektiven Gedächtnis als »Nestbeschmutzung«, als störend oder als überflüssig angesehen werden.

Dies lässt sich auch auf Familienkulturen übertragen. Innerhalb von Familien kommt es zu »Kulturkämpfen«, indem beispielsweise nachfolgende Generationen die Normen der vorherigen nicht übernehmen, z. B. wenn familienkonträre Berufe ergriffen, Partner:innen mit abgelehnten ethnischen oder religiösen Hintergründen gewählt oder entgegengesetzte politische Richtungen favorisiert werden. Plötzlich hat die Familie kein gemeinsames Gedächtnis mehr, man versteht sich, im wörtlichen und übertragenen Sinne, nicht mehr. Gräben werden aufgerissen.

Erfahrungen dieser Art werden in der Biografiearbeit intensiv angeschaut und oftmals auch betrauert.

Mit dem Fundus des kulturellen Gedächtnisses wird in der Biografiepraxis gearbeitet, indem Musik, Gedichte, Fotos etc. als Erinnerungsanregungen dienen. Von Biografisierenden wird das kulturelle Gedächtnis genutzt, um z. B. durch Recherche in Archiven und anderen Quellen biografische Ereignisse besser einordnen zu können.

Zusammenfassung: Anteilnahme und Gedächtnis

»Das Bedürfnis, zu erzählen«, schreibt Siri Hustvedt, »ist unwiderstehlich und immer auf einen anderen gerichtet, keinen realen Anderen, sondern eine vorgestellte Person. (In meinem Fall ist die Phantasieperson jemand, der alle meine Witze, Anspielungen und Wortspiele kapiert und jedes einzelne Buch gelesen hat, das ich gelesen habe. Inzwischen habe ich begriffen, dass es trotz meiner Sehnsucht nach diesem Fremden ihn oder sie nicht gibt.)« (Hustvedt, 2019a, S. 309)

Auch Mentor:innen sind nicht diese idealen Fremden. Sie brauchen jedoch eine Annäherung an die Lebenswelten und -bedingungen der Biografisierenden. Ohne Kontextwissen aus den unterschiedlichen Gedächtnissen ist Verstehen und infolgedessen auch Anteilnahme nur mangelhaft möglich. Deshalb zählt zur Aufgabe der Mentor:in, sich im Rahmen ihrer beruflichen Bezugsgruppe aus den entsprechenden »Gedächtnissen« mit Hintergründen zu versorgen (siehe hierzu auch Unterkapitel 2.2, S. 69).

Gehen wir noch einmal zum Anfang des Kapitels zurück: Als belebt erleben wir unser Leben, wenn Schwingungen zwischen den vier individuellen Gedächtnisebenen (Körper, Inszenierung, Symbolisierung, Sprache) Resonanzen erzeugen, die wir zu gestalten vermögen. Und wenn wir uns mit diesem Resonanzgeschehen zugleich mit anderen, mit Menschen und gesellschaftlichen Gedächtnissen, verbunden wissen – was, wie die Beispiele zeigen, nicht immer einfach ist.

Im Raum der Biografiearbeit kann diese Resonanz mindestens zwischen zwei Personen und damit zwischen dem individuellen und dem sozialen Gedächtnis stattfinden: die Anwesenheit einer hörenden, fragenden Person, der Mentorin bzw. des Mentors, nährt die Erinnerungsfähigkeit der biografisierenden Person (siehe auch Unterkapitel 2.4, S. 91), gleicht doch das Gedächtnis, wie Christa Wolf in ihrem Roman »Kindheitsmuster« schreibt, einem Muskel: Je öfter man ihn betätigt, je mehr Kraft entwickelt er.

An dieser Stelle möchte ich Michelle Obama[9] zu Wort kommen lassen: »Meine Mutter Marian hat mir gezeigt, wie ich mit meinem eigenen Kopf denken und meine Stimme einsetzen kann. Gemeinsam haben sie [meine Eltern] mir in unserer beengten Wohnung in der South Side von Chicago dazu verholfen, den Wert unserer Geschichte, meiner Geschichte und der größeren Geschichte unseres Landes zu erkennen. Selbst dann, wenn sie weder schön noch perfekt ist. Selbst wenn sie realer ist, als einem eigentlich lieb wäre. Denn die eigene Geschichte ist das, was wir haben, was wir immer haben werden. Wir müssen sie für uns beanspruchen« (Obama, 2019, S. 11).

2.2 Die Verortung der Biografiearbeit zwischen unterschiedlichen Disziplinen oder: »Wer bin ich wo – und wenn ja, wie viele?« (frei nach Richard David Precht)

In dem Dorf, aus dem ich stamme, gab es früher Hunde, die überall herumliefen und an den unterschiedlichsten Orten ein wenig dazu gehörten. Ein bisschen so ist es mit der Biografiearbeit: Sie taucht in mehreren Fachgebieten und Arbeitsbereichen auf, ohne doch darin ganz verortet zu sein. Wo gehört sie hin? Was sind die Schnittmengen mit und Unterscheidungen zu angrenzenden Berufsfeldern, in denen sie ihre Wirkung entfaltet? Eine Einordnung.

---

9 Michelle Obama ist Rechtsanwältin und Autorin, verheiratet mit Barack Obama, dem 44. und zugleich ersten schwarzen Präsidenten der USA 2009–2017.

Biografisierende kommen mit sehr unterschiedlichen Bedürfnissen des Erinnerns, des Bewahrenwollens und Gestaltens zur Biografiearbeit. Diese Unterschiedlichkeit hängt auch mit der Frage zusammen, auf wen das Erinnern abzielt: Also für wen oder was soll es gut sein, dass das Gewesene ins Gedächtnis geholt und gestaltet wird? Aus Sicht der Interessierten gesprochen, stellen sich die Fragen: Für wen will ich mich erinnern, und wer soll sich mit mir erinnern und Erfahrungen ins Gedächtnis aufnehmen – nur ich selbst, ein persönlicher Kreis, eine öffentliche Gruppierung oder gar eine größere Öffentlichkeit?

Aufgrund dieser Unterschiede im Anliegen entwickelten sich verschiedene Ansätze. Diese stehen, diagnostiziert Ingrid Miethe, »oft unverbunden nebeneinander. Das heißt, entweder kommen die Anleitungen aus Richtung der Therapien – dann sind ihnen viele Ansätze aus Richtung der Sozial-, Erziehungs- und Geschichtswissenschaft unbekannt, oder *vice versa*. In diesem Sinne kann auch davon gesprochen werden, dass sich teilweise Entwicklungen parallel und unabhängig voneinander vollzogen haben. Für die weitere Entwicklung der Biografiearbeit ist es jedoch notwendig, diese verschiedenen Traditionen miteinander zu verbinden, da nur so das darin liegende Potenzial voll genutzt werden kann« (Miethe, 2011/2014, S. 46).

Herausforderung ist somit, die traditionell unterschiedlichen Felder der Biografiearbeit zu verbinden, ohne deren jeweilige Kontur zu verwischen, also eine Metaperspektive zu entwickeln. Als ich mich mit der Gedächtnistheorie von Aleida und Jan Assmann beschäftigte, schien deren Beschreibung der unterschiedlichen Gedächtnisse eine Grundlage für diesen Schritt anzubieten. Denn deren Gedächtniskonstruktionen korrespondieren, wie ich zeigen möchte, mit den für die professionelle Biografiearbeit strukturgebenden Schwerpunkten.

Die jeweiligen Schwerpunkte wiederum lassen sich unterschiedlichen Settings zuordnen. Dabei gibt es vier Kriterien, durch die Settings der Biografiearbeit maßgeblich charakterisiert sind: Einzelarbeit, Gruppenarbeit, private Anliegen und öffentliche Anliegen – wobei jeweils zwei sich ausschließen. Wir kommen also zu folgenden Konstellationen:

Konstellationen der Biografiearbeit

Privat im Einzelsetting
Privat im Gruppensetting

Öffentlich im Gruppensetting
Öffentlich im Einzelsetting

Gesamtüberblick über die Biografiearbeit unter Berücksichtigung ihrer Schwerpunkte

Abbildung 6 zeigt die großen Zusammenhänge und Hauptfelder der Biografiearbeit.

a) **Bedürfnis/Motivation:**
Selbstreflexion und Selbstentwicklung
Gedächtnisebene: Verankerung des Erlebten im individuellen Gedächtnis
Schwerpunkt fachlicher Begleitung: Gesprächsführung, psychosoziale, therapeutische Ausrichtung
Bevorzugtes Setting: privat und einzeln

b) **Bedürfnis/Motivation:**
persönliche Entwicklung, Selbstausdruck und Austausch
Gedächtnisebene: Verankerung des Erlebten im individuellen und sozialen Gedächtnis
Schwerpunkt fachlicher Begleitung: Gesprächsführung, Lenkung von Gruppenprozessen, kreativer Ausdruck
Bevorzugtes Setting: Gruppe/privat

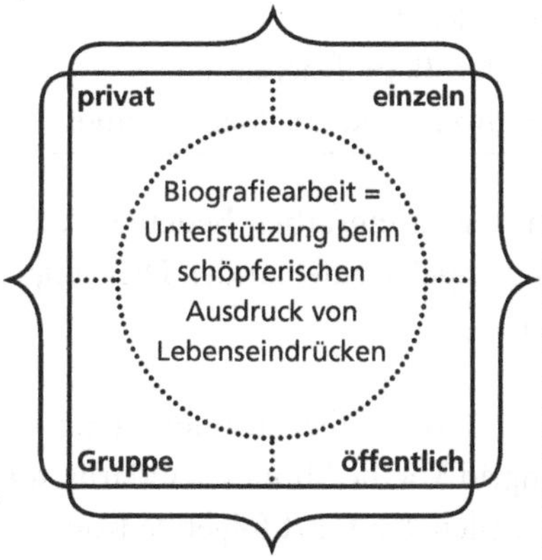

d) **Bedürfnis/Motivation:**
Inszenierung von persönlichen Themen/Erfahrungen zwecks Transformation in allgemeine Erfahrungen
Gedächtnisebene: Verankerung des Erlebten im kulturellen Gedächtnis
Schwerpunkt fachlicher Begleitung: künstlerische Zugänge, Projektarbeit, kulturelle Vernetzung
Bevorzugtes Setting: einzeln/öffentlich

c) **Bedürfnis/Motivation:**
Zusammentragen von Erfahrungswissen und Geschichtswissen; öffentlicher Auftrag, gesellschaftliches Engagement
Gedächtnisebene: Verankerung des Gewesenen im kollektiven Gedächtnis
Schwerpunkt fachlicher Begleitung: historische Kenntnisse, Projektarbeit
Bevorzugtes Setting: Gruppe/öffentlich

Zentrum: privat — einzeln / Gruppe — öffentlich
Biografiearbeit = Unterstützung beim schöpferischen Ausdruck von Lebenseindrücken

Abbildung 6: Biografiearbeit: Verbindung zwischen Setting, Bedürfnis/Motivation der Teilnehmenden, Gedächtnisebenen (nach Assmann) und dem Schwerpunkt in der fachlichen Begleitung (Schindler, 2014, S. 104)

Erläuterungen:
- Die Felder, die durch »Öffentlichkeit« gekennzeichnet sind, tendieren in ihren Schnittmengen zu den Bereichen Geschichtswissenschaften und Kunst/Literatur.
- Jene Felder, die durch »Privatheit« gekennzeichnet sind, korrespondieren vor allem mit Therapie, Beratung und psychosozialer Arbeit – unabhängig davon, ob sie im Einzel- oder Gruppensetting stattfinden.
- Während des biografischen Arbeitens kann sich ein Wechseln der Felder entwickeln.
- Zu Beispielen für die einzelnen Felder siehe auch Unterkapitel 5.3, S. 250.

Welches Feld der Biografiearbeit im Vordergrund steht, hängt wesentlich von drei Bedingungen ab:
- vom institutionellen Kontext
- von den Anliegen der Biografisierenden
- vom fachlichen Schwerpunkt der Mentor:innen.

In der professionellen Begleitungsarbeit bedeutet Auftragsklarheit eine gute Abstimmung dieser drei Aspekte aufeinander. Dies fungiert als Boden, auf dem sich die Arbeit aufbaut.

Für die biografische Praxis sowie die Ausbildung zur biografisch arbeitenden Fachkraft beschreibt Ingrid Miethe Mindeststandards, die gleichwohl sehr komplexe Anforderungen stellen. Sie führt folgende Kompetenzschwerpunkte auf, die ich in Kurzfassung wiedergebe (Miethe, 2011/2014, S. 154–159):

»1. Eigene biografische Selbstreflexion, einschließlich der Reflexion der eigenen Stellung innerhalb der jeweiligen Dominanzkultur [...]
2. Kenntnisse der Biografieforschung und Wissen um die sozialen Konstruktionen von Biografien [...]
3. Fähigkeit zur Beförderung narrativer Erzählungen und non-direktiven Nachfragens [...]
4. Kenntnisse zeitgeschichtlich relevanter Ereignisse und deren möglicher biografischer Bedeutung [...]
5. Kenntnisse von Gruppenprozessen und Übertragungsmechanismen [...]
6. Kenntnisse der Bedeutung von Familiendynamiken und -konstellationen [...]
7. Erkennen von Traumata und die Fähigkeit, damit stützend und schließend zu arbeiten [...].«

Diese komplexen Anforderungen an begleitende Fachkräfte lassen sich differenzieren, indem man sie den Feldern der Biografiearbeit zuordnet; unterschiedliche Kompetenzen treten bei unterschiedlichen Schwerpunkten jeweils in den Vorder- oder Hintergrund. Damit lassen sich Trägerkontexte wie VHS, Bildungsträger, Schulen, Jugend- und Familienhilfe, Kirchengemeinden, Beratungsstellen, Kliniken, freie Praxen etc. ebenso berücksichtigen wie sehr unterschiedliche Professionen der Anbietenden. Diese sind neben Fachkräften aus dem psychosozialen Bereich jene Berufsgruppen, die auf anderen Ebenen mit Menschen und deren Lebensgeschichten arbeiten, also Journalist:innen, Pfarrer:innen, Adoptiveltern, Geschichtslehrer:innen, Künstler:innen, Mediziner:innen u. a.

Schnittmengen mit und Unterscheidungen zu angrenzenden Berufsfeldern

Biografiearbeit lässt sich somit als eigene, vielgestaltige Profession darstellen. Dies schließt fließende Übergänge und bewegliche Konturen zu angrenzenden Disziplinen ein, mit denen sich Resonanzräume entwickeln können (siehe Abbildung 7).

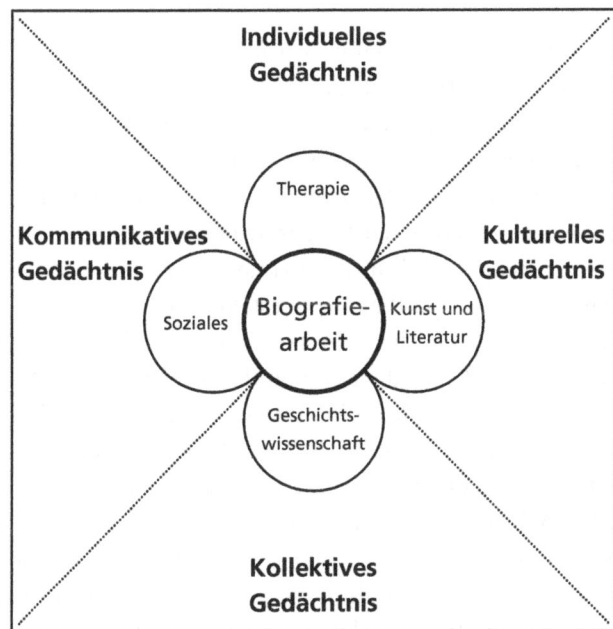

Abbildung 7: Resonanzräume der Biografiearbeit

Nachfolgend beschreibe ich die Resonanzfelder zu den Bereichen Therapie und Geschichtswissenschaften genauer (ausführlich zum Bereich »Soziales« siehe Kapitel 5, S. 217, und zu »Kunst und Literatur« Kapitel 4, S. 202 sowie den Beitrag von Eva Burghardt, Unterkapitel 6.1, S. 289).

Biografiearbeit im Resonanzfeld therapeutischer Zugänge

Psychotherapie und Biografiearbeit berühren sich, indem sich beide Bereiche mit der persönlichen Geschichte der Teilnehmenden befassen. In der Biografiearbeit entsteht ein therapeutisches Resonanzfeld, wenn Menschen sich in diesem Rahmen mit unabgeschlossenen Lebensthemen und noch schmerzenden Lebenserfahrungen auseinandersetzen und darin Zeugenschaft und Antwort erleben. Unterschiede liegen im Anlass und Auftrag:
- Auftrag der Psychotherapie ist Linderung oder Heilung von Leid im Kontext von individuellen Diagnosen bzw. Diagnosen von sozialen (Familien-)Systemen.
- In der Biografiearbeit ist Anlass und Auftrag das Erkunden, Ausdrücken und Mitteilen von Lebensgeschichte. Eventuell existierende Diagnosen oder ein Veränderungsauftrag sind dem nachgeordnet.

Die Schnittmenge zwischen Therapie und Biografiearbeit ergibt sich, wenn Menschen in der Biografiearbeit gewalttätige und zerstörerische Erfahrungen ausdrücken und die Mentor:in und die Gruppe diese aufnehmen und achten. Dann wird dieses Erleben eine im besten Sinne *mitgeteilte* Erfahrung: Sie wird von einer verborgenen, stummen zu einer sozialen, (mit-)menschlichen Erfahrung und bekommt damit einen neuen Wert in der Lebenserzählung.

In den 1980er Jahren verbreiteten sich in Europa neue Therapieansätze – wie systemische Familientherapie, Körpertherapie, Gestalttherapie – die meist in Gruppen durchgeführt wurden. Da die Therapien nicht krankenkassenfinanziert waren, entwickelte sich der Fokus weg von der individuellen »Störung« als Krankheitsdiagnose hin zu Kontexterkundungen – wer oder was hat in der Entwicklung »gestört«, welche (symbolische) Ausgleiche sind möglich, welche positiven Veränderungen dadurch spürbar? Zwischen Biografiearbeit und psychotherapeutischer Arbeit entstand eine enge Verbindung.

Es folgen Beispiele für Schnittmengen zwischen Therapie und Biografiearbeit.
- Mit dem »Lebensrückblick in Therapie und Beratung« schaffen Andreas Maercker (Prof. für Psychopathologie) und Simon Forstmann (Psychotherapeut und Mitarbeiter der Universität Zürich) eine direkte Verbindung zur Biografiearbeit: »Formen der Erinnerungsarbeit werden mit Kindern

und Jugendlichen in schwierigen Lebenssituationen, psychisch Kranken und älteren Menschen eingesetzt. […] Forschungsergebnisse zeigen, dass die Lebensrückblicktherapie zu den wirksamsten antidepressiven Verfahren gehört« (Klappentext). Sie erläutern: »Die von uns gefundenen Verbesserungen des Befindens sind ähnlich stark wie bei unterstützenden Interventionen oder dem Einsatz von Entspannungsverfahren […] Mehr Forschung ist auch zur Lebensrückblicktherapie bei Personen mit posttraumatischer Belastungsstörung nötig, wozu bisher nur Fallstudien mit erfolgreichem Verlauf vorliegen […] Trotz des Bedarfs nach mehr Wirksamkeitsforschung zeigen die bisherigen Studien überzeugend, dass es sich lohnt, Reminiszenz sowohl als Intervention bei depressiven älteren Menschen und bei körperlich schwer Erkrankten als auch im präventiven Bereich anzubieten – für Personen, die an Erinnerungen an ihre Vergangenheit und an einer Aufarbeitung ihrer Biografie Interesse haben« (Maercker u. Forstmeier, 2013, S. 61 f.).

- Die Verbindung zwischen biografischem Schreiben und Poesie- und Bibliotherapie stellt eine weitere Schnittmenge zwischen Biografiearbeit und Psychotherapie dar. Der Ansatz geht aus der Gestalttherapie hervor und wurde 1985 von Ilse Orth und Hilarion Petzold begründet. »Integrativ arbeitende Poesietherapeuten verstehen Texte ihrer Klienten als Botschaft, als Botschaft an sich selbst und an andere, sie seien ›Ausdruck der Narration‹ ihres Lebens, die sie ›zu sehen, zu durchspüren und auszulegen‹ lernen sollen, um sich selbst ›im Lebensganzen verstehen zu lernen‹, um ihre Narrationen bewusster und achtsamer auszulegen. Aufgabe von Poesietherapeuten sei es, Klienten auf die unterschiedlichen Interpretationsmöglichkeiten der eigenen Geschichte hinzuweisen.« (Petzold u. Orth, 1985, S. 84; zit. nach Unterholzer, 2019, S. 33). Die Nähe beider Ansätze tritt hier deutlich zutage, wobei in der Poesie- und Bibliotherapie das Augenmerk auf die Bedeutung der Zeugenschaft fehlt.

In einer Definition, die Silke Heimes in ihrem Buch »Warum schreiben hilft« gibt, wird die Definition erweitert. Sie klingt weniger didaktisch und zugleich mehr experimentell. Am Ende leuchtet die Bedeutung der Vorleserunde, also des Gehört-Werdens, auf: »Unter Poesietherapie kann jedes therapeutische und (selbst-)analytische Verfahren verstanden werden, das durch Schreiben und Lesen den subjektiven Zustand eines Individuums zu bessern versucht und das (auto-)biografisches, expressives, intuitives, kreatives, therapeutisches, imaginatives, analoges, assoziatives und automatisches Schreiben ebenso umfasst wie die aktive Textrezeption und -verarbeitung« (Heimes, 2012, S. 18 f.).

> **Biografiearbeit als Gesundheitsprophylaxe**
> Perspektivisch könnte angedacht werden, Biografiearbeit als Prophylaxe im Gesundheitswesen zu etablieren, vergleichbar etwa den Kursen zu Autogenem Training, Yoga etc. – im Hinblick auf die Zunahme psychischer Erkrankungen eine interessante Möglichkeit. Solch ein Vorhaben ließe sich als gemeinsames Projekt von Biografieforschung und -praxis realisieren.

Ein Beitrag zur systemtherapeutischen Biografiearbeit im Kontext von Pflege- und Adoptivkindern findet sich im Unterkapitel 5.1, ab S. 231 ff.

Geschichtliche Erkundungen im Rahmen der Biografiearbeit

Die Erkundung von Ortsgeschichte (Stadtteile, Dörfer, Städte, oft im Zusammenhang mit Jubiläen) und Geschichten von Gemeinschaften (z. B. Gewerkschaftsgruppen, Kirchengemeinden) ist Bestandteil biografischer Erkundungen. In der Regel sind diese mit einem öffentlichen Auftrag verbunden. Als Subjekt wird dann nicht ein Mensch angesehen, sondern ein gesellschaftlicher Organismus (Ereignis) auf lokaler Ebene (Ort) mit zeitlicher Dauer (Zeit). Die Entwicklung der Geschichte dieses gesellschaftlichen Organismus und der darin agierenden Menschen wird in einem quasi biografischen Akt hervorgebracht. Diese Arbeit kann der Biografiearbeit zugerechnet werden, wenn sie – mit oder ohne professionelle Unterstützung – aus dem Kreis der Betroffenen selbst geleistet wird und der Erkundung kollektiver Identitäten gilt.

Im Unterschied zur Geschichtswissenschaft gibt es dabei keine Neutralität zwischen »Forschenden« und Forschungsgegenstand bzw. Beforschten. Beide Aspekte sind einander zugehörig. Biografiearbeitende beforschen eine gemeinsame, kollektive Vergangenheit in der Regel mit dem Anliegen, sie für sich und nachfolgende Generationen erinnerungsfähig zu halten. »Der israelische Philosoph Avishai Margalit [...] plädiert dafür, dass [...] ›die Bewahrung der Tradition von der Erinnerung an sie zu unterscheiden ist‹. Für Margalit wird kollektive Identität heute nicht mehr über Tradition, sondern über das Erinnern der Tradition vermittelt. Er selbst schreibt dazu: ›Die Identifikation mit einem bestimmten Kollektiv impliziert das Anerkennen der Verpflichtung, sich der Erbschaft des Kollektivs zu erinnern.‹ Das heißt, auf unser Problem [der Erinnerungskultur, HS] bezogen, auch wenn wir selbst nicht schuldig sind, sind wir uns doch als Deutsche diese Erinnerung schuldig« (Assmann, 1999, S. 165 f.).

Biografiearbeit in Form von Geschichtswerkstätten etc. stellt sich im weitesten Sinne einer »Erinnerungsschuld«. Im Prozess des Erkundens und des nach außen Darstellens wird ein geschichtliches Erbe angenommen, neu eingeordnet und gedeutet. Ergebnisse werden der Gesellschaft gegenüber präsentiert: in Form von Büchern, Ausstellungen, Archiven, Ortsbegehungen, Gedenktafeln etc. Die Entwicklung dieses Zweiges der Biografiearbeit geht ebenfalls auf die 1970–80er Jahre zurück.

Geschichtswerkstätten

In Skandinavien entstand in den 1970er Jahren die Tradition des »Grabe-wo-du-stehst«. Sven Lindqvist (1991) rief in seinem gleichnamigen Buch »schwedische Arbeiter_innen dazu auf, die Geschichte ihrer eigenen Arbeits- und Lebensbedingungen zu erforschen. Die historische Deutungsmacht sollte nicht den Unternehmer_innen überlassen, sondern von den Arbeiter_innen selbst übernommen werden. Im Zuge dessen sollten sie sich als historische Akteur_innen begreifen lernen, die bereits viele Kämpfe ausgefochten hatten und ihre Arbeits- und Lebensbedingungen auch in der Gegenwart selbst gestalten können« (Siebeck, 2019).

Diese Art der Erkundung weitete sich auf andere Gruppen aus, sollte aber immer in den räumlich-gesellschaftlichen Zusammenhängen stattfinden, in denen die Forschenden eingebunden waren. In den angelsächsischen Ländern entstand parallel die »History-workshop-Bewegung«. In der Bundesrepublik Deutschland entstanden die ersten Geschichtswerkstätten im Rahmen der Neuen Sozialen Bewegung Anfang der 1980er Jahre.

1974 wurde in der BRD das Buch »Der rote Großvater erzählt« vom »Werkkreis Literatur der Arbeitswelt« herausgegeben. Es verkaufte sich über 400.000 Mal. Das Buch enthielt Erzählungen von sozialdemokratischen und kommunistischen Arbeitern über ihre Erlebnisse in der Weimarer Republik und in der NS-Zeit. Damit dienten Geschichten von Arbeitern aus der Industrie dazu, Geschichte »von unten«, von dem Nichtmächtigen und Nichtschriftstellern sichtbar zu machen. »Diese Bewegung verstand sich von Anfang an als Teil des politischen und kulturellen Lebens der Gesellschaft. Gegen das Vergessen und Verdrängen setzte sie eine *aktive Erinnerungsarbeit,* die an einer Veränderung der bestehenden Verhältnisse interessiert ist« (Heer u. Ullrich, 1985, S. 27). »Die Geschichtswerkstätten-Bewegung hatte einen starken Einfluss nicht nur auf die Lokalgeschichte und die Geschichtswissenschaft, sondern vor allem auf die Erwachsenenbildung« (Miethe, 2011/2014, S. 92).

Seit 1973 bis heute gibt es einen »Geschichtswettbewerb des Bundespräsidenten«, den die Hamburger Körber-Stiftung für Schulen umsetzt. Im Rahmen des Wettbewerbs forschen Kinder und Jugendliche zu ihrer Lokal- und Familiengeschichte, stellen Fragen an ihr Lebensumfeld, recherchieren in Archiven und treffen Experten und Zeitzeugen. Die Arbeit der Geschichtswerkstätten hat damit auch einen institutionellen Charakter angenommen.

Oral History

Die Oral-History-Bewegung verstand sich als kritische Ergänzung zur Geschichtswissenschaft. Ihre Ursprünge liegen in den USA. Entwickelt wurde sie, um Erfahrungen aus nichtschriftlichen Kulturen erforschen und bergen zu können.

Ihr Anliegen ist, »die ›Objekte‹ der großen historischen Prozesse zu ›Subjekten‹ werden zu lassen […] und das Anregen von Bewußtseinsbildungs- und Emanzipationsprozessen« (Miethe, 2011/2014, S. 91). Die Erkundungen der Oral History beziehen sich auf den Nahraum, sie sind konkret: Wer hat an welchem Ort mit welchen Erfahrungen unter welchen Bedingungen sein Leben wie gelebt? Hier wird dem Kontextbezug ganz im systemischen Sinne nachgegangen. Erkundet wurden in Zusammenarbeit mit Gewerkschaften Arbeitsbiografien, Fragen zum Holocaust im Rahmen von Ortsgeschichte, aber auch die Geschichten von Gebäuden oder Initiativen. Hier lässt sich wahrnehmen, wie Impulse aus der Studentenbewegung in Forschung und Praxis umgesetzt werden, nicht selten, weil besagte Student:innen nun Lehrzugang an den Universitäten hatten bzw. berufliche Gestaltungsräume suchten.

Eine Überlappung zwischen Geschichtswissenschaft und Biografiearbeit findet sich, wenn biografische Projekte mit wissenschaftlichen Mitteln begleitet und ausgewertet werden. Die »kleine Schwester der Geschichtswissenschaft« steht dabei ergänzend neben wissenschaftlich fundierten Ergebnissen. Das macht der israelische Psychologe und Friedensforscher Dan Bar-On deutlich, indem er betont: »Storytelling, das nicht akademisch gefilterte Erzählen des eigenen persönlichen Erlebens von Gewalt und Politik, ist der akademischen Geschichtsschreibung weder in seinem Wahrheitsgehalt noch gar seiner Urteilskraft überlegen« (Bar-On, S. 14). Beispiele:

- Im Bereich der »Oral History« gab es seit 1999 das Projekt »Allrussischer historischer Schülerwettbewerb« der Menschenrechtsorganisation »Memorial«, die sich als Nicht-Regierungs-Organisation mit der Aufarbeitung der kommunistischen Gewaltherrschaft in der Sowjetunion beschäftigt hat. 2004 wurde sie mit dem alternativen Nobelpreis (Right Livelihood Award) ausgezeichnet. (2021 wurde »Memorial« vom Obersten Gerichtshof in Russland aufgelöst.)
- Dorfgeschichtsforschung Ahnatal-Weimar: Aus Anlass der 750-Jahr-Feier im Auftrag der Gemeinde von Bewohnern des Ortes mit Unterstützung eines Historikers (Dr. Michael Rudolph) und einer Mentor:in für Biografie-

arbeit (Herta Schindler). Für die Arbeit entsteht eine Koordination zwischen Kulturamt, VHS und Bewohnern. Zwei Bücher zur Dorfgeschichte werden erarbeitet und eine Ausstellung zusammengetragen.

Die beiden nachfolgenden Beispiele bewegen sich in der Schnittmenge Geschichte/Kunst:
- Theaterprojekt: »Zwischen zwei Welten. Migrantinnen auf dem Weg durch ihr Leben«: Eine Rückschau auf das Leben von Frauen, die Migration erlebt haben. In zwölf Bildern setzen sich zehn Migrantinnen zwischen 35 und 70 Jahren erzählerisch-szenisch-musikalisch mit ihrer oft langen Reise auseinander. Das Material ist dokumentarisch und wurde in einer vorangegangenen Kursreihe: »Kreative Biografiearbeit mit Migrantinnen« erarbeitet. Das Theaterprojekt ist eingebettet in die lokale Migrationsarbeit des interkulturellen und interreligiösen Dialogs der Nord-West-Stadt, Frankfurt am Main (Leitung: Christa Hengsbach).
- »Making Memories – Erinnerung Raum geben«. EU-gefördertes Erinnerungsprojekt von Pam Schweitzer und Angelika Trilling, Kassel. Mehr als 100 ältere Menschen in Barcelona, Cluj-Napoca (Rumänien), Kotka (Finnland), London, Prag, Posen und Kassel haben mit Unterstützung lokaler Künstler:innen ihre Lebenserinnerungen in ausrangierte Munitionskisten gepackt.

2.3 Die Bedeutung des schöpferischen Ausdrucks in der Biografiearbeit oder: »Form ist das an die Oberfläche gebrachte Wesentliche« (Victor Hugo)

Das Verknüpfen von Erinnerungsspuren aus dem Langzeitgedächtnis zu biografischen Geschichten braucht schöpferisches Gestalten: Wir müssen konstruieren! Und wir wollen es sehr lebendig tun: ergebnisoffen, vielschichtig und perspektivenreich. Neben diesem Gestalten von Erzählbögen, die sich aus dem individuellen Gedächtnis nähren, können Recherchen in den sozialen Gedächtnisräumen und das Ver- und Einarbeiten des Erkundeten in die eigenen Erinnerungen kommen. Welch schöpferische Herausforderung! Beginnen wir deshalb mit zwei Göttern!

Biografie als Verflechtung von Kairos- und Chronosaspekten

Biografische Erzählungen entstehen durch die Verschränkung von lebendigen Erinnerungen mit chronologisch geordneten Daten und Fakten. Das antike Griechenland brachte mit den Göttern Kairos und Chronos diese beiden ineinander verflochtenen Strukturen – sein Leben in der Zeit sowohl zu leben als auch nachzuvollziehen, in bis heute zitierte Sinnbilder.

Kairos verkörpert das subjektive Zeiterleben jenseits der fest vermessenen Taktung von Minuten, Stunden, Tagen, Wochen etc. All die Augenblicke unseres Lebens, in die wir so intensiv eintauchen, dass sie uns wie zeitlos erscheinen, können als Kairoszeit verstanden werden. Es sind Situationen voller Gegenwärtigkeit, aus dem Moment heraus gelebt, die einen tiefen Eindruck hinterlassen. Goethes gern zitierter Ausspruch aus »Faust« zum Augenblick: »Verweile doch, du bist so schön« wird meist auf einen glücklichen Kairosmoment angewandt, der schon am Vergehen ist. Denn Kairos, dieser bis heute junge Gott, der leichtfüßig und im Sprung mit Federn oder Feuerzungen an den Fersen dargestellt ist, entschwindet rasch. Wer ihn, den (Gott des) glücklichen Moment(s), erhaschen will, braucht Geistesgegenwart und Entschlossenheit – dann lässt er sich am sprichwörtlichen Schopfe packen. Sonst ist er vorüber, verpasst – wir schauen ihm hinterher und sehen nur sein kahles Hinterhaupt. Er altert, sozusagen, in dem Moment, in dem wir ihm hinterherschauen.

Entgegen seinem Auftrag, den glücklichen Augenblick zu verkörpern, hat die Gestalt des Kairos den Lauf der Zeit überdauert. Sein Abbild als antikes Steinrelief vom Anfang des 3. Jahrhunderts vor Christus ist noch heute in Trogir, im Kloster des heiligen Nikolaus in Kroatien, zu sehen.

Für die Biografiearbeit möchte ich ein breiteres Kairosverständnis anregen hin zu Erfahrungen, die als Erleben ins Gedächtnis gerufen werden können oder die von selbst auftauchen. Neben den glücklichen zählen dazu alle Erinnerungen, die intensive Gefühlsfärbungen aufweisen. Eben diese sind es ja auch, die sich ins biografische Gedächtnis am deutlichsten einprägen – und uns prägen. Lebensgeschichtlich leben wir von Anbeginn an mit diesem »Gott des Augenblicks«, der als verkörperte Intensität des Erlebens verstanden werden kann.

Chronos ist ein Gott sehr anderer Art. Wir begegnen der von ihm repräsentierten Qualität lebensgeschichtlich später. Indem er die Zeit ordnet, einen Takt im Geschehen vorgibt, entsteigt dieser Gott dem Chaos des bloßen »Im-Leben-Seins«. Chronos bringt uns in die eine, gemeinsame, stetig fließende und vergehende Zeitabfolge: in die unumkehrbare Verlässlichkeit von Vergangenheit, Gegenwart und Zukunft, in den Dreiklang von Werden, Sein und Vergehen. Die Herkunft des Gottes in der Mythologie bleibt unklar, wie ja auch das Phänomen Zeit schwer zu fassen ist.

Unser heutiger Gebrauch des Wortes *Chronik* als datierte Abfolge von Ereignissen beinhaltet eine sprachliche Erinnerung an die mythische Verkörperung dieses Gottes. In dem Wort *chronisch* wiederum schwingt die nicht erfüllte

Erwartung auf Wandel durch die unfreiwillige Verfestigung eines Zustandes mit: Hat hier der Gott der vergehenden Zeit das Stundenglas angehalten?

Chronos ist dargestellt als männliche Gestalt, oft mit großen, engelsgleichen Flügeln. Dabei ist er keinesfalls eine schwebende Figur, sondern eine, die massiv und massig auf Dauer verweist – wenn auch auf eine Dauer des Weiterschreitens. Vom Ende her betrachtet, erscheint es dann vielleicht doch wie ein Flügelschlag, das Leben. So symbolisiert dieser Gott zugleich die Lebenszeit und ihre Begrenzung.

Die Kunst bei der Gestaltung biografischer Erfahrungen liegt nun, um im Bild zu bleiben, darin, beiden Göttern im Prozessgeschehen gleichermaßen Ehrerbietung zu erweisen und ihre Qualitäten zusammenzuführen. Denn erst durch die Verflechtung beider Aspekte entsteht Biografie. Ohne Kairos bekommen wir einen eher sachlichen, trockenen Bericht, eine Chronik; ohne Chronos finden wir Ansammlungen von Anekdoten, Aphorismen, Schnipsel der Erinnerung ohne verbindende und strukturierende Ordnung (siehe Abbildung 8).

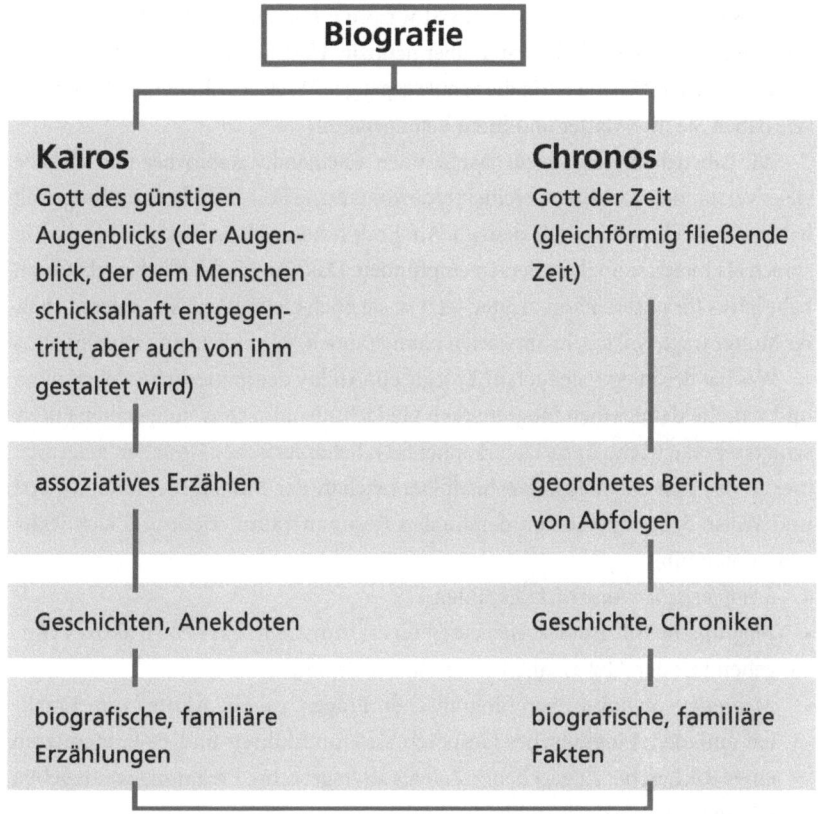

Abbildung 8: Die biografische Parallelisierung und Verflechtung von Kairos und Chronos

Zur Verdeutlichung stelle ich einige Beispiele aus meiner Arbeit vor, in denen Verflechtungen von Kairos-Chronos-Aspekten als Gestaltungsprinzip auf unterschiedlichen Ebenen nachvollziehbar werden.

Im ersten Beispiel erkundet ein Pflegevater *für* seine Pflegetochter deren biografischen Hintergrund, im zweiten stellt eine Pflegemutter ihrem Pflegekind *nonverbale Ausdrucksmittel* zur Verfügung, im dritten gestaltet eine Frau ihr künstlerisches Lebensbuch als *Wechselwirkung von Wissen und Ahnen,* im vierten erschafft sich ein Mann die *Biografie des früh verstorbenen Vaters.*

Beispiel 1
Ein Pflegevater erkundet den biografischen Hintergrund der leiblichen Mutter seines Pflegekindes.

Der Pflegevater dokumentiert auf einem Tonträger ein sehr langes Gespräch mit der leiblichen Mutter seines Pflegekindes, welche ohne festen Wohnsitz lebt. »Ich habe mich gut vorbereitet«, sagt er, »und es war nicht leicht, die Mutter dazu zu bewegen, sich mit mir hinzusetzen. Zuerst war sie misstrauisch. Aber dann habe ich ihr meine Fragen gestellt. Es waren über neunzig. Und sie waren sehr einfach: Was essen Sie gerne? Wo sind Sie in die Schule gegangen? Welche Schuhgröße haben Sie? Wie haben Sie Ihre Mutter und Ihren Vater genannt?

Wir haben dann wirklich ein paar Stunden miteinander gesprochen und ich habe vieles verstanden von ihrer Geschichte, obwohl meine Fragen nicht darauf abgezielt haben. Vielleicht auch gerade deshalb. Am Ende hat sie sich bedankt. Sie hat das Gespräch als Interesse an ihrer Person empfunden. Das war es schließlich auch. Getan habe ich es für unsere Pflegetochter. Jetzt ist sie noch klein. Wenn sie später nach ihrer Mutter fragt, will ich ihr antworten können. Auch, wenn sie nicht auffindbar ist.«

Was hat der Pflegevater getan? Er legte ein Archiv des mütterlichen Wissens an und schaffte damit einen biografischen Gedächtnisraum trotz aufgeteilter Elternschaftsaspekte (siehe dazu Unterkapitel 5.1). Schöpferisches Gestalten zeigt sich hier in der sich entwickelnden Erzählbereitschaft der Mutter, die durch die Art und Weise der Fragen einen personalen Resonanzraum erlebt und sich wahrgenommen fühlt.

- *Schöpferischer Ausdruck:* Erzählen
- *Biografische Ausdrucksebene:* einen Gedächtnisraum herstellen; aktives Umgehen mit der Abwesenheit wesentlicher Personen
- *Methode:* entwickeln von biografischen Fragen, die die Mutter zum Erzählen einladen; biografisches Gespräch als Durchführen und Dokumentieren einer Recherche; zu gegebener Zeit als altersgerechte Erzählung weitergeben
- *Chronosaspekt:* strukturierende Fragen
- *Kairosaspekt:* antwortendes Erzählen.

Beispiel 2

Ein Pflegekind kann sein Erleben nonverbal zeigen.

Die Pflegemutter bringt für ihre siebenjährige Pflegetochter eine Klettwand im Kinderzimmer an. Von allen wichtigen Menschen und Orten im Leben des Kindes haben beide Fotos, gemalte Bilder und Symbole zusammengetragen, die angeheftet werden können. Eine Lebenslandschaft entsteht. Neues (die Schule, die Schulfreundin, die Lehrerin) kann dazukommen, Bekanntes seinen Platz verändern, denn das Kind gestaltet entsprechend seinem inneren Erleben das äußere Bild und Beziehungsgefüge immer wieder um. »Manchmal ist die Mutter von der Wand verschwunden. Dann wieder bekommt sie einen Ehrenplatz in der Mitte des Bildes. Und manchmal tut sich wochenlang an der Wand gar nichts«, sagt die Pflegemutter. Sie hat ein Angebot geschaffen, durch das das Kind sein inneres Erleben auf der symbolischen Ebene ausdrücken und damit immer einmal wieder die Inszenierungsebene transformieren kann, um, noch ohne Worte, zum Ausdruck zu bringen, was es bewegt. Dies kann gegebenenfalls ins Gespräch überführt werden. Zugleich bestimmt das Kind den Zeitpunkt und Rhythmus »seiner« Biografiearbeit selbst.

- *Schöpferischer Ausdruck:* Bild- und Symbolsprache
- *Biografische Ausdrucksebene:* Symbolisierung anregen; durch bildhaftes Gestalten symbolische Anwesenheiten schaffen; durch freie Umgestaltung des Bildes Ausdruck des inneren Erlebens ermöglichen
- *Methode:* Lebenslandschaft erstellen und gestalten
- *Chronosaspekt:* Symbolisierung aller bedeutsamen Zugehörigen
- *Kairosaspekt:* freie, sich verändernde Platzierung derselben und Erweiterung der Dazugehörenden

Beispiel 3

Eine Frau gestaltet ihr Lebensbuch in der Wechselwirkung von Wissen und Ahnen. Die Frau Mitte vierzig ist persönlich und beruflich in einer Orientierungsphase: Wo soll es hingehen, das Leben? Mehrere Stränge sind angefangen, abgebrochen und könnten wieder aufgenommen werden. Welche gilt es zu ergreifen? Was zu verabschieden? Es zeigt sich ein starkes inneres Ringen.

In der Biografiearbeit gestaltet sie eine Bilderbuchcollage. Dabei zirkuliert sie – bewusst – im Ungefähren, im Dazwischen.

»Ein Samenkorn als Symbolik für meine Zeugung. – Ein Schattenriss meines Vaters, allmählich aus dem Untergrund emporwachsend. – Mein Kirschbaum auf einem Foto: Ein Angelpunkt für mich zum Klettern. Welcher Ast trägt? – Ich verliebe mich. Eine bewegungsreiche dickflüssige, dann schmaler werdende, unterbrochene und sich wieder aufgreifende zarte rote Linie (Tusche symbolisiert die intensiven Gefühlswelten, die mit der ersten großen Liebe und der Enttäuschung und Verletzung verbunden sind. – Mein Sohn, wenige Wochen alt, (fast) Nase an Nase schlafend im gemeinsamen Bett mit seinem Papa [Foto]«.

»Die teils haptischen Fundstücke wie die Feder, das Samenkorn oder das Sackleinen«, schreibt sie, »lassen durch ihre fühlbare Qualität ›erahnen‹ und ›spüren‹. Über dem chronologisch detaillierten ›Erfassenwollen‹ von faktisch Gewesenem steht das Nachspüren von Erlebnissen. [...] Erst im Nachhinein zeigt sich für mich, dass die Bildgeschichte eigentlich drei Müttergenerationen hervorbringt. Dabei wird die intensive und innerliche Beziehung zu meiner Großmutter, meiner Mutter und zu meinem Sohn innerhalb der Familie besonders spürbar.«

- *Schöpferischer Ausdruck:* künstlerisch gestaltete Bilderbuchcollage
- *Biografische Ausdrucksebene:* künstlerisch gestalten; dabei auch dem Ungefähren, dem Nichtwissen und tastenden Suchen Ausdruck und Wert verleihen
- *Methode:* Verbindung von Bildern, Symbolen, Poesie und eigenen Texten zu einem Lebensbuch
- *Chronosaspekte:* Orientierung am Zeitenlauf in der Mehrgenerationendynamik
- *Kairosaspekte:* künstlerischer Ausdruck bedeutsamer Erinnerungen, Erinnerungsräume und Erinnerungslücken

Beispiel 4
Ein Mann erkundet schreibend das Leben seines früh verstorbenen Vaters.

Er ist um die sechzig. Er hat in erfolgreicher Stellung gearbeitet. Nun geht er in Rente. Das ist gut so, denn er hat Wichtiges vor: Er will das Leben seines Vaters erkunden, eines Mannes, den er kaum gekannt hat. Denn der war als deutscher Soldat in der französischen Fremdenlegion und verstarb, als er noch ein kleiner Junge war.

Vieles hat er schon herausbekommen. Zum Beispiel, dass der Vater auch in Vietnam kämpfte und dass es eine Halbschwester in Vietnam gibt. Mit der er jetzt in Kontakt treten will. Seine Recherchen erfüllen ihn sehr. Er bekommt Fotos des Vaters aus früheren Jahren und nimmt wahr, dass er ihm ähnlich sieht. Er arbeitet sich in zeitgeschichtliche Hintergründe und die Kultur der Lebensorte seines Vaters ein. Er ist glücklich über all die Details, die er zusammenträgt – alles fühlt sich so wirklich an. Er ist herausgefordert mit den Fragen nach Vertiefung und Begrenzung dessen, was er weiter erkunden könnte. Er sucht nach Worten und Struktur, um »alles« in einer Geschichte, der Geschichte seines Vaters, so wie zusammenzuführen. Das Leben ist intensiv.

- *Schöpferischer Ausdruck:* literarischer Text
- *Biografisches Anliegen:* die Lücke des früh verstorbenen Vaters schließen; das Leben des Vaters erkunden, den Vater kennen

- *Methode:* Biografie des Vaters schreiben
- *Chronosaspekte:* Recherche zum Leben des Vaters, Entwicklung einer Erzählstruktur
- *Kairosaspekte:* die emotional bedeutsamen Geschichten erzählen

Gehen wir von den Beispielen zur Arbeit der Mentor:innen über: Aristoteles beschreibt das schöpferische Gestalten als eine von drei Stufen der Gewinnung von Wissen: neben dem Logos, welcher über das *Denken* erlangt werden kann, und dem Wissen, das über *Tun* erlangt werden kann, steht das Wissen, das über *Gestalten* erlangt werden kann. Dieses Wissen ist »Poesie«. Mit dem Wissen durch Gestalten wird auch die Fähigkeit gewonnen und verbessert, die eigenen Erfahrungen und die Umwelt zu konstruieren und zu formen.

In der Arbeit der Mentor:innen stellen methodische Angebote zur stimmigen Verflechtung von Chronos- und Kairosaspekten eine wichtige Ebene des Gestaltungswissens dar. Diese methodische Verflechtung trägt wesentlich dazu bei, dass der berühmte »rote Faden« (siehe Abbildung 9) in den Blick genommen und ausgearbeitet werden kann.

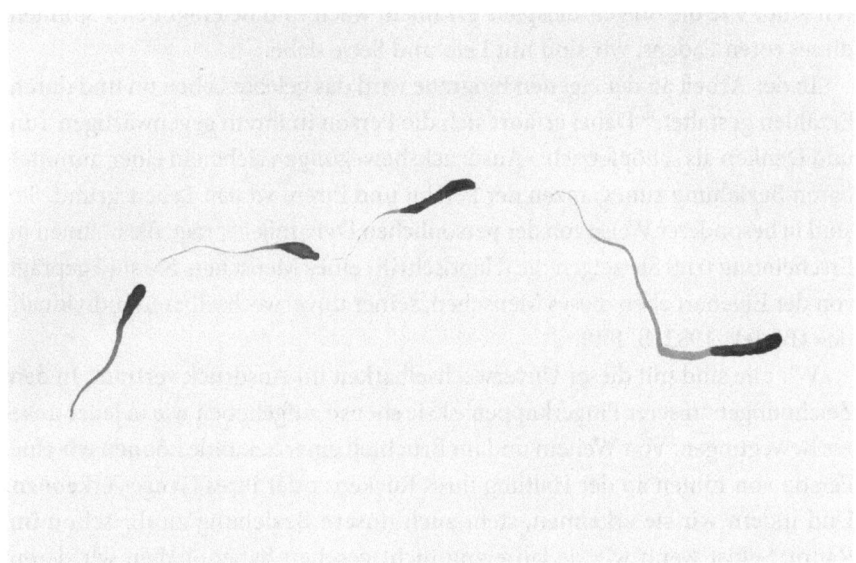

Abbildung 9: »Der rote Faden« (Tuschezeichnung von Barbara Ebke, Mentorin für Biografiearbeit, SYIM, Kassel)

Apropos »roter Faden«: Was hat es mit diesem vielzitierten Stück Wolle eigentlich auf sich? Der französische Schriftsteller Jean-Pierre Montier geht in seinem wunderbaren Buch über den Fotografen Henri Cartier-Bresson in einer Fußnote auf diese Frage ein: »In seinen ›Wahlverwandtschaften‹ bezeichnet J. W. Goethe mit *rotem Faden* das, was es ermöglicht, etwas mit verdeckter Kontinuität zu verfolgen und dem Werk seine Einheit verleiht: ›Wir hören von einer besonderen Einrichtung bei der englischen Marine. Sämtliche Tauwerke der königlichen Flotte, vom stärksten bis zum schwächsten, sind dergestalt gesponnen, dass ein roter Faden durch das Ganze durchgeht, den man nicht herauswinden kann, ohne alles aufzulösen, und woran auch die kleinsten Stücke kenntlich sind, dass sie der Krone gehören. Ebenso zieht sich durch Ottiliens Tagebuch ein Faden der Neigung und Anhänglichkeit, der alles verbindet und das Ganze bezeichnet‹« (Montier, 2002, S. 301; zum originalen Zitat siehe Goethe, 1809/1956, S. 134).

Dieser rote Faden in Tauwerken und Tagebüchern, von dem bei Goethe die Rede ist, hat in der maritimen Fachsprache die schöne Bezeichnung »Seele« (Montier, 2002, S. 301). In der Biografiearbeit sprechen wir ebenfalls von einem roten Faden. Wir meinen damit ein Lebensthema, durch das wir ein Leben durch unterschiedliche Phasen hindurch als verbunden begreifen können und das Einzelerfahrungen in einen sinnhaften, lebensbejahenden Kontext bringt. Wir sind, wie die obigen Beispiele erzählen, wach und beteiligt beim Spinnen dieses roten Fadens, wir sind mit Leib und Seele dabei.

In der Arbeit an der eigenen Biografie wird das gelebte Leben im und durch Erzählen gestaltet.[10] Dabei erfährt sich die Person in ihrem gegenwärtigen Tun und Denken als schöpferisch: »Ausdrucksbewegungen stehen in einer unmittelbaren Beziehung zum Ganzen der Person und ihrem vitalen Lebensgrund. Sie sind in besonderer Weise von der persönlichen Dynamik geprägt, die in ihnen in Erscheinung tritt. Sie zeigen die ›Handschrift‹ eines Menschen. Sie sind geprägt von der Eigenart eben dieses Menschen, seiner unverwechselbaren Individualität« (Biniek, 1982, S. 109).

Wir alle sind mit dieser Unverwechselbarkeit im Ausdruck vertraut. In den Zeichnungen unserer Fingerkuppen ist sie ebenso aufgehoben wie in jeder unserer Bewegungen. Von Weitem und im Bruchteil einer Sekunde können wir eine Person von hinten an der Haltung ihres Rückens oder ihres Ganges erkennen. Und indem wir sie erkennen, steht auch unsere Beziehung zu ihr schon im Raum. Selbst wenn wir sie jahrelang nicht gesehen haben, haben wir deren

---

10 Unter Erzählen werden hier, wie schon erwähnt, immer neben dem Sprechen auch alle anderen Erzählformen wie Schreiben, Theaterspielen, Malen, Tanzen, Filmen etc. verstanden.

Gestalt erkannt und ihre Bedeutung für uns gespürt. Wir »wissen«, wer sie ist. In diesem einen Detail scheint das Ganze der Person und der gemeinsamen Geschichte blitzartig auf.

Auf diese Weise begegnen in der Biografiearbeit Biografisierende in jedem ausgedrückten Detail ihrer eigenen Gestalt und Beziehung zu sich selbst und konturieren sie.

Der professionellen Biografiearbeit fallen dabei mehrere Aufgaben zu. Sie bietet den Rahmen für den schöpferischen Akt des Erzählens und unterstützt Menschen darin, die Autorenschaft für das Erzählen des Lebens aus ihrer Perspektive zu übernehmen und sich daran zu freuen. Einem schöpferischen Akt ist es eigen, dass er ein tiefes Gefühl der Befriedigung auslöst, und zwar unabhängig vom Erlebnisgehalt, der ausgedrückt wird. Den stimmigen eigenen Ausdruck zu finden und darin gehört zu werden, wirkt lösend und integrierend zugleich.

Im schöpferischen Akt wird Gestalten-Wissen hervorgebracht und als Erfüllung erlebt, unabhängig davon, welches Thema gestaltet wird. Ein Gefühl der Befriedigung tritt selbst dann ein, wenn belastende, schmerzliche Inhalte dargestellt werden, insofern sie nur stimmig ausgedrückt sind, da die Fähigkeit, schöpferisch zu sein, also ausdrücklich und damit anwesend zu sein, den Menschen (wieder) mit sich selbst und der Welt verbindet.

Im ersten Beispiel erlebt die befragte Mutter im gemeinsam geschaffenen Erzählraum diese Verbindung zu sich selbst im Angesicht eines anderen – und bedankt sich deshalb. Wer gestaltet, vermag »die Wirklichkeit mit einer Dichte und Intensität heraus[zu]fordern, die allem weit überlegen ist, was uns die banale Wahrnehmung der gängigen Intelligenz anzubieten hat. Proust nannte das das ›wahre Leben‹« (Montier, 2002, S. 25).

Die Schaffensfreude verweist auf das spielerische Element, denn »schöpferisches Gestalten setzt einen spielerischen Umgang mit dem Material voraus« (Biniek, 1982, S. 111). Schöpferisches und damit im besten Sinne spielerisches Gestalten besagt, dass sich das Gefüge des Ichs lockert und einem Neuen, das entstehen will, Raum gibt (S. 114). Die Freude und Gestaltungskraft während des biografischen Arbeitens werden damit zugleich zur bedeutsamen Erfahrung im weiteren Lebensverlauf. Dies wird im vierten Beispiel sichtbar: Der Biograf seines bis dahin weitgehend unbekannten Vaters zu werden, macht den Mann zum Sohn und zugleich zum Gestalter der Beziehung: »Wie gut, dass ich jetzt Zeit habe«, sagt er, »denn ich will gar nicht mehr aufhören, daran zu arbeiten.« Mit dieser Erfahrung ist er nicht allein. »In Montevideo«, schreibt der kolumbianische Autor Eduardo Galeano (1991, S. 212), »kenne ich ein Kind, das sagt: Ich will nie sterben, denn ich will immer spielen.« Dieses Zitat drückt etwas von der Selbstversunkenheit eines spielerisch-

schöpferischen Prozesses aus: nicht aufhören wollen, weil man nicht begonnen hat, sondern immer schon mittendrin ist:
- »Bitte nicht stören! Ich spiele!«
- »Bitte nicht stören! Ich gestalte!«

Im gestalterischen Prozess gehen bewusste Erinnerungen und unbewusste Inhalte eine schöpferische Beziehung ein. Bislang Unerzähltes wird erzählbar, das Komponieren und die »Kompostierung« von Erfahrungen kann stattfinden. In dieser Qualität liegt die Gegenwärtigkeit des biografischen Prozesses (siehe Abbildung 10).

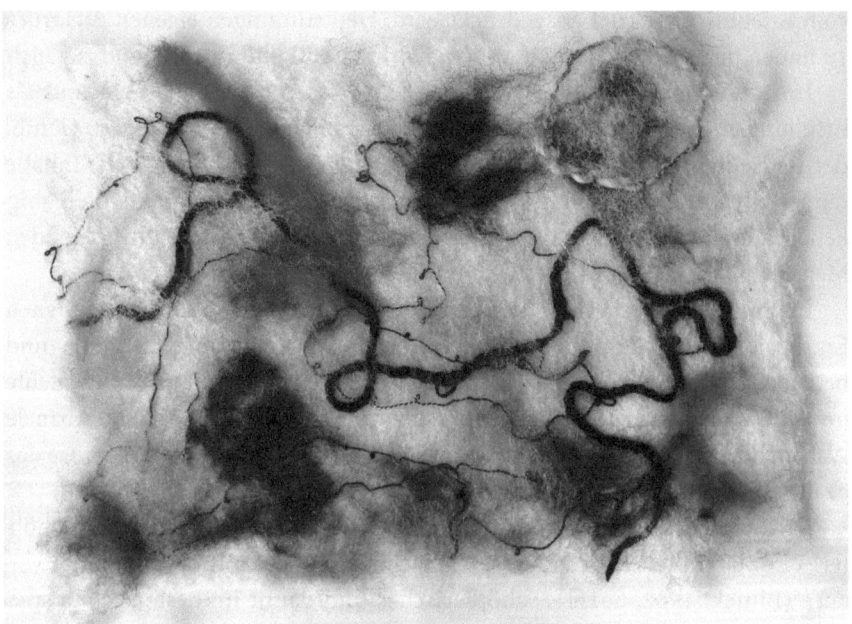

Abbildung 10: »Lebensgewebe« (gefilztes Bild von Ulrike Hagemann, Mentorin für Biografiearbeit, SYIM, Kassel)

Für diesen gestalterischen Freiraum des biografischen Prozesses ist die Mentor:in zuständig, die dabei allerdings nicht »spielt«. Sie bleibt dem Überblicksgeschehen verbunden durch Anleitung von Methoden, die den rhythmischen Wechsel ermöglichen zwischen
- *Assoziation – Chronologie*
- *Erweiterung – Verdichtung*
- *Verinnerlichung – Entäußerung.*

Poul Carl Bjerre (1876–1964), Psychiater und früher Schüler Freuds, weist dem Träumen im Leben aller Menschen die gleiche Bedeutung zu wie dem Gestalten im Leben eines Künstlers. Entscheidend für Bjerre (1936) war die synthetische Funktion des Träumens und des Gestaltens. In dieser Verschmelzung sah er das eigentlich Heilende. In Analogie zur Wundheilungstendenz in der Organmedizin schien sie ihm Ausdruck einer Selbstheilungstendenz der Seele. Der Akt des Gestaltens bzw. Träumens selbst ist entscheidend, nicht so sehr das Ergebnis bzw. der Inhalt des Bild-Schaffens. Der Schaffensakt, der Schöpfungsakt allein lasse aus einer bloßen Möglichkeit seelischen Seins Wirklichkeit werden und führe den Träumer bzw. Gestalter zur Reife, indem er ihm Form, Sicherheit und Lebenskraft gebe.

Künstlerische Qualität im biografischen Ausdrucksgeschehen ist weder im Fokus noch notwendig für ein geglücktes Gestalten, darf natürlich aber vorkommen und entwickelt werden. Im Fokus steht, dass das bereits gelebte Leben im und durch Erzählen lebendig gestaltet wird. Dieser Verlebendigungsprozess beseelt und begeistert diejenigen, die ihn hervorbringen. Biografisches Gestalten kann somit als Geburtsprozess verstanden werden: Wir ent-binden uns von unseren Erfahrungen, sie überschreiten die Innen-Außen-Schwelle, wie Siri Hustvedt formuliert. In diesen Prozess sind wir sprichwörtlich mit Leib und Seele involviert.

Nach diesem Hervorbringungsprozess ist etwas Neues in der Welt – und dieses Neue ist nicht mehr Ich. Es ist die gestaltete und schließlich auch unabhängig gewordene Erfahrung. Was neu in der Innenwelt ist, ist die Erfahrung der eigenen Gestaltungskraft.

Zum Abschluss eine kleine Kostprobe aller Zutaten:
Gehen sie mit einer anderen Person Ihrer Wahl ins Erzählkino. Bringen Sie dort Kairos- und Chronosaspekte spielerisch ins Gleichgewicht, spinnen Sie einen roten Faden aus Erinnerungen und überraschen Sie sich selbst mit Ihrer Geschichte. Wechseln Sie die Rollen. Eintritt frei!

Erzählkino

Hauptfilm

1. Szene

- Erzähle von einem Platz, einem Ort, an dem du gerne bist.
- Zoome dich mithilfe des Weitwinkels etwas weiter weg: Erzähle von dem Ort mit dir darin: Wie siehst du dich an dem Ort? Wie siehst du aus?
- Zoome dich nah heran: Erzähle von einem Detail.

Schnitt

2. Szene

- Welche weitere Situation fällt dir dazu ein? Lasse dich von deiner eigenen Beschreibung inspirieren; erzähle davon und entwickle so diese Szene. Die Situation kann zu einer anderen Zeit an einem anderen Ort mit anderen Personen etc. stattfinden.
- Wähle, ob du nun weiter weg oder näher heranzoomen willst (oder die Innen- bzw. Außenperspektive wechseln willst) und erzähle mit der veränderten Perspektive noch eine Sequenz.

Schnitt

3. Szene

- Wiederholung der Anleitung aus der 2. Szene mit anderem Ort.
- Zurück zum ersten Bild; noch einmal ruhig auf die Szene schauen; wie stellt sie sich jetzt dar?
- Langsam mit wachsendem Weitwinkel aus dem »Film« herauszoomen.
- Welche Filmmusik hörst du dabei?

Schnitt

Abspann

Schaue dir den Abspann an und »lese ab«:
- Titel des Films
- Hauptdarsteller:in
- Regisseur:in

Nach Filmende

Zuschauerreaktionen auf den oder die Regisseur:in:
Spontan:
- Was hat mich berührt?
- Welches Filmplakat bleibt mir vor Augen?
- In dem Film kann man sehen ...

Reflektiert:
- Zu welcher Filmgattung gehört der Film?
- Welchen Untertitel würde ich geben?
- Wie könnte der Film weitergehen?
- Welche Fortsetzung würde ich mir gerne anschauen?

Methodische Hinweise
Kairosaspekte werden durch das assoziative Erinnern angeregt. Thematisch werden die Erinnerungen gelenkt durch die Setzung des Anfangs: »Ort, an dem du gerne bist.« Wird hier ein anderer Fokus gesetzt, entsteht eine andere Assoziationskette. Denkbar wären z. B. thematische Setzungen zu Freundschaft; wer es gruseliger mag, kann auch schaurige Erlebnisse auswählen; denkbar sind auch Erfahrungen, mit denen ich mich selbst überraschte, etc. Schnelle Filmschnitte führen zu überraschenden Perspektivwechseln und damit Erweiterungen bzw. Vertiefungen.

Chronosaspekte finden sich in der filmischen Anleitung, die dem Erzählen Rhythmus und Abfolge geben. Sie stellen die Grammatik des Erzählens dar und können, unabhängig von der Themenstellung, beibehalten werden.

2.4 Zur Haltung der Mentor:in für Biografiearbeit oder: Die Begleitung biografischer Prozesse als sokratische Hebammenkunst

Welche Haltung braucht die Mentor:in[11], um ihrer Aufgabe nachzugehen, Biografisierenden eine Verbindung zwischen den Themen der Biografie, dem gestalterischen Ausdruck und der Selbstreflexion zu ermöglichen? Dieser Frage wird im Folgenden nachgegangen.

Die Hebamme auf dem Marktplatz – eine theoretische Einführung

Im übertragenen Sinne kann biografische Begleitungsarbeit mit der Aufgabe einer Hebamme verglichen werden: Was sich anfänglich im Inneren einer Person, im Er-innern abspielt, wird, einem Geburtsprozess vergleichbar, im Erzählen nach außen gebracht.

Hebamme, das ist sowohl ein Beruf als auch ein weiblicher Archetyp, der für die Fähigkeit steht, bislang Verborgenem ans Licht der Welt zu verhelfen. Beruflich unterstützt die Hebamme werdende Mütter, ihr im Mutterleib heranwachsendes, vor der Welt verborgenes Kind bis zur Geburtsreife auszutragen und dann zu gebären, es im Wehengeschehen nach außen »zu drücken«. Danach ist es sichtbar und bei aller Bedürftigkeit biologisch eigenständig anwesend.

---

11 Die Anregung zur Bezeichnung »Mentor:in« verdanke ich Bertina Weiser.

Hebammenkunst im biografischen Kontext

Im biografischen Kontext lässt sich Hebammenkunst als Fähigkeit verstehen, Menschen durch Prozess- und Erfahrungswissen dabei zu unterstützen,
- verborgene Erfahrungen und Zusammenhänge, verborgenes Wissen und Wollen durch Aus-drücken ans Licht zu bringen
- diese Hervorbringung methodisch strukturieren zu können
- das emotionale »Wehengeschehen« sowie die Begegnung mit dem Hervorgebrachten im sozialen Raum und die »Abnabelung« davon im Sinne der Freigabe für die Resonanz durch andere zu ermöglichen.

Dieses Begleiten von Erkenntnisprozessen als Hebammenkunst (griechisch: Maieutik) zu verstehen, geht auf den griechischen Philosophen Sokrates zurück. Er bezeichnete so die dialogische Gesprächsführung mit seinen Schülern. Er gab dabei kein Wissen vor. Vielmehr führte er seine Schüler mithilfe von Fragen auf ihren eigenen Erkundungs- und Erkenntnisweg. Und verglich dies mit der Tätigkeit einer Hebamme, die die werdende Mutter durch den Geburtsprozess führt, der in deren Körper hormonell gesteuert wird. Hebamme zu sein bedeutet somit, gleichermaßen Helferin und Zeugin eines Geburtsprozesses zu sein. Hervorgebracht werden können in der biografischen Hebammenarbeit Erinnerungsräume und eine erweiterte Fähigkeit zur Selbstreflexion: Wissen über das eigene Gewordensein, Wissen über die Herkunft der eigenen Meinung, der eigenen Werte und Anschauungen. Im Griechischen wird mit dem Wort »doxa« bezeichnet, dass das eigene Wissen kontextbezogen und damit sowohl spezifisch als auch begrenzt ist. Um diese Einschränkungen zu »wissen«, darum zu wissen, dass es um Wirklichkeiten und nicht um absolute Wahrheiten geht, führt zur Fähigkeit, auch die »doxa«, die Wirklichkeitskonstruktion des anderen Menschen wahrnehmen zu können.

1954 hielt die Philosophin Hannah Arendt an der University of Notre Dame, Indiana, im Rahmen einer Vorlesung »Philosophie und Politik« den Vortrag »Sokrates. Apologie der Pluralität« (Arendt, 2016). Darin betonte sie die Bedeutung des Selbstgespräches im Angesicht einer bezeugenden Person, wie sie in der sokratischen Gesprächsführung angelegt ist. Das Selbstgespräch sei ein innerer Monolog mit vielen Stimmen: Stimmen, die sich sowohl abwechseln als auch verstärken, ins Wort fallen, kritisieren, vergessen. Ein Selbstgespräch, sagt sie, sei damit auch ein Dialog oder sogar Trialog zwischen verschiedenen Anteilen der eigenen Person. Man denke nur an das vermeintliche Ringen zwischen Kopf und Bauch, Verantwortung und Lust. Im stillen Gespräch mit uns selbst erleben wir uns deshalb oftmals gerade nicht als Einheit: »Selbst wenn ich ganz alleine leben würde, so lebte ich doch mein Leben lang im Zustand der Pluralität. Ich muss mit mir selbst zurechtkommen«, konstatiert Arendt, und wer würde diese Herausforderung nicht kennen? Ein Mensch »der in die absolute Einsamkeit flieht, ist dieser jedem Menschen inhärenten Pluralität sogar noch radikaler ausgeliefert als ein anderer. Denn es ist ja das Gespräch mit anderen, das mich aus dem aufgespaltenen Gespräch mit mir selbst herausreißt und mich wieder zu einem macht – zu einem einzigen, einzigartigen Menschen, der nur mit einer Stimme spricht und von allen als ein einziger Mensch erkannt wird« (Arendt, zit. nach Bormuth, 2016, S. 8 f.). In der Biografiearbeit übernimmt die Mentor:in die Funktion dieses »anderen«.

Gehen wir noch einmal zu Sokrates zurück. Sokrates unterscheidet drei Lebensräume[12]:
- den häuslichen Raum, in dem man lebt
- den Marktplatz, auf dem man sich mit seiner »doxa« bewegt und zeigt
- den politischen Raum, in dem man eine öffentliche Stellung, ein Amt hat und für die Polis, die Gemeinschaft, handelt.

Als Mentor:innen sind wir, wenn wir gemeinsam mit Hannah Arendt Sokrates gedanklich weiter folgen, auf dem Marktplatz tätig: Biografiearbeit findet nicht im privaten Raum statt, aber auch nicht im Raum der politischen Verantwortung. Vielmehr unterstützt die Mentor:in für Biografiearbeit im Sinne der Hebammenkunst Menschen dabei, zum Vorschein zu bringen, was sie über ihr Leben wissen und manchmal auch nicht wissen, was sie denken und was sie dabei empfinden. Mithilfe methodischer Möglichkeiten wird damit eine Art Marktplatz für ein »öffentliches Selbstgespräch« geschaffen, ein Gespräch über das eigene Leben unter Zeugenschaft der Mentor:in bzw. einer Gruppe. Diese Zeugenschaft vertieft das Selbstgespräch und unterstützt das Erleben der eigenen Stimme und spezifischen Perspektive.

Wie geht das? Welche Haltung braucht die Mentor:in? Was sind ihre Mittel, welcher Art ist ihre Könnerschaft, ihre Hebammenkunst?

Mit Sokrates teilt die Mentor:in die Perspektive, dass jeder Mensch seine eigene »doxa«, seine eigene Perspektive auf die Welt besitzt, und wie Sokrates muss die Mentor:in mit Fragen beginnen. »Er [in unserem Fall der Mentor] kann nicht vorher wissen, über welche Art des dokei moi, des So-scheint-es-mir, der andere verfügt. Er muss sich der Stellung des anderen in der gemeinsamen Welt versichern« (Arendt, 2016, S. 49).

Damit besteht der erste Schritt in der Hebammenkunst darin, das was auf der Hand liegt, zur Beziehungsaufnahme zu nutzen: An welcher Stelle in der Welt,

---

12 Die Beschreibung dieser drei Räume lässt sich in Verbindung bringen mit den sozialen, kulturellen und kollektiven Gedächtnissen, wie Aleida und Jan Assmann sie beschrieben haben und wie ich sie den Feldern der Biografiearbeit zugeordnet habe.

in welcher Stellung treffe ich die andere Person an und was und wie erzählt sie über diese gegenwärtige Stelle?

Dieser Ausgangspunkt der biografischen Arbeit ist entsprechend dem Kontext und Feld des biografischen Arbeitens variabel und steht in Verbindung mit dem spezifischen Kontext und Anliegen, wie es in Unterkapitel 2.1 benannt ist. Systemisch gedacht, findet sich hier die Spiegelung zur Auftragsklärung.

»Sokrates wollte die Wahrheit an den Tag bringen, die jeder potenziell besitzt. […] Die Methode hierfür ist das ›dialegesthai‹, das Durchsprechen von etwas, […] diese Dialektik bringt […] Wahrheit hervor, indem sie die ›doxa‹ enthüllt« (S. 49). Die Mentor:in für Biografiearbeit arbeitet demnach nicht an Lösungen, Zielen, Verhaltensveränderungen. Die Entwicklung einer eigenen Lebensgeschichte, in deren Gestaltungsprozess Erfahrungen verbunden und Verstehen entwickelt werden, sind das Substrat der Arbeit. Auf deren Wirksamkeit wird im Sinne von Hannah Arendt vertraut: »Für Sokrates war die Maieutik [Hebammenkunst] eine politische Aktivität, ein Austausch […], dessen Früchte nicht danach beurteilt werden konnten, dass man bei dem Ergebnis dieser oder jener Wahrheit ankommen musste. Es gehört insofern immer noch zur sokratischen Tradition, dass Platons frühe Dialoge häufig unschlüssig enden, ohne Ergebnis. Etwas durchgesprochen zu haben, über etwas geredet zu haben, über die ›doxa‹ eines Bürgers – das schien Ergebnis genug. Es ist klar, dass diese Art von Dialog […] kein Ergebnis braucht, um bedeutsam zu sein« (S. 49 f.).

Was bedeutet diese Herleitung nun für die Praxis der Mentorenschaft?
Eine erste Antwort ergibt sich, indem wir mit der Frage nach dem Auftrag beginnen, mit dem systemisches Arbeiten in der Regel immer beginnt: Der Unterschied liegt im Auftrag.

Im Fokus der Biografiearbeit steht weder die Lösung von Problemen oder Konflikten noch Linderung oder Heilung von Schmerzen oder Symptomen, sondern Reflexion, Verbindung und Gestaltung von Lebenserfahrungen.

Dabei kann es zu Lösungen und Linderungsprozessen kommen, so wie es auch in Beratungen und Therapien zu Gestaltungsprozessen durch Neuverknüpfungen kommt. Ausgangspunkt ist jedoch in der Regel nicht eine Diagnose von Einzelpersonen oder Systemen, es geht nicht um »Störung« und auch nicht um Bewältigung oder Neuordnung von Problem- und Lebenslagen, sondern um Ausdrücken von eindrücklichen Erfahrungen im Kontext eines sozialen Raumes, was zum Erkennen und Sichbegegnen führt.

Mit der Linderung von Symptomen, der Heilung von Schmerzen oder der Veränderung von Problemen ist als Nebenwirkung zu rechnen (anschaulich nachzulesen ist dies im anschließenden Praxisbericht).

Aus diesen Unterschieden heraus lassen sich spezifische Grundhaltungen für die Biografiearbeit beschreiben:

Ressourcenorientierung in der systemischen Biografiearbeit wird angeregt durch Unterstützung
- der Fähigkeiten im Ausdrucksprozess
- der Fähigkeit, die eigene Erinnerung als wesentlich und wirklich anzuerkennen
- des Bestätigtwerdens in der Gegenwart von Zeugen, also im sozialen Raum
- der Erweiterung gewohnter Erinnerungskonstruktionen
- der Verknüpfungen zwischen verschiedenen Schichten des eigenen Lebens und der damit geschaffenen Erlebens- und Bedeutungsfülle
- der Selbststeuerung und Selbstermächtigung beim Setzen und Verändern des biografischen Fokus
- der Gegenwartsbewältigung und Gegenwartsbereicherung.

Neutralität/Allparteilichkeit in der systemischen Biografiearbeit:
- Erfahrungen werden bezeugt.
- Allen emotionalen Qualitäten von Erfahrungen wird die gleiche Aufmerksamkeit entgegengebracht: Freude, Schmerz, Trauer, Lust, Verzweiflung, Begeisterung, Suchen, Finden etc. Keine wird als absolut anerkannt oder als banal an die Seite gestellt.
- Perspektivenvielfalt/Varianten werden methodisch angeregt und unterstützt.
- In Gruppen wird für Aufmerksamkeitsgerechtigkeit gesorgt.

Der nachfolgende Bericht beschreibt die Realisierung dieser Grundhaltungen in und für die Praxis.

Hebamme in Aktion – Biografiearbeit mit einer jungen Mutter

Dies ist der Bericht einer Sozialarbeiterin in einer »Trainingswohnung für Schwangere und Mütter mit Kindern«[13], die als Mentorin mit einer jungen Mutter, die im folgenden Text »An« genannt wird[14], arbeitete. Die Arbeit ist im Kontext der

---

13 Eine Wohnung innerhalb einer größeren Wohneinrichtung mit sozialpädagogischer Begleitung.
14 Angaben zur Person sind hier und in den weiteren Beispielen anonymisiert.

Biografieweiterbildung »Sich selbst beheimaten – Neue Zugänge zur systemischen Biografiearbeit (SYIM, Kassel)« entstanden.

Um den biografischen Erkundungsprozess lebendig zu halten und vertieft zu gestalten, verschränkte die Mentorin verschiedene Methoden. Eine Abgrenzung zur sozialpädagogischen Arbeit wird deutlich.

> **Praxisbericht einer Mentorin: Lebensgeschichtliche Vergewisserung – Biografiearbeit mit einer jungen Mutter**
>
> In der »Trainingswohnung für Schwangere und Mütter mit Kindern«, in der ich arbeite, wohnen in der Regel Schwangere und Mütter mit ihren Kindern, deren Lebensläufe von Gewalt- und Missbrauchserfahrungen, von Brüchen, Trennungen usw. geprägt sind. Sie sind aufgrund von sozialen, familiären, persönlichen und emotionalen Schwierigkeiten nicht in der Lage, ihr Leben und das ihres Kindes selbstständig zu meistern und Probleme aus eigener Kraft zu bewältigen und benötigen darin Unterstützung.
>
> In der nachfolgenden Beschreibung arbeite ich biografisch mit einer jungen Mutter. Was ich über sie zu Beginn der Arbeit wusste, möchte ich kurz skizzieren, um einen Blick in ihre Lebenswelt zu öffnen:
>
> An ist 1994 in Osteuropa geboren. Sie ist eine von mehreren Geschwistern, mit welchen sie ihre ersten vier Lebensjahre bei ihren Eltern gelebt habt. In der Familie herrscht regelmäßig Gewalt. Besonders von ihrer Mutter wurde sie regelmäßig geschlagen bzw. misshandelt. Als An fünf Jahre alt war, wurde sie von ihren Geschwistern getrennt. Grund der Trennung war der Mord an ihrem Vater, der von ihrer Mutter begangen worden war. Den Mord an ihrem Vater hat An mit angesehen. Nach dem Tod ihres Vaters und der Festnahme ihrer Mutter kamen ihre Geschwister zu den Großeltern und sie zu Tante und Onkel. Bei ihnen hat sie ab diesem Zeitpunkt gelebt. Etwa zwei Jahre später wurde sie von ihnen gefragt, ob sie denn gern »in Urlaub« nach Deutschland fahren würde. Sie sind mit ihr nach Deutschland ausgewandert und kehrten nie zurück in ihre Heimat und zum Rest der Familie. Ab ihrem siebten Lebensjahr ist An also in Deutschland aufgewachsen. Sie hatte wenig Freunde und ein distanziertes Verhältnis zu ihrer Tante und ihrem Onkel. In der weiterführenden Schule erlebte sie über längere Zeit Mobbing. In der achten Klasse brach sie die Schule ab. In der Folge gab es immer wieder heftigen Ärger mit ihren Großeltern. Immer wieder ging sie über längere Zeit nicht nach Hause (verschwand), war obdachlos, hin und wieder bei Freunden bzw. ständig wechselnden Partnern. In diesem Lebensabschnitt waren Alkohol und Drogen ihre ständigen Begleiter. Mit achtzehn Jahren wurde sie das erste Mal schwanger. Drei Monate, nachdem sie ihr erstes Kind zur Welt brachte, mit dem sie bei ihrem Freund und seiner Mutter »gelebt« hat, ist sie erneut schwanger geworden. Das Jugendamt wurde eingeschaltet,

sodass sie kurz darauf in eine Mutter-Kind-Wohngruppe kam. Dort brachte sie ihr zweites Kind zur Welt. Da ihr die Regeln in der Wohngruppe nicht passten, ist sie mit ihren zwei Kindern trotz Kindeswohlgefährdung zurück zu ihrer Großmutter gezogen. Kurz danach wurden ihre Kinder in Obhut genommen. Zu diesem Zeitpunkt war An erneut schwanger. Um das noch ungeborene Kind behalten zu können, bekam sie die Auflage vom Jugendamt, erneut in eine Mutter-Kind-Einrichtung zu ziehen. So ist die junge Frau zwei Wochen nach der Entbindung ihres Kindes vor zwei Jahren bei uns in die Wohngruppe eingezogen.

Die wesentliche Gestaltung und der Inhalt der Biografiearbeit
Mit der Biografiearbeit haben wir ca. sechs Monate nach ihrem Einzug begonnen. Gemeinsam sind wir über mehrere Monate der »Vergewisserung ihrer eigenen Lebensgeschichte« anhand von verschiedenen Methoden und Gestaltungsmöglichkeiten – wie direkter Recherchen, der Erinnerungsliste, der Arbeit mit Symbolisierungen etc. – nachgegangen.

Für die Biografiearbeit mit der jungen Mutter entschied ich mich als grundlegende Gestaltungsform für eine »Zeitleiste«, die in Jahresschritte aufgeteilt war. Mit ihrer Geburt begonnen bis in die Gegenwart haben wir die für sie eindrücklichsten Ereignisse, an die sie sich erinnern konnte, aufgeschrieben und sortiert. Immer wieder haben z. B. Erzählungen aus der naheliegenden Vergangenheit an Situationen aus ihrer frühen Kindheit erinnert, sodass nach mehreren Treffen die Zeitleiste ihres Lebens mit Erinnerungen gefüllt und chronologisch sortiert war.

Daraufhin habe ich die Arbeit mit »Gefühlssymbolen« weitergeführt, sodass Gefühle zum Ausdruck kommen und neue Erzähleben eröffnet werden konnten. An bekam von mir Klebezettel in drei verschiedenen Farben zur Verfügung gestellt, denen wir unterschiedliche Bedeutung gaben: blaue Klebezettel für negative/kalte Gefühle, rote Klebezettel für positive/warme Gefühle und Klebezettel in einem leuchtenden Orange, welche Besonderheiten hervorheben sollten, wie z. B. »darüber möchte ich nicht sprechen«, »das hat mich besonders bewegt«. Auf diese verschiedenfarbigen Klebezettel hat sie Smileys gemalt. Damit konnte sie auf nonverbale Weise ihre Emotionen ausdrücken und auf die jeweilige Erinnerung bzw. das jeweilige Ereignis ihres Lebens auf der Zeitleiste kleben.

Besonders bemerkenswert war: Als sie von Emotionen in einer leuchtend orange geprägten Lebensphase erzählt hat, brachte dies weiteres Erzählen von überwiegend positiven Erinnerungen in ihr hervor. Diese ließ ich in die Erinnerungsliste einfließen, die ich für sie aufschrieb. An dieser Stelle hat jede einzelne Erinnerung einen »Platz« in ihrer Geschichte erhalten.

Zu manchen Altersphasen sind An viele Erinnerungen gekommen, zu anderen bestanden große Lücken. Manche dieser Lücken gab es aufgrund ihres jun-

Abbildung 11: Der »Lebensfluss« gibt der Erinnerung eine Gesamtform (zu sehen ist nicht das Original der Klientin, sondern eine von der Mentorin während der Biografie-Weiterbildung im SYIM Kassel nachgelegte Version)

gen Alters, wie z. B. Erinnerungen an ihren verstorbenen Vater, zu welchem sie eine unersetzbare Bindung hatte und hat. Zu diesem Thema konnte sie mit der »Entwicklung von Fragen« in die »direkte Recherche« gehen. Anhand der Fragen führte sie mit ihrer Oma ein Interview. Mit den für sie relevanten Antworten konnte sie exakt die »Lücken füllen«, die in ihrer Geschichte wichtig waren. Andere konnte sie offenlassen.

Auch durch die »Arbeit mit Symbolisierung«, wie z. B. einer Kerze (Symbol für den Tod ihres Vaters) oder alter Fotos, über die sie ins Erzählen kam, waren förderlich, die für sie unverarbeitete Trauer zum Ausdruck zu bringen und dem Tod ihres Vaters aus einer anderen, neuen Perspektive zu begegnen.

Weiterhin konnte die junge Mutter anhand der Entwicklung von Fragen andere Personen wie eine Tante zum Erzählen ermuntern und für sie wichtige Antworten bekommen.

Manche Lücken konnten anhand von Dokumenten, Urkunden und Fotos gefüllt werden, andere wiederum wurden bewusst freigelassen. Diese Lücken und das Verschweigen der dahinterliegenden Ereignisse sind ebenfalls Ausdruck bzw. Sprache.

Nachdem die Zeitleiste, also die ursprüngliche Grundform der lebensgeschichtlichen Gestaltung gefüllt war, konnte diese in eine andere Gestaltungsform gebracht werden: den »Lebensfluss«. Hier konnte An alle Höhen und Tiefen bzw. die für sie einschneidenden Erlebnisse ihres Lebens in eine für sie stimmige Form legen und somit mit »Bewegung« im Bild in den Ausdruck kommen (siehe Abbildung 11).

Gegen Ende der Biografiearbeit habe ich zwei Körbe und einen Rucksack zur Verfügung gestellt. Der eine Korb stand für positive Gefühle/Erfahrungen und der andere für negative. Diese Körbe konnte sie mit kleinen Bällen in zwei Farben befüllen, während sie den Blick auf ihre Lebensgeschichte gerichtet hatte. Auf diese Weise konnte sie ihre Gefühle äußern und sortieren. Der Rucksack, in welchen An sinnbildlich ihre Ressourcen und Fähigkeiten aus den Erfahrungen ihrer Geschichte »eingepackt« hat, steht für die Veränderung in der Gegenwart und richtet den Blick auf ihre Zukunft, ihre Wünsche und Ziele, welche sie in mehreren Terminen ausgearbeitet hat.

Lebensgeschichtliche Vergewisserung
Das Wesentliche an der Arbeit mit An war für sie, anhand verschiedener Erkundungswege und unterschiedlicher Gestaltungsmöglichkeiten ihrer Lebensgeschichte Gestalt zu geben und sich dann an dieser zu vergewissern.

Die Vergewisserung bzw. Kenntnis über ihre eigene Familie, die eigene Herkunft, die Klarheit über Lebens- und Familienereignisse war für ihren eigenen Identitätsentwicklungsprozess bedeutend. Das bisherige Verdrängen der eigenen Vergangenheit und ihre Abwertung hatten starke Auswirkungen auf ihre gegenwärtige Lebenssituation und ihre Zukunftsperspektive. Das Erarbeiten ihrer Geschichte und deren gemeinsames Betrachten hat ihr ihre Orientierungs- und Planlosigkeit genommen und sie in ihrer Identitätsbildung unterstützt. Auch durch die Umdeutung ihrer Lebenskrisen in Herausforderungen und einen Perspektivwechsel konnte ihr Selbstwertgefühl gestärkt werden.

Die intensive Beschäftigung und der Ausdruck mit unterschiedlichen Gestaltungsformen ihrer Vergangenheit, Gegenwart und Zukunft hat ihr, durch die Überbrückung von zeitlichen Dimensionen, die Möglichkeit gegeben, verschiedene Sinn- und Lebenszusammenhänge herzustellen und u. a. Schmerzhaftes in ihr Selbstbild zu integrieren. Weiterhin konnte durch die Herausarbeitung ihrer Ressourcen ihr Selbstwertgefühl gestärkt werden.

Bedeutende Erfahrungen als Mentorin
Während der Planung des Projekts habe ich mir vorgenommen, das Leben von An von ihrer Geburt bis zum gegenwärtigen Zeitpunkt anhand einer grundlegenden und mehrerer begleitender Methoden zu gestalten. Wie viel Zeit wir dafür brau-

chen würden, konnte ich erst nach ca. drei Treffen abschätzen. Ich habe mir verschiedene Methoden und Gestaltungsmöglichkeiten vor Augen gehalten, welche ich je nach Entwicklung des Prozesses einsetzen könnte, ohne aber diese schon im Voraus festzulegen. Für die angewendeten Methoden habe ich mich aus dem Prozess heraus entschieden und bin sehr offen mit der jeweiligen Situation umgegangen. Dieses Verfahren und die positiven Erfahrungen damit haben mich in meiner Arbeit bestätigt und bestärkt.

Wichtige Erfahrungen waren, beim Umgang mit Lücken das Verschweigen der dahinterliegenden Ereignisse/Geschichten anzuerkennen und eine akzeptierende Haltung einzunehmen. Ein gutes Beispiel hierfür ist der Umgang von An mit dem Tod ihrer Mutter. Diese ist verstorben, als An neun Jahre alt war. Die Todesurkunde ihrer Mutter hat ausschließlich bei *einem* Termin einen Platz in ihrer Lebensgeschichte bekommen. In den darauffolgenden Stunden war an dieser Stelle einfach ein weißes Blatt Papier.

Zu Beginn dieses biografischen Projekts mit einer jungen Frau und Mutter hat mich mein Team gefragt, ob ich nicht in die Arbeit mit einfließen lassen kann, dass An in Zukunft »anders« mit ihrem Kind umgeht. Deren Wunsch war es, nach diesem Projekt eine Verhaltensänderung in Bezug auf die aktuellen Themen in der Wohngruppe bzw. in Bezug auf den Umgang mit ihrer kleinen Tochter zu erreichen. Hier habe ich mich von meinem Team abgegrenzt und bin bei der biografischen Begleitung geblieben.

Über die Monate war deutlich zu beobachten, wie das Selbstwertgefühl bei An stieg und ihr Selbstbild sich festigte. Deutlich wurde es z. B. an ihrem Kleidungsstil. An hat angefangen, sich farbenfroher, freizügiger und auffälliger zu kleiden. Diese Entwicklung hat sie immer wieder benannt und war u. a. sehr stolz darauf, dass sie hinter ihrem Leben und den (auch körperlichen) Narben, die sie davongetragen hat und immer noch trägt, auch stehen kann und nicht mehr den Drang hat, diese zu verstecken. Dies wurde auch deutlich, als sie immer mehr für sich und ihre Meinung einstehen und diese auch vertreten konnte. Vor der biografischen Arbeit ist ihr das sehr viel schwerer gefallen und sie konnte es in manchen Bereichen auch gar nicht.

Für das Gruppenleben, die Bewohner und die Betreuer der Wohngruppe hatte das natürlich auch weniger positive Auswirkungen auf die Zusammenarbeit, da An nun auch die Meinung äußerte, dass sie als Mutter doch am besten wisse, was für ihr Kind gut sei und andere sich da nicht mehr einzumischen brauchten. Ich als Mentorin habe diesen Entwicklungsschritt von An als sehr positiv empfunden.

Solche Aussagen haben mich aber gleichzeitig als Betreuerin der Wohngruppe herausgefordert. Unter anderem habe ich an diesem Beispiel in Erfahrung bringen können, wie es ist, den Spagat zwischen zwei verschiedenen Rollen mit unterschiedlicher Zielsetzung zu machen.

- Für mich war es auch eindrücklich, das wachsende Vertrauen, das An in mich als Mentorin gelegt hat, zu beobachten. Aufgrund ihres wachsenden Interesses an meinem Leben dieses Vertrauen zurückzugeben, hat meiner Erfahrung nach große Bedeutung für die gemeinsame Arbeit gehabt und erfordert meinerseits eine hohe Selbstreflexion.

Nachdem wir die Biografiearbeit nach ca. fünf Monaten abgeschlossen haben, meldete mir An zurück, sehr zufrieden und stolz auf sich, ihr gesamtes Leben und auf ihr neues Selbstbewusstsein zu sein. Sie sei glücklich darüber, sich darauf eingelassen zu haben, die Arbeit habe ihr viel Spaß gemacht und sie wolle weiterhin an Themen arbeiten, die sie beschäftigen.

Sandra Sypniewska, 2018

Was hilfreich ist – Erfahrungen von Mentor:innen[15]
- Ruhige, angenehme Erzählatmosphäre schaffen
- klar definierter Arbeitsrahmen, der zugleich Offenheit und Freiraum signalisiert
- Selbstausdruck unterstützen
- Interesse an den Erzählungen und Ausdrucksweisen des Gegenübers aktiv zeigen
- die eigene Bereitschaft zum Dazulernen erkennbar machen
- den Erzählenden signalisieren, dass sie sein dürfen – mit ihren Geschichten, Emotionen, Grenzen
- den Erzählenden zutrauen, bei Erinnerungsbereitschaft auch schmerzlichen Gefühlen gewachsen zu sein
- als Mentor:in in der Selbstfürsorge bleiben.

Zur Abrundung lasse ich eingängig und leichtfüßig Clarissa Pinkola Estés (1993, S. 25) ein Bild entwerfen, das sich mit der Hebammenarbeit der Mentorin verbindet: »Neben dem, dass jede Begleitungsarbeit individuell ist«, schreibt sie, könne man doch sagen, »dass vier Grundtechniken konstant und unverändert bleiben, denn auf diesen baut sich alles menschliche Handeln auf: das *Fragenstellen*, das *Erzählen*, das *Zuhören* und das *Handarbeiten*[16].« (Hervorhebungen HS)

---

15 Entstanden als Reflexion nach einer Mentor:innenübung während der Weiterbildung Biografiearbeit 2020/21 im SYIM, Kassel.
16 Als »Handarbeiten« verstehe ich im Rahmen der Biografiearbeit das Ausdrucksgeschehen in der Realisierung des Erzählens.

Teil B
Praxis systemischer Biografiearbeit

3 Arbeiten mit den vier Grundthemen der Biografie oder: Geschichten schichten

Biografien tragen bestimmte basale Aspekte in sich. Der Lebensbaum bzw. die Arbeit mit demselben lässt vier biografische Grundthemen deutlich hervortreten. Dieses Kapitel setzt sich mit dem Lebensbaum und den darin enthaltenen Ausgangsorten, Lebenswegen, Lebenslagen und Lebensfragen auseinander. Abschließend gehe ich auf biografische Recherchemöglichkeiten ein.

3.1 Die Arbeit mit dem Lebensbaum

Die vier Aspekte der nachfolgenden Kapitel sind in der Arbeit mit dem Lebensbaum als Bild miteinander verbunden. Deshalb steht dieser Beitrag am Beginn des Praxisteiles. Was in der Beschreibung in ein Nacheinander gebracht wird, ist im realen Lebensverlauf ein Erleben, das sich vielfältig durchdringt. Beispielerzählungen könnten somit durchaus auch in einem anderen Abschnitt mit einem anderen Betrachtungsfokus auftauchen.

Vielfältige Wirkungsebenen fließen in jeder Lebensgeschichte zusammen: konstitutionelle, geschlechtsbezogene, familiengeschichtliche, zeitgeschichtliche, politische, wirtschaftliche, kulturelle und andere Aspekte bilden ein »Erlebnisknäuel«, mit dem Interessierte zur Biografiearbeit kommen. Entlang jedes dieser ins Knäuel verwobenen Fäden kann ein Mensch seine Biografie, das Gewebe seines Lebens, entwickeln. Auch wenn zu Beginn in der Regel der Hauptfokus der biografischen Durchdringung nur durch einen Aspekt oder einige der genannten Aspekte gebildet wird (die sich wiederum aus der Biografie der Person herleiten lassen), sind die anderen doch immer als Hintergrund vorhanden und werden als Bedingung für die Hauptaspekte sichtbar.

Der Baum als Lebensbild

Als ich ein Kind war, ging das Fenster des Zimmers, in dem mein Bett stand, auf die Dorfstraße hinaus. Gleich gegenüber, als Wächter vor einem Bauernhof, stand eine große Kastanie, hoch und alt, die mit ihren Wurzeln allmählich, aber stetig das Erdreich anhob. Die Krone war mächtig und überstieg unseren Hausgiebel. Die Blätter der Kastanie rauschten im Wind und der fallende Regen auf die großen, festen Blättern schloss mich in jeden Regentag ein. Abends, wenn ich einschlief, rauschte der Baum, morgens stand er ruhig und stumm. Wenn ich aus dem Fenster schaute, sah ich auf ihn. Ich wurde erwachsen und zog in die Stadt. Und eines Tages, als ich zu einem Besuch zurückkam, war er nicht mehr da. An seiner Stelle war kahle, kalte Leere. Alles war verändert, die Straße, das Licht, der Klang der Geräusche. Auch der Schlaf. Der Baum musste gefällt werden, hörte ich, seine Wurzeln hätten die Straße zerstört. Ich glaubte das. Selbstverständlich. Aber ich war seitdem, wenn ich heimkam, nie mehr in der gleichen Weise zu Hause wie zuvor.

Diese kleine Geschichte erzählt von der stummen Beständigkeit der Baumbegleiter in unserem Leben – so sie denn in unserer Nachbarschaft zu finden sind. Aber auch wenn sie das nicht tun, ist das Urbild des Baumes in der Seele anwesend. Ein Baum, das ist nicht nur und nicht einmal in erster Linie ein konkreter Baum, sondern ein archetypisches Bild, so wie auch ein Haus und eine Blume in uns als Erfahrenes und Urbild zugleich existieren. Malen kleine Kinder Bilder, so ist es dies, was darauf zu sehen ist.

In den alten Mythologien und Religionen sind Bäume Träger von Weisheit, Fruchtbarkeit und Mütterlichkeit und stehen für die Gesamtheit der Welt und des Lebens. Aus dem 6.–4. Jahrtausend vor Christus ist uns die (sumerische) kosmische Vorstellung Mesopotamiens überliefert und darin der heilige Baum von Eridu als Träger des Weltganzen.

Der Baum als Heiligtum kommt in unzähligen Schöpfungsmythen vor. In dem nordischen Schöpfungsmythos begegnen wir der Weltenesche Yggdrasil, dem Baum, der vor allem anderen da ist, der wächst, mit seiner Lebenskraft alles, alles speist, verbindet und transformiert – räumlich, zeitlich, inhaltlich. »Eine Esche weiß ich stehen./Sie heißt Yggdrasil, ein hoher Baum [...]/Immergrün steht sie über dem Brunnen der Urd« (Völsunga, Vers 19, Lieder-Edda).

In den schamanischen Kulturen des eurasischen Nordens finden sich vergleichbare Vorstellungen des Weltenbaumes. Die Baumgattung wechselt dabei mit der Vegetation des Landstriches.

Im Judentum ist der Baum symbolisiert im siebenarmigen Leuchter, der Menora, einem der zentralen Kultgegenstände. Das hebräische Wort Menora hat seinen Ursprung in Babylon und steht für Leuchte und Erleuchtung. Auch hier ist die Verbindung von Baum und Weisheit angesprochen. In der Kabbala taucht der Lebensbaum mit der hebräischen Bezeichnung Sephiroth in Verbindung mit den zehn göttlichen Emanationen auf, den Wegen des Hervorbringens aus sich selbst heraus auf der metaphysischen und kosmologischen Ebene. Zwischen den zehn Wegen gibt es 22 Verbindungen, die den 22 Buchstaben des hebräischen Alphabets entsprechen.

In der christlichen Schöpfungsgeschichte steht inmitten des Garten Edens der Baum der Erkenntnis von Gut und Böse. Von dessen Früchten zu kosten, führt für Eva und Adam in ein Erkennen ihrer selbst und damit in ein selbst zu verantwortendes Leben. Dies wird als Vertreibung aus dem Paradies erzählt. In dieser Erzählung ist der Baum nicht mehr das Heiligtum selbst, aber noch Träger der höheren Erkenntnis.

»So bringt jeder gute Baum gute Früchte, der faule Baum aber bringt schlechte Früchte« (Mt 7,17), lautet ein Jesuswort im Neuen Testament. Damit sind wir mit der Baumsymbolik bei der Einzelperson, dem Individuum angekommen. Der Baum ist jetzt nicht Träger einer Göttlichkeit, hier wird vielmehr der einzelne Mensch durch einen Baum symbolisiert.

Bäume, die als Heiligtum die Mitte des religiösen Ritus bildeten, wurden im Zuge der Christianisierung gefällt, um so die Ohnmacht der Götter zu dokumentieren, deren Macht sie verkörperten. Ein Beispiel dafür ist das Fällen der Donar-Eiche am Südufer der Eder, gegenüber der kleinen Domstadt Fritzlar im Jahr 723. Unter dem Schutz fränkischer Soldaten wurde mit ihr eines der mächtigsten Heiligtümer der Chatten gefällt. Mit der Entmachtung der alten Götter ging auch eine Entmachtung der »Baumwesen« einher.

Als Archetypen haben Bäume ihre Wirksamkeit behalten. Wir sprechen vom Familienstammbaum, wir schmücken einen Weihnachtsbaum, zur Kirmes gibt es einen Maibaum und auch heute noch werden Bäume gepflanzt bei der Geburt eines Kindes. Männer pinkeln mit Vorliebe an einen Baum. Die Stange beim Segeln wird Baum genannt. Und eine berühmte Erzählung von Christa Wolf (1974) beginnt mit dem Satz »Unter den Linden bin ich immer so gerne gegangen.«

Damit sind wir auf der Ebene angekommen, in der im biografischen Kontext die Arbeit mit dem Lebensbaum stattfindet. Die vorherigen Ausführungen machen den Hintergrund für die tiefe Verwurzelung der Baumsymbolik im menschheitsgeschichtlichen Gedächtnis deutlich. Die Arbeit mit dem Lebensbaum gründet auf dieser Fülle, die in dieser Arbeit mitschwingt, ohne dass sie erläutert oder gewusst werden muss.

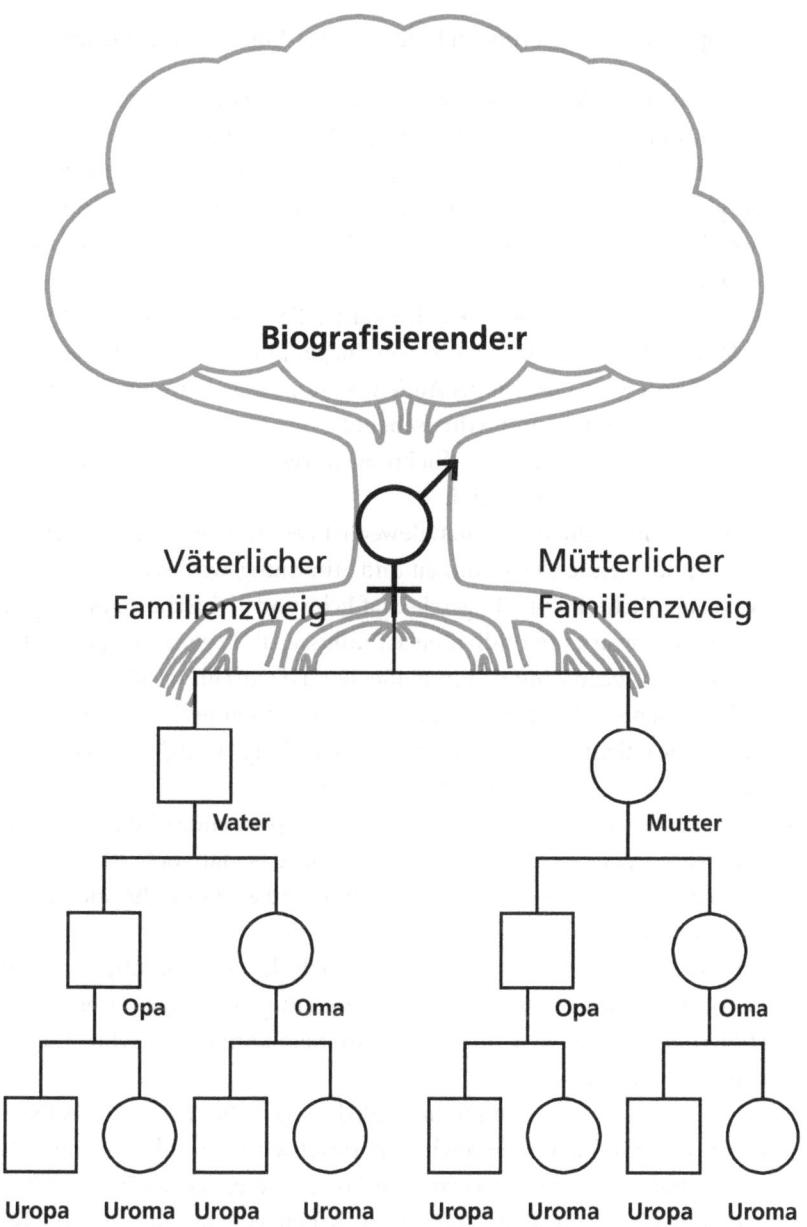

Abbildung 12: Der Lebensbaum des Einzelnen wurzelt in den Vorgängergenerationen[17]

---

17 Genogramm-Varianten für gleichgeschlechtliche Familien, bei künstlicher Befruchtung, Leihmutterschaft siehe Unterkapitel 3.5, S. 180; zum Genogramm in Adoptiv- und Pflegekinderfamilien siehe unten in diesem Kapitel.

Anregung für Symbolisierungen biografischer Ebenen im Lebensbaum:

BODEN: Natürliche, kulturelle und geschichtliche Bedingungen des Individuums und der Familie in der Vergangenheit; überindividuelle Einflüsse

WURZEL: Eltern, Großeltern, weitere Herkunft/Ahnen, Familiengeschichte (vergleichbar mit Stammbaum, Genogramm); deren Lebensorte, Religion, Kultur, Berufe, Leidenschaften, Niederlagen, Talente und das Verbindungsmuster zwischen ihnen (siehe Abbildung 12)

STAMM: Wie stehe ich in der Welt? Ichstärke, die eigene Aufgerichtetheit

ÄSTE: Welche Richtung habe ich eingeschlagen, in welche Richtung zieht es mich, wie weit rage ich ins Außen, wohin gehe ich mit meiner Kraft auf der Beziehungs- und Arbeitsebene?

ZWEIGE: Ausdifferenzierung der Richtungen; verzweigt mit wem oder was, bewohnt von …, belebt durch …

BLATTWERK: Gesundheit, Vitalität, Beweglichkeit/Starrheit, eigenes Tempo etc., grundlegende Gestimmtheit und Stimmungswechsel

WETTER: Natürliche, kulturelle, gesellschaftliche und politische Bedingungen in der Gegenwart; überindividuelle Einflüsse; die sogenannte politische Großwetterlage, die auf den individuellen Lebenslauf wirkt

LUFT: Der offene Zukunftsraum; das, was noch nicht gefüllt ist mit Sichtbarem; die Offenheit, die Verlockung und die Fragwürdigkeit des Lebens; das leere Wissen der eigenen Sterblichkeit

SONNE: Quellen für Licht und Wärme, für lebensspendende Einflüsse; Gutes, Förderliches, das einem zukommt und ohne das man nicht leben kann; das, was ich nicht aus mir schöpfe, aber mir zu eigen mache, indem ich es umwandle; Förderer, fördernde Umstände

MOND: Was noch schlummert, auch, was sich der Realisierung entzieht; wovon ich träume, ohne es in die Umsetzung zu bringen; was in der Stille ruht und nur manchmal zum Vorschein kommt – welches Thema abnimmt oder zunimmt

FRÜCHTE: Was reift und eigenständig wird; der eigene Beitrag für das Außen; das, was schließlich ohne mich weiterwachsen kann oder wovon sich andere nähren können; was von mir kommt, aber selbstständig weitergeht; das können eigene Kinder sein, Arbeitsvollzug und -ergebnisse, Wirkungen des eigenen Tuns

SAMEN: Was nach mir kommt, was ohne mich besteht

Ein-Blick in die Praxis: Tree of Life und Mein Lebensbaum – biografisches Schreiben in fünf »Bildern«

Nachfolgend stelle ich zwei unterschiedliche Ansätze für die Arbeit mit dem Lebensbaum vor. Im ersten, Tree of Life, ist das Konzept von David Denborough kurz skizziert, der mit traumatisierten Kindern und Jugendlichen arbeitet. Im zweiten findet sich ein Beispiel aus meiner Praxis mit methodischen Anleitungen. Durch die Texte einer Teilnehmerin wird der biografische Prozess, der daraus entsteht, lebendig.

Das Arbeiten mit der Baummetapher kann darüber hinaus auf vielerlei Weise umgesetzt werden. Das Arbeiten draußen in der Natur, in einem Park, einem Garten, im Wald kann – sofern sich die Möglichkeit bietet – dabei eine zusätzliche Freude sein.

Tree of Life

David Denborough[18] hat für die Arbeit mit dem Lebensbaum ein eigenes Konzept entwickelt, indem er sie für die Situation von traumatisierten Kindern und Jugendlichen nutzbar macht: »Tree of Life«. Es ist ein ressourcenorientierter Ansatz, der es traumatisierten Kindern und Jugendlichen in einer Gruppensituation ermöglicht, über ihre Geschichte so zu reden, dass sie stärker werden.

Zu Beginn malen die Kinder und Jugendlichen ihren eigenen Baum des Lebens. Wurzeln gehören dazu, Menschen, die für sie von Bedeutung sind, ihre eigenen Fähigkeiten, ihr Wissen, ihre Wünsche und Träume.

In der Gruppe, durch die Bäume der anderen, wächst der Baum des Lebens zum Wald des Lebens. Dies ermöglicht einen Austausch über die Stürme, die dem Wald schaden können, und darüber, wie sich der Wald gegen die Stürme behaupten und schützen kann. Der Erfahrung von innerer und/oder äußerer Einsamkeit, eine häufige Folge von Traumatisierung, kann in diesem Austausch eine andere Erfahrung an die Seite gestellt werden.

Denn »Tree of Life« ermöglicht es traumatisierten Kindern durch die Symbolisierung, über ihr Leben und ihre Erfahrungen zu sprechen, ohne eine Retraumatisierung zu erleben: Das Bild des Baumes ermöglicht Verbindung zu und Ausdruck von eigenem Erleben und zugleich Abstand dazu. Symbolisches Sprechen öffnet einen Mitteilungsraum, ohne den Schutz wegzunehmen. Damit stärkt es die Kinder und Jugendlichen in ihrer Beziehung zu ihrer eige-

---

18 Therapeut und Lehrtherapeut am Dulwich Centre in Australien, Autor und Herausgeber zahlreicher Bücher und »Academic Coordinator« des Masterlehrgangs für »Narrative Therapy and Community Work«, eines gemeinsamen Lehrgangs der University of Melbourne und des Dulwich Centre, Adelaide.

nen Geschichte, zu ihrer Herkunft und darin, sich stützenden und stärkenden Lebensbegleiter:innen zu vergewissern.

Mein Lebensbaum – biografisches Schreiben in fünf »Bildern«

Der nachfolgende Ein-Blick in meine Praxis mag als Anregung dienen – und ist eigentlich ein Fünf-Blick: Es fanden fünf Gruppentreffen rund um das Thema »Mein Lebensbaum« statt. Beschrieben sind methodische Anregungen und deren Umsetzung anhand eines beispielhaften Verlaufes. Die Texte hat eine 67-jährige Biografisierende mit schwerer chronischer Erkrankung zur Verfügung gestellt.

1. Gruppensitzung: Baum meiner Kindheit

Gestaltungsanregung: Über einen Baum der Kindheit schreiben. Welcher steht dir vor Augen? Verschiedene Bäume an verschiedenen Orten, die sich dir eingeprägt haben, indem sie da standen auf ihre Art, unverrückbar, in allen Wettern, ruhig und beständig, und dich vielleicht beherbergten, schützten, zum Klettern lockten, deren Rauschen du gehört hast, unter deren Krone du geruht hast. Welcher Baum kommt dir in den Sinn? Schreibe einen kleinen Text. Male ein Bild des Baumes.

•

2. Gruppensitzung zum Stammaspekt als Ich-Aufgerichtetheit

Schreibanregung: Eine Situation aus der letzten Zeit, in der ich mich standhaft fühlte.

»Geschafft
Welch eine Erleichterung, welch ein befreiendes Gefühl: Ich habe es geschafft!
Nach neun Jahren habe ich endlich den Mut zu einem Arztwechsel.
Lange kreiste dieser Gedanke schon in meinem Kopf herum, doch jetzt habe ich alles zu diesem Schritt in die Wege geleitet.
Ich fühle mich so gut und stark wie lange nicht mehr, ich bin auf dem Weg, mich zu befreien und alten Ballast über Bord zu werfen.«

Erste Ergänzungsaufgabe: Gibt es einen Aspekt, der nach dieser Situation nach außen sichtbar wurde?

»Meine entstandene innere Ruhe überträgt sich auf mein Umfeld, ich spüre, dass Menschen lockerer und freier mit mir umgehen.«

Zweite Ergänzungsaufgabe: Verbinde diese Situation mit der Familienvergangenheit oder trenne sie davon ab.

»Ich lasse in dieser Situation meine Mutter los, ich befreie mich von ihrer Haltung: ›Du musst brav sein und darfst andre Leute nicht vor den Kopf stoßen!‹.«

•

3. Gruppensitzung zum Wurzelaspekt: Dem Baum Wurzeln geben – mich meiner Herkunft vergewissern

Gestaltungsanregung: Wenn Menschen Bäume malen, ist es sehr oft so, dass sie das malen, was sie sehen. Den Stamm, die Krone, den Boden, vielleicht die Umgebung. Sehr selten jedoch die Wurzeln. Nach Aufforderung dazu entsteht ein Wurzelwerk. Daraus ergibt sich ein erster, bildhafter Eindruck von der Wurzelkraft des Baumes: Wächst die Wurzel tief oder breit, gleichseitig oder einseitig etc.? In einem nächsten Schritt werden in das Wurzelwerk die Menschen aus Vorgenerationen eingeschrieben, auf einer Seite die Mutterlinie, auf der anderen die Vaterlinie und ein kommentierender Satz dazu (als Beispiel siehe Abbildung 13).

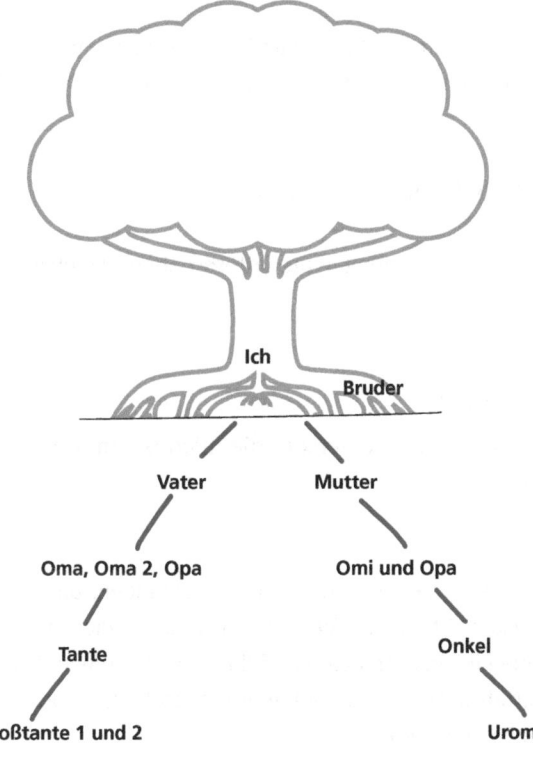

Abbildung 13: »Mein Wurzelwerk« – Skizze des familiär empfundenen Wurzelwerks einer 67-jährigen Frau

Kommentar:
»Die Wurzel ist gleich tief und breit: Sie hat mir dadurch die nötige Stabilität gegeben.«

Schreibanregung: Eine Person aus dem Wurzelwerk wählen und etwas von ihr erzählen:

»Geschwisterliebe – Geschwisterleid?
Sechs Jahre war ich, als du geboren wurdest. Eigentlich wollte ich dich nicht haben, denn auf die Frage meiner Eltern, ob ich gerne ein Brüderchen hätte, habe ich klar und deutlich geantwortet: Nein, ich möchte lieber ein Fahrrad!
Das ließ dich aber nicht davon abhalten, auf die Welt zu kommen.
Natürlich habe ich dich überall stolz vorgeführt. Als aber dann Aufpassen und Versorgen des kleinen Bruders für mich zur Pflicht wurden, war mir dein Dasein oft lästig, es hinderte mich daran, meinen kindlichen Bedürfnissen nachzugehen. Deinen Schuleintritt habe ich in furchtbarer Erinnerung. Das Lernen fiel dir schwer, und ich bekam die Aufgabe, dir zu helfen. Das hieß für uns beide jeden Tag üben, üben, üben! Wie musst du mich gehasst haben für diese Quälerei, auch ich hätte dich am liebsten in die Wüste geschickt.
Ja, eigentlich haben wir als Geschwister selten etwas Schönes zusammen unternommen oder auch einmal Streiche miteinander ausgeheckt. Es war vielmehr ein Nebeneinanderleben.«

Ergänzungsaufgabe: Was will ich dieser Person sagen?

»Sind das die Gründe, dass unsere Verbindung heute unterbrochen ist? Ich würde es mir anders wünschen.«

•

4. Gruppensitzung zum Sonnenaspekt
Schreibanregung: Etwas erzählen über eine Person, die mich besonnt hat, mir etwas Positives geben konnte.

»Gedanken an Omi
Trotz deiner Armut warst du eine Genießerin und hast es verstanden, uns beide schöne, erlebnisreiche gemeinsame Stunden zu bereiten. Dein Talent, dich in meine Kinderbedürfnisse und -träume hineinzuversetzen und danach zu handeln, haben mich stark gemacht. Diese Erfahrungen mit dir geben mir noch heute Mut, mich bestimmten Herausforderungen im Leben zu stellen.

Wie immer verbringe ich einen Teil meiner Sommerferien bei meiner Oma. Das ist für mich immer eine schöne Zeit. Oma kocht sehr gut und sie hat immer wieder neue Ideen, sich mit mir zu beschäftigen, wie Karten spielen, gemeinsam backen, lesen oder bei schönem Wetter spazieren gehen und die Natur erkunden.

Eine Leidenschaft hat Oma: Sie spielt wöchentlich Lotto, immer nur ein Kästchen, denn mehr lässt ihre bescheidene Rente nicht zu. Diesmal darf ich die Zahlen wählen. Voller Spannung vergleichen wir am Montag die Ergebnisse mit unseren Zahlen. Das kann doch nicht wahr sein! Noch einmal hinschauen! Hurra, wir haben vier Richtige!

Sofort planen wir eine Dampferfahrt auf dem Rhein. Es gibt sogar Limonade und Kuchen, und ich darf mir am Kiosk auf dem Schiff ein kleines Fernglas kaufen, das bei Knopfdruck wunderschöne Landschaften am Rhein zeigt. Wie glücklich bin ich an diesem Tag und Oma auch, sie kann sich endlich einmal ein bisschen Luxus leisten! Drei Tage später steht dann die Gewinnsumme in der Zeitung, leider ist sie diesmal außergewöhnlich niedrig ausgefallen. Unsere Ausgaben für die erlebnisreiche Dampferfahrt sind weitaus höher als dieser Betrag. Wir beide sind enttäuscht, aber auch froh, so ein unvergessliches Erlebnis genossen zu haben. ›Diese Freude kann uns keiner mehr nehmen‹, so die Worte meiner Oma.«

•

5. Gruppensitzung: Auf das Gesamtbild schauen
Gestaltungsanregung: Noch einmal innerlich zurückgehen zum Baum der Kindheit und ihn noch einmal malen. Beide Baumbilder im Vergleich anschauen: Was hat sich verändert, was tritt deutlicher hervor, was hat sich verstärkt, was ist zurückgetreten?

Abschlussanleitung: Einen Bogen spannen bis zum ersten Thema: Wenn ich auf mein Baumbild schaue, welches Wort entsteht, was kommt mir entgegen? Die Essenz wird methodisch gegriffen mit dem »Elfchen«, einem angeleiteten Gedicht aus elf Worten:

»Herzblättchen
Ein Wort
Voll guter Erinnerung
Das mich noch heute
Stärkt«

3.2 Ausgangsorte: Familiengeschichte und Herkunft als Basis der Biografie

Auf den folgenden Seiten geht es um die Orte, die einen Beginn einer jeden Biografie darstellen. Jeder wird in eine Familiengeschichte geboren, die maßgeblich von Ausgangsort und Herkunft bedingt ist.

Inhaltliche Zusammenhänge

Jedes Kind wird hineingeboren in die größte Geschichte und hat keine Ahnung davon. Die Weltgeschichte hat sich zu uns in die Wiege gelegt, und die Wiege selbst ist aus ihr gebaut. Sie benutzt unsere Häuser als Lungen, die atmen ihre Wirklichkeit aus und ein. So umfängt sie uns beim ersten Schrei und verlässt uns nicht mehr. Mit jedem Atemzug webt sie sich tiefer in unsere Haut, und wir fügen ihr unser Leben bei. Es gibt keinen geschichtslosen Raum. Weglaufen geht nicht und Entrinnen steht außer Frage. Wir können nur hindurchwachsen durch sie mit unseren Körpern und ihre Zeichen entziffern lernen in uns.

Unsere erste Begegnung mit der Geschichte geschieht durch die Familiengeschichte, in die wir qua Zeugung, Geburt und versorgende Elternschaft hineinverwoben sind.

Der Familienkreis ist nicht wahrnehmbar als etwas Dinghaftes. Und stellt doch die faktische Zugehörigkeit dar, wie sie im Familienstammbaum repräsentiert ist. In den Angehörigen – also den ihm Angehörenden – bildet er sich in mehreren Dimensionen ab:

- Da ist einmal das direkte Miteinanderleben und dadurch umeinander Wissen als unmittelbare Kenntnis.
- Dann sind da mittelbare Erfahrungen von Zugehörigkeit durch das Auftauchen von Familienmitgliedern in Erzählungen und durch Repräsentationen, z. B. Großeltern auf Fotos, Namen auf Grabsteinen, Erbstücke. Auf diese Weise bilden Verstorbene und nicht anwesende Familienangehörige den Familienkreis mit und machen ihn rund.
- Und schließlich gibt es jene, die im doppelten Sinne abwesend sind, etwa als verschwiegene leibliche Elternteile oder Geschwister/Halbgeschwister, zur Adoption freigegebene Kinder, ausgegrenzte Verwandte, durch frühen Tod Verschwiegene, verschwiegene Opfer von Gewalt, verschwiegene Gewalttäter oder sogenannte schwarze Schafe. Sie sind abwesend und ihre Abwesenheit ist nicht markiert. Ihr Platz ist nicht nur leer, sondern es steht, symbolisch gesprochen, auch kein Stuhl für sie im Kreis, der die

Leerstelle markiert. Die Leerstelle bricht den Kreis auf, es weht der Wind einer unbekannten Wirklichkeit hinein, etwas geistert herum. Was weitergegeben wird, ist das Beschweigen, eine diffuse Botschaft aus Anwesenheit, Verhüllung und Tabu.

Erlebtes Erzählen, repräsentative Anwesenheit und *Beschweigen* sind denn auch drei Ebenen der Vermittlung von Familiengeschichte, denen in der Biografiearbeit nachgegangen wird.

»Das Universum ist aus Geschichten gemacht, nicht aus Atomen,« formuliert die amerikanische Dichterin Muriel Rukeyser. Die ersten, grundlegenden Geschichten, die wir erfahren, indem wir uns in sie hineinleben, sind uns folgerichtig nicht als »Geschichten« bewusst. Sie erscheinen uns wie der fraglose Urgrund des Lebens, als ein »So ist es«. Sie »prägen unsere Wahrnehmungen über uns selbst und über die Welt, in der wir leben« (Schlippe, 2011). Und wir prägen die Welt der Geschichten, indem wir sie durch Handlungen bestätigen oder verwerfen: Wir verhalten uns so, wie es der Rahmen der Geschichte, zu der wir gehören, zulässt. Erst indem wir ihn später befragen und – weitergehend – infrage stellen, werden wir uns der Geschichtlichkeit und damit der Geschichten unserer Herkunft allmählich bewusster.

Weisen des Erzählens zu beschreiben, bezieht seine Bedeutung aus diesem Umstand und der Tatsache, dass das Mittel der Biografiearbeit Erzählen ist: Was bildhaft (Lebensbaum) oder als Herkunftslandkarte (Stammbaum, Genogramm) dargestellt werden kann, will trotzdem auserzählt sein. In der Begleitungsarbeit gilt es, für die unterschiedlichen Erzählweisen differenzierte Anregungen und Antworten geben zu können. Im Folgenden werden die drei Weisen der Weitergabe von Familiengeschichten beschrieben. Es gilt dabei:

Jede Biografie beinhaltet all diese Aspekte. Worauf in der Biografiearbeit der Schwerpunkt liegt, hängt vom Anliegen der Zielgruppe und den Qualifikationen der Mentor:in ab.

Erzählte Familiengeschichte
erinnern – sammeln – ordnen – gestalten

Innerhalb der Familie finden Angehörige ihren Platz durch Mutter und Vater, Zeitpunkt und Ort der Geburt, Geschwisterfolge und Namensgebung.

Neugeborene Familienmitglieder werden mit den ihnen zugedachten *Namen* identifiziert und als damit identisch erlebt. Diese Daten, die im Genogramm als Bild dargestellt werden können, markieren den individuellen Platz einer Person im Rahmen der Generationenfolge. Sie zeigen zugleich die Verflochtenheit mit der Familie und deren Verflechtung in einem größeren gesellschaftlichen

Zusammenhang auf. Maurice Halbwachs erläutert: »Wenn ich beispielsweise an den Vornamen meines Bruders denke, gebrauche ich ein materielles Zeichen, das von sich selbst her keineswegs ohne Vorbedeutung ist. Es ist nicht nur aus einem von der Gesellschaft festgesetzten Namensvorrat ausgewählt, aus dem jedes Element im gemeinsamen Denken gewisse Erinnerungen hervorruft (etwa an Kalenderheilige, historische Persönlichkeiten, die ihn getragen haben), sondern es erweckt auch durch seine Länge, durch die es bildende Laute, die Häufigkeit oder Seltenheit seines Gebrauchs charakteristische Impressionen. Daraus resultiert, dass die Vornamen, obwohl man sie ohne Rücksicht auf die zu benennende Person auswählt, einen Teil ihres Wesens zu bilden scheinen. Nicht nur gewinnt für uns ein Vorname aus der Tatsache, dass unser Bruder ihn trägt, ein neues Gesicht, sondern unser Bruder erscheint uns wegen der Tatsache, dass er diesen Namen trägt, anders, als wenn er anders hieße« (Halbwachs, 1985, S. 226 f.).

Familiengeschichten, z. B. auch die der jeweiligen Namensgebung, werden weitergegeben und danach auch erinnert in Form von Episoden, Berichten, Anekdoten, auch Klagen und Kommentierungen, die, in Gesprächen verstreut, beständig auftauchen. Sie gehören zu unseren ersten Erzählungen. Wir werden durch sie zugleich in die Sprache eingeführt und bilden an ihnen ein emotionales Grundmuster für Sinnzusammenhänge. »Die Sprachgemeinschaft einer Familie ermöglicht die Überlieferung von Familiengeschichte. Die Muttersprache bindet nicht in erster Linie Information, sondern Emotion. Familiengeschichten werden also im Modus des emotionalen Speichermediums einer gemeinsamen Geschichte tradiert« (Mahlke, 2013, S. 202).

Über diese verflochtenen Erzählungen entwickeln wir unser inneres Bild von uns selbst, unserer Familie und von unserem Platz in ihr. »Geschichten sind damit das Bindeglied zwischen der individuellen, psychologischen Identität eines Menschen und der Identität der ihn/sie umgebenden sozialen Systeme. […] Geschichtenerzählen ist eine Form des Systemgedächtnisses, eine Form, durch die Familien sich als eigene, von anderen abgegrenzte Systeme erfahren« (Schlippe, 2011).

Hier noch einmal die kleine Geschichte, der wir schon im Kapitel zur Arbeit mit dem Lebensbaum begegnet sind. Hier taucht sie auf, um die Verflechtung der Erzählebenen zu veranschaulichen.

> »Sechs Jahre war ich, als du geboren wurdest. Eigentlich wollte ich dich nicht haben, denn auf die Frage, ob ich gerne ein Brüderchen hätte, habe ich klar und deutlich geantwortet. Nein, ich möchte lieber ein Fahrrad! Das ließ dich aber nicht davon abhalten, auf die Welt zu kommen.

> Natürlich habe ich dich überall stolz vorgeführt. Als aber dann Aufpassen und Versorgen des kleinen Brüderchens für mich zur Pflicht wurden, war mir dein Dasein oft lästig. [...]
> Deinen Schuleintritt habe ich in furchtbarer Erinnerung. Das Lernen fiel dir schwer, und ich bekam die Aufgabe, dir zu helfen. Das hieß für uns beide, jeden Tag üben, üben, üben! Wie musst du mich gehasst haben für diese Quälerei, auch ich hätte dich am liebsten in die Wüste geschickt.«
>
> Brigitte (67 J.)

In diesem Text wird deutlich, wie Gehörtes und selbst Erinnertes ineinander übergehen und als Erinnerungseinheit empfunden werden. In den ersten beiden Absätzen klingt das Anekdotische durch. Man hört den Tonfall von Erwachsenen, die diese Erinnerung »zum Besten geben«, bis sie – angeeignet als eigene Erinnerung – davon nicht mehr unterschieden werden.

Im dritten Absatz transportiert der erste Satz ein eigenständiges Gefühl, ausgedrückt als »furchtbare Erinnerung«. Die Schreiberin rutscht in sich selbst hinein, fühlt mit sich mit. Die Rahmungen der eigenen und familiären Sicht kommen mit in den Blick und verändern sich durch diese Kontextualisierung in ihrer Bedeutung. In der oben genannten Episode findet dieser selbstreflexive Prozess im letzten Satz statt.

Angeregt durch den selbstreflexiven Prozess hat die Teilnehmerin zu ihrem Bruder Kontakt aufgenommen, ihm ihre Erinnerungen mitgeteilt und ihn nach seinen in Bezug auf sie als Schwester gefragt. Der Kontakt zwischen beiden, so erzählte sie später, habe sich daraufhin freundlich intensiviert.

Spuren von Familiengeschichten
wahrnehmen – erkunden – bezeugen – auserzählen
Familiengeschichten werden nicht nur in Form von verbalen Erzählungen weitergegeben. Zu ihren »Erzählern« gehören ebenfalls Bilddokumente, Gegenstände und Orte, denen von Älteren Bedeutung beigemessen wird. Dabei ist es nicht maßgeblich, ob diese positiv oder negativ gefärbt sind. Von Emotionen aufgeladene und dadurch im autobiografischen Gedächtnis der nachfolgenden Generation verankerte, aber nicht auserzählte Aspekte der Familiengeschichte werden in der Biografiearbeit zu vervollständigen versucht. Nachfolgender Text aus einer biografischen Schreibgruppe verdeutlicht dies.[19]

---

19 *Inhaltliche Anregung:* Einen Text schreiben zum Thema »Wurzeln«, bezogen auf den väterlichen oder den mütterlichen Familienzweig. *Methodische Anregung:* Cluster zum Thema »Meine Wurzeln« (zur Methodik siehe 4.7 und 5.1, ab S. 200 ff.).

Wurzeln

»Wurzeln habe ich nicht. Aufgefallen ist mir das, als ich mit zwölf oder dreizehn Jahren, in ein ungeliebtes Kleid gezwängt, mit meiner Mutter eine Mühle besuchte, in der sie nach dem Krieg den Haushalt geführt hatte, bis sie meinen Vater heiratete. Diese Mühle lag in der damaligen DDR, und der Müller und seine Frau empfingen uns sehr herzlich. Ich hatte in meiner Kindheit viele Geschichten über das Leben in der Mühle gehört und war wie immer überrascht, dass der Ort und die Menschen wirklich existierten.

Die Mühle lag sehr malerisch in einem Tal an einem Bach, und es gab einen schönen Kräuter- und Gemüsegarten, den man von der Küche her betrat und der durch das Wehr begrenzt wurde.

Mir kam der Gedanke, dass so etwas ein »Zuhause« zu nennen sei, jedoch nicht das, wo ich zu Hause bin. Neue-Heimat-Wohnung in Hamburg-Farmsen. Nicht schön, nur funktional. Kein Ort, mit dem ich mich identifizieren kann, keine Kreativität.

Vor einigen Monaten war mein Neffe mit einem polnischen Kommilitonen als Erster von uns nachfolgenden Generationen in G., woher meine Mutter stammt, und hat alles fotografiert.

Das Paradies, welches immer vor unsrem geistigen Auge auftauchte, wenn von ›Zuhause‹ erzählt wurde, konnten wir nicht entdecken. Ein ödes Dorf, ohne etwas Besonderes.

Das liegt daran, weil die Polen alle Kastanien umgehauen haben, sagten meine Tanten. Und dann entdecke ich etwas auf den Bildern, was mir Sehnsucht macht. Das Schloss der Baronin, ein prächtiger Schinkelbau, hat gebrannt, als meine Großmutter und meine jüngste Tante das Dorf verlassen mussten. ›Das Schloss von der Baronin steht nicht mehr‹, sagten meine Mutter und ihre Schwestern, als sie nach 45 Jahren das erste Mal wieder im Dorf waren. ›Überhaupt ist alles ganz furchtbar. Polnische Zustände eben.‹

Aber auf den Fotos sind die Schlossmauern zu sehen, sie stehen hoch in einem wunderbar verwilderten Park. Hier sind die Spuren der Vergangenheit. Es steht die viel gerühmte Lindenallee, man erkennt, wo der Rosenpavillon gestanden hat. Die Bilder wirken auf mich sehr anregend, ich möchte sofort durch den Park streifen. Meine Mutter und meine Tanten haben den Park nicht betreten. Wie können sie so blind gewesen sein! ›Ja‹, sagt meine Mutter, ›die Mama hat gesagt, das Schloss steht nicht mehr.«

Claudia H. (40 J.)

Auf engstem Raum wird in dem Text das komplexe Thema einer Familie über vier Generationen hinweg entwickelt: Großmutter, Mutter und Tanten, die Schreiberin als Tochter, und deren Neffe als vierte Generation werden benannt. Auf unterschiedliche Art sind alle in das Thema Flucht, Heimatverlust und Heimatsuche eingebunden.

Die Einbindung der nachfolgenden Generationen wird gespeist durch Erzählungen, Aufsuchen von Orten und deren Fotografien, verbunden mit intensiven Gefühlen des Verlustes, der Enttäuschung und anhaltenden Sehnsucht: »Ich möchte sofort durch den Park streifen.« Die Suche nach den Wurzeln führt die Biografisierende über den realen, nüchternen Kindheitsort zu einem Ort, an dem die Mutter nach dem Verlust des Zuhauses einen guten Boden unter den Füßen fand, hin zum eigentlichen Heimatdorf, das sie selbst nur auf Bildern sah. Sie sucht darauf das Detail, das sie dort emotional ankommen lässt: Es ist möglich zurückzukommen, Kontakt zu »damals« aufzunehmen, das Eigene, Geliebte, Verlorene zu finden, die Wurzel: Und sei es »nur« repräsentiert in den Mauern und Anlagen des verwilderten Parks. Nach dem Vorlesen des Textes stellte die Teilnehmerin erleichtert fest:

»Für meine Kinder habe ich wieder ein Zuhause geschaffen. Da, wo ich jetzt bin, lebe ich gern. Darüber bin ich so froh!«

In der Erzählung tauchen Reststücke der Erinnerung auf, die Vergangenes lebendig halten: fremde Gärten, Steinmauern auf Fotos, die auf Fehlendes verweisen. Hier klingt die *Bedeutung von Objekten für die Erinnerung* an (siehe Tabelle 1).

Tabelle 1: Objekte als Medium der Erinnerung[20]

Objekte als Medium der Erinnerung	
in Form von:	gewährleisten:
• Übergangsobjekten (Möbel)	• Stabilität
• Souvenirs	• Sichtbarkeit
• Symbole der Verbundenheit (Eheringe, Fotos)	• Diskretion (Symbole, die von Fremden nicht in ihrer Vielschichtigkeit erkannt werden)
• Trophäen (Zeugnisse, Auszeichnungen, Pokale)	• aufgehobenes Erinnern (anwesend ohne aktive Erinnerungspflicht)
• Familienschmuck	• Bewahren in veränderten Kontexten
Veränderung trotz Bewahren	

---

20 Bei dem Thema beziehe ich mich auf Habermas, 2019.

Beschwiegene Familiengeschichten und nachahmendes Erinnern spüren – Schweigen als fragmentiertes Sprechen verstehen – die Symptomsprache im Generationsverlauf erkunden – sich Sprache erlauben

Eine dritte Form der Weitergabe besteht im Beschweigen von Erlebtem, das sich dem Verbalisieren durch die Wucht der Erfahrung entzieht. Schweigen kann dann verstanden werden als fragmentiertes Sprechen (in Anlehnung an Mahlke, 2013, S. 209), das sich in feinsten Nuancen der Mimik, Gestik, Bewegung, des Rückzugs und der dadurch entstehenden atmosphärischen Schwingungen ausdrückt.

> »Du, meine Mutter, kamst von nirgendwo her. Das Nirgendwo hieß Tschechei und du sprachst nie davon. Nur Mehlspeisen und manche Worte hast du uns von dort geschenkt und eine Fremdheit, die dir zu eigen war. Erst nach und nach erkannte ich deinen Schmerz. Ich bin auf meinen Fährten deinen Gefühlen gefolgt, bis in die dunklen Kanäle meiner Zahnwurzeln hinein, die sich entzündet haben an deinem unausgesprochenen Wort. Ich sehnte mich nach dir. Du gabst mir das Nichts als deinen Ort, ein milchiger Fleck ohne Kontur im Kopf eines Kindes.«
>
> Herta Schindler (autobiografische Notiz)

Tragische Ereignisse und Lebenssituationen führen buchstäblich dazu, dass es den Betroffenen »die Sprache verschlägt«. Ich benutze an dieser Stelle nicht den Begriff »Trauma«, um »der Tautologie entgegenzuwirken, die darin bestünde, zu konstatieren, dass Trauma nicht erzählbar sei und darum das Schweigen von Trauma zeugte« (Mahlke, 2013, S. 199).

Es braucht dann mehrere Generationen, um die Wirkung der Ereignisse zu verkraften oder, metaphorisch ausgedrückt, zu verdauen. Sie gehen als indifferente Beunruhigung oder psychische bzw. körperliche Belastung auf die nachfolgenden Generationen über, wie es in den Biografien der in Deutschland lebenden Kriegskinder und Kriegsenkel des Zweiten Weltkrieges, den Nachkommen von Shoah-Überlebenden, den Kindern von Missbrauchs- und Gewaltopfern thematisiert ist. »Dass Erinnerungen auch nonverbal übermittelt werden und Symptome bei den nachfolgenden Generationen hervorrufen können, ist spätestens seit Kestenbergs Studie von 1972 belegt« (S. 199).

Im Rahmen der Biografiearbeit versuchen Biografisierende Schweigen zu deuten bzw. die eigenen Symptome als Sprache zu lesen, die auf verschüttete Ereignisse aus Vorgenerationen hinweisen. Für Mentor:innen gilt dann: »Die Fiktion in ihrer Eigenschaft, das Mögliche zu erproben, wird der Erinnerung an das Reale gleichgestellt. Sie ist damit eine intersubjektive Kommunikationsform auf der Basis des Schweigens, die größtmögliche Nähe im Akt nachahmenden Erinnerns herstellen kann« (S. 199).

An dieser Stelle wird Biografiearbeit zur quasi archäologischen Forschungsarbeit, in der daran gearbeitet wird, die Hieroglyphen der Vergangenheit zu entziffern. Das sich Hineintasten in verschwiegene Familiengeschichten lässt Biografisierende nach Spuren suchen: zaghaft begonnene Familieninterviews, das mit Herzklopfen verbundene Sichten alter Dokumente und Briefe und Nachforschungen in Archiven füllen dann das eigene nachahmende Erinnern und Erinnern an Lücken mit möglichen realen Ereignissen. Mentor:innen können hier bei den Biografisierenden ein doppeltes Erzählen anregen und begleiten: zum einen über das empfundene und herausgefundene Gewesene bzw. die Grenzen des Erkundbaren, zum anderen über das innere Erleben, das den Prozess dieses inneren und äußeren Erkundens begleitet.

Ein Biografisierender, der das Schicksal von im Zweiten Weltkrieg verschollenen Familienmitgliedern 75 Jahre später aufgeklärt und beschrieben hatte, genoss das Glücksgefühl über die »ganze Geschichte« und eine sich neu einstellende innere Ruhe. Einige Zeit später äußerte er: »Es ist auch schade, wenn man alles geklärt hat. Dann hat es aufgehört, so wichtig zu sein.« Hier wird deutlich: Die Energie, mit der das Thema der vermissten Angehörigen (aus der Vorgeneration) über Jahrzehnte aufgeladen und zugleich verdeckt war, hatte sich in Recherche, Fühlen, Wissen und Sprechen umgewandelt. Das Thema war nicht mehr verhüllt. Damit war auch die Intensität entwichen.

Ähnliches gilt für eine Frau, die lange mit der Erkundung eines verdeckten Familienzweiges beschäftigt war. Sie hatte alle neu aufgetauchten Familienmitglieder schließlich aufgesucht und kennengelernt und sich mit ihren Gefühlen dazu auseinandergesetzt. Schließlich verkündete sie: »Jetzt reicht's mir. Ich habe keine Lust mehr, mich mit der Familie und all dem zu beschäftigen. Ich kauf mir eine neue Trompete. Und mach stattdessen wieder Dicke-Backen-Musik.« Die festgehaltene Energie aus den verborgenen Themen war auch hier in Bewegung gekommen, in Erkundung umgesetzt worden und schließlich abgeflossen. Die Frau verließ die Biografiegruppe, die lange wichtig gewesen war, leichten Herzens. Sie war wieder frei geworden für Neues in der Gegenwart.

Hilfreiches von Mentor:innen für Mentor:innen[21]
- Wissen von geschichtlichen Hintergründen haben
- Mehrgenerationendynamik ist äußerst komplex, entfaltet sich jenseits von Logik und einfachen Annahmen, aber doch nicht grundlos.

---

21 Entstanden als Reflexion nach einer Mentor:innenübung während der Weiterbildung Biografiearbeit 2020/21 im SYIM, Kassel.

- Die Unterschiedlichkeit der biografischen Konstruktionen bei eindeutiger Datenlage in unterschiedlichen Lebensaltern und bei unterschiedlichen Personen beeindruckt und will erkundet werden!
- Anerkennen, was ist, hilft Biografisierenden, mit Vergangenem klarzukommen, wie z. B. anerkennen, dass Geschwister von behinderten Kindern oft zu wenig Aufmerksamkeit bekommen.
- Wenn ich meine Wurzeln erkenne und annehme, kann ich entscheiden, welche (Be-)Deutung ich ihnen einräumen möchte.
- Es gibt Aspekte der Mehrgenerationendynamik, welche manchmal nicht direkt »erinnert« oder erzählt werden können, sondern die erst durch kleine, symbolhafte Bruchstücke indirekt erschlossen werden.

»Ganz egal, wie alt wir sind« schreibt Monica McGoldrick (2007, S. 13 f.), »egal, wie weit wir uns emotional oder physisch von unserer Familie entfernt haben – es scheint uns unmöglich zu sein, sie zu ignorieren. Die Beziehungen mit unseren Angehörigen sind die wichtigsten in unserem Leben.« Ja, sie hat Recht, möchte ich sagen. Zugleich aber gilt es, diesen Satz für die Biografiearbeit zu kontrastieren und auszubalancieren mit seinem Gegenteil. Virginia Satir betont: Sich mit der Herkunftsfamilie zu beschäftigen, dient dazu, frei zu werden. Sein eigenes Leben zu leben, eigene Entscheidungen, Werte und sein eigenes Glück zu gestalten. So ist es bei Ferdinand von Schirach, Rechtsanwalt und Schriftsteller und Enkelsohn eines NS-Verbrechers, den ich zum Abschluss dieses Kapitelteils zitieren möchte. Ein Zitat, das überleitet zum Unterkapitel 3.3. In seinem Essay »Warum ich keine Antwort auf die Fragen nach meinem Großvater geben kann« schreibt er – und das ist die andere Seite der Wirklichkeit: »*Jeder Mensch hat das Recht auf eine eigene Biografie*« (Schirach 2014, S. 46, Hervorhebung HS).

Methodische Anregungen

Geschichte zum eigenen Vornamen

Vorbereitung: Kleine Beispielerzählung für den Einstieg.

Eignung: Kennenlernen in der Gruppe, erste Verortung im Kontext der Herkunftsfamilie.

Durchführung: Jedes Gruppenmitglied erzählt, welche Bedeutung Mutter bzw. Vater mit dem gewählten Vornamen verbunden haben bzw. welche Bedeutung der Name in der jeweiligen Zeit spielte.

Erfahrung: Familienbezüge zum Vornamen (ich heiße wie meine Oma), die Aushandlung der Namensgebung bzw. wer hat bestimmt (meine Mutter wollte Carla, aber sie konnte sich nicht durchsetzen), gesellschaftspolitische bzw. kulturelle Bedeutungen (Friedemann), Nichtwissen bzw. allgemeine Bedeutung (»Ulrike« war Mode).

Wirkung: fördert die Verbindung der Gruppenmitglieder; eigene Familientraditionen werden durch unterschiedliche Erzählungen verdeutlicht.

»Identitätsblume« – zu unveränderlichen Bedingungen der Biografie

Diese zeichnerische Möglichkeit (siehe Abbildung 14), sich seiner Identitätsbedingungen zu versichern, könnte mit folgenden Stichworten angeregt werden:

- Vorname
- Geburtsort bzw. Ort des Aufwachsens
- Muttersprache(n)
- Verbundenheit durch körperliche Merkmale
- Religion(en) in der Herkunftsfamilie
- Status der Familie (Berufe, einheimisch/dazugezogen u. a.)
- Familienform(en) in der Kindheit
- Geschwisterrang
- Geburtsjahr, Generationszugehörigkeit
- individueller Aspekt.

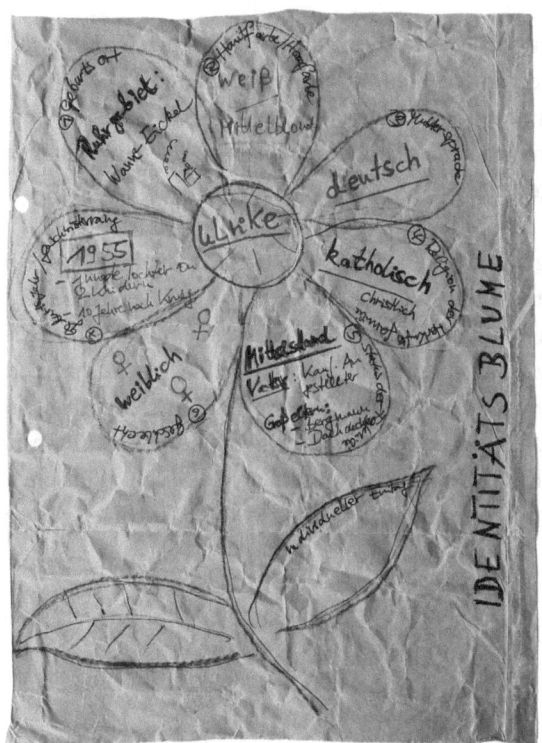

Abbildung 14:
Beispiel für eine
»Identitätsblume«

Die Methode eignet sich als Einstieg in die Gruppenarbeit oder im Einzelsetting.[22]

Materialien:
- Skizze einer »Identitätsblume« als Anschauung
- Falls geschrieben werden soll, die nötigen Unterlagen

Kontexte:
- zum Kennenlernen unter der Vorgabe, dass zum Erzählen jeweils ein (oder mehrere) Aspekte ausgesucht werden können
- als Anregung für Themenstellungen bei mehreren Treffen, wo jeweils ein bis zwei Aspekte vertieft behandelt werden
- als Anregung zur Einzelarbeit, in der die Themen eine Chronologie bieten und Assoziationen und Erinnerungen hervorrufen

Genogrammarbeit

Die familiäre Herkunft kann bildlich erfasst werden. Dazu dienen vorrangig der Lebensbaum, der Stammbaum und das Genogramm (siehe auch S. 45 ff.). Zur Unterscheidung:
- *Familienstammbaum:* strukturierte und standardisierte Aufzeichnung der Familienbeziehungen mit Namen, Geburts- und Sterbedaten
- *Genogramm:* Familienstammbaum mit zusätzlichen Angaben zu Berufen, Lebensorten, Schicksalsereignissen, besonderen Begabungen, schweren bzw. chronischen Erkrankungen etc.

»Genogramme sind wie Fingerabdrücke – beide gleichermaßen einzigartig für einen bestimmten Menschen. Bringt man sie zu Papier, so scheinen sie nicht mehr zu sein als ein paar Linien oder Figuren – eben Daten. Und doch sind sie nicht leblos oder gar zufällig – sie sind gedruckte oder gedrückte, zusammengedrückte, komprimierte Zeichen und stehen gewissermaßen stellvertretend für einen bestimmten Menschen und das, was sich hinter oder besser: in ihm/ihr verbirgt an Geschichten, Erfahrungen und Wissen, an Gefühlen, Wünschen, Hoffnungen und Ängsten, an Beziehungen, Bindungen und Aufträgen« (Roedel, 1992, S. 9).

---

22 Die Anregung verdanke ich dem LebensMutig e. V. (www.lebensmutig.de).

Es folgen Anregungen zur Arbeit mit dem Genogramm sowie zur sozialhistorischen Perspektive in der Genogrammarbeit, wobei Roedels Zitat auch als Impuls oder Anregung verwendet werden kann, Individualitäten im Kontext des sozialen Systems Familie darzustellen und zu erkunden. Es folgt eine Übersicht zu der Arbeit mit Genogrammen; die Abbildungen 15–20 geben formale Hinweise auf den allgemeinen Aufbau, die Symbolik und Spezifik von Genogrammen. Recherchemöglichkeiten im Rahmen von Familienrekonstruktionen und zu Genogrammprogrammen im Internet sowie Literaturanregungen schließen die Darstellung ab.

Anregungen zur Arbeit mit dem Genogramm
Materialien: große Zeichenblöcke, Bleistifte, Radiergummi, Buntstifte oder zur Verfügung stehende Computerprogramme; Tische, Kopiervorlagen zur Orientierung mit ausgewählten Frageaspekten
Vorbereitung: Einführung in die Genogrammzeichen
Eignung: Dient als Landkarte der Herkunftsfamilie; macht auf Familienthemen aufmerksam; in der Einzelbegleitung kann es dem vertieften Einstieg dienen, in der Gruppenarbeit nach der vertrauensbildenden Phase.
Durchführung: Zeichnen lassen des Genogramms (braucht manchmal mehrere Anläufe), dabei Unterstützung anbieten; nach dem Erstellen des Stammbaums bedeutsam erscheinende familiäre Aspekte markieren.

Bewährt haben sich im geleiteten Austausch folgende Fragen: Was ist mir aufgefallen beim Erstellen meines Genogramms? Welche Herausforderungen hatte ich zu meistern auf meinem Platz in der Familie? Welche Ressourcen habe ich entwickelt?

Danach eine Überschrift finden lassen; dann eine Zweitüberschrift nach dem Motto: »Herkunft oder wie ich den Boden unter meinen Füßen fand«. Dabei soll ein Bogen entstehen, der Gegensätze verbindet im Sinne von sachlich und poetisch, schmerzlich und hoffnungsfroh, vergangenheitsbezogen und zukunftsoffen.
Erfahrung: Beim Erstellen wird den Biografisierenden bewusst, was sie wissen und was sie nicht wissen. Das kann zu neuen Fragen führen bzw. Anregungen vonseiten der Mentor:in nötig machen. Die eigene Perspektive auf die Familiengeschichte erweitert sich. Genogrammarbeit ist eine intensive Arbeit, in der die Art der inneren Verbundenheit der Mitglieder der Herkunftsfamilie sichtbar wird. Im Austausch entstehen Einblicke in Hintergründe und damit Verstehen. Ein Biografisierender sagte danach: »Ich habe gedacht, über meine Familie gibt es nichts zu erzählen. Das stimmt gar nicht.« Aber auch: »Bei uns ist alles so kompliziert. Jetzt sehe ich zum ersten Mal, wer wie mit wem zusammenhängt.«

Die sozialhistorische Perspektive in der Genogrammarbeit

Die familienhistorische Perspektive ist stets eingebettet in sozialhistorische Perspektiven und wird nur in diesem Kontext verstehbar. Zu den zu berücksichtigenden sozialhistorischen Einflüssen gehören untenstehende Themen. Diese können als Anregungen dienen, um das Genogramm im nachfolgenden Erzählen auszudifferenzieren[23] (nach Reich, 2017; um die Geschlechterverhältnisse ergänzt):

- herrschende politische Überzeugungen
- religiöse und weltanschauliche Prägungen
- ökonomische Verhältnisse
- Klassenzugehörigkeit und soziale Milieus (»Subkulturen«)
- Erziehungseinstellungen und -überzeugungen
- politische und soziale Umbrüche
- Migration
- Vertreibung und Flucht
- Geschlechterverhältnisse.

Fragen zur Familiengeschichte, aus denen die Mentor:in je nach Themenstellung und Lebensgeschichte Aspekte zur Verfügung stellen kann:

- Fähigkeiten/Begabungen/Berufe/Berufungen
- Was zeichnet unsere Familie aus, was die beiden Familienzweige?
- Besondere Schicksale/Lebenswege
- Normalitäten: Was/wer galt als »normal«, wer war dafür maßgeblich?
- Familiengeheimnisse
- Familienideologien, Etikettierungen, besondere Aufträge
- Was ist das Lebensmotto deiner Familie, deiner Familienzweige?
- Unter welchen sozioökonomischen Bedingungen sind sie entstanden?
- Was davon hast du behalten, was variiert, was aufgegeben?
- Was möchtest du noch behalten, variieren, aufgeben?
- Was möchtest du (an deine Kinder) weitergeben?

---

23 Vertieft werden diese Aspekte in Unterkapitel 3.4.

Aufbau, Symbolik und Spezifik von Genogrammen

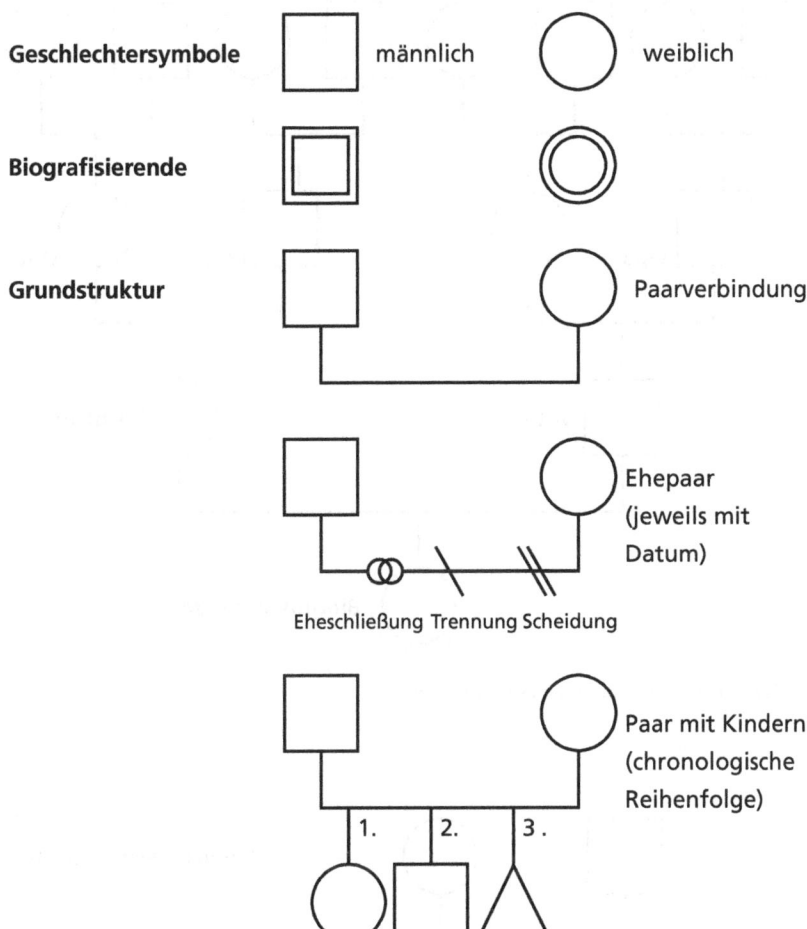

Abbildung 15: Symbole für die grafische Darstellung der Familienstruktur (in Anlehnung an McGoldrick, Gerson u. Petry, 2009)

128 Arbeiten mit den vier Grundthemen der Biografie

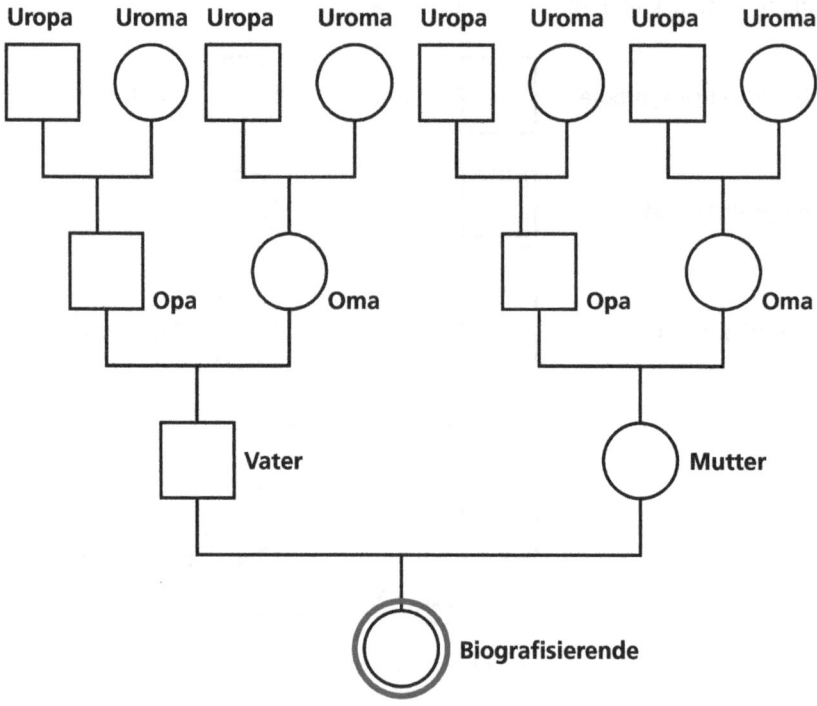

Abbildung 16: Grundstruktur eines Genogramms

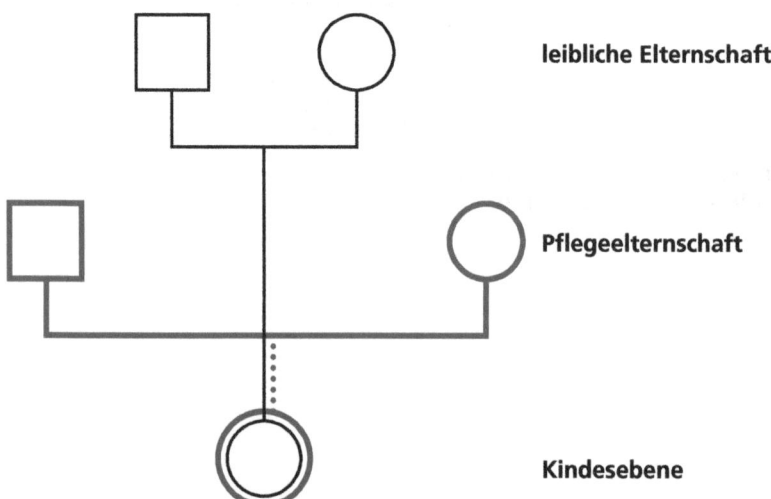

Abbildung 17: Genogrammzeichen für Pflegekinder

Ausgangsorte: Familiengeschichte und Herkunft als Basis der Biografie

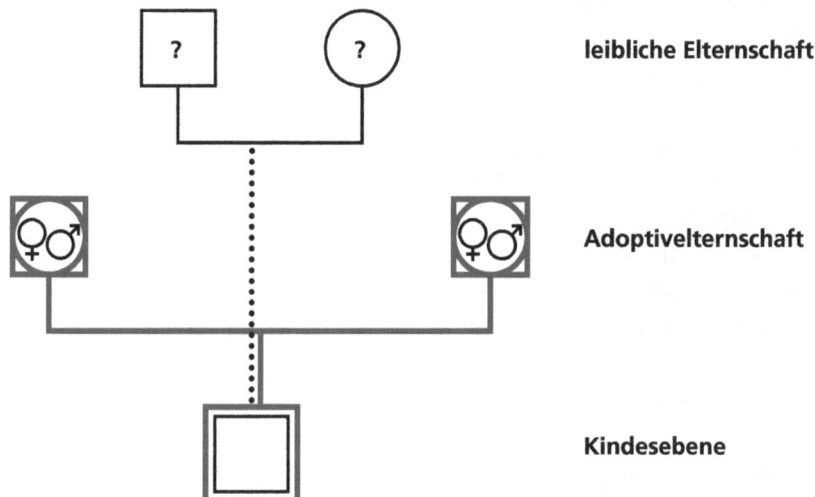

Abbildung 18: Genogrammzeichen für Adoptivfamilien

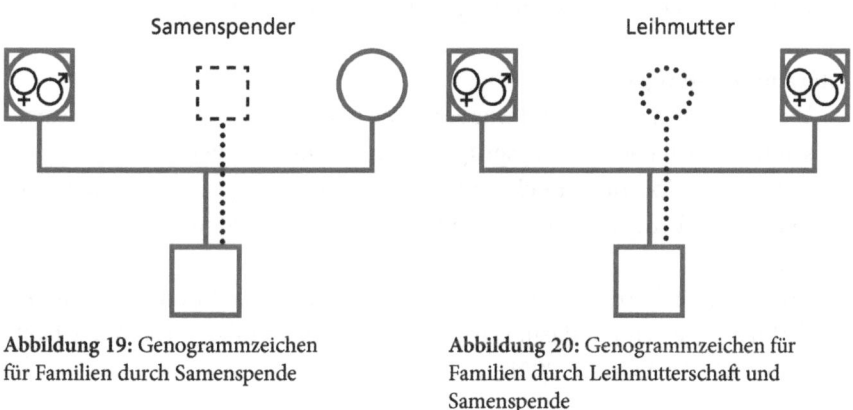

Abbildung 19: Genogrammzeichen für Familien durch Samenspende

Abbildung 20: Genogrammzeichen für Familien durch Leihmutterschaft und Samenspende

Recherchemöglichkeiten (siehe auch Unterkapitel 3.6, S. 195)
Informationsquellen:
- Angehörige, Freunde, Weggefährten der Familie
- Stammbaum, Stammbücher, Fotoalben
- Standes-/Gemeindeämter
- Pfarrämter
- Friedhofsämter, Grabstellen und -inschriften

- Landesarchive, Stadtarchive, Kreisarchive
- Bundesarchiv in Karlsruhe
- ZDF Mainz, Redaktion Geschichte/Kooperation mit dem Haus der Geschichte
- DZfG – Deutsche Zentralstelle für Genealogie, Leipzig
- Internationales Zentrum über NS-Opfer – Arolsen Archiv
- WAST Wehrmachtsauskunftstelle, Berlin
- Kriegsgräberfürsorge
- DRK-Suchdienst
- IST – Internationaler Suchdienst
- Robert-Hermann-Gesellschaft: Archiv zur DDR-Opposition

Internetadressen:
www.computergenealogie.de (Magazin für Familienforschung)
www.ahnenforschung.net (Das deutsche genealogische Webverzeichnis)
www.familysearch.org (weltweit verbreitete Plattform der Mormonen)
www.wiedersehenmachtfreude.de (Internationaler Personensuchdienst)
www.ancestry.com (Discover Your Family Story)
www.archive.nrw.de (Archive in NRW)
www.klaus-wessiepe.de (Computergestützte Genogrammerstellung)

Literaturanregungen:
- Weitere Informationen und eine sehr gute Übersicht zu Archiven mit Adressen für verschiedene Bezugsgruppen bietet Liane Freudenberg (2017).
- Monica McGoldricks Buch »Wieder Heimkommen« (2007) enthält thematisch aufgebaute biografische Fragen zu verschiedenen thematischen Aspekten.
- Erfrischende Anregungen ganz anderer Art finden sich in dem Kinderbilderbuch »Du gehörst dazu. Das große Buch der Familien« von Mary Hoffman und Ros Asquith (2021).

3.3 Lebenswege:
Die Entwicklung im individuellen Lebenslauf

Der Lebensweg von Menschen vollzieht sich im Vergehen der Zeit als körperlich-seelisch-geistige Entwicklung. Deren Bewältigung wird auf allen diesen Ebenen von Biografisierenden thematisiert. In diesem Kapitel geht es deshalb zuerst um grundlegende, menschliche Entwicklungsbedingungen und -aufgaben. Das Selbstverständliche in den Blick zu nehmen, kann bereichern. Und verbinden. Zwei Ent-

wicklungskonzepte bieten Mentor:innen anschließend einen Rahmen an, um individuelle Erkundungen einzuordnen. Für die Erkundung der persönlichen Identität werden Methoden aufgezeigt und durch Beispiele veranschaulicht.

Inhaltliche Einordnung

Wie lässt sich etwas so Komplexes wie die unglaubliche Vielfalt menschlicher Lebenswege in eine Abfolge, in eine gemeinsame Ordnung bringen? Das kann nicht gelingen, wenn man das Leben als Einzelfall betrachtet. Was es für jede:n von uns immer und auf jeden Fall ist. Und was in Romanen, Filmen, Theaterstücken und eben auch in der Biografiearbeit mit nicht versiegender Neugierde erkundet wird.

Die universell-menschliche Biografie

Der universelle Blick setzt voraus, dass wir auf das schauen, was das Individuelle zugleich übersteigt und beherbergt. Ein Zitat des norwegischen Schriftstellers Karl Ove Knausgard (2018, S. 903) führt in dieses Thema ein: »Der französische Schriftsteller Jean Genet schrieb einmal einen Essay über Rembrandt, in dem er eine Zugfahrt schilderte, auf der er sich das Abteil mit einem wirklich abstoßenden Mann teilen musste, der Mann hatte schlechte Zähne, er roch schlecht, er spuckte Tabak auf den Fußboden und plötzlich, aus heiterem Himmel, mit der Kraft, die revolutionären Gedanken innewohnt, wurde Genet bewusst, dass alle Menschen den gleichen Wert haben. Es ist ein Gedanke, mit dem wir vertraut sind, da man uns dazu erzogen hat, so zu denken, aber Genet beschreibt den Moment, in dem er erkennt, was das wirklich bedeutet, welche unbändige Radikalität darin liegt. Soll der da, dieses jämmerliche, abstoßende Männchen, auf dem Sitz ihm gegenüber, genauso viel wert sein wie er selbst? Du sollst genauso viel wert sein wie ich? Das ist ein unmöglicher Gedanke. Genet mustert ihn verstohlen, und ihre Blicke begegnen sich. Was Genet in seinen Augen sieht, was sich dort zeigt, wenn ihre Blicke einander begegnen, lässt ihn sich fragen, ob es etwas in unserer Identität gibt, weit unten in deren Tiefe, das absolut gleich ist. Also etwas vollkommen Identisches. Genet verknüpft diesen Gedanken nie direkt mit Rembrandt, aber er entspringt seinen Bildern, das weiß ich; ich habe ein Selbstporträt Rembrandts gesehen, das in London hängt, und das intensive Gefühl von Gegenwärtigkeit, das dieser Blick vermittelt, der sozusagen aus den vier Jahrhunderten aufgestiegen ist, die vergangen sind, seit es gemalt wurde, und nun unserem Blick begegnet, sagt, was Genet sagt. Obgleich ich es nie formuliert habe, habe ich es doch gefühlt. Ich bin du.« In der Gemäldegalerie Kassel hängt das von Rembrandt gemalte »Bildnis eines Mannes mit Pelzmütze«, und ich kann diesen Eindruck der menschlichen Unbedingtheit, den Knausgard beschreibt, ebenso erleben.

Was also ist es, was wir als Menschen miteinander unbedingt teilen? In welcher Weise sind wir uns als Menschen »absolut gleich«?

Im nachfolgenden Text tritt das mantrahafte »*Ich erinnere mich*«[24] aus der Erinnerungsliste an die Stelle des persönlichen Blicks in die Augen des anderen. Der Text kann auch als Meditationstext gelesen werden.

- *Ich erinnere mich,* dass uns als Menschen grundlegend gemeinsam ist, geboren zu sein und sterben zu müssen, das Überschreiten der Ein- und Ausgangspforten des Lebens, durch die wir gekommen sind und gehen werden.
- *Ich erinnere mich,* dass es der Entwicklungs-, Reifungs- und Alterungsprozess zwischen Geburt und Tod ist, in den wir eingebettet sind und durch den wir Menschen als Zeitwesen markiert sind.
- *Ich erinnere mich,* dass diese Rhythmen ausgelöst werden durch hormonelle Prozesse, die zugleich Sexualität und Fortpflanzung impulsieren.
- *Ich erinnere mich,* dass es der Stoffwechselprozess ist, der uns nötigt, uns mit dem Leiblichen zu verbinden und der uns darin zu einem Individuum macht: Meinen Hunger, meine Sättigung spüre ich, nicht der/die andere. Schmerzerfahrungen und die Verletzlichkeit der körperlichen Unversehrtheit gehören ebenso dazu. Die Leiblichkeit bringt mich in die Individuation und fordert mich heraus, den anderen Menschen als Individuum, d. h. getrennt von mir selbst, mit eigenem Leib und eigenen Bedürfnissen, anzuerkennen.
- *Ich erinnere mich,* dass es zugleich die Bezogenheit untereinander ist, der wir alle anheimgestellt sind. Ohne den/die andere kann das Leben nicht weitergehen. Dies gilt sowohl für Sexualität und Fortpflanzung – auch für die künstliche Fortpflanzung – als auch für den Lebensprozess insgesamt. Die wechselseitige Bezogenheit ist keine Entscheidung, sondern Voraussetzung und Bedingtheit des Lebens.
- *Ich erinnere mich,* dass diese wechselseitige Bezogenheit die allgemein menschliche Erfahrung von Nähe und Ferne, Gehaltensein und Verlorenheit, Begegnung und Trennung impliziert. Der emotionale Ausdruck dafür, Lachen und Weinen, ist ebenfalls überindividuell und überkulturell.

---

24 Text von Herta Schindler

- *Ich erinnere mich,* dass uns Menschen zudem der Weltbezug gemeinsam und eigen ist, der durch unsere Sinnesbefähigung gegeben ist und uns als Wesen in die Welt einwebt. Wie stark dieser Bezug in seiner allgemeinen Wirksamkeit ist, wird deutlich, sobald ein Sinn oder mehrere Sinne ausfallen.
- *Ich erinnere mich,* dass wir uns qua unserer Verstandeskräfte unseres Weltbezuges bewusst sein können und dass wir mit unserem Bewusstsein unser Leben in dieser Welt und damit auch die Welt gestalten.
- *Ich erinnere mich,* dass uns alle Weltbezug, Bindung und Individuation in die Lebensspannungen der körperlich-seelisch-geistigen Entwicklung stellen, indem sie immer aufs Neue von uns Schwerpunktsetzungen und Ausgleich fordern und uns in die Selbstreflexion führen.
- *Ich erinnere mich,* dass unsere Geschöpflichkeit – gemeint sind unser Geborenwerden und Sterben als unentscheidbare Tatsächlichkeiten – Suchbewegungen bewirkt nach dem Woher des Lebens vor Geburt und Zeugung, dem Wofür während des Lebensvollzugs und des Wohin des Lebens nach dem Tod und damit den geistigen Raum der Bilder, Mythologien und Transzendenzerfahrungen öffnet.
- *Ich erinnere mich,* dass das Dasein des Menschen zukunfts- und vergangenheitsbezogen ist und im Raum der Zeit stattfindet, im Zeitenraum: Für uns Menschen gibt es keine Gegenwart ohne Vergangenheits- und Zukunftsbezug. Wir sind auf den Lebenserhalt und auf das Lebensende hin ausgerichtet (auch in dem Bemühen, es zu verzögern). Das Sterben als Horizont erschafft die Zeitlichkeit, in der wir alle – jede und jeder auf ihre und seine Weise – leben und handeln.

Universelle und individuelle Biografie verhalten sich zueinander wie zwei Seiten einer Medaille: Eine verweist beständig auf die andere, ohne dass beide zugleich im Blick sind. Die Erfahrung der weltweiten Coronapandemie macht uns auf diese Wechselwirkung sehr hartnäckig aufmerksam: Für das Virus sind alle Menschen »gleich« als mögliche Wirte. Die Unterschiede zwischen individuellen Kontexten der Gefährdung und

Abbildung 21: Altstadtstraße mit Lichtgasse
(Foto: Barbara Ebke, Mentorin für Biografiearbeit,
Systemisches Institut Mitte, SYIM, Kassel)

des Schutzes und damit konkreter Auswirkungen auf individuelle Lebensläufe sind dagegen groß.

Abbildung 21 symbolisiert den allgemeinen Weg der Erinnerung an die jeweils eigene Geschichte. Ein altes Schwarzweißfoto zeigt eine Lichtgasse mit Kopfsteinpflaster. Eine alte Mauer im Hintergrund. In der Ferne fremde Menschen. Das Licht wirft symbolisch Licht auf meine Geschichte. Es weist den Weg.

Die individuelle Biografie

> »Wir steigen in denselben Fluss
> Und doch nicht in denselben.
> Wir sind es und wir sind es nicht.«
> *Heraklit (zit. nach Capelle, 2008, S. 132)*

Wer bin ich denn – ich für mich? Und wer bin denn ich – ich in der Welt? Diese Fragen führen in die persönliche, einzigartige Biografie und können als wesentliche Hintergrundfragen in der Biografiearbeit angesehen werden. Antworten werden immer nur »auf Zeit« gefunden, sie bedürfen der Veränderung im Rhythmus des Lebenszyklus. Ein Mensch, der sich erinnert und seine Erfahrungen erzählend strukturiert, tut dies aus dem Bewusstsein seiner momentanen Lebensphase, seines aktuellen Alters heraus. Daran bemisst sich das Verhältnis von Zukunfts- und Vergangenheitsraum sowie das Verhältnis zum eigenen Körper und zur eigenen Lebenserfahrung. Sokrates hat (nach Platon) diese Grundthemen des Lebens in seinem »Gastmahl« anschaulich formuliert: »[J]edes einzelne lebende Wesen wird, solange es lebt, als dasselbe angesehen […] und bleibt doch niemals in sich selbst gleich, sondern einerseits erneuert er sich immer, andererseits verliert er anderes: an Haaren, Fleisch, Knochen, Blut und seinem ganzen körperlichen Organismus. Und das gilt nicht nur vom Leibe, sondern ebenso von der Seele: Charakterzüge, Gewohnheiten, Meinungen, Begierden, Freuden und Leiden, Befürchtungen: alles bleibt in sich in jedem einzelnen niemals gleich, sondern das eine entsteht, das andere vergeht.« (zit. nach Keupp, Identität – Lexikon der Psychologie spektrum.de).

Zweierlei wird auf diesem Hintergrund als biografische Aufgabe deutlich:
- Selbstgleichheit im Verlauf der Zeit bei zeitgleichem Sichverändern
- die ständige Herausforderung, inneres Erleben und gesellschaftliche Anforderungen in Übereinstimmung zu bringen.

Selbstgleichheit bei gleichzeitiger Veränderung ist unmittelbar dadurch gegeben, dass wir Zeit unseres Lebens in dem einen Körper stecken, auch im realen Sinne nicht aus unserer Haut können, die sich gleichwohl ändert. Unser Körper ist der unmittelbarste Speicher unserer Lebenserfahrung, der grundlegende Stoff, in den sich all unsere Erfahrungen einschreiben. Wenn wir uns erinnern, erinnert sich unser Körper mit. Erinnerungen werden durch Körpergefühle begleitet. Zugleich lösen Körperempfindungen Erinnerungen aus. Unser Körper spielt in der Biografiearbeit somit eine Rolle als Vergegenwärtiger dessen, was wir gelebt haben.

Auch bei dem Mitteilen von Erinnerungen spricht der Körper mit: Über ihn bekommen wir unsere Erinnerungen und die anderer zu spüren! Über dessen Botschaften wird Nähe bzw. Abstand zur erinnerten Erfahrung deutlich: Es wird uns heiß oder kalt, unsere Stimme wird lauter oder leiser, unser Körpertonus verändert sich, die Atmung ebenfalls, um nur einige der leiblich ablaufenden Ausdrucksweisen aufzuzeigen. Diese sind nicht willentlich gesteuert. Das unwillkürliche Nervensystem arbeitet – eng verbunden mit dem Dünn- und Dickdarm und allen inneren Organen im Bauchraum –, während wir uns erinnerungsmäßig durch die Zeit bewegen. Zahlreiche Redewendungen zeigen diesen Zusammenhang: Uns lief die Galle über, als wir uns ärgerten; das Herz rutschte uns in die Hose, als wir uns ängstigten; und in der verliebten Erregtheit spürten wir Schmetterlinge im Bauch. Ausdruck und Mitteilung von Erinnerungen ist eine gegenwärtige körperliche Aktion. Und manchmal spüren wir auch: Das regt mich nicht mehr auf, und jene Liebe ist verklungen. Die Erinnerung ist aus dem Körper »ausgezogen«. Dann ist sie »nur noch« Erinnerung.

Erleben von Selbstkontinuität wird über das leibliche Erleben hinaus in einem ständigen Prozess gestaltet. Tilmann Habermas (2019) beschreibt fünf Verhaltensweisen, die dafür genutzt werden:
1. Wiedererlebtes Erinnern
2. Konstanz in Beziehungen zu anderen und zur Umwelt
3. Assimilation der Vergangenheit an aktuelle Identität (Erinnern aus der gegenwärtigen Perspektive)
4. Überbrücken von Veränderungen durch Einbettung in die Lebensgeschichte
5. Erinnerungsmöglichkeiten anhand von Erinnerungsobjekten.

Biografiearbeit als reflexiver Raum bietet für eben diesen Prozess Möglichkeiten. Wir haben es beim Erkunden der individuellen Biografie somit zugleich im weitesten Sinne mit Fragen der Identitätsentwicklung zu tun.

Konzeptionelle Rahmungen für Identitätsfragen und Entwicklungserzählungen

Daraus ergibt sich, dass Kenntnisse über Lebensphasen im Erwachsenenalter wegweisend für die aktuelle Begleitung und auch für die Unterstützung bei der Einordnung von erinnerten Erfahrungen sind. Ich stelle deshalb zwei Konstruktionen zum Thema individuelle Entwicklung kurz vor: das Identitätskonzept von Erikson in Zusammenarbeit mit Serson und das Konzept der Entwicklungsschritte im 7-Jahres-Rhythmus. Sie können als Anregung dienen, biografische Themen auf dem Hintergrund von Lebensphasen aufzugreifen. Anschließende Hinweise auf das Thema »psychosoziale Identität« machen deutlich, dass Rahmungen jedweder Art nur kultur- und zeitabhängig im Sinne eines Denkansatzes gelesen werden können und nicht im Sinne objektiver Wahrheiten. Dies verdeutlicht nachfolgendes Zitat, das sich auf Australien bezieht: »In einer Schulklasse sollten die Kinder sich selbst zeichnen. Die Kinder ursprünglich europäischer Abstammung zeichneten selbstverständlich menschliche Gestalten, mit denen sie sich identifizierten. Ein Eingeborenenmädchen zeigte mit derselben Selbstverständlichkeit die Zeichnung einer Landschaft vor, die Landschaft seiner Heimat, würden wir sagen« (Blattmann, 1991, S. 201).

Entwicklungsphasen nach Erik Erikson (in Zusammenarbeit mit Joan Serson)

Ein bekanntes Phasenmodell ist das von Erik H. Erikson, das er zusammen mit Joan Serson entwickelt hat (siehe Tabelle 2). Die hohen Auflagen seiner Bücher (1966/2015, 2016) zeigen die breite Rezeption – allein in Deutschland – an.

Tabelle 2: Stufen der psychosozialen Entwicklung nach Erik Erikson (nach Röhrbein, 2019, S. 30)

Identitätsstufe (ungefähres Alter)	Thema	Aufgabe oder Lernvorgang und Konsequenz bei Gelingen oder aber Nichtgelingen
Säugling und Kleinkind (0–1 Jahr)	Vertrauen vs. Misstrauen	Werden seine Bedürfnisse angemessen befriedigt, entwickelt das Kind Urvertrauen oder aber Misstrauen in Bezug auf die Menschen in seiner Umgebung.
Kleinkind (1–2 Jahre)	Autonomie vs. Scham und Selbstzweifel	Das Kind lernt, seinen Willen durchzusetzen, Dinge selbstständig zu erledigen und Pläne durchzuführen oder aber zweifelt an seinen Fähigkeiten.
Vorschulkind (3–5 Jahre)	Initiative vs. Schuld	Das Vorschulkind lernt, Dinge aus eigener Initiative zu erledigen und Pläne durchzuführen oder aber entwickelt Schuldgefühle wegen seiner Unabhängigkeitsbestrebungen.
Schulkind (ab 6 Jahre bis Pubertät)	Kompetenz vs. Minderwertigkeit	Das Kind erfährt Lust an der Erfüllung einer Aufgabe oder aber fühlt sich minderwertig.
Adoleszenz (ca. 13–20 Jahre)	Identität vs. Rollendiffusion	Der Teenager verfeinert sein Selbstbild durch Erproben verschiedener Rollen, die dann integriert werden und die Identität bilden, oder aber gerät in Verwirrung und weiß nicht, wer er ist.
Frühes Erwachsenenalter (ca. 20–40 Jahre)	Intimität vs. Isolation	Junge Erwachsene kämpfen darum, enge Beziehungen einzugehen und die Fähigkeit zur Liebe und Intimität zu erlangen, oder aber fühlen sich einsam und isoliert.

Identitätsstufe (ungefähres Alter)	Thema	Aufgabe oder Lernvorgang und Konsequenz bei Gelingen oder aber Nichtgelingen
Mittleres Erwachsenenalter (ca. 40–60 Jahre)	Generativität vs. Stagnation	Im mittleren Erwachsenenalter will der Mensch seinen Beitrag zur Welt leisten, meist durch Familiengründung und Arbeit, andernfalls entwickelt er ein Gefühl der Sinn- und Zwecklosigkeit.
Spätes Erwachsenenalter (ab ca. 60 Jahre)	Ich-Integrität vs. Verzweiflung	Denkt der ältere Mensch über sein Leben nach, vermittelt ihm dies Befriedigung oder ein Gefühl des Gescheitertseins.

Julia Schmidt gibt in dem Unterkapitel 6.2: »Pferdegestützte Biografiearbeit« ein lebendiges Beispiel für die konzeptionelle Anwendung des Entwicklungsmodells von Erik Erikson (in Zusammenarbeit mit Joan Serson) für die Praxis.

In der Darstellung von Erik Erikson (in Zusammenarbeit mit Joan Serson) liegt ein deutliches Augenmerk auf Entwicklungen in der Kindheit. Das Erwachsenenalter wird in sehr großen Etappen von 20 Jahren durchschritten.

Entwicklungsphasen im 7-Jahres-Rhythmus

> »Wenn wir die natürlichen Zyklen des Lebens respektieren, dann entdecken wir, dass jede Phase ihre spirituelle Dimension in sich trägt.«
> Jack Kornfield (2003)

Dieses Entwicklungsphasenmodell widmet sich detaillierter als das Erikson'sche den Veränderungsprozessen im Erwachsenenalter. Hier wird die Entwicklung des Erwachsenen als rhythmische Bewegung aufgefasst, deren Themen etwa alle sieben Jahre in einen neuen Aspekt, eine neue Frage eintreten und neue Antworten herausfordern, die wir durch unser Leben selbst geben.

In allen Biografien – und hier möchte ich einmal wirklich verallgemeinern – finden sich Aspekte, die nicht gelebt, Entwicklungen, die nicht vollzogen werden: Jugend, in der sich (fast) keine Selbstfindungsräume auftun; gewollte Nachkommen, die nicht gezeugt und geboren werden; Abhängigkeiten, die nicht gelöst werden; Verantwortungen, die nicht übernommen werden; Bindungen, die verloren gehen oder abgebrochen sind. Dies ist nicht als Mangel zu verstehen. Im Umgang mit den Bedingungen der vorgefundenen Welt, unter denen wir unseren Lebenslauf realisieren, entwickelt sich die individuelle Ausprägung, eben das, was wir unter Biografie verstehen. Die im Folgenden beschriebenen Themen des 7-Jahres-Rhythmus erweisen sich dennoch oftmals als wirksam, selbst wenn wir sie verneinen oder nicht realisieren.

Das Konzept kommt ursprünglich aus der Anthroposophie, hat darüber hinaus jedoch Interesse und Verbreitung gefunden. Verschiedentlich wird die Diskussion geführt, ob sich für die 7-Jahres-Schritte biologische Begründungen finden lassen wie etwa die Zeitspanne für die Erneuerung der Körperzellen oder die Entwicklung zur Schulreife. Dies scheint nicht oder nur vage der Fall zu sein. Trotzdem ergibt diese Rhythmisierung eine sinnhafte Struktur für die Selbstbefragung (siehe Tabelle 3). Die Bedeutung runder Geburtstage lässt sich ebenfalls nicht mit Biologie, sondern mit Übereinkunft begründen. Ebenso ist Geld als Wert an Übereinkunft und nicht an Substanz gebunden. Wir haben es hier wie auch anderswo in der Bedeutungsgebung mit einem kulturellen Phänomen zu tun.

Tabelle 3: Die sechs Entwicklungsphasen im 7-Jahres-Rhythmus

1. Phase: Zeugung–0–7–14 Jahre	Die Unschuldigen: ankommen und sich entwickeln
2. Phase: 14–21–28–35 Jahre	Die Suchenden: sich finden und sich überschreiten
3. Phase: 35– 42–49–56 Jahre	Die Tragenden: Phase des langen Atems, der Für-Sorge
4. Phase: 56–63–70–77 Jahre	Die Gelassenen: Synthese/Verbindung der Gegensätze
5. Phase: 77–84–91 Jahre	Die Weisen: Endlichkeit und Ewigkeit
6. Phase: 91–	Die Da-Seienden

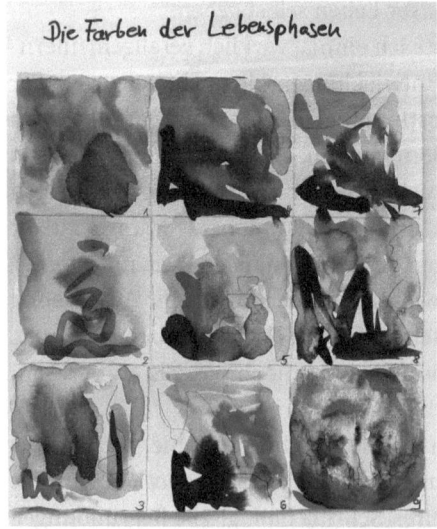

Die 7-Jahresrhythmisierung kann vielfach anregen – auch zu schöpferischem Ausdruck (siehe Abbildung 22). Eine Biografisierende äußerte: »Es vollzog sich dann für mich ein sehr intensiver Reflexionsprozess, in dem ich die einzelnen Lebensphasen im 7-Jahres-Rhythmus zu benennen versuchte.«

Abbildung 22: Farbig gestaltete Lebensphasen von Ulrike Hagemann (63 J., Mentorin für Biografiearbeit, SYIM, Kassel)

Die einzelnen Phasen[25]
1. *Die Unschuldigen* – ankommen und sich entwickeln
Zeugung/Entstehen: Zeugung und Leben im mütterlichen Universum
0 Jahre: ankommen als Erdenwesen und als Menschenkind geboren werden, abgenabelt sein
0–7 Jahre: einleben, sich im eigenen Körper beheimaten, sich in die umgebende Welt spielend einleben
7–14 Jahre: lernen, um die Welt zu erkunden; ich und du, innen und außen differenzieren sich zunehmend, der Umkreis weitet sich

2. *Die Suchenden* – sich finden und sich überschreiten; begehren, sich hingeben und sich verbinden
14–21 Jahre: Ich verwandle mich – eigen-ständig werden
Körperumbau – Seelenumbau; zweite Abnabelung, diesmal aus dem »Schoß der Familie« in den »gesellschaftlichen Körper« hinein als eigenständiges, verantwortliches Mitglied
21–28 Jahre: Lehr- und Wanderjahre
Entwicklungsfrage: Wer bin ich in der Welt?
Entwicklungsantwort: Orientierung in der Welt
Ich (er)finde die Welt und mich selbst in ihr; Sturm- und Drangzeit des Lebens; Orientierung an Idealen; Zeit der Emotionalität und Leidenschaft, für die neue Formen gesucht und ausprobiert werden
Schatten: laue Mitte, nichts passiert; nicht gelingende Generationszugehörigkeit; die Liebe verpassen; zu viel, zu früh Verantwortung übernehmen müssen, nicht »jung« sein dürfen
28–35 Jahre: Nüchterne Zeit
Entwicklungsfrage: Wie ist die Welt geordnet? Welchen Beitrag kann ich erbringen?
Entwicklungsantwort: Sich mit dem Willen einen Platz in der Realität der Welt schaffen.
Der Impuls der Um-Welt-Entdeckung schränkt sich ein zugunsten einer Vertiefung, deren Auslöser Verbindlichkeit ist: Verbindlichkeit gegenüber Inhalten und Arbeitsprozessen, Partnerschaft und Kindern, Verbindlichkeit auch gegenüber sich selbst, indem man erfahren hat, dass man sich selbst nicht zurücklassen kann, egal, wohin man aufbricht. Erleben können von Lebenskräftigkeit und Lebensfülle.

---

25 Anregungen dazu verdanke ich Mathias Wais (2010), Gudrun Burkhard (1992) und Heiner Keupp (o. J.).

Schatten: Sinn und Bedeutung in Beziehungen und Verantwortlichkeiten nicht finden, leer ausgehen, unverbindlich und unverbunden bleiben, keinen (eigenen) Platz finden.

3. *Die Tragenden* – Phase des langen Atem, der Für-Sorge und durchtragenden Verbindlichkeit; Verantwortung für das, womit ich mich verbunden habe
35–42 Jahre: Frag-würdig leben
Entwicklungsfrage: Was habe ich der Welt zu geben?
Entwicklungsantwort: Einen aktiven Beitrag zur Welt aus meinen Kräften geben.

Sich mit seiner Kraft für die Aufgaben einsetzen, die aus den eingegangenen Verbindlichkeiten entstanden sind; Erleben von Kompetenz und Bewältigungsfähigkeiten; neben Lebensfülle wird Anforderung und Konfrontation mit inneren und äußeren Grenzen spürbar; Aufforderung zur Selbsterziehung.
Schatten: Ich erreiche keine Umsetzung für meine Lebenshoffnungen und -pläne, ich werde nicht gebraucht; mein Beitrag fehlt der Welt nicht. Verantwortung in kaum oder nicht handhabbaren Lebenssituationen haben: Flucht, Krieg, Verfolgung, Naturkatastrophen, Schicksalsschläge, die verhindern, den Aufgaben dieser Lebensphase gerecht werden zu können. In Verantwortungsanhäufung für zu viele Bereiche stehen.

42–49 Jahre: Sich Neuem stellen
Entwicklungsfrage: Wie kann ich mich einbringen? Was erfüllt mich und die Welt?
Entwicklungsantwort: Neuergreifung des Lebens aus überpersönlicher Perspektive

»Das kann doch nicht alles gewesen sein, das bisschen Hoffnung und Kinderschrein, das war nun das donnernde Leben«, singt Wolf Biermann in einem seiner Lieder. Oder doch? Was kann ich, was bin ich, worauf läuft es hinaus? Alltagsverantwortung kann zu Alltagstrott werden; die Überprüfung der Folgen eigener Entscheidungen und Verhaltensweisen kann in die oft zitierte Midlife-Crisis führen; zweckfreie Ausgleiche zu den zahlreichen Verpflichtungen können beleben. Möglichkeiten von Neuorientierungen bzw. Nachjustierungen werden gesucht, befragt, verworfen oder ergriffen.
Schatten: Keine Bedeutung zu erlangen, ist gleichbedeutend mit: ohne Aufgabe, unerfüllt bleiben; die eigenen Lebenskräfte laufen ins Leere. Die Mühle aus Verantwortungen beraubt mich meiner lebendigen Beziehungen und wesenhaften Impulse, ich funktioniere nur noch. Ich bin so im Erledigungs- und Schaffensmodus, dass ich die innere Lebendigkeit und meine Werte verliere.

49–56 Jahre: Sich einer Aufgabe zur Verfügung stellen
Entwicklungsfrage: Kannst du verzichten auf das, was dein Privat-Persönliches ist, auch auf deine Jugendlichkeit?
Entwicklungsantwort: Ich stelle mich dem mir Wesentlichen zur Verfügung.

Verstehen, dass die eigene Jugendlichkeit vorbei ist; Vergangenheitsbewusstsein entsteht und das plötzliche Spüren der Lebensendlichkeit; Wechsel-Jahre durch hormonelle Umstellungen; körperliche Kräfte und seelische Energien verwandeln sich und geben neuen Erlebensweisen Raum; Bündeln von Erfahrungen führt zu mehr Überblick. Frische Schaffensimpulse entwickeln sich im sogenannten »zweiten Frühling«, in dem sich Lebenserfahrung mit Entwicklungsfreude verbindet. Lebenskraft speist sich aus der Erfahrung, Krisen meistern zu können.
Schatten: Nichts Neuem nachgehen, im Gewohnten verhaftet bleiben und damit innerlich stagnieren; sich im Klein-Klein des Alltags verlieren, nicht zum mir Wesentlichen vorstoße.

4. *Die Gelassenen* – Synthese/Verbindung der Gegensätze
56–63 Jahre: Stirb und werde!
Entwicklungsfrage: Was kann bestehen? Welche Frucht trägt das gelebte Leben nach innen und außen angesichts der Endlichkeit?
Entwicklungsantwort: Das Wesentliche erlöst und beglückt mich.

Sich besinnen und die Freiheit nehmen, wesentlich zu handeln, statt Aufträge zu erledigen: Was lasse ich, was ergreife ich, damit mich meine inneren und äußeren Aufgaben erfüllen?
Schatten: Älterwerden nur als Verlust erleben und es bekämpfen; nicht zu überpersönlichem Sinn vordringen; zu sehr am eigenen Wissen und an Macht festhalten und sich dadurch von der Stärke der nachfolgenden Generation angegriffen fühlen.

63–70 Jahre: Den Lebensstrom aus der Altersperspektive erkennen, aus Erfahrung schöpfen; Neues, Junges belebt

Auf das eigene Lebenswerk schauen: Was bleibt? Was übergebe ich, was ist unabhängig geworden, was vergeht? Was kommt nach mir? Im Bewusstsein der Vergänglichkeit die eigenen Verantwortungsleistung abrunden und gewichten.
Schatten: Gesellschaftlicher Bedeutungsverlust kann mit Scham verbunden sein und bei nicht guter finanzieller Absicherung mit Angst vor Einbußen und Armut.

70–77 Jahre: Das Schöne in der Welt lieben.
Verbundenheit statt Zuständigkeit; das Leben überblicken in seinen Zyklen des Entstehens, des sich Entwickelns und Vergehens; daraus erwächst eine ver-

änderte Perspektive auf die eigene Herkunft und das gelebte Leben; biografische Themen klären.

Schatten: Trennungen (von Lebensinhalten, von Menschen, die sterben), Enttäuschungen (über das, was vergeht, nicht mehr ist), Abschiede, Verletzungen (durch Bedeutungsverlust), Desillusionierungen (was nicht mehr geht); Verletzungen und Schulddynamiken, die nicht verwandelt werden können, quälen.

5. *Die Weisen* – Überlassen; gelassen (sich an)vertrauen; Gegenwärtigkeit, Endlichkeit und Ewigkeit
   77–84 Jahre: Einverständnis mit dem, was war; Versöhnung, Weisheit
   Verabschieden, was verschwindet, auch die eigenen Kräfte; verbunden bleiben mit gegenwärtigen Möglichkeiten; (weiter)geben, was nachgefragt wird, auch Erzählungen über die Vergangenheit; Erfüllung durch Tätigsein im eigenen Rhythmus und aus sich selbst heraus.

Schatten: Angst vor Pflegebedürftigkeit, Nachlassen und Verlust der körperlichen und geistigen Kräfte und Eigenständigkeit. Angst, loszulassen, weil ich dann nichts mehr bin, weil ich dann nicht mehr bin, weil ich dann sterbe.

84–91 Jahre: Hohes Alter, Einverständnis mit dem, was kommt, das Zeitliche segnen.

Leben mit Verlusten; sich freuen an dem, was noch geht; sich anfreunden mit der Nähe des unausweichlichen Lebensendes; daraus entsteht Bewusstsein für den Wert des gegenwärtigen Augenblicks.

Schatten: Nicht mehr selbstständig leben können; bei Pflegebedürftigkeit: sterben wollen und nicht können, das dauert ewig – wenn mich der liebe Gott doch holen würde!

6. *Die Da-Seienden*
   91–98–xy-Jahre: Des Lebens Gegenwart
   Heute ist der Tag meines Lebens!

Das Konzept der psychosozialen Identität in der Biografiearbeit

Bei der Aufgabe, inneres Erleben und äußere Rollenanforderungen in ausreichende Übereinstimmung zu bringen, nimmt unsere Leiblichkeit einen herausragenden Raum ein. Dann geht es um unseren Leib als soziales Objekt. »Der Körper ist zugleich das ›Ich‹ und ein Objekt in der Welt, das von anderen gesehen werden kann; er besitzt sowohl Innerlichkeit als auch Andersartigkeit, und er hat eine implizite, von Anfang an gegebene Neigung, sich auf ein Du zu beziehen. Der Körper ist zugleich natürlich und sozial, und die erlebte subjektive menschliche Erfahrung, beweglich, sinnlich und voller schwankender Gefühle, muss [...] in jedem um Verständnis bemühten Erklärungsansatz integriert werden« (Hustvedt, 2019, S. 269). Körperliche Merkmale veränderlicher und unveränderlicher Art prägen unsere Biografie: weiblich – männlich, klein – groß, krank – gesund, dick – dünn, dunkelhäutig – hellhäutig sind nur einige körperliche Merkmale, die künstlich in Dualismen aufgeteilt und mit intensiven sozialen Markern versehen sind. Sie tauchen sowohl als aktiver Inhalt als auch als Erfahrungshintergrund in biografischem Erzählen auf.

Als eine Antwort auf die Herausforderungen der Selbstkontinuität bei gleichzeitiger ständiger Veränderung prägten Erik Erikson [in Zusammenarbeit mit Joan Serson] den bis heute gültigen Begriff der »psychosozialen Identität«. Psychosoziale Identität ist, wie die vorgestellten Konzepte zeigen, kein Zustand, sondern ein fortwährender Passungsprozess zwischen inneren und äußeren Welten, zwischen Eigensinn und unseren Bedürfnissen nach sozialer Anerkennung und Zugehörigkeit. Dessen Bewältigung äußert sich »in der Lebendigkeit des Erlebens, [...], im Sich-Zuhause-Fühlen im eigenen Körper, im Selbstwertgefühl und in dem Empfinden, das eigene Schicksal beeinflussen zu können« (Habermas, 2019, S. 59).

Leicht kann bei diesen Sätzen der Eindruck entstehen, dass eine stimmige psychosoziale Identität mit einem gelingenden Lebensentwurf und Leben gleichgesetzt wird. Und solch ein Erleben hätten wir alle gerne. Und empfinden es doch nur manchmal. Was bedeutet das? Schauen wir uns den Begriff und seine Diskussion etwas genauer an:

Bei der Entwicklung des Konzepts – so die Kritik an den Ausführungen von Erikson [in Zusammenarbeit mit Serson] durch Adorno und Foucault – seien die Schmerzen, die die Anpassung gerade auch bei gesellschaftlich als gelungen angesehenen Identitäten erfordert, nicht berücksichtigt worden. Das ständige Austarieren zwischen gegensätzlichen (inneren und äußeren) Anforderungen im Dienste von Entwicklung und Identität führt nämlich zu Erfahrungen zwischen Zufriedenheit und quälender Unruhe, zu Erfahrungen des Gelingens und Scheiterns, zu glücklichen und schmerzlichen Lebensphasen.

In schweren Lebenskrisen und Phasen, die als psychische Erkrankung definiert werden, zerbricht die psychosoziale Passung gar weitgehend, die innere Welt wird zur dominanten, die An-Passung an die Normen und Rollenerwartungen der Außenwelt gelingt nicht mehr: Der Mensch fällt »aus dem Rahmen« der allgemeinen Übereinkunft.

Aus diesem Zusammenhang heraus spricht der Soziologe Anthony Giddens (1991, S. 74 ff.) von der Anstrengung der alltäglichen Identitätsarbeit, die ein Mensch in unseren heutigen Gesellschaften beständig leisten müsse (vgl.

Keupp, o. J., S. 2 ff.). Als Gegenentwurf plädiert er für einen Identitätsraum, der weniger von der Anstrengung der Passung und mehr von Möglichkeiten und Freiräumen geprägt ist: Dieser Raum, so Giddens, entsteht, indem ein Mensch seine Erzählung über sich selbst in einem freien Prozess erschafft und der Körper mit all seinen Empfindungen dabei einbezogen ist.

Dieser Raum kann in der Biografiearbeit gefunden werden, wie ich im nachfolgenden Beispiel skizzieren möchte. Es handelt sich darin um eine Familie, die sich mit der Frage plagte, ob Entwicklung hin zu einer erwachseneren Identität auch für ein behindertes Familienmitglied zumutbar sei. Mit Bedacht wähle ich dieses Beispiel, in dem individuelle Entwicklungsprozesse nur bedingt als selbstverständlich angesehen werden. Die innere Arbeit an der Konstruktion »Identität« im Raum der Biografiearbeit dient dazu, das Gleichgewicht zwischen innerer und äußerer Welt auszutarieren und neu zu gestalten – und zwar jenseits des Krankheits- und Gesundheitsbegriffs (vgl. Keupp, o. J.).

> **Beispiel**
> *Setting:* Biografiearbeit mit einer Pflegefamilie (ohne deren geistig behindertes Pflegekind)
> *Thema:* Spannungsverhältnis von Forderungen nach kindlichem Behüten und jugendlichem Freilassen der geistig behinderten Pflegetochter und -schwester
> *Prozess:* Auflösung von Schutzimpulsen, die zu Entwicklungsblockaden werden könnten.
>
> »Wir machen uns jetzt schon große Sorgen, wie das werden soll, wenn unsere Pflegetochter mal auszieht«, sagt die Mutter, und alle anderen Familienmitglieder, der Vater und zwei Töchter im jungen Erwachsenenalter, stimmen ihr zu. Die Pflegetochter ist geistig stark eingeschränkt. Mit neun Jahren kam sie wegen Unterversorgung in ihrer Herkunftsfamilie in den Haushalt einer ihrer Schulbegleiterinnen, kannte also die Pflegemutter bereits recht gut. Mittlerweile ist sie 17 Jahre alt, sie lautiert, kann aber nicht sprechen. Alle Familienmitglieder verstehen sie jedoch. Als die älteste Tochter vor zwei Jahren auszog, war die Pflegetochter sehr verunsichert und schloss sich noch enger an die Pflegemutter an. Nun hat das Jugendamt angedeutet, dass in etwa drei Jahren ein Umzug in eine Einrichtung angemessen wäre. Daraufhin gingen alle Alarmsignale an!
>
> Eltern und Töchter rekonstruieren im biografischen Prozess die Situation rund um den Einzug des Mädchens. Methodisch verdeutlichen wir das vor allem mithilfe einer Zeitlinie und Metaphern für die inneren Bilder, die sie aus dieser Zeit in sich tragen. Das Bild, das sich am hartnäckigsten gehalten hat, könnte man bezeichnen mit: Das arme Kind! Das arme Kind wurde von der Herkunftsfamilie

im Stich gelassen! Das arme Kind ist bereits durch den Auszug der ältesten Tochter in eine Krise gestürzt! Das arme Kind schafft eine solch grundlegende Veränderung nicht noch einmal!

Mithilfe von Matroschka-Puppen verdeutlichen wir als Nächstes die unterschiedlichen Altersstufen des »armen Kindes«. Wir erkunden: Ist die Pflegetochter nur älter geworden oder hat sie sich auch entwickelt? Und siehe da: Es gibt zahlreiche Unterschiede zur Ankommenssituation, sogar Streit und Selbstbehauptung sind alltäglich, ja, die Familie entdeckt aufgrund ihres inneren Bildes »armes Kind« eine starke Tendenz zur Überbehütung und gerne auch mal Verwöhnung. Ein neuer Gedanke entsteht: Auch für das behinderte Familienmitglied könnten Entwicklungszumutungen zum Leben dazugehören.

Liegt die Lösung also doch darin, dass die Pflegetochter auszieht? Die Familie ist sich einig, dass ein Auszug nur infrage kommt, wenn er in eine neue Familiengruppe erfolgt.

Dann taucht ein neuer Aspekt auf: Manchmal bringen die Schwestern ihre Partner mit nach Hause. Da ist die Pflegetochter entzückt. Besonders einer von beiden hat es ihr angetan. Sie himmelt ihn an. In der Reflexion wird deutlich: Die Behinderung behindert nicht das altersgemäße Begehren und sich verlieben wollen. Etwas wie die Möglichkeit von Partnerschaft taucht auf einmal auch für die behinderte Schwester am Horizont auf. Inklusive der Fähigkeit des Wählens: Sie weiß, wer ihr gefällt. Und deshalb, so die Mutter, wäre eine größere Einrichtung durchaus angemessen: Da hat sie dann wenigstens Auswahl!

Von dem in der Zeit festgehaltenen Bild der kleinen, armen Pflegeschwester ist die Familie im Verlauf der biografischen Rekonstruktion zu der Einsicht gekommen: Auch die geistig eingeschränkte und herkunftsfamiliär vernachlässigte Pflegetochter macht Entwicklung durch, durchlebt Krisen und deren Bewältigung und hat trotz Angewiesenseins ein Recht auf ihre individuelle Biografie. Und das haben alle anderen auch, inklusive der Pflegemutter. Allgemeine Erleichterung durchzieht bei dieser Erkenntnis den Raum!

Analyse: Im Verlauf des Prozesses konnten die Biografisierenden
a) einen Identitätsaspekt genießen: Ich als Studentin (Schwestern), als Sängerin im Chor (Pflegemutter), als Berufstätiger (Pflegevater) fühle mich souverän, standfest, sozial angekommen
b) einen Identitätsaspekt stabilisieren: Das haben wir als Pflegeeltern, große Schwestern, als Familie gut hinbekommen
c) Identität weiterentwickeln, indem sie
   - die Spannungsfelder zwischen innerer und äußerer Welt in den unterschiedlichen Lebensphasen erkundeten

> - die innere Welt und den vom Jugendamt geforderten Anpassungsprozess zur Sprache brachten
> - den durch Anforderungen des Jugendamtes empfundenen psychosozialen Druck, als Pflegefamilie gut loslassen zu können, vorübergehend zu lockern und das »Unerhörte« zu sagen: Das Herausgehen des »Kindes« aus der Familie geht nicht, wir stimmen nicht zu
> - dem geistig eingeschränkten Familienmitglied eine erwachsene Identitätsentwicklung zusprechen
> - ein neues Gleichgewicht zwischen innen und außen herstellen. Nun ergibt sich ein neuer Sinn.
>
> Die Entspannung, die sich als Erleichterung körperlich und seelisch bei allen Biografisierenden bemerkbar machte, ist auf diese Lockerung und Neujustierung zurückzuführen.

Methodische Anregungen zur Erarbeitung der individuellen Biografie

> Lassen Sie Ihren Urteilen die eigene stille ungestörte Entwicklung, die, wie jeder Fortschritt, tief aus innen kommen muß und durch nichts gedrängt oder beschleunigt werden kann. Alles ist austragen und dann gebären (…). Da gibt es kein Messen mit der Zeit, da gilt kein Jahr, und zehn Jahre sind nichts. Künstler sein heißt: nicht rechnen und zählen; reifen wie der Baum, der seine Säfte nicht drängt und getrost in den Stürmen des Frühlings steht ohne die Angst, daß dahinter kein Sommer kommen könnte. Er kommt doch. Aber er kommt nur zu den Geduldigen, die da sind, als ob die Ewigkeit vor ihnen läge, so sorglos, still und weit«.
> *Rainer Maria Rilke (1931, S. 19)*

> »(…) und ich möchte Sie, so gut ich es kann, bitten, (…), Geduld zu haben gegen alles Ungelöste in Ihrem Herzen und zu versuchen, *die Fragen selbst* liebzuhaben wie verschlossene Stuben und wie Bücher, die in einer sehr fremden Sprache geschrieben sind. Forschen Sie jetzt nicht nach den Antworten, die Ihnen nicht gegeben werden können, weil Sie sie nicht leben könnten. Und es handelt sich darum, alles zu leben. *Leben* Sie jetzt die Fragen. Vielleicht leben Sie dann allmählich, ohne es zu merken, eines fernen Tages in die Antwort hinein.«
> *Rainer Maria Rilke (1931, S. 23)*

Die Kunst, mit Fragen zu leben

Die Entwicklung oder Konturierung einer biografischen Frage regt die Suchbewegung an und bringt zugleich einen Fokus in die individuelle biografische Erkundung. Eine Einführung in die Kunst, mit Fragen zu leben und Geduld zu üben, finden wir in obigen Sätzen von Rainer Maria Rilke. Der folgende Merkkasten bringt einen Überblick zur Entwicklung und zum Umgang mit Fragen in der Biografiearbeit.

Fragen in der Biografiearbeit*

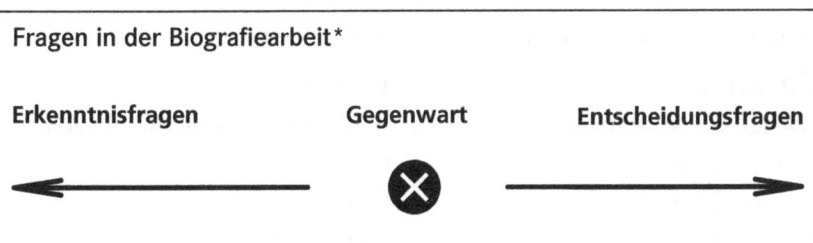

Erkenntnisfragen   Gegenwart   Entscheidungsfragen

Auf die Vergangenheit gerichtet   Auf die Zukunft gerichtet

Wir können
- die Selbstverständlichkeit des eigenen Lebens oder der Ereignisse um einen herum durchbrechen und eine Frage stellen
- die Frage zulassen, ohne sofort nach einer Antwort oder Lösung zu suchen
- die Frage mit konkreten Situationen in der Vergangenheit und der Zukunft in Verbindung bringen.

Meine Lebensphasen:
- Betrachte dein Leben und versuche, darin *verschiedene Phasen zu unterscheiden, deine Phasen*. Damit sind Perioden zwischen bestimmten Übergangsmomenten deines Lebens gemeint.
- Überlege, was sich in jeder Periode ereignet hat, *was dafür charakteristisch ist*, welche Stimmung dich damals beherrschte etc.
- Gib jeder Periode *einen Namen*.
- In welchen Perioden findet *dein jetziges Thema Anklang* und auf welche Weise?

Abschließende Anregung
Wie/wann habe ich die Lebensthemen für mich erlebt?
Was ist mein individueller Daumendruck, wo überall variiere ich mit meinem Lebensweg das Lebensphasenmodell?
Austausch zu zweit oder in der Gruppe:
1. Welche Themen haben sich für mich gezeigt?
2. Welche Antwort(en) ist (sind) entstanden?
3. Welche Frage(n)?

*Anregungen aus: Brug und Locher (2003)

Strukturgebende Parallelisierungen (siehe Tabelle 4) und Schaubilder (Abbildung 23) für individuelle Lebensprozesse dienen als Möglichkeit der Verbindung von Kairos- und Chronosaspekten.

Tabelle 4: Mögliche Verbindungen von Kairos- und Chronosaspekten

Chronos	Kairos
Gliederung der Zeit durch	**Assoziative Verknüpfungen von**
1-Jahres-Schritte	Ereignissen
3-Jahres-Schritte	Lebensthemen
7-Jahres-Schritte	Lebensfragen
10-Jahres-Schritte	Sinnlichkeiten
(runde Geburtstage)	Lieblingsbeschäftigungen
Chronologien von Lebensorten	Freundschaften etc.
Chronologie von Arbeitsstellen etc.	

Durch die Verknüpfung von Chronos- und Kairosaspekten entstehen vielschichtige Dynamiken, wie sie auch Evelyn Niel-Dolzer (2020, S. 14) einfordert: »Ich denke, wir können unsere gebräuchliche und für einen ›systemischen Geschmack‹ viel zu lineare Metapher von der ›Time-Line‹, in der Vergangenes vorbei und Zukünftiges noch nicht da ist, durch eine dynamischere (prozessuale und fluide) Konzeptualisierung ergänzen, wie sie in phänomenologischen Verständnissen Tradition hat. »Vergangenheit, Gegenwart und Zukunft ›verschweben‹ im prozessualen Erleben zu einer einzigen Zeit« (Fuchs 2011, S. 295). Indem sich nämlich meine Geschichte, also mein Gewordensein, meine Erfahrung, in jedem gegenwärtigen Moment zur Sprache bringt.«

Wir wollen die Time-Line nicht verwerfen, aber doch erweitern und ergänzen. In Abbildung 23 finden Sie Schaubilder, die sie methodisch verwenden können. Mit diesen Formen können Biografisierende Kairos- und Chronosaspekten »huldigen«, Gegenwart, Zukunft und Vergangenheit als verbunden erleben und Antworten auf Lebensfragen anschaulich entwickeln.

Lebenswege: Die Entwicklung im individuellen Lebenslauf 149

↦ **Lebenslinie (Time-Line):**
Biografie als horizontale Zeitlinie/Ereignislinie

↕ **Zeitleiste:**
Biografie als vertikale Chronologie

↑→ **Arbeit mit Koordinatensystem:**
Biografie als »Fieberkurve«

◎ **Arbeit mit Baumscheibe:**
Biografie als Ausdehnung in Jahresringen

🕐 **Lebensuhr:**
Biografie als Lebenskreis

🌀 **Spirale als Zeitlinie in der 3. Dimension:**
Biografie als offener Prozess, in dem Erfahrungen transformiert werden

Komplexe Zeitleiste als »Notenblatt« der Biografie

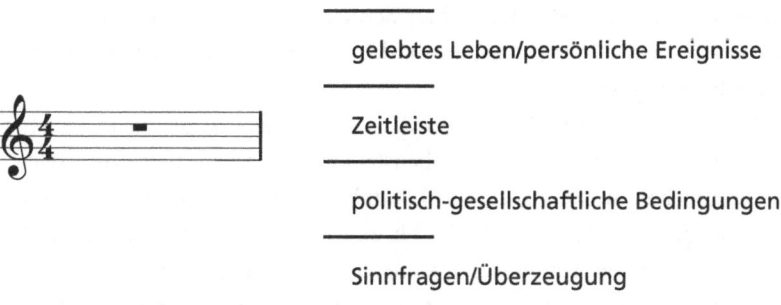

Werk/Handlungsebene

gelebtes Leben/persönliche Ereignisse

Zeitleiste

politisch-gesellschaftliche Bedingungen

Sinnfragen/Überzeugung

Abbildung 23: Symbolische Formen/Schaubilder für Kairos- und Chronosaspekte

Arbeit mit Schaubildern: Einblick in die Praxis

Materialien: große Zeichenblöcke, kopierte Baumscheibenvorlage, farbige Stifte aller Art

Möglichkeiten: Ermöglicht einen guten Einstieg in intensivere biografische Prozesse; bietet Erkundungswege bei biografischen Fragen und Themen; beantwortet das Bedürfnis, sich »ein Bild zu machen« von dem, was gewesen und wie es gekommen ist.

Die Arbeit mit Schaubildern ist in vielfältigen Kontexten unkompliziert möglich. In einer Gruppe kann man eine Form anbieten oder unter mehreren frei wählen lassen. Untenstehende Beispiele zeigen anschaulich die in dieser Arbeit liegenden Möglichkeiten. Die Fragestellungen oder Themen wurden jeweils zuvor erarbeitet. »Welche Antwort gibt mir mein Bild auf meine Frage, schreibe einen Satz dazu auf«, diente als Abschlussanregung (zur Erarbeitung einer biografischen Frage siehe den Merkkasten oben und die Ausführungen weiter unten).

Die Lebenslinie: Biografie als horizontale Zeit- und Ereignislinie

> ├─────────────▶
>
> Die Arbeit mit der Lebenslinie als Grundform für den komplexen biografischen Prozess mit einer jungen Mutter in einer Mutter-Kind-Einrichtung ist ausführlich und anregend beschrieben im Unterkapitel 2.4.

Die Zeitleiste: Biografie als vertikale Chronologie: »Ich mache mich neu auf die Suche.«

> Bärbel (63 J.) beschäftigt sich mit ihrer Berufsentwicklung und der (Erkenntnis- und Entscheidungs-)Frage, was in den verbleibenden Arbeitsjahren für sie noch wichtig ist:
>
> Bärbel notiert zuerst die gegenwärtige Arbeitsstelle und geht dann Schritt für Schritt in ihrem beruflichen Lebenslauf zurück. Sie vertieft damit bildlich gesprochen die Bewegung ihres beruflichen Werdegangs, führt sie auf die jeweiligen »Vorläufer« zurück bis hin zu kindlichen Berufswünschen und Familientraditionen. Damit folgt sie metaphorisch gesehen der ägyptischen Königsliste: Anbindung an den Ursprung ihres Lebens und ihrer Herkunft. Es entsteht Übersichtlichkeit im beruflichen Lebenslauf: »Das Festhalten und Sortieren der Daten und Fakten wie in einer To-do-Liste entlastet meinen Kopf«, resümiert sie. Infolge dieser Entlastung fühlt sie sich frei. Es entsteht der Im-

puls, die Richtung zu wechseln: In der umgekehrten Bewegung von unten aus der Vergangenheit heraus nach oben in die Gegenwart stellt Bärbel nun den inneren Wachstumsprozess dar, der mit ihrer beruflichen Entwicklung verbunden war. Dies tut sie nicht mehr strukturell geordnet. Als Gestaltungselement für die Aufwärtsbewegung wählt sie die Spirale, in der farbige Verwirbelungen Neuausrichtungen anzeigen. Als Bild entsteht ein nach oben offener, dynamisch wirkender Trichter, in dem die Zeitleiste das Lot in der Mitte bildet. Der Trichter geht über die Gegenwart hinaus in den Zukunftsraum hinein, was als Öffnung wirkt und weitere Bewegung impliziert. Bärbel markiert ihr Bild mit dem Aufbruchssatz: »Ich mache mich neu auf die Suche.«

Das Koordinatensystem: Verbindung zwischen horizontaler und vertikaler Zeitleiste: »Durch Tätigsein in der Welt verbinde ich mich mit mir.«

Susanne (51 Jahre) will die Bedingungen ihrer Lebenszufriedenheit erkunden, da sie sich entscheiden muss, ob sie sich beruflich auf ein umfangreiches Projekt einlassen möchte.
Das Koordinatensystem verschränkt Lebenslinie und Zeitleiste: Horizontal notiert Susanne Lebenslagen mit Jahreszahlen z. B. Berufsausbildungen, Eheschließung, Arbeitswechsel, Geburt von Kindern etc. Die vertikale Linie dient als Skalar für Zufriedenheit/Unzufriedenheit mit einer Skalierung von 0–10. Das Schaubild hat sowohl eine ordnende als auch eine anschauliche Wirkung: Es entsteht eine Fieberkurve zwischen Lebensdaten und Lebenszufriedenheit, schließlich eine Lebenslandschaft, indem Susanne ihrem Maß an (Un-)Zufriedenheit durch Farben Ausdruck verleiht. Kontextbedingungen beim Absacken ihrer Lebenszufriedenheit fallen auf diese Weise sofort in den Blick: In zwei Lebensepochen sind die Farben matt. Nach der Geburt ihrer Zwillinge und bei Ende einer großen Projektförderung wird ihr Außenweltbezug schwächer, was jeweils eine tiefe Krise hervorruft. Der Stellenwert des Eingebundenseins in berufliche Bezüge für ihre Lebenszufriedenheit ist ihr für ihre aktuelle Lebensplanung ins Bewusstsein gerückt. Susannes Satz lautet: »In der Welt verbinde ich mich mit mir.«

Die Baumscheibe: »Ich lebe mein Leben in wachsenden Ringen« (Rilke) oder: »Da ist Rhythmus drin, nicht nur Verpflichtung.«

Dirk (55 J.) ist beruflich in vielfältige soziale Verantwortungen eingebunden. »Mir selbst folgen«, statt mich an vorgestellten Erwartungen zu orientieren, lautet sein Anliegen.

Dirk wählt mit der fotokopierten Baumscheibe eine organische und damit lebendige Form, um sein biografisches Thema sichtbar zu machen. Er erlebt sich selbst eher als »überstrukturiert«. Durch die Baumscheibe zieht sich ein Riss, der mitgearbeitet werden muss. Dirk beginnt innen (Geburt) und bewegt sich in seiner Gestaltung von dort nach außen (Lebensentwicklung). Der Riss, der von ihm zuerst als Verletzung und störend empfunden wird, stellt sich im Prozess als Mittel für Entspannung im ganzen System heraus: Mein Leben muss nicht perfekt sein, es darf Risse und Sprünge, auch Unverstandenes geben. Die Baumscheibe als Abbild eines lebendigen Wachstumsprozesses erlebt er als hilfreich, um einen kreativen Blick auf sein eigenes Leben in Gang zu bringen. Die Form unterstützt seine Ausdruckskraft und damit die Lebendigkeit: Die Ringe bilden sich im und am Lebensprozess heraus. »Da ist Rhythmus drin«, sagt er, »nicht nur Verpflichtung«.

Die Spirale: Das Leben als Entwicklung und Verwandlung: »Alle Farben sind da, ich bin schon ganz!«

Tanja (51 J.) hat nach einer Scheidung und weiteren schwierigen Lebenssituationen das Bedürfnis, wieder »ganz zu werden«.

Tanja wählt als Form die Spirale, die ihr als Bild für einen Weg dient. Dabei beginnt der Weg in der Mitte, der Endpunkt bleibt offen. In der Gestaltung nimmt sie wahr, wie »ihre Themen« bereits bei ihrer Geburt (als Mehrgenerationendynamik) verborgen dalagen und sich dann entwickelten. Diese wiederholen sich, allerdings nicht auf der gleichen Ebene, sondern in erweiterten Dimensionen und mit reicherer Lebenserfahrung. Ihre Themen bleiben ihr, aber sie hat sie schon verwandelt, erneuert. In der Gestaltung drückt sich dies in der Verwendung der Grundfarben aus, die jeweils in der Intensität, der Leuchtkraft oder Zartheit, variieren. Was entsteht, ist ein ausdrucksvolles Mandala, ein zentrales Urbild. Als Satz formuliert Tanja »Alle Farben sind da, ich bin schon ganz!«

Lebenswege: Die Entwicklung im individuellen Lebenslauf 153

Das Notenblatt oder die Musik des Lebens: »Ich übernehme Verantwortung, wenn ich für meine Bedürfnisse sorge!«

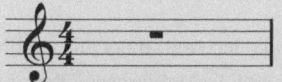

Suse (53 J.), ist alleinerziehend und pflegt ihre kranke Mutter. »Auch für meine Bedürfnisse sorgen«, das ist ihr Anliegen.

Suse, als zugleich ausdrucksfreudige und zurückhaltende Frau, deren Leben starken Einschränkungen unterliegt, entscheidet sich für das Notenblatt. Sie möchte eine Symphonie ihres Lebens erstellen. Diese Form ist zeitaufwendig und erfordert Vertiefung in verschiedene Aspekte. Mit dieser Wahl der Selbsterkundung erfüllt sie sich also schon ein Teil ihres Bedürfnisses, etwas für sich zu tun. Im »Notenblatt« geht es um die Resonanz zwischen verschiedenen Ebenen, die zu einem Zeitpunkt schwingen und einen komplexen Wirkraum bilden. Was entsteht, ist ein Gesamtzusammenhang: Wie verstehe ich mich durch die Wahrnehmung komplexer, bislang unberücksichtigter Kontexte besser? In welchem Lebensabschnitt klingt es nach Dur oder Moll, nach Oper oder Gassenhauer? Jede Lebensphase bildet einen eigenen »Takt«, eine kleine Geschichte mit eigener Überschrift (siehe Abbildung 24). Suses Credo aus ihrer biografischen Arbeit ist, ich übernehme nicht nur Verantwortung, indem ich mich anderen zur Verfügung stelle und mich kümmere. »Ich übernehme Verantwortung, wenn ich für meine Bedürfnisse sorge!«

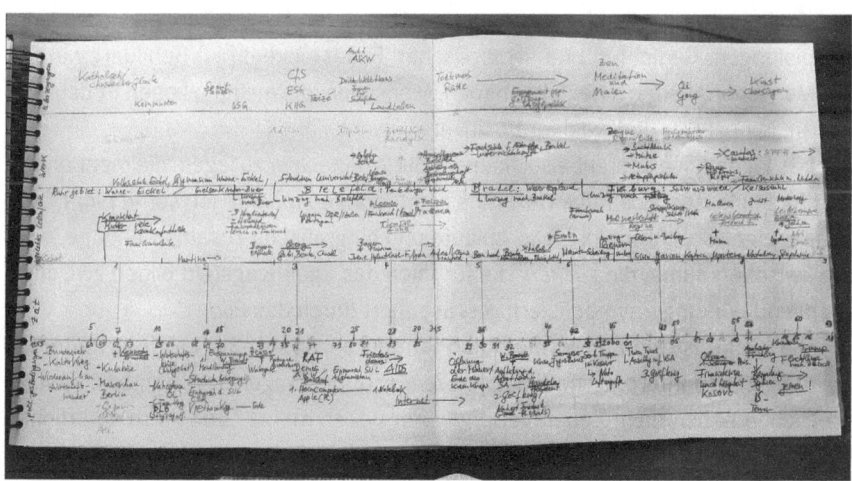

Abbildung 24: »Die Partitur meines Lebens« (Foto: Ulrike Hagemann, Mentorin für Biografiearbeit, Systemisches Institut Mitte – SYIM, Kassel)

Es folgt die *Reflexion einer Mentorin in Ausbildung*, die sich mit ihrer eigenen Biografie auseinandersetzte. Und die, im Sinne Rainer Maria Rilkes, anfängt, die Fragen zu lieben:

»In der Beschäftigung mit meiner eigenen Biografie stelle ich fest, dass ich ›nichts‹ feststellen kann. Die Zuspitzung dieses Begriffs meint nicht die Unkenntnis über das eigene Leben. Das ›Nichts‹ ist nicht im eigentlichen Sinne ›absolut‹ zu verstehen. Es soll mehr darauf hindeuten, dass ich biografische Lücken wahrnehme, Lücken im Hinblick auf biografische Zusammenhänge, Lücken, *Zwischenräume,* die im Dunkel liegen.

Der erste Impuls [...] bestand zunächst darin, diese Lücken zu schließen. Fragen zu klären, Antworten finden, ›Faktischem‹ auf die Spur kommen. Die *Timeline,* eingeteilt in die Horizontale und Vertikale ›sollte‹ als methodische Grundlage Aufschluss geben über Zusammenhänge, zusammenfallende Ereignisse.

Die *Horizontale* sollte die chronologische Abfolge abbilden im Hinblick auf Personen, Orte/Bewegungsradius, Bildungsweg, besondere Ereignisse, Brüche/Krisen, Erfolge.

Die *Vertikale* sollte die Kurve meiner Lebenszufriedenheit in den jeweiligen Lebensphasen nachzeichnen. Welche Gefühle werden (wieder) spürbar? Welches Körpergefühl taucht auf? Die Vertikale fügt der eindimensionalen Horizontalen eine gewissermaßen ›dreidimensionale Ebene‹ bei. Sie macht etwas ›fühlbar‹.

Bereits nach kurzer Zeit wurde deutlich, dass die Timeline nicht mehr als ein erster Impuls werden würde, eine erste Orientierungslinie, ein Vorentwurf, der dann im Verlauf verlassen wird und in einer sehr freien, abstrahierten Interpretation und Collage von Familienfotos mündet, verfremdeten Fotografien, erzählerischen Anspielungen, Gedichten und symbolischen Fundstücken. [...] Bebildert werden die Menschen, die mich begleitet haben. Menschen, die meinem Leben Bedeutung geben, in positiver und weniger positiver Hinsicht.

Das Eigentliche besteht also vielmehr darin, eine *Spur* zu legen, die mehr ahnen und fragen lässt als beantwortet. ›Ans Licht‹ bringen möchte ich somit nicht faktische Ereignisse, chronologische Abläufe und biografische Zusammenhänge, eher die Zwischenräume, die *Lücken,* die für mich das Spannungsfeld bilden zwischen Form und Wirkung – symbolisiert, repräsentiert durch das *Bild.*

Die Lücke ist ein nur vermeintlich ›luftleerer‹ Raum. Sie eröffnet Raum für Deutungen und Interpretationen. [...] Sie macht die Fragen erst sichtbar: Welche Menschen haben mein Leben geprägt? Wer waren meine Großeltern väterlicherseits? Wer ist/war meine Tante, die zwei Jahre jüngere Schwester meiner Mutter? Warum besteht hier kein Kontakt? Welche Rolle spielt Gesundheit und Krankheit in meiner Familie? Welche Orte haben mir Raum gegeben? Welche Ereignisse haben mich berührt und bewegt? Wo passiert Entwicklung?«

Zur weiteren Veranschaulichung möchte ich einer Biografisierenden das Wort lassen, die in einem intensiven Prozess ein »Lebensbuch« gestaltet und dabei verschiedene methodische Anregungen genutzt hat. Sie zieht ein Resümee: *»Meine Lebensphasen – vom Suchen und Finden und Suchen ...«*

»Die differenzierte Auffächerung meines Lebenslaufes durch das Notenblatt als ›Partitur meines Lebens‹ [siehe Abbildung 24] mit so viel unterschiedlichen Einflüssen und Aspekten öffnete meinen Horizont. Damit entstand zugleich ein Verständnis für die Vielfältigkeit meines gelebten Lebens. Es lenkte meinen Blick in die Weite und in viele Räume, sodass er sich nicht auf ein bestimmtes tragisches Ereignis aus der Kindheit verengen musste. [...] Es vollzog sich dann für mich ein sehr intensiver Reflexionsprozess, in dem ich die einzelnen Lebensphasen im 7-Jahres-Rhythmus zu benennen versuchte, Schwerpunkte und Hauptlinien herausarbeitete. So war es mir schließlich sogar möglich, ein Oberthema für mein gesamtes Leben zu finden bzw. für die wesentlichen Entwicklungsdynamiken, die mir deutlich wurden: Meine Lebensphasen – vom Suchen und Finden und Suchen ...

Ich wusste bereits, dass ich eher suchend durchs Leben gegangen bin mit vielen Fragen und einigen Auf- und Umbrüchen. Bei genauerer Analyse fiel mir dann aber auf, dass ich immer auch gefunden habe – und zwar wesentliche gute Orte, Menschen und Lebensbedingungen [...] Das war im Prozess eine ganz wichtige Erkenntnis, die ich als entlastend und heilsam erlebt habe.«

Ulrike Hagemann (63 J.)

Die Erinnerungsliste

Die Erinnerungsliste ist die schönste Liste, die ich kenne, und als solche führe ich sie jeweils auch ein.

Dabei gleicht der Vorgang des Erinnerns dem Blick durch ein Kaleidoskop: Schon die kleinste Drehung bringt die kleinen bunten Steine in ein neues Muster, das das Auge erfreut. So ist es auch mit den aufsteigenden Erinnerungsschnipseln: Die Worte »*ich erinnere mich*« stellen die Drehbewegung dar. Und Gerüche, Jahreszeiten, Orte, Stimmen, Gesichter fügen sich zu immer neuen Erinnerungsbildern.

Wer sie erfunden hat, ist schwer nachzuvollziehen. Auf sie gestoßen bin ich in dem Buch von Gabriel Prinsenberg »Der Weg durch das Labyrinth. Biografisches Arbeiten« (1997). Dann habe ich sie in einem Buch der amerikanischen Schriftstellerin Siri Hustvedt wiederentdeckt, die sich wiederum auf das Buch des bildenden Künstlers Joe Brainard (1975) mit dem Titel »I Remember« bezieht. In »Die zitternde Frau. Eine Geschichte meiner Nerven« schreibt Siri Hustvedt (2011, S. 71 f.): »Schon das Schreiben der Wörter ›ich erinnere mich‹

erzeugt Erinnerungen, gewöhnlich hochspezifische Bilder und Ereignisse aus der Vergangenheit, häufig solche, an die wir seit vielen Jahren nicht gedacht haben. Die Wörter ›ich erinnere mich‹ zu schreiben erfordert sowohl motorische wie auch kognitive Aktivität. Wenn ich den Satz beginne, weiß ich meistens nicht, wie ich ihn beenden werde, aber sobald ich die Worte ›ich erinnere mich‹ zu Papier gebracht habe, taucht irgendein Gedanke auf. Eine Erinnerung führt zur nächsten, eine Assoziationskette ist in Gang gesetzt:
- Ich erinnere mich, wie ich dachte, ich hätte hässliche Knie.
- Ich erinnere mich an den Mann, der mir sagte, meine Knie seien schön.
- Ich erinnere mich, dass ich sie danach nie wieder häßlich fand.«

Anregung: Erinnerungslisten unter bestimmten Aspekten

Beispiele: musikalische Biografie, die Geschichte meiner Freundschaften, die Geschichte meiner Vorlieben, Wohnorte, Bildungs- und Arbeitsstätten, des Essens …
Materialien: Schreibutensilien
Möglichkeiten: eignet sich zum Einstieg in biografisches Erinnern mit oder ohne Themenfokussierung; gleicht dem Sammeln von Erinnerungsschätzen; wirkt schneller Bewertung und Selbstzensur entgegen; hilft, Erinnerungsfülle zu bergen; Ordnungen können im Nachhinein geschaffen werden.

Recherchemöglichkeiten

Recherche ist eine der Möglichkeiten, um mit Erinnerungen, die auftauchen, weiterzugehen. Recherche in diesem Zusammenhang kann bedeuten die (Wieder-)Kontaktaufnahme zu im Lebensverlauf wichtigen Menschen, Lesen von Tagebüchern oder früher gelesener Literatur, früher gehörter Musik, Besuchen früherer Orte etc. – also Recherchieren in der eigenen Vergangenheit, auch Kontextbedingungen dazu erkunden. Folgende Literatur ist dabei hilfreich:
- Zahlreiche methodische Anregungen für die Praxis finden sich in dem Buch von Gudjons, Wagener-Gudjons und Pieper (2020): »Auf meinen Spuren. Übungen zur Biografiearbeit«.
- Zur Vertiefung für die Arbeit mit den 7-Jahres-Schritten eignet sich das Buch von Hofmeister (2019): »Mein Lebenshaus hat viele Räume«.

3.4 Lebenslagen: Biografien im Spannungsfeld gesellschaftspolitischer Konfliktlagen und/oder traumatischer Erfahrungen[26]

Erzählungen, sagt man, haben Gewicht. Woher kommt dieses Gewicht? Ein bedeutender Teil des Gewichts kommt von Auswirkungen gesellschaftspolitischer Konfliktlagen auf das eigene Leben.

Inhaltliche Einordnung

Gesellschaftspolitische Konfliktlagen tauchen in der Biografiearbeit sowohl als Hauptthema als auch als Hintergrundthemen auf. Beide Aspekte müssen von Mentor:innen zuverlässig mitgedacht und berücksichtigt werden. Gesellschaftspolitische Spannungsfelder und Entwicklungen wirken massiv auf Lebenswege ein (z. B. durch Gesetzgebung), verändern Lebensläufe erheblich (z. B. durch Veränderung von Rechten, durch Flucht etc.) und erfordern weitreichende Konsequenzen (im Umgang mit den daraus resultierenden Folgen). In der gegenwärtigen Lebensphase sind diese Zusammenhänge nicht immer bewusst. Vielmehr werden Erfahrungen oft individualisiert.

Es führt zu vertieftem Verstehen, persönliches Erleben mit dem Abstand von Jahren oder Jahrzehnten in diese Thematik einzuordnen oder neu zu bewerten. Not und Gewalt, Glück und Erfolg, eigenes und fremdes Scheitern und Gestalten lassen sich als Teil gesamtgesellschaftlicher Dynamik komplexer verorten.

Ob Dynamiken schwerpunktmäßig als verallgemeinerte Spannungsfelder oder persönliche Konfliktlagen gedacht werden, steht in Wechselwirkung mit gesellschaftlichen und individuellen Bewertungen und ist damit einem kontinuierlichen Veränderungsprozess unterzogen. Dieser ist interessengeleitet und hat eine starke machtpolitische Dimension.

Verallgemeinerte Spannungsfelder:
- politische Systemwechsel
- Verfolgungs- und Kriegserfahrungen
- Flucht, Asyl und (Des-)Integrationsprozesse
- Terror
- Auswirkungen von Naturkatastrophen
- Auswirkungen von Pandemien
- häusliche, sexualisierte und rassistisch motivierte Gewalt u. a.

---

26 Siehe auch Unterkapitel 6.4, S. 316

> **Individualisierte Konfliktlagen:**
> - häusliche, sexualisierte und rassistisch motivierte Gewalt
> - Kategorisierung von gut bezahlter, schlecht bezahlter und unbezahlter Arbeit
> - Folgen familienpolitisch ungünstiger Rahmenbedingungen
> - Bewertungen von Krankheiten (etwa psychische Erkrankungen, Aids, Adipositas)
> - körperliche Stigmatisierungen (z. B. als Mann klein zu sein)
> - materielle Armut u. a.

Verallgemeinerte Konfliktlagen und individualisierte Spannungsfelder verschränken sich zu verflochtenen Geschichten. Der Begriff »verflochtene Geschichten« stammt von Edward Said, einem US-amerikanischen Literaturtheoretiker und -kritiker palästinensischer Herkunft. Der Topos »Verflochtene Geschichten« bezieht sich auf das komplexe Verhältnis »sich überlappender Territorien zwischen Empire und Kolonialländern und der von ihm [Said] entwickelten Methode kontrapunktischen Lesens imperialer Texte« (Becker, 2006, S. 11). Mit dieser Methode wird den parallel zur Haupthandlung eines Romans vorhandenen, aber marginalisierten Perspektiven eine Stimme gegeben. Edward Said entschleierte, könnte man doppeldeutig sagen, durch seine Art der Leseanregung »den« Orient als eine, durch den Blick westlicher Mächte entstandene, wirkmächtige Fata Morgana.

Durch seine Befragung der nicht auserzählten Perspektiven werden also Narrative, die hinter einem Text liegen, und die Grundannahmen, die in einem Text mitschwingen, erkennbar. Was auf die Dynamik zwischen »Empire und Kolonialländer« angewandt wurde, kann im Rahmen von Lebenserzählungen ebenfalls zusätzliche Perspektiven öffnen:
- Was darf wer äußern bzw. nicht äußern?
- Wer oder was steht im Zentrum einer Erzählung?
- Wer oder was gilt als peripher/unwichtig/banal?
- Welche Werte und welche Gruppen werden dadurch gestärkt?
- Welche Dynamik würde bei einer Umverteilung der Aufmerksamkeit eintreten?

Systemisch lässt sich dieser Ansatz verknüpfen mit kontinuierlichen Perspektivwechseln, der Suche nach Ausnahmen von Problemkonstruktionen, der Erkundung von Wechselwirkungen.

Die Auseinandersetzung mit gesellschaftspolitischen Dynamiken geschieht in der Biografiearbeit in der Regel nach Abklingen der akuten Spannungssituation, also im Rückblick. Dabei kann die Situation zeitlich unterschiedlich lange zurückliegen. Sie kann aber auch räumlich entfernt sein, also an einem anderen Ort weiterexistieren.

Daneben zeigen sich in biografischen Erzählungen Machtdynamiken, indem Erzählungen im gesellschaftlichen Narrativ (noch) nicht als machtvoll angesehen werden. Hier geht es vermehrt um Erfahrungen, die als nicht erzählwürdig gelten, denen eben kein Gewicht zuerkannt wird. Sie sind bei den Beteiligten mit Gefühlen der Beschämung oder Banalisierung verbunden. Ihr Nichterzählen wird nicht als Folge einer durch Machtdynamik erfolgten Verdrängung gedeutet. Vielmehr werden sie als nicht relevante Erfahrung interpretiert.

Der gesellschaftspolitischen Reflexionsebene der Mentor:in kommt bei der Wahrnehmung nichtauserzählter Spannungsfelder in biografischen Erzählungen deshalb eine bedeutsame Rolle zu, denn die Macht, die es bedeutet, erzählen zu können, oder die Macht, andere an der Entfaltung ihrer Erzählung zu behindern, wird, so Said (1994, S. 15), oft unterschätzt. »Kontrapunktisches Hinhören« plädiert damit für eine Neuverteilung der Macht des Erzählens. Nehmen wir dies als Hinweis für Mentor:innen, sich im kontrapunktischen Hinhören zu schulen, in der Wachsamkeit für das, was jeweils als Zentrum und Peripherie konstruiert wird.

Auf den nächsten Seiten folgen vier Beispiele, die Biografien im Spannungsfeld gesellschaftlicher Konfliktlagen und/oder traumatischen Erfahrungen zeigen.

Beispiel I
Setting: Biografisches Schreiben in einer Frauengruppe
Thema: Die Beiläufigkeit der Erwähnung einer Teilnehmerin über ihre bevorstehende Gebärmutteroperation entwickelt sich zum allgemeinen Gruppenfokus.
Prozess: Verdeckte biografische Themen rund um den weiblichen Körper werden als ausgeblendete Erfahrungen sichtbar und in die Erzählbarkeit überführt. Eine etwa 40-jährige Frau kündigt an, dass sie beim nächsten Treffen wegen einer Operation fehlen wird. Ihr soll die Gebärmutter entfernt werden. Infolgedessen entsteht ein Gespräch rund um den Krankenhausaufenthalt. Damit könnte die Episode beendet sein und die eigentliche »Biografiearbeit« beginnen. Im Gespräch scheint es der Mentorin, als ob sie es mit einem »Fachgremium« zu tun habe. Auf ihre Nachfrage hin stellt sich heraus, dass sechs von acht anwesenden Frauen keine Gebärmutter mehr haben. Einer siebten wurde die Operation angeraten, sie ließ sie jedoch nicht vornehmen.

Durch die Hellhörigkeit der Mentorin wird das Thema Gebärmutterentnahme infolgedessen zum biografischen Thema, angefangen bei dem Erstaunen, dass es bei keiner der Frauen jemals in einer biografischen Episode auftauchte. In der Regel, so scheint es, gilt eine Gebärmutteroperation als nicht erzählenswert und

> ist nicht als »Geschichte« und biografisches Ereignis markiert, obwohl der Verlust des Organs im weiteren Verlauf deutliche Auswirkungen auf das Leben der Frauen hat. Nun wurden in der Biografiegruppe die Operationen sowohl persönlich als auch auf der strukturellen Ebene thematisiert und lebensgeschichtlich eingewoben.
> Erst zu einem noch späteren Zeitpunkt fallen der Gruppe und der Mentorin dann das Nichterzählen von weiteren weiblichen Körper-Seele-Erfahrungen – wie Schwangerschaft, Geburt, Menstruation, Wechseljahre, Sexualität – in der eigenen Biografie auf. Erfahrungen, die anscheinend gewichtslos und unerzählt im Off verschwinden, ohne in Erzählung überführt zu werden.

Nun kann man fragen, warum dieses Thema in diesem Kapitel auftaucht, da sich doch die Frauen in einem individuellen Akt nach ärztlicher Beratung freiwillig den Operationen unterzogen und dies auch freiwillig nicht thematisiert haben.

Im Laufe der Biografiearbeit hat sich für diese Frauen jedoch etwas verändert: Das war der Fokus ihrer Aufmerksamkeit. Sie begannen, ihre weiblichen, ihre leiblichen Erfahrungen mit hineinzuflechten in ihre Lebenserzählungen und ihnen Gewicht zu verleihen.

Machtasymmetrie entsteht nicht nur durch direkte Gewalt. Sie entsteht durch gesellschaftliche Narrative, die Überlegenheit und Abwertung, Wichtigkeit und Banalität abstecken. Vor diesem Hintergrund wurde von allen, auch von den Frauen selbst, dem Verlust ihrer Gebärmutter keine Bedeutung innerhalb der Lebenserzählung zugemessen.

Formen der Gewalt

Der norwegische Friedensforscher Johan Galtung unterteilt Gewalt in drei verschiedene Kategorien, deren wechselseitige Abhängigkeit er mithilfe eines Dreiecks aufzeigt (2007; siehe Abbildung 25). Tritt in einer Ecke Gewalt auf, hat das Auswirkungen auf die beiden anderen: Spannungsfelder nähren sich durch diese Wechselwirkungen.

Strukturelle Gewalt

Personale Gewalt   **Kulturelle Gewalt**

Abbildung 25:
Dreieck der Gewalt (nach Johan Galtung); im Feld »Kulturelle Gewalt« kann Biografiearbeit nachträglich verändernd wirken.

Mit personaler oder direkter Gewalt ist diejenige Gewalt gemeint, die durch einen Gewalttäter oder eine -täterin ausgeübt wird. Gewalt ohne Akteur:in wird als strukturelle oder indirekte Gewalt bezeichnet. Durch beide Gewaltformen kann das Leben von Menschen eingeschränkt, bedroht, zerstört oder beendet werden, es können körperliche und seelische Schmerzen zugefügt, peinigende Situationen herbeigeführt und Langzeitschädigungen hervorgerufen werden. Menschen können durch sie manipuliert, erpresst und zu Handlungen oder Unterlassungen genötigt werden.

- Bei *personaler Gewalt* sind diese Taten auf bestimmte andere zurückzuführen, die man entweder kennt oder die unerkannt bleiben, die aber als Menschen vorhanden sind.
- Bei *struktureller Gewalt* gibt es kein Gegenüber. Man fühlt sich vielmehr innerhalb eines Systems ausgeliefert. Strukturelle Gewalt ist in Systeme eingebaut. Sie wirkt durch ungleiche Machtverteilung in Gesetzgebung und staatlichen Institutionen, zementiert einen unterschiedlichen Zugang zu gesellschaftlichen Ressourcen und verteilt Besitz und Armut, Freiheitsrechte und Einschränkungen auf ungleiche Weise.
- Als *kulturelle Gewalt* lassen sich Wertvorstellungen, Sprachnormen und Verhaltensweisen bezeichnen, die in einer Gesellschaft dazu dienen, personale und strukturelle Gewalt vorzubereiten, zu provozieren, zu übersehen oder zu rechtfertigen. *In der Biografiearbeit ist die »kulturelle Gewalt« die Bearbeitungsebene.*

Ich möchte nun zurückkommen auf das für die Frauen – im doppelten Sinne – einschneidende und nichterzählte Thema der Gebärmutterentfernung.

Einige der dahinter liegenden machtvollen Narrative, die einen Bedeutungsmangel für diese lebensgeschichtliche Erfahrung konstituieren, können nun deutlich werden: Frauengesundheit als Thema wird strukturell marginalisiert (Gümüsay, 2020, S. 137); eine Gesundheitspolitik, die Operationen gegenüber anderen Verfahren aus Gewinngründen begünstigt, lässt sich institutionalisiert feststellen; die Nichterzählung der OP-Erfahrung und ihrer Auswirkungen folgt einer Verbannung des verletzlichen Körpers aus der Region der Bedeutsamkeit und gehört damit in den Bereich der kulturellen Gewalt.

Nicht zufällig habe ich hier eine Thematik gewählt, die nicht unter die klassischen Beispiele von gesellschaftspolitischen Spannungsfeldern und Gewalterfahrungen fällt. In der Biografiearbeit begegnen uns zahlreiche tastende Versuche, jenen Erfahrungen eine Stimme zu geben, die bislang nicht als erzählwürdig galten. »Höchst intime, persönliche Erinnerungen werden nicht nur durch persönliche Motive verschüttet oder wieder zugänglich, verschwiegen oder erzählt, sondern auch dadurch, dass sie sich mit kollektiven Geschichten decken oder auch nicht. Das zeigt sich bei traumatischen Leidenserfahrungen, die, um erinnert und erzählt werden zu können, auf eine akzeptierende, empathische Zuhörerschaft treffen müssen. Das war bei den Erinnerungen von Überlebenden der Shoah beginnend in den 1980er Jahren so, bei amerikanischen Veteranen nach dem Vietnamkrieg, bei den Opfern sexuellen Missbrauchs in pädagogischen Institutionen seit einer Dekade und bei den Opfern sexuellen Missbrauchs im Arbeitskontext seit der #MeToo-Bewegung« (Habermas, 2019, S. 61). Nur wenn diese wahrgenommen werden, werden sie auch auserzählt werden können und Relevanz gewinnen.

(Erst-)Erzählungen über erlittene Gewalterfahrungen sind deshalb oft von Gefühlen wie Scham, Demütigung, Stolz und Schuld begleitet – Gefühle, die in der aktuellen Situation, »damals«, empfunden wurden. Und »Scham, Stolz und Ehre, kurz: das Bedürfnis, sein Gesicht zu wahren, sind, wie wir von Soziologen und Ethnologen wissen, anthropologische Grundwerte, gegen die nur mit äußerster Anstrengung vorgegangen werden kann« (Assmann, 1999, S. 164).

Beispiel II
Setting: Erzählcafé für ältere Menschen in einer ländlichen Gemeinde, veranstaltet von dem dortigen Kulturamt.
Thema: Erinnerungen an erlebte Gewalt durch einen Lehrer, der viele der Anwesenden vor Jahrzehnten als Schüler:innen unterrichtet hatte, entwickelt sich zum allgemeinen Thema.
Prozess: Das Bestehenlassen unterschiedlicher Deutungen ermöglicht einen offenen Umgang mit sozialen Gefühlen in der Gruppe.

In einem Erzählcafé für ältere Menschen eines Dorfes gelingt ein Austausch über erlebte Gewalt von Schülern durch einen Lehrer. Die Relevanz von Mehrdeutigkeit als dialogischer Umgang mit sozialen Gefühlen in der Gruppe tritt hervor.

In dem biografischen Erzählcafé kommt als Kommentierung zu Erinnerungen an prügelnde Lehrer von einem Mann die Aussage: »Die Prügel haben uns nichts geschadet.« Darauf ein anderer: »Dir vielleicht nicht – mir schon«, und dann erzählt er seine Erinnerungen. Infolgedessen entsteht eine veränderte Atmosphäre. Grundgefühle werden spürbar: Trauer, Schmerz und Empathie.

Nun stehen, könnte man sagen, verschiedene »Zeiten« nebeneinander im Raum: die Zeit, in der es angeraten war, seine Verletzlichkeit zu verbergen und Gefühlskälte und Stolz zu zeigen, um sein Gesicht zu wahren, und die Zeit, in der Verletzlichkeit und Schmerz anerkannt werden können, ohne als Schwächling degradiert zu werden.

> Das Erzählcafé bietet nun den Rahmen, beides nebeneinander stehen zu lassen, ohne vereindeutigen zu müssen. Anliegen ist, die Schichten der Erfahrung und deren Verarbeitung, also verflochtene Geschichten, erlebbar zu machen, ohne zu werten. Aufgabe von Mentor:innen ist hier, keine wechselseitige »Überzeugungsarbeit« aufkommen zu lassen. Denn diese führt weg von der Breite der Erfahrung und damit von der Mehrstimmigkeit. Aufgabe stattdessen ist Zuhören und wechselweise Zeugenschaft, das meint Anerkennung der Erfahrung und ihrer jeweiligen Verarbeitung.

In diesem Beispiel ging die personale Gewalt gegenüber den Kindern vom Lehrer aus und war durch Gesetzgebung strukturell legitimiert. Da sie von Eltern als selbstverständlich bis erwünscht angesehen wurde, war sie tief in der Alltagskultur integriert.

Emotionale Reaktionen im Kontext von Herrschaftsverhältnissen äußern sich durch soziale Gefühle wie Scham, Schuld und Stolz. Mentor:innen können deshalb beim Auftauchen dieser Gefühle davon ausgehen, dass eine »machtvolle« Geschichte in der Erinnerung berührt ist bzw. zum ersten Mal erzählt wird.

Der Umgang mit peinigenden, im Erzählen wieder spürbaren Gefühlen kann gelingen, indem diese von Mentor:innen (und der Gruppe) als nachvollziehbar mitempfunden und als innere Arbeit (an)erkannt werden. Gelingt dies, kann sich die innere Dynamik um Konfliktsituationen und erlebte Gewalt verändern. Tiefenschichten von Erfahrungen können sich öffnen und nachfolgend weitere Dimensionen erkundet werden. Solch ein Prozess kann Wochen oder Monate dauern.

Biografiearbeit erweist sich damit als potenziell wirksam in der »Ecke« kultureller Gewalt, indem Fühl-, Denk- und Sprechverbote verändert werden. Dies gilt sowohl für die Erkundung persönlicher Lebensgeschichten als auch im Kontext biografisch orientierter gesellschaftspolitischer Projekte.

Mehrgenerationendynamik

Besonders in Deutschland spielt im Rahmen der gesellschaftspolitischen Aspekte der Biografiearbeit der Umgang mit Täter- und Opfererfahrungen aus Faschismus und Krieg von 1933–1945 und den beiden Jahrzehnten danach nach wie vor eine sowohl herausragende als auch schmerzliche Rolle. In fast jeder Familie hat diese Zeit durch die Erfahrungen der Vorgängergenerationen als Täter und/oder als Opfer mit Verfolgung, Flucht, Tod durch Krieg und Bombardierung, durch Erfahrungen mit Kriegsgefangenen und Kriegsgefangenschaft, durch Hunger, durch den Umgang mit Systemwechseln ihre Spuren hinterlassen. Spuren, die in den Geschichten von Biografisierenden weiter deutlich werden. Vorsichtig, manchmal auch beherzt nähern sich Menschen diesen und anderen familiären und persönlichen Dynamiken, die an Tabus, Verluste, Schuldanteile, belastende Erinnerungen geknüpft sind.

Anliegen können sein, einfach zu erzählen, zu begreifen, die nachfolgende Generation aufzuklären, hemmende Verstrickungen zu lösen, selten auch, sich mit massiver Schuld auseinanderzusetzen, manchmal auch, belastende Themen abzuschwächen.[27]

Um Erinnerungsarbeit auf der Ebene gesellschaftspolitischer Spannungsfelder zu begleiten, sind Kenntnisse über die Dynamik der Weitergabe von Erfahrungen im Mehrgenerationenverbund hilfreich. Ich gehe auf drei Aspekte ein und beziehe mich dabei hauptsächlich auf Veröffentlichungen von Gabriele Rosenthal (1997) und Dan Bar On (1993):

- In Familien, bei denen Mitglieder Opfer von schwerer Gewalt und Verfolgung geworden sind, werden oft Erzählungen weitergegeben, in denen Mut, Selbstbestimmung und Stolz eine Rolle spielen. Sie fungieren als Ausgleichserzählungen für die demütigende Erfahrung des Ausgeliefertseins und dienen der Wiederherstellung der Selbstachtung. Beispiel: Die Großmutter erzählte immer wieder gern, wie sie den russischen Soldaten den Kopf zurechtgerückt hat: »Ja, schämts ihr euch denn nicht, was sollen eure Mütter denken!«, und wie die Soldaten daraufhin weitergezogen seien. Die Frau musste später ihr Haus für immer verlassen. Die darum rankenden Ereignisse blieben in ihren Erzählungen ausgespart.
- In Familien, bei denen sich Mitglieder der politischen Verfolgung und Gewalt schuldig gemacht haben, werden eher (dramatische) Erzählungen über eigene Verluste an die nächste Generation weitergegeben. Diese Erzählungen dienen der Ausblendung bzw. Abmilderung von Schuldgefühlen und der Tabuisierung von Schuldthemen. Beispiel: Der Vater, dem ein Bein im Krieg abgeschossen wurde, erzählte über sich als Kriegsopfer und verwies immer wieder auf erlittene Entbehrungen. Die Erschießungen, an denen er als SS-Mann beteiligt war, kamen in seinem Reden nicht vor.
- Schwere Gewalterfahrungen führen zu einer Abspaltung von Gefühlen. Wenn diese nach dem Ende der Gewaltsituation nicht wieder aufgehoben werden kann, kann es in der Beziehung zur nachfolgenden Generation zu einer »Unterkühlung« kommen bzw. zu übergroßen Bindungsversuchen.

---

27 In diesem Zusammenhang weise ich hin auf die Bücher von Philippe Sands »Rückkehr nach Lemberg« (2016) und »Die Rattenlinie« (2020) sowie den Film »Endlich Tacheles« von Jana Matthes und Andrea Schramm (2021).

Die zweite Generation ist dann tendenziell mit Anpassung an die elterlichen und im erweiterten Sinne auch an gesellschaftliche Bedürfnisse beschäftigt. Einzelne Mitglieder der dritten, also der Enkelgeneration, »übernehmen« es später tendenziell, die nicht gelebten Gefühle der ersten Generation auszuagieren. Dies kann innerpsychisch geschehen oder auch durch gesellschaftspolitische Aktionen jeglicher politischer Couleur. Engagement, das die eigenen und die Grenzen anderer weit überschreitet, wird aus solcher Übernahmedynamik gespeist. Indem diese Dynamik bewusst wird, entstehen für die Mitglieder der zweiten und dritten Generation größere Entscheidungs-, Handlungs- und Unterlassungsfreiheiten.

Wie erinnern – woraufhin begleiten?

Politische Macht- und Ohnmachtsverhältnisse zeigen sich in biografischen Erzählungen vor allem durch Konfliktlagen im sozialen Nahraum. Dort führen sie zu Spannungsverhältnissen, Feindschaften und Kontaktabbrüchen. Oftmals stellt sich für Biografisierende die Frage, ob Versöhnung mit Personen oder der Situation oder zumindest Gelassenheit in Bezug auf ungelöste Konfliktlagen möglich ist, auch warum Situationen einstmals so aus dem Ruder liefen. Neubewertungen von früheren, bis in die Gegenwart reichenden Verletzungen werden gesucht.

Diese Suche kann von schmerzlichen Gefühlen begleitet sein: entweder weil familiäre bzw. eigene Täteranteile schließlich wahrgenommen werden oder weil eigene Opferanteile ins Bewusstsein rücken und weil damit einhergehende alte Gewissheiten einem differenzierteren Blick weichen.

Der Bundespräsident Richard von Weizsäcker zitierte in der Gedenkstunde zum 40. Jahrestages des Kriegsendes 1985 in einer bewegenden Rede vor dem Deutschen Bundestag die oft zitierte jüdische Weisheit »*Das Geheimnis der Erlösung heißt Erinnerung*«. Wolf Schmidt (2000, S. 14) variiert diese Aussage: »Wenn das Geheimnis der Versöhnung in der Erinnerung liegt, dann führt das zu der Frage, wie Erinnerung im Sinne von Versöhnung anzulegen ist. Erinnerung ist ja keineswegs generell aufklärend, friedens- und verständnisfördernd – im Gegenteil. Es sind Erinnerungsrituale [...], mit denen Feindschaften immer neu geschürt werden.«

In der Biografiearbeit können Spannungsfelder also durchaus neu belebt werden, indem Glorifizierungen oder Herabsetzungen unreflektiert als Erinnerungserzählung reproduziert werden. Dies ist gar nicht so selten und erfordert besonders dann Aufmerksamkeit, wenn sich eine Gruppe in Bezug auf bestimmte Aspekte fraglos Ambivalenzfreiheit bestätigt oder eine Person diese beansprucht. Themen, bei denen dies auftauchen kann, sind breit gefächert.

Robi Friedman (2018), Friedensforscher in Haifa, beschreibt die feindliche Spaltung zwischen Gruppen und die wechselseitige Dämonisierung mit dem Begriff der »Soldatenmatrix«. Gemeint ist damit die bedingungslose Bejahung der als eigene definierten Gruppe und die kategorische Ablehnung einer externen Gruppe. Dies schließt die Bereitschaft ein, Differenzierungen zu negieren und eigene Ambivalenzen zu verdunkeln.

Um Feinde und Sündenböcke zu schaffen, müssen Personengruppen also in einem ersten Schritt zu »den Anderen« erklärt werden; in einem weiteren werden sie verbal »entmenschlicht«. In der so entstandenen Zone der Empathielosigkeit können schließlich alle im Namen des Konflikts geforderten Taten gedanklich in Erwägung gezogen werden. In einem nächsten Schritt der Enthemmung wird den zu Kreaturen, Untermenschen, Schmeißfliegen erklärten Personengruppen, ohne von Gefühlen wie Scham und Schuld belästigt zu werden, »Unmenschliches« angetan. Mit diesen grausamen Handlungen an anderen »entmenschlichen« sich wiederum die Täter selbst.

Was führt nach solchen Exzessen in die Zone der Menschlichkeit, das heißt in das Erleben von Empathie, zurück? Robi Friedman (2016) beschreibt eine Reihe von Notwendigkeiten, um Versöhnungsprozesse anzuregen. Dazu gehören als für die Biografiearbeit relevante Punkte:
- Distanzierung von der ehemaligen konstruierten Großgruppe und ihren Mythen (dies kann auch die Familie sein) durch eigene, vielschichtige Erinnerungen
- Reflexion der eigenen Denk-, Fühl- und Verhaltensmuster im Rahmen der Großgruppe
- Mehrstimmigkeit: Treffen in Settings, die mehr Dialog erlauben, nicht nur Monolog
- Distanz zum Gift der populistischen Eindeutigkeit: Perspektivwechsel und -vielfalt
- Das Schwierigste: a) Wiederintegration von Gefühlen; Trauer, Scham und Schuld, Empathie b) Wiederintegration »der Anderen« in die Gesellschaft und das eigene Denken.

In der biografischen Arbeit können diese Schritte gegangen und begleitet werden.
Im Kontext der Biografiearbeit erscheint mir eine Differenzierung zwischen Versöhnung und Aussöhnung sinnvoll. Versöhnung ordne ich eher der Beilegung von Konflikten zwischen zwei oder mehreren Parteien zu, Aussöhnung beziehe ich eher auf den inneren Prozess. Die Aussöhnung mit einer Lebenssituation kann stattfinden, ohne dass sich auch die beteiligten Personen versöhnt begegnen.

> **Beispiel III**
> *Setting:* Biografisches Schreiben in einer Frauengruppe
> *Thema:* Erlebter sexueller Missbrauch einer Frau in ihrer Familie
> *Prozess:* Das Ausdrücken von Gefühlen der Scham führt zur Erinnerung an widerständige Verhaltensweisen und zu Versöhnungsschritten mit der eigenen Geschichte
>
> In einer Gruppe für biografisches Schreiben erzählt eine Teilnehmerin über ihre Erfahrung sexuellen Missbrauchs in der Familie und setzt über den Ausdruck ihrer Scham und Wut in die Mehrstimmigkeit der anderen Teilnehmenden erste Versöhnungsschritte mit der eigenen Geschichte.
>
> In einem Schreibprozess fasst eine Teilnehmerin das Verhältnis zu ihrer Mutter in Worte, die den sexuellen Missbrauch an ihr durch den Vater nicht verhindert, sondern geduldet hat. Um den Text vorzulesen, muss sie sich Gefühlen von Scham und Entwertung aussetzen, »denn nun weiß die Gruppe, dass ich es nicht wert war, geschützt zu werden«, und diese dann überwinden.
>
> Durch Anteilnahme nach dem Vorlesen entsteht ein neuer Resonanzraum, in dem die Biografisierende sich als gesehen und weiterhin einbezogen erlebt. Dies wird dadurch stabilisiert, dass sie danach ebenfalls Anteil nimmt an den thematisch ganz unterschiedlichen Geschichten der anderen Teilnehmenden. Diese widmen sich im gleichen Treffen durchaus auch komischen Ebenen wie dem Leben mit einem eigenwilligen Kater.
>
> An einem der nächsten Termine beschreibt sie eine neu auftauchende Erinnerung: Im Zustand der Empörung schleuderte sie als Jugendliche einen vollen Putzeimer durch den Flur. »Hinterher musste ich alles noch einmal putzen. Aber das war mir egal. Das war es wert!«, sagt sie.
>
> Zu einem späteren Zeitpunkt kündigt sie an, dass sie an dem Elternhaus vorbeigehen werde, selbst wenn ihr die Beine zittern sollten. Das tut sie dann auch und zieht das Resümee, dass sie diesen Ort damit ein erstes Mal »entzaubert«, ihm die Macht genommen habe.

In diesem Beispiel steht die Familie für die Großgruppe. Von ihr distanziert sich die Teilnehmerin mit der Ermächtigung zur individuellen Erinnerung. Beim Schreiben der Texte und in der folgenden Vorleserunde erweitern sich die Erfahrungen hin zur Reflexion eigener Denk-, Fühl- und Verhaltensmuster. Durch die anschließende Gesprächsrunde und das Hören der Erinnerungstexte anderer Teilnehmender entstehen Dialoge, die der Teilnehmerin neue Deutungen an die Seite stellen: In der Distanz zum Gift – hier die schambesetzte eigene Abwertungserzählung – tauchen weitere, selbstbewusste Erinnerungen auf. Infolgedessen kann sich die Biografisierende der Realität des Ortes stellen und ihn damit »entzaubern«. Er wird eingegliedert in eine reale Topografie. Sie geht aus freien Stücken an ihm vorbei, erliegt nicht seiner Macht und überzeugt sich dadurch von ihrer eigenen Handlungsmächtigkeit. Sein »Dämon« ist entmachtet. Damit ist er wieder »nur« ein menschlicher Ort, wenn auch einer, den sie weiterhin, aber mit neuem Selbstbewusstsein, zu meiden gedenkt. Hier lässt sich von allmählicher Aussöhnungsarbeit mit sich selbst und den Folgen vergangener Gewalterfahrungen in die Biografie sprechen.

Biografiearbeit kann also ein Weg des Erinnerns werden, der im Sinne von Robi Friedman zu einem zugleich wissenden und friedlichen Umgang mit den Erfahrungen der Vergangenheit führt. Durch ein Herantasten an die sozialen Gefühle Scham, Schuld und Stolz können Hintergründe für primäre Gefühle wie Trauer, Schmerz und Wut auftauchen und integriert werden: In der Erinnerung – und manchmal auch real – hat man den Ort der Verletzung, der Demütigung, des Schmerzes berührt, hat die Erfahrung ausgedrückt, geteilt und damit das eigene Erleben bedeutsam gemacht. Vereindeutigende, konfliktstabilisierende Zuschreibungen sind dann in mehrdeutige Erinnerungen eingebettet.

Dabei spielt es eine Rolle, ob die Erkundung, wie im obigen Beispiel, von der ersten Generation, also unmittelbar, oder von Biografisierenden in der zweiten bzw. dritten Generation vorgenommen wird.

Hier die Reflexion eines Erkundungsprozesses aus der zweiten Generation:

Der Biografisierende hatte Briefe des verstorbenen Vaters aus der Kriegsgefangenschaft gelesen. Daraufhin bedrängte ihn die Frage, ob es aus dieser Lebenszeit des Vaters Halbgeschwister gebe. Zugleich erfüllte ihn die Frage mit einer diffusen Scham: »Wie kam er, der Sohn, dazu, sich so etwas überhaupt zu fragen« und mit diffuser Schuld: Durfte er diesen »Verdacht« gegenüber Geschwistern äußern oder würde das als Diskreditierung des toten Vaters interpretiert werden. Vermuten lässt sich, dass eine Weile nach dem Tod des Vaters das Schweigegebot zwischen den Generationen im Sohn so weit gelockert war, dass er sich der Erkundung zuwenden konnte. Er selbst beschreibt seinen Prozess im nachfolgenden Text:

Beispiel IV
Setting: Begleitende bedarfsorientierte Einzelgespräche im Kontext eines längeren familiären Erkundungsprozesses
Thema: Erkundung der Biografie des verstorbenen Vaters mit der als brisant empfundenen Fragestellung, ob es aus dessen früherer Kriegsgefangenschaft Halbgeschwister gibt.
Prozess: Unterstützung bei der Enttabuisierung der Fragestellung, des Umgangs damit gegenüber weiteren Familienmitgliedern und der Bereitschaft, verschiedene Antworten zuzulassen.

»Es war ein sachter Drang, woher er kam, weiß ich nicht. Die Lebensgeschichte meines Vaters hatte mich zuvor nicht sonderlich interessiert. Als Jugendlicher habe ich Fragen gestellt, aber wenig Antworten erhalten. Es blieben Zweifel an der nationalsozialistischen und militärischen Verstrickung der Elterngeneration, auch der meines Vaters.

Nun, mit über 60, finde ich das Thema plötzlich hochspannend. Ich will verstehen. Ich recherchiere. Ich lese und schlage nach. Ich überlege, ja ich träume sogar davon. Plötzlich geht es um alles.

Ich fahre nach England, an die Orte seiner Kriegsgefangenschaft.

Eine Spannung wird spürbar. Ich fühle mich wie eine Uhrfeder, setze die Unruhe in Bewegung, bringe den Zeiger voran: Hier ein Hinweis, dort ein Eindruck, mein inneres Bild von den Umständen seines Lebens damals nimmt Gestalt an.

Meine Fragen werden konkreter, die Bilder der Landschaften, Orte, auch Menschen genauer. Mein Drang wächst, auch dort muss ich hin. Um vor Ort zu sehen. Ich bin auf Empfang gestellt.

Mit 60 kann man auf jede Menge Erfahrung zurückgreifen. Muster werden sichtbar. Ich spekuliere – so könnte es gewesen sein? Ich bilde Hypothesen. Wie kann ich sie erhärten oder widerlegen? Es geht nicht um Moral. Alles ist denkbar, doch was war der Fall?

Ich äußere meine Vermutungen, Assoziationen, Spekulationen im biografischen Gespräch. So könnte es gewesen sein. Oder? Ich konfrontiere andere, auch Zeitzeugen, mit meinen Gedanken, mit meinen Fragen. Das ist kein harmloses Spiel. Es gibt keine Unschuld. Die Fragen setzen etwas in die Welt. Meine ausgesprochenen Gedanken könnten frühere Beteiligte oder die Familie verletzen. Ich prüfe mich auf Ernsthaftigkeit. Will ich das wirklich wissen? Warum? Kann ich die Antwort ertragen? Kann ich den anderen meine Fragen zumuten?

Ich habe in England Menschen auf der Straße angesprochen, an fremden Türen geklingelt. Ich habe mit Bedacht und Ernsthaftigkeit mein Anliegen vorgebracht. Und ich bin auf offene Türen und Arme gestoßen.

Ein Wunder. Meine Fragen haben sich eingepflanzt, bei Menschen, die ich nicht kannte, von denen ich mir Informationen über meinen Vater in der damaligen Zeit erhoffen konnte oder zumindest über die Lebensumstände. Und die Fragen sind angekommen. Die Relevanz, meine Fragen zu stellen, wurde von niemandem in Zweifel gezogen. Im Gegenteil. Auch meine Gesprächspartner fingen jetzt an, sich Fragen zu stellen. Und sie wollten von mir wissen: Wie ist es mit deinem Vater weitergegangen, wo kam er her, was ist aus ihm geworden?

Ein Stein ist ins Rollen gekommen. Er hat viele andere Steine in Bewegung gesetzt. Über das Thema wird nun auch in den befragten Familien gesprochen. Wie war das, weißt du das? Wir kommunizieren darüber, wir tauschen uns per

> E-Mail aus. Ich schreibe einen Text, füge Fotos hinzu, schicke das weiter zum Lesen. Ich bekomme Antwort, andere Texte und Quellen über diese Zeit, erhalte ein neues historisches Foto, ein weiteres Puzzleteil fügt sich zum Ganzen. Ein Netz ist aufgespannt – über Zeit- und Ländergrenzen hinweg. Ich habe Verbindung gefunden, Verbundenheit erlebt – ganz ohne Halbgeschwister. Denn diese Vermutung hat sich aufgelöst.
>
> Hilfreich, ja notwendig, war bei meiner Spurensuche das begleitende biografische Gespräch. Die Aufforderung, das Erlebte und die Gedanken dazu niederzuschreiben, erzeugte zwar Widerstand. Aber nach dessen Überwindung wurde mein Recherchetagebuch zum Fahrplan für das weitere Vorgehen. Ich bemerkte auch, dass das Niederschreiben der Flüchtigkeit des Gehörten entgegenwirkte – beim Lesen hatte ich die Fakten wieder parat, und auch die Gefühle stiegen wieder in mir auf. Auch bei der Sortierung meiner Gedanken war das professionelle Begleitungsgespräch hilfreich. Es half mir, das Gehörte zu ordnen, auf Bedeutung abzuklopfen, meine Ernsthaftigkeit zu prüfen, Mutmaßungen, die sich als Sackgassen erwiesen, fallen zu lassen und mich nicht in der Vergangenheit zu verlieren.«
>
> (E. R.)

Trauma-informierte Biografiearbeit

Trauer, Schmerz und Verzweiflung begleiten, ebenso wie beglückende Gefühle, unser Erinnern und Erzählen. Das Erleben von Bedrängnis, Überwältigung, Enge und Austreibung sind bereits im Geburtsprozess angelegt, verbunden mit dem Erleben ihrer Bewältigung. Sie sind damit in jedes Leben eingewoben. Diese Gefühle weisen nicht auf traumatische Erfahrungen hin, auch wenn sie, wie Becker schreibt, häufig als solche bezeichnet werden. »Trauma wird adjektivistisch gebraucht, gleichbedeutend mit schlimm oder schrecklich« (Becker, 2006, S. 9). Ein Trauma geht darüber jedoch hinaus, indem es die Belastungsgrenze eines Menschen massiv übersteigt: Fachlich gilt eine Situation als traumatisch, wenn ein Mensch sich zugleich in seinem Leben bedroht sieht und handlungsunfähig ist, also weder kämpfen noch weglaufen kann. Die erlebte Auslieferung an die Situation ist total. Alle aktiven Bewältigungsoptionen sind ausgeschlossen. Als »rettender Ausweg« entsteht ein Bruch im Selbstbezug durch Dissoziation, das Erleben von Ich-Kontinuität wird außer Kraft gesetzt: »Ich« ist nicht mehr da. Biografisch gesehen entsteht durch traumatisches Erleben ein Vorher und Nachher, die Auswirkungen der traumatischen Situation treiben einen Keil in den Fluss der Zeit.

Becker, der über seine Arbeit mit Folteropfern in Chile reflektiert, schreibt: »Trauma entfaltet seine Wirkung immer in einem Spannungsfeld individueller und umgebender Faktoren. [...] Statt dass der Bezug zwischen sozialpolitischen und intrapsychischen Prozessen deutlicher geworden und besser verstanden worden wäre, gibt es heute eine im Wesentlichen eng psychiatrisch, ausschließlich symptomorientierte Traumaforschung. [... Es muss] begriffen und in nachhaltige Praxis übersetzt werden, dass sozialpolitisch verursachte Traumatisierung immer Teil des politischen Prozesses bleibt« (S. 10).

»Traumainformierte Biografiearbeit«, ein Begriff, den ich von Miethe übernommen habe, berücksichtigt deshalb mehrere Ebenen: Sie »kann dabei helfen, die Umgebung konstruktiv und bewältigungsunterstützend zu gestalten« (Miethe, 2011/2014, S. 143) und den traumatischen Bereich als solchen markieren. Und sie kann Biografisierende dabei unterstützen, den Kontext einer Situation wiederherzustellen und die belastende Situation in den Lebenslauf, d. h. in ein Vorher und Nachher, zu integrieren.

Traumatische Erlebnisse werden meiner Erfahrung nach in der Biografiearbeit thematisiert, wenn die Mentor:in in der Begleitung entsprechend Sicherheit vermittelt und eine Gruppe (die der Kompetenz der Mentor:in vertraut) signalisiert, dass sie die Erfahrungen aufnehmen kann, und wenn die Biografiearbeitenden diesen Schritt für sich anstreben. Eine Gruppe kann hier als Öffentlichkeit fungieren, als Katalysator, mit deren Hilfe aus einer »verbannten« Erfahrung eine soziale Wirklichkeit wird.

Im nachfolgenden Zitat macht Becker die Bedeutung der Öffentlichkeit für den Umgang mit Trauma deutlich. »Die zentralen Aspekte der Bearbeitung traumatischer Prozesse [müssen] im sozialen und politischen Raum stattfinden. An erster Stelle muss hier nochmals auf die Bedeutung von Wahrheit und Gerechtigkeit hingewiesen werden. Wahrheitskommissionen, Gerechtigkeit und Justizverfahren verhelfen Opfern dazu, in die Gesellschaft zurückzukehren, sie schaffen die Möglichkeit, dass Symbolisierungen stattfinden und das Geschehene in Worte gefasst werden kann« (Becker, 2006, S. 200).

Durch ihren mit dem Ausdrucksgeschehen verknüpften schöpferischen Aspekt unterstützt Biografiearbeit diesen Symbolisierungsprozess. Bei gesellschaftspolitisch orientierten künstlerischen Projekten sind deren Ansätze integrierter Bestandteil. Dies gilt beispielsweise für das zuerst bundesweite, dann länderübergreifende Projekt »Stolpersteine«. Initiiert von dem Künstler Gunter Denning, haben sich in Orten aus 25 Ländern Gruppen zusammengefunden, die das Schicksal ehemaliger jüdischer Mitbürger recherchieren und Kontakt zu den Nachkommen suchen. Die Einweihung der Stolpersteine wird als öffentliches Ereignis der Erinnerung und Vergegenwärtigung begangen.

Biografiearbeit bietet einen, wenn nicht politischen, so doch sozialen Raum, in dem dramatische und traumatische Erfahrungen und die Kraft, die es bedeutet, mit ihnen zu leben, (mit)geteilt werden können und damit soziale Realität erlangen. Der betroffene Mensch wird mit seinen Erfahrungen Teil der Gesellschaft.

Die Ebenen und die Gefühlstiefe werden auch hier von der Mentor:in gestaltet durch Ausschreibung für Kurse und Seminare, durch Themenstellung und methodische Zugänge in den einzelnen Sitzungen sowie durch Kommentierung und Gruppenführung.

Biografische Arbeit in strafrechtlichen
und zivilgesellschaftlichen Kontexten – zwei Beispiele

Beispiel I
»Gerechtigkeit ist den Opfern geschuldet – oder: Die Sprache der Liebe«
(Walter)
Im Prozess 2015 in Lüneburg gegen den damals 94-jährigen früheren SS-Mann Oskar Gröning hat der Rechtsanwalt Thomas Walther die Opfer vertreten. Sehr berührend schildert er, wie er als Rechtsanwalt Zeug:innen in ihrer Erinnerung an deren geliebte Mütter, Väter, Brüder, Schwestern begleitet hat, die im KZ Auschwitz ermordet wurden. Ich lasse im nachfolgenden Text Thomas Walther selbst zu Wort kommen. In dem, was und wie er erzählt, ist miteingeflochten, was traumasensible Biografiearbeit meinen kann. Und es öffnet zugleich unser Herz.

»Ich bitte die Nebenkläger im Gespräch stets, das zu berichten, ›was wirklich wichtig ist.‹ Und vor der Rückfrage, was ich denn damit meine, sage ich: ›Das, was für Sie wichtig ist, das ist das Wichtige für mich.‹
Der Fluss des Erinnerns soll gefunden werden. Dieser beginnt und kann nur fließen, wenn der Mensch in sich selbst hinein fühlt und nicht versucht, ›Fragen‹ zu beantworten, die jemand stellt, der nichts weiß! – Nichts weiß! – Denn wirklich ›wissen‹ kann ich auch heute eigentlich nichts. Ich kann nur zuhören und kann nur versuchen, zu verstehen. Es bleibt stets ein ›Versuch‹. […]
Und dann beginnt der Prozess (des Erinnerns), den ich in vielen Abschichtungen immer wieder erlebe. Es sind die verschiedenen Schichten einer Haut, die unser Innerstes vor einer Beschädigung bewahrt. Ich führe Menschen zu Beginn in die Zeiten ihrer Kindheit, als sie noch im Frieden und ohne Verfolgung in ihren heilen Familien lebten. Zuweilen zögernd und auch wechselvoll beginnt etwas zu leuchten. Erkennbar wehmütig und doch in glücklicher Erinnerung werden die eigenen Sinne zurück in die Kindertage gelenkt. Ich höre zu und bin ganz bei ihnen. Es ist so wichtig, nicht etwa nur zielgenau auf die Deportation und die Rampe von Auschwitz zuzusteuern. Die Erinnerung an die Kindheit

im Sommerwind der Felder und Wälder in Ungarn oder an dem glänzenden Strom der Donau schafft ein positiv besetztes Fundament des Erinnerns, das dann auch der Seele erlaubt, im weiteren Fließen des Erinnerns das Unaussprechliche zuzulassen.
Sehr sanft kann das Gespräch die eine oder andere Schutzhülle durchdringen. Vertrauen entsteht. Wochen oder Monate später kann ich zuweilen noch tiefere Schichten erreichen.
Es beginnen Worte sich als Bilder zu verdichten. Vater und Mutter werden mit Worten gezeichnet und mit Leben erfüllt. Die zärtliche Liebe zu den Geschwistern ist mit Händen zu greifen. Die Schatten ihres späteren Todes lässt jenes Licht noch heller leuchten. [...] Großväter und Großmütter, Onkel und Tanten gehen ein und aus im ›Haus der Erinnerung‹. [...]
Hier! – Im Gespräch spüre ich, wie ich 70 Jahre danach Gestalt und Identität der Ermordeten in ihrem Leben noch deutlich erahnen, begreifen und erkennen kann – bevor der Schlund der Hölle von Auschwitz sie empfängt.
Das Mensch-Sein der Opfer, das ›Sein‹ von Eltern, Geschwistern und ihren Großfamilien erfahre ich in diesen Begegnungen.
Das, was ich diesen Menschen in einem Gerichtsverfahren zurückgeben kann, ist die Würde ihres Ichs, das ist die Identität und Stimme aus Zeiten des Lebens – ohne lähmende Todesangst. [...] Für einen solchen Blick ist es nie zu spät« (Walther, 2017, S. 123–125).

Beispiel II
To Reflect and Trust – Internationales Friedensprojekt
Der israelische Psychologe Dan Bar-On initiierte ab 1992 eine konkrete Begegnungs- und Versöhnungsinitiative von NS-Täter- und Opferkindern. Zuvor hatte er in Israel mit Nachkommen von Überlebenden des Holocaust gearbeitet. Er war in den 1980er Jahren der erste, der durch Interviews mit Kindern von NS-Tätern die Auswirkungen der Gräueltaten auf nachfolgende Generationen erforschte. Diese Interviews sind, bis heute eindrucksvoll, in dem Buch »Die Last des Schweigens« (Bar-On, 1993) veröffentlicht.

Seine Begegnungs- und Versöhnungsinitiative nannte er »To Reflect and Trust« (TRT), »Spiegeln und Vertrauen«. Über einen Zeitraum von sechs Jahren traf sich die Gruppe regelmäßig. 1998 kam sie erstmalig mit Friedensaktivisten aus Nordirland, Südafrika und Israel/Palästina in Hamburg zusammen. Dort teilten sie in einem gemeinsamen Workshop ihre Erfahrungen. Im gleichen Jahr gründete Dan Bar-On mit dem palästinensischen Erziehungswissenschaftler Sami Adwan, der ebenfalls an dem Multiplikatorentreffen in Deutschland teilgenommen hatte, das

»Peace Research Institute in the Middle East« (PRIME) in Beit Jala nahe Bethlehem. Von 2006 bis 2008 leitete er das »Dan Bar-On Dialogue Training – Storytelling in Conflict«. Er ist 2008 verstorben.

Diese Gruppen sind ein Beispiel für die Überwindung von Polarisierungen durch das Initiieren von Räumen der Mehrstimmigkeit. Ich zitiere einige Aussagen von Teilnehmenden, die die Bedeutung von geteilten Lebenserzählungen für den Prozess der Aussöhnung verdeutlichen (Bar-On, 2000, S. 165f.):

> Wichtig war ...
> »... meine Geschichte zu erzählen und die Geschichte der anderen zu hören. Ein großes Gefühl von Trost, [...] und von Sicherheit, meine Geschichte einer Gruppe von Fremden zu erzählen.« (Sa)
> »... die Konfliktgruppen und Erinnerungen auszutauschen. Einander die Hände zu halten und miteinander am Schmerz zu arbeiten.« (Sa)
> »... die Geschichten der ›anderen‹ zu hören und mehr über ihr Leid und ihren Schmerz zu erfahren, etwas, das mich beeindruckt hat. Geschichtenerzählen und die Fürsorge, Unterstützung, Sicherheit und Schutz der TRT-Gruppe anderen gegenüber, was es leicht machte, sich zu öffnen und zu vertrauen.« (Pal)
> »... die Unterschiede innerhalb der ganzen Gruppe, der Wille, auch schwierige Gedanken und Gefühle mitzuteilen.« (Dt)

Hinweise zur Durchführung biografischer Projekte im öffentlichen Raum

Biografische Projekte lassen sich entlang gesellschaftlich relevanter Themen initiieren. Sie werden öffentlich, von sozialen Trägern und gesellschaftlichen Institutionen finanziert, wenn ein gesellschaftliches Interesse an der Aufarbeitung eines Themas vorhanden ist:
- als Geschichtswerkstätten im Rahmen von Bildungsträgern (VHS), Organisationen (Gewerkschaften, Kirchen, Firmen) und Orten (Dorfchroniken)
- als öffentlich geförderte Projekte/Kunstprojekte, z. B. im Rahmen von Gemeinden, Ländern und der EU (Erinnerungskisten)
- als sich herausbildendes Thema in persönlich orientierten Biografiegruppen, aus denen ein Projekt hervorgeht (z. B. Buchveröffentlichung, siehe Hildebrand, 2014).

Zur Biografiearbeit in diesem Zusammenhang gehört historisches Wissen und Recherche in Archiven und mithilfe von Personen.

In der Projektleitung ist es sinnvoll, folgende Aspekte zu klären:
- Mit welcher Zielgruppe habe ich es zu tun?

- Welche zeitgeschichtlichen, sozialpolitischen Fakten und Geschehnisse sind relevant?
- Wie sind individuelle Erfahrungen in gesamtgesellschaftliche Hintergründe eingebettet?
- Wer ist an den Ergebnissen möglicherweise (noch) interessiert?

Methodische Anregungen und Recherche

Es folgen verschiedene methodische Anregungen zu den Themenbereichen Rassismus und Traumabewältigung, der Verankerung von Biografien im gesellschaftspolitischen Kontext und Hinweise zu Recherchemöglichkeiten.

Methodische Anregung:
Weltanschauliche Prägungen zum Thema Rassismus reflektieren

In ihren Seminaren und ihrem Workshopbuch »exit RACISM, rassismuskritisch denken lernen« verbindet die Afrikanistin und Wirtschaftswissenschaftlerin Tupoka Ogette als bundesweite Expertin für Vielfalt und Antidiskriminierung im Rahmen der Black Lives Matter-Bewegung gesellschaftspolitische Veränderungen mit biografischen Reflexionen (Ogette, 2018). Zur Reflexion werden nicht Opfer der Diskriminierung angeregt, sondern dazu bereite strukturell Privilegierte.

Biografiearbeit ist hier als Teil von Bewusstseinsarbeit im Anliegen einer emanzipatorischen Bewegung integriert. Tupoka Ogette nimmt den Platz einer Mentorin ein, indem sie Anregungen zur biografischen Selbstreflexion *und* für den Umgang mit den dadurch entstehenden Gefühlen gibt. Hier zwei Beispiele:

Anregung 1:
»Meine Gedanken an Dich

Mein Tipp: Wenn Du Dich an irgendeiner Stelle in diesem Buch in der Abwehr befindest, also wütend bist oder defensiv oder mich (oder zumindest das Buch) am liebsten in die Ecke werfen möchtest, dann 1. Tue das und 2. Wenn dein Ärger etwas verraucht ist, stell dir folgende Fragen:
- Warum bin ich jetzt so wütend?
- Welcher Satz hat das Gefühl bei mir ausgelöst?
- Was sagt der Satz eigentlich genau und was wiederum hat mein ›Wutohr‹ gehört?

Versuche also nicht, tief und tiefer in das Gefühl hineinzugehen und immer mehr Argumente dafür zu finden, warum das Gefühl jetzt berechtigt ist, sondern bemühe Dich, einmal ein wenig aus Dir herauszutreten und quasi von oben auf die Aussage und Deine emotionale Reaktion darauf zu schauen. Dies ist meiner Erfahrung nach der konstruktivere Weg, wenn es um Selbstreflexion geht. Die Wut bzw. die Verteidigungshaltung führt hingegen dazu, dass Du Dich innerlich verschließt.

Mir ist bewusst, dass dies nicht immer gleich möglich ist, und eventuell brauchst Du einen Moment, bis Dir das gelingt. Meine feste Überzeugung ist allerdings, dass das ehrliche Beantworten dieser Fragen Dir helfen wird, in Deinen eigenen Prozess und in die Auseinandersetzung damit, was Rassismus/ Weißsein mit Menschen macht, zu gehen« (Ogette, 2018, S. 31 f.).

Anregung 2:
»Mach Dir doch einmal eine Liste
mit Begriffen, die Du im Kontext von Rassismus kennst, und schreib pro Begriff ca. zehn Assoziationen auf, die Dir in den Kopf kommen. Anschließend überlege einmal, in welchen Situationen Du die Begriffe das erste Mal gehört hast, wann sie wer benutzt hat, um was oder wen zu beschreiben. Sei dabei ganz ehrlich zu Dir. Es geht nicht darum, Dich zu verurteilen, sondern zu verstehen, wie Happyland und rassistische Sozialisierung funktionieren« (S. 79).

Methodische Anregung: Über den Berg kommen[28]

Diese Anregung greift die von Thomas Walther beschriebenen Ebenen der Begegnung im »Haus der Erinnerung« methodisch auf:

Ziel: Integration von belastenden Erlebnissen, Krisen, Traumata in die Lebenserzählung
Setting: einzeln oder Gruppe
Dauer: mindestens drei Stunden, aber auch noch mehr Sitzungen
Materialien: fünf leere Blätter, Malstifte
Die Biografisierenden wählen ein Ereignis aus. Rund um dieses Ereignis entsteht eine Bildgeschichte, die es (wieder) eingliedert in den Fluss des Lebens.

Fünf Bilder werden nach folgenden Anregungen skizziert:
1. Schöne Situation nach dem belastenden Ereignis skizzieren.
2. Eine Situation, die schön war, bevor das Ereignis eingetreten ist.
3. Wendepunkt: von der Belastung zu »Es wird wieder gut!«
4. Wendepunkt zur Belastung: »Oh, jetzt wird es heftig.«
5. Belastende Situation, Gipfel.

---

28 Die Anregung verdanke ich der Psychologin und Traumatherapeutin Monika Dreiner (Köln) bei einem Seminar zur Psychotraumatologie im Systemischen Institut Mitte – SYIM, Kassel, 2017

Die Blätter nun in folgender Reihenfolge sortieren:
2 – 4 – 5 –3 – 1

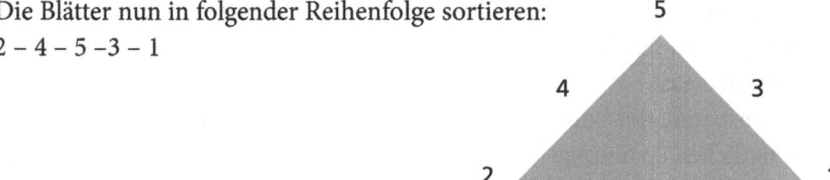

Auf den Blättern folgende Sätze vervollständigen:
- Ich sehe ...
- Ich höre ...
- Ich spüre (taktil, z. B. Wind in den Haaren, den Biss des Hundes)
- Ich denke ... (damals in der Situation)
- Ich fühle ...

Sich die eigene Geschichte noch einmal in der zeitlichen Abfolge mit allen Wahrnehmungselementen durchlesen und anschauen
   Austausch in der Gruppe bzw. mit der Mentor:in:
- Wie war das Aufdröseln, Umsortieren der Reihenfolge?
- Wie war das, als ihr euch für die Betrachtung dieser Situation entschieden habt?
- Wie ist es jetzt, hat sich etwas verändert, wenn ja, was?

Hinweis: Durch das Zurückbringen eines belastenden bis traumatischen Erlebnisses in die zeitliche Reihenfolge wird fragmentarisches Erleben (im Trauma) durch eine gezielte Fragmentierung wiederholt und dann wieder durch die Neuordnung und Durchsicht zusammengesetzt. Damit ist es lebensgeschichtlich integriert(er).

Methodische Anregung: Meine gesellschaftspolitische Biografie
Zur Erkundung der Fragen, welche gesellschaftspolitischen Dimensionen in die individuelle Biografie hineinragen. Gesellschaftspolitische Wirkungen und Ereignisse in der Biografie erkunden in den Aspekten:
- Hintergrundrauschen
- Schicksalsereignis
- eigene Handlungsmacht.

In Form von
- Notenblatt (siehe auch Unterkapitel 3.3, ab S. 149),
- Erinnerungsliste zur eigenen Assoziationserkundung (siehe auch Unterkapitel 3.3, ab S. 155),

- Fokus auf einen bestimmten Zeitraum und dessen Ereignisse
- Anregungen durch Zeitdokumente, zur Verfügung stellen von Zeitzeugenberichten etc.
- Lebensbaum: der Boden, in dem er wurzelt, als Symbolisierung der gesellschaftlichen Spannungsfelder der Vorgenerationen; Luft, Sonne, Klima als gesellschaftliche Wetterlage im eigenen Lebenslauf (siehe Unterkapitel 3.1, S. 104).

Themen können bei allen methodischen Anregungen zur Sprache kommen, direkte Thematisierung über Scham, Schuldgefühle, Opfer-Täter-Erfahrungen; Thematisierung von politischen Kontexten, aktuellen gesellschaftspolitischen Situationen in Verbindung mit Erlebtem.

Methodische Anregung: Weltanschauliche Prägungen aus der Kindheit reflektieren[29]

Ziel: Erkundung und Überprüfung der übernommenen familiären Grundannahmen; Einordnung in gesellschaftspolitische Bedingungen
Setting: Gruppe, Einzelbegleitung
Dauer: zwei Stunden
Materialien: Papier, Stifte

Die Biografisierenden können sich die Weltanschauungen, mit denen sie in ihrem bisherigen Leben in Kontakt gekommen sind, bewusst machen, sich erinnern, mit welchen Personen sie diese in Zusammenhang bringen und welchen Einfluss diese Weltanschauungen auf die eigene Person haben. Dies fördert unsere Fähigkeit zum kontrapunktischen Hören, also die Aufmerksamkeit für das, was wir als fraglose Grundanschauungen auf unserem Lebensweg mit im Gepäck haben.

Aufgabenstellung: Die Satzanfänge sollen spontan und ohne langes Nachdenken vervollständigt werden.

Die Sätze führen in die Fühl- und Gedankenwelt der Kindheit zurück. Es können sich grundlegende Narrative zeigen, die, wie man so schön sagt, mit der Muttermilch aufgesogen wurden. Auch Erinnerungen an prägende Aussprüche von Lehrern, älteren Geschwistern und anderen wichtigen Personen werden wach. Den Namen der jeweiligen Person in die nächste Spalte schreiben (Tabelle 5).

---

29 Zur Idee siehe Gudjons, Wagner-Gudjons und Pieper (2020, S. 169 f.)

Tabelle 5: Weltanschauliche Prägungen aus der Kindheit reflektieren; Ergänzung von Satzanfängen.

Satzanfang	Mit welcher Person ist dieser Satz verbunden?	Welche Gefühle, Empfindungen, Werte löst das aus?
Politik ist ...		
Gebildet ist jemand, der ...		
Geld und Besitz sind ...		
Frauen müssen ...		
Flüchtlinge sind ...		
Terroristen gehören ...		
Seinen Eltern gegenüber darf man ...		
Wer links ist, ist ...		
Männer sind ...		
Man muss Achtung haben vor ...		
Sexualität ist ...		
Arbeit ist wichtig für ...		
Krieg bedeutet ...		
Das Wichtigste im Leben ist ...		
Recht hat, wer ...		
Wir gehören zu ...		
Die anderen sind ...		

Danach erhalten die Biografisierenden noch einmal fünfzehn Minuten Zeit, die – auch widersprüchlichen – Empfindungen, Gefühle und Werte, die diese Erinnerungen auslösen, zu notieren.

Dauer: 20 Minuten plus 15 Minuten, für Dreiergruppen 45 Minuten

Jede Person stellt nacheinander drei Aussprüche vor und erzählt dazu eine kleine Begebenheit. Anregung zur gemeinsamen Reflexion:
- Was war überraschend, bewegend?
- Welche gesellschaftspolitische Konfliktlage vermute ich hinter diesen Aussprüchen?
- Von welchen Aussprüchen habe ich mich bewusst abgegrenzt, welche bewusst beibehalten?
- Wo in meinem Leben, wenn ich genau hinsehe, richte ich mich (noch) nach diesen Aussprüchen, ohne es zu merken?

Recherchemöglichkeiten zu biografischen Projekten:

- Mit zahlreichen detaillierten Hinweisen zur Recherche ist ein Beitrag von Liane Freudenberg (2017, S. 110–119) zu empfehlen.
- Zu Adressen und Archiven siehe auch Unterkapitel 3.2, S. 114.
- Ost-Westeuropäisches Frauennetzwerk OWEN-Berlin.de, Stichworte: biografisch-historische Geschichtsarbeit, analytische Arbeit mit erzählten Lebensgeschichten
- Projekt Input (2012): Materialien zum Thema »Biographiearbeit in der Arbeitsförderung«. http://www.input-network.eu/wp-content/uploads/input-njk-2012-march-meetingbiographical-work-materials-de.pdf
- Transkulturelle Biographiearbeit. Ein Handbuch (2012). Hrsg.: ProjektpartnerInnen von »REALIZE – Transcultural Biography Work for Adult Education«– Ein Grundtvig Projekt. http://fbi.or.at/download/2012_TBA.pdf

3.5 Lebensfragen: Geburt und Sterben als die großen Tore der Biografie; Sinn- und Glaubenshorizonte, Zweifelhaftes und Frag-Würdiges

> »Ich hatte nämlich inzwischen einsehen gelernt, dass die grössten und wichtigsten Lebensprobleme im Grunde genommen unlösbar sind; (…) Sie können nie gelöst werden, sondern nur überwachsen.«
> *C. G. Jung (1929, S. 12 f.)*

Inhaltliche Zusammenhänge

Beginnen, da sein und beenden, empfangen, entwickeln und loslassen, sich verbinden, hinzufügen und sich zurücknehmen sind grundlegende Gestaltungskräfte allen Lebens.

Geburt und Sterben sind die beiden großen Tore der Transformation. Durch sie geht alles Leben. In Bezug auf uns selbst entziehen beide sich unserem bewussten Erinnern: »Wenn ein Mensch geboren wird, so wird er in der Regel auf die Welt gepresst. Die weitgehend von außen nicht steuerbare Kraft, die Bewegung, ist ein Pressen, ein Schieben, ein Drücken. Umgekehrt verhält es sich beim Sterben. Im Moment des Sterbens entzieht sich das Leben, es entgleitet, entschwindet. Die weitgehend von außen nicht steuerbare Kraft, die Bewegung, ist ein Ziehen, Reißen, Weggleiten. Geboren werden und sterben ist wie eine Wellenbewegung, ein Kommen/Anrollen und Gehen/Wegdriften« (Rudnick, 2017, S. 135).

Diese Dynamiken zeigen sich in Biografien einerseits in den allgemein menschlichen Transformationsprozessen wie Nahrungsaufnahme, Verdauen, Ausscheiden oder Alterung und andererseits als eigenwillige, also biografiespezifische Herausforderungen durch Lebensthemen.

Auf der Körperebene spiegeln sich diese Themen der Transformation und Transzendenz in der Atmung wider. Die Atmung ist oberhalb des Zwerchfells angesiedelt. Das Zwerchfell stellt beim Menschen die Grenze zwischen nicht bewusst wahrnehmbaren und bewusst wahrnehmbaren organischen Prozessen dar. Unser Leben beginnt mit dem ersten Atemzug und endet, wenn wir den letzten Atemzug getan haben. Zwischenzeitlich befinden wir uns in ständigem Bewegtsein zwischen Ein- und Ausatmen, zwischen dem Verströmen in die Umgebung in der Ausatmung und dem Zu-sich-selbst-Kommen in der Einatmung. Zugleich schwingt unser seelisches Empfinden in der Atmung. Bei Schreck halten wir die Luft an, wenn wir uns freuen, atmen wir schneller. »Das Atmen ist also kein bloßer Lebensvorgang; denn in ihm lebt und wirkt die fühlende Seele des Menschen. Beide, Atemrhythmus und fühlende Seele, durchdringen sich wechselseitig. Wird in der Seele ein bestimmtes Gefühl erregt, dann vibriert dieses im Atemrhythmus und prägt sich ihm ein. Und dabei wird dem Menschen dieses Gefühl bewusst. So sind die Modulationen des Atmens eine lebendige Manifestation dessen, was die Seele in ihren Gefühlen durchlebt. Zu den eindrucksvollsten Äußerungen inneren Erlebens im Atem gehören das Lachen und das Weinen« (Kranich, 2003, S. 209).

Der Atemprozess ist damit zugleich ein sozialer Prozess. Und, indem wir miteinander die gleiche Luft atmen, teilen wir darin auch unsere Verbundenheit mit allen anderen lebendigen Wesen auf der Erde. Die Pandemie bringt uns diese Verbundenheit unter Menschen und auch mit der Tierwelt auf nicht erwünschte Weise ins Bewusstsein. Die Atmung, die uns unser gesamtes Erdenleben hindurch begleitet und bewegt, stellt eine große, wenn nicht *die* große transformatorische Kraft dar: Atemvollzug ist Lebensvollzug. So kommen wir durch das Tor der Zeugung und Geburt, leben unser Leben Tag um Tag und gehen durch das Tor des Todes, ja wohin? In der Begegnung mit Geburt und Tod berührt uns das Mysterium des Lebens, der Zeit und der Zeitlosigkeit.

Nachfolgend schauen wir auf die »Wellenbewegung des Kommens und Gehens« und seine Wichtigkeit im biografischen Prozess. Im ersten Teil werden dabei reale Geburts- und Sterbeerzählungen in den Blick genommen, im zweiten auf metaphorischer Ebene Abschieds- und Erneuerungsimpulse im Lebensverlauf angesprochen. Mit drei Praxisbeispielen werden die verschiedenen Themata, Methoden und Settings vorgestellt.

Leben im mütterlichen Organismus

Rufen wir uns unsere vorgeburtliche Existenz vor Augen. Wie stellt sie sich dar? Die Darstellung ist, wie immer, abhängig von der Erzählperspektive. Die bekannteste ist hier sicher die übergeordnete, wissende Position einer »neutralen Beobachterin von einem fachlichen Hochsitz aus«. Beginnen wir also damit: »Nach der Befruchtung nistet sich das Ei in die gut vorbereitete Gebärmutter ein. Hier kann das Embryo wohl gedeihen. Es schwimmt schwerelos im Fruchtwasser der Mutter, vergleichbar einem Astronauten im Weltall. Es gibt weder Zeit- noch Raumerlebnis. Das Embryo wird vollständig durch den mütterlichen Organismus versorgt: Ernährung, Verdauung, Atmung, Wärmeregulierung. All das übernimmt die Mutter fürs Kind in einer vollständigen Symbiose. Erst nach einiger Zeit, wenn das Embryo so weit herangewachsen ist, dass es an die Gebärmutterwand anstößt, verändert sich seine Eigenwahrnehmung. Das Kind bekommt ein erstes, leises Erlebnis von Begrenzung und von Selbstwahrnehmung. Zum Ende der Schwangerschaft verknappen sich die körperlichen Bedingungen so stark, dass es vom Kind aus zu einem Impuls kommt, sich aus der beengten Räumlichkeit herausbewegen zu wollen. Mit einer schraubartigen Bewegung wringt es sich durch den Geburtskanal. Durch eigenes Drehen und Mitbewegen und durch die Kraft der Wehen durchgeschoben, bewegt sich das Kind durch diese Enge. Der Körper wird auf extremste Art gestaucht. Das Fruchtwasser wird dabei aus der Lunge gepresst. Die Erfahrung, sich durch den Geburtskanal durchzuarbeiten, kann als Urtasterlebnis verstanden werden. Es entsteht ein deutliches Empfinden für den eigenen Körper. Der Zeitpunkt der Geburt wird durch das Kind hormonell mitbestimmt. Die kindlichen Nebennieren schütten vermehrt Cortisol aus. Dies erhöht bei der Mutter die Östrogene, die wiederum die Wehentätigkeit anregen. Dies deutet darauf hin, dass zwischen Mutter und Kind eine feine ›Zwiesprache‹ über den rechten Zeitpunkt der Geburt stattfindet, in der das Kind ein ›Wörtchen‹ mitzureden hat.«[30]

Geboren werden und gebären

Wenn ich das Thema »Meine Geburt – mein Geburts-Tag« Biografisierenden »zumute«, zeigen die sich oft erst einmal verunsichert. Das ist nachvollziehbar, lässt sich doch nicht auf eigene Erinnerungen zurückgreifen. Das Thema öffnet sich deshalb einerseits über Erzählungen aus dem kommunikativen Gedächtnis der Familie und durch Wissen über Zeitumstände etc., also in gewisser Weise

---

30 Aus unveröffentlichten Seminarunterlagen von Katrin Schindler-Weimer: Referentin der Biografieweiterbildung, SYIM (Kassel); Bewegungstherapie, Cranio-Sacrale Körperarbeit, Anthroposophische Therapie (Babenhausen).

über »faktisch Zugängliches«. Andererseits wird zu einem Zugang ermutigt, der Wissen und Erinnerung im klassischen Sinne übersteigt und den wir als phantastisch bezeichnen könnten: eigene (Körper-)Empfindungen, Gefühle, die bei dem Thema aufsteigen, Phantasien, innere Bilder, die sich auf metaphorischer Ebene einstellen und durch freilassende Erzählformen wie Märchen und Gedichte gefasst werden können. Hier der Textauszug einer Teilnehmerin:

Beispiel I
Setting: Einzelarbeit mit anschließender Vorleserunde im Kontext der Weiterbildung »Sich selbst Beheimaten. Neue Zugänge zur systemischen Biografiearbeit«
Thema: Eine Geschichte zum Tag meiner Geburt, mein Geburts-Tag
Methode: Biografisches Schreiben, Einstiegsmethode ist das Cluster; phantasievolle, märchenhafte Formen sind ausdrücklich benannt.

Geburt in der Sturmflutnacht
»Es war einmal in einer dunklen, kalten und stürmischen Nacht. Die Wellen des Meeres wurden immer größer und bedrohlicher, türmten sich auf und trafen mit voller Wucht auf den Deich, bis dieser brach. Das Wasser floss mit all seiner Kraft ins Landesinnere. Bis hin zu einem kleinen Dorf, wo ein Kind das Licht der Welt erblicken sollte. Der Tag war da, an dem es geboren werden sollte. Der Tag war da, an dem es geboren werden wollte. Die Mutter war frohen Mutes. Sie spürte erste Wehen und rief nach dem Dorfarzt, doch der konnte nicht mehr zu ihnen gelangen. Der Vater aber versorgte die Mutter liebevoll mit allem, was nötig war [...]« (Telse R., 52 J.).

Als die Biografisierende ihren Text vorgelesen hatte, zeigte sich die Gruppe tief beeindruckt: Was für eine Geburtssituation! Die Schreiberin lächelte daraufhin: »Das habe ich mir alles ausgedacht«, sagte sie, »so war das gar nicht.« Darauf entwickelte sich ein Gespräch über metaphorische Wahrheiten. Zwei Aspekte waren dabei wesentlich:
- Die Schreiberin wählte die Tonart eines Märchens: »Es war einmal ...« Die sehr angespannte Familiensituation, in die sie hineingeboren wurde, drückt sich in dem Wetterereignis aus, die Beziehungsqualitäten sind davon jedoch unberührt und werden im Verlauf des Textes als warm, haltend, bewältigend beschrieben. Darin spiegelt sich die innere Versöhnungsbewegung mit ihrer Herkunft wieder, die die Biografisierende im Laufe einer intensiven Erinnerungs- und Recherchearbeit vollzogen hatte.
- Zum anderen kann die Beschreibung gelesen werden als metaphorischer Geburtsprozess. Da die Biografisierende kein Kind zur Welt gebracht hat,

waren ihr diese Zusammenhänge nicht bewusst. Die Frauen, die geboren hatten, konnten die »Märchenbilder« jedoch als Metaphern für natürliche Geburtsprozesse lesen. Ganz im Sinne des Anfangszitats von Carola Rudnick, in dem Geburt mit einer Wellenbewegung verglichen wird, tauchen auch hier als archetypisches Bild Wellen auf:

- *Die Wellen des Meeres wurden immer größer und bedrohlicher* – Beginn der Wehen
- *türmten sich auf und trafen mit voller Wucht auf den Deich, bis dieser brach* – Wehenschmerzen und das Öffnen des Muttermundes, der als »Deich« gelesen werden kann
- *Das Wasser floss mit all seiner Kraft ins Landesinnere* – wenn die Fruchtblase platzt, strömt das Wasser aus dem Körper und fließt in den Raum. Es kann als Schwall kommen und ist dann erstaunlich viel.
- *Der Tag war da, an dem es geboren werden sollte. Der Tag war da, an dem es geboren werden wollte* – Ausdruck der »feinen Zwiesprache« auf hormoneller Ebene zwischen Mutter und Ungeborenem zur Geburtsreife
- *Die Mutter war frohen Mutes* – der mütterliche Wunsch, das noch Ungeborene aus dem Körper zu entlassen, den Körper zu entlasten und das Neugeborene im Arm zu halten.

Die Biografisierende war berührt von der Möglichkeit, den Text metaphorisch zu verstehen und ihn damit, zusätzlich zu der ersten, märchenhaft-ausgedachten Lesart, in einer Tiefe auszuloten, die sie so nicht »gedacht« und doch ergriffen hatte (siehe auch Unterkapitel 5.2, S. 239).

Geburtsthemen laden ein, einen Ausdruck zu suchen, in dem sowohl die Intimität als auch die Öffentlichkeit, das Innen und Außen des Geschehens seinen Platz findet. Und dies ist nicht einfach, denn »Schwellen, Grenzen und klare Aufteilungen sind wesentlich für jede symbolische Struktur, aber, wie Mary Douglas in »Reinheit und Gefährdung« (1985) zeigt, tauchen genau dort, wo Grenzen einbrechen, wo sie verschwommen und undicht sind, verletzt oder überschritten werden, Verunreinigungen im kulturellen Zusammenhang auf. Dies gilt insbesondere für Körpergrenzen. Douglas zufolge ist jede Körperöffnung potenziell gefährlich, Fäkalien, Urin, Menstruationsblut und Samenflüssigkeit, sie alle überqueren die »Schwelle des Körpers. [...] Bei der Geburt überquert eine Person die Innen-Außen-Grenze« (Hustvedt, 2019, S. 267).

Nach diesem In-die-Welt-Gekommen-Sein als »spuckende[s], sprachlose[s], emotional labile[s], durch die klaffende Vagina der eigenen Mutter ausgestoßene Baby« (Hustvedt 2019, S. 268 f.) währt sein Leben ununterbrochen bis zum Aus-ihm-Herausgeholt-Werden durch den Tod. Dies ist eine eigentlich ungeheure Wirklichkeit: Vom Leben gibt es, solange wir leben, keine Pause.

Unser Ich-Bewusstsein jedoch befindet sich in einem beständigen Ein- und Austreten und gleicht damit dem Atemrhythmus. Während wir schlafen, sind wir uns unserer Existenz nicht bewusst, wir sind uns selbst nicht gewiss; sobald wir wach werden, drängen wir uns, insofern wir gesund genug sind, selbst wieder ins Bewusstsein. Während der bewusstseinsfreien, traumreichen Phase, dem Schlaf, regenerieren sich unsere Bewusstseinskräfte für die Wachphase. Auch hier haben wir einen grundlegenden, rhythmischen Transformationsprozess. Der zum Abschluss kommt mit dem letzten Atemzug.

Sterben. Lassen

Der Tod selbst bleibt damit, aller Nahtoterfahrungen eingedenk, unaussprechlich. Erzählt wird vom Sterben. Das Verhältnis zum eigenen Sterben und der eigenen Sterblichkeit wird vorrangig in Verbindung mit einer lebensbedrohlichen Erkrankung Thema (siehe auch Unterkapitel 5.4, S. 259). Dem Sterben naher Menschen und deren Begleitung erinnernd Ausdruck zu verleihen, ist hingegen oft Bedürfnis. Im nachfolgenden Beispiel wird das »Gehen/Wegdriften« des Sterbens aus dem Anfangszitat von Carola Rudnick spürbar:

Beispiel II
Setting: Aufarbeitung der Familiengeschichte im Rahmen eines Storytelling-Prozesses (siehe auch Unterkapitel 5.6, S. 282), hier: Aufschreiben der Erinnerungen zu einem selbstgewählten Zeitpunkt und Themenschwerpunkt zu Hause
Thema: Das Sterben des Vaters wird erinnert
Methode: Biografisches Schreiben

»Die süßbitteren Späße mit den Damen: ›Ich erkenne Sie‹, sagt er zu der, die ihm die Sonde eingesetzt hat, die ihm so weh tat. Das ›Ihr seid wunderbar‹ zu meiner Schwester und mir, den Kuss auf die Hand. Wir bewegen ihn ständig, richten ihn auf. Ich senke die Kopfstütze, ich hänge seine Hände an die Stange hinter ihm, wir zählen eins, zwei, drei [...]. Er möchte sich zur Seite umdrehen. Sein ›Ich möchte dich sehen‹ ist ein technischer Hinweis auf die Höhe des Bettes, wie er platziert werden möchte, und ist weder ein Wunsch noch ein Gefühl, aber es gibt mir den Eindruck, hier bei ihm am Ursprung der Gesten und Gefühle zu sein, wo die Bewegungen des Körpers den Bewegungen der Seele ihre Form ›verleihen‹.
Ich gehe essen. Ich komme zurück. Meine Schwester ist weggegangen. Der Fernseher läuft, aber wir hören ihm nicht zu. Die wiederholten Veränderungen, spu-

cken, spülen, trinken: ›Besser wenig, aber öfters‹ – sein Ton ist fragend. Als ob man nicht aufhören könnte, diesen Kontakt zu schaffen, in die Arme zu nehmen, zu stoßen, aufrichten, halten, ›das Bett erhöhen, um auf Augenhöhe zu sein‹, ›damit ich dich sehen kann‹.
Es ändert sich sehr schnell. Am Abend sind wir mit Freunden beisammen. Man täuscht sich im Glauben, dass es dauert. So gebrechliche Zustände, dass eine Bewegung sie unterbricht. Man unterbricht die Verbindung. Warum habe ich Mittwochabend so schnell aufgelegt, erst Donnerstagabend zurückgerufen. Und warum hatte ich gestern bei ihm das Bedürfnis, zu telefonieren? Als ich zurückkam, schlief Papa. Hat den ganzen Vormittag geschlafen. Hat sehr grün gespuckt und auch ich spuckte ins Waschbecken. Hat mir gesagt ›Ich werde sterben‹, dann zärtlich die Arme erhoben, den Oberkörper aufgerichtet, ein wenig spaßmachend mit der Pflegerin, die er um zwei Küsse bittet, indem er mit seinen Fingern auf seine Wangen deutet. So nah am Tod ist man *alles* zugleich.
Was soll ich sonst noch sagen? Mit dem Radioprogramm haben wir Glück gehabt, ich weiß nicht mehr, ob Schubert oder Liszt, es war perfekt, Violine, die Reinheit der Klänge in der niedersteigenden Dunkelheit. Ich habe mich an deine veränderte Stimme gewöhnt, am Anfang habe ich geglaubt, du hättest die Stimme deiner Mutter übernommen, dann habe ich mich erinnert: Es war die, die du hattest, als du von der ›Tasche‹ von Saint-Nazaire sprachst, deine Stimme des vom Krieg betroffenen jungen Mannes. […]
(P. S.: Mein Vater sagte, dass der amerikanische Bombenangriff vom November 1942 auf Saint Nazaire die Lehrlinge der Schiffswerft von Penhouet getötet hatte. Er war 16 Jahre alt. Später wurde sein Haus bombardiert.)«

Catherine Petiteau, (Paris)

Die in diesem Text schwingende Innigkeit wird transportiert durch die so bedeutsam gewordenen, körpernahen Gesten zwischen Tochter und sterbendem Vater in der zerbrechlichen Zeit gemeinsamer Anwesenheit. Die Überschreitung der Körpergrenzen und körperlichen Autonomie prägt die gemeinsame Situation: Es wird gefüttert, gebettet, gehalten, gespuckt.

Die Bedeutsamkeit dieser Gesten ist nicht unähnlich den Gesten, mit denen ein Neugeborenes empfangen und gehalten wird, die Zerbrechlichkeit der Situation, das schnelle Fortschreiten von dem, was jeweils als Gegenwart gegeben ist, ähnelt einem Gebärprozess. Gerade weil nicht mehr viel Kraft für sprachlichen Austausch und gewohntes Miteinander bleibt, ist der »Ursprung der Gesten und Gefühle« wieder wirksam.

Das Bedürfnis von Angehörigen, die letzten gemeinsamen (oder einsamen) Tage und Stunden mit sterbenden Angehörigen erzählend festzuhalten, hat neben der Intensität des Erlebten ihren Ausgang in der Tatsache, dass mit dem Menschen, mit dem diese innigen und schweren Zeiten verlebt wurden, keine Gemeinsamkeit mehr möglich ist. Das Erzählen dient dann der Selbstvergewisserung: Auch wenn es keine gemeinsame Verständigung darüber mehr geben kann, war es doch eine gemeinsame Erfahrung.

So erinnere ich mich nach der Beerdigung meines Vaters an den Impuls, ihm von dieser seiner Beerdigung zu erzählen. Solche Impulse bedürfen der Umformung in für sich selbst und andere nachvollziehbare innere Abschiedsprozesse; die Umformung ist somit Teil des Trauervollzugs. Biografiearbeit bietet Raum, der für diese Transformation genutzt werden kann.

Trauerprozesse sind meist mit existenziellen Fragen, Wandlungsbewegungen und Rollenveränderungen verknüpft. Sie bringen Fragen an sich selbst hervor, auch Selbstanklagen, Fragen an den verstorbenen Angehörigen, an das Leben im Angesicht des Todes wie:

- Umgang mit unvollendeten Abschieden
- Erlösungs- und Erleichterungsgefühle, Schuldgefühle und Reue
- Finden einer neuen Rollenposition
- Befragen der Qualität der gelebten Beziehung
- Fragen an das individuelle Leben des Verstorbenen
- Bewegung hin zu einer Zukunft ohne den Verstorbenen
- Fragen nach dem Sinn des Lebens allgemein
- Fragen nach dem eigenen Lebenssinn

> Der neugeborene Mensch verkörpert potenzielle, der Sterbende verdichtete Lebenserfahrung.

Deutungen

In diesen, unseren unbedingten »Tor-Erfahrungen« des Kommens und Gehens begründet sich die Fähigkeit zur Transzendenz, zum Überschreiten der Grenze von Erfahrung und Bewusstsein des Diesseits. Die philosophischen und religiösen Zugänge dazu sind vielfältig und haben lange Traditionen. Hier eine Zusammenfassung aus abendländischer Sicht:

Die bis in die Gegenwart reichende Vorstellung von der Unsterblichkeit der Seele im Gegensatz zur Sterblichkeit des Leibes geht in der Philosophie vor allem auf Platon zurück. In seinem Dialog »Phaidon« definiert er den Tod als Befreiung der Seele vom Körper, dem »Grab« der Seele. Die der Aufklärung folgenden Strömungen kreisen um den Gedanken, dass der Körper zwar stirbt, die Seele oder der Geist des Individuums hingegen weiterleben. Diesen Dualismus versuchte die Existenzphilosophie zu überwinden mit der Annahme des Todes als eines absoluten Endes individuellen Lebens. Nach Martin Heidegger rundet der Mensch mit dem Tod sein Dasein, das endlich ist, zum Ganzen. Karl Jaspers zählte den Tod zu den Grenzsituationen, in denen ein Unbedingtes als Transzendenz erfahrbar wird, ähnlich im 19. Jahrhundert Kierkegaard. Die indische Philosophie versteht wie die spätantike Gnosis und die Anthroposophie den Tod als Durchgang zur Wiederverkörperung.

In allen Religionen nimmt der Tod und seine »Bewältigung« eine zentrale Stellung ein. Theologische Sinndeutung erfährt der Tod dabei besonders in der dem glaubenden Menschen vermittelten Gewissheit, dass sein Leben – zu dem der Tod als unabwendbares Faktum gehört – in von Gott gewollte Zusammenhänge eingebunden ist, die über den leiblichen Tod hinausgreifen. Die rituelle Bewältigung des Todes erfolgt im Rahmen des Totenkultes. Zahlreiche Glaubensvorstellungen gehen von einer »Weiterexistenz« des Verstorbenen nach dem Tod aus, wobei vor allem die Vorstellung von einem ewigen Leben (Unsterblichkeit) und der Wiedergeburt große Bedeutung erlangt haben; Erstere im Judentum, Christentum und Islam, Letztere in den indischen (Hinduismus, Buddhismus, Dschainismus) und den von ihnen beeinflussten neuen Glaubensrichtungen.[31]

Indem wir uns den Grenzregionen des Lebens nähern, sind Erlebnisse der Seele angesprochen, die sich der Äußerung und Mitteilung an andere leicht entziehen. Die innigsten Erfahrungen werden am wenigsten verbalisiert, weil dabei stets die Gefahr der Profanisierung gegeben ist. Die erlebte Hingabe ans Transpersonale, Ungewisse verweist auf Zustände, die vom Ich nicht vollständig erfasst werden können, weil sie die Zurücknahme des Ichs voraussetzen. Im Ich-Erleben wird uns die Welt zum Gegenüber. In der Lockerung der Ich-Grenzen sind wir Weltenteil.

Angela Steidele (2019, S. 54) betont, »die Erfindung des Lebens findet schon auf der vermeintlich authentischen Primärebene statt. Die moderne Hirnforschung belässt keinen Zweifel daran, dass wir nicht sehen, was ist, sondern was unser Hirn aus Sinnesreizen macht. Im Versuch, uns und die Wirklichkeit um uns herum zu begreifen, müssen wir sie wahrnehmend konstruieren. Nietzsche wusste das auch schon ohne Neurophysiologie; »nein, gerade Thatsachen gibt es nicht, nur Interpretationen. Wir können kein Factum ›an sich‹ feststellen:

---

31 Ich danke Jürgen Rink für diese Zusammenfassung.

vielleicht ist es ein Unsinn, so etwas zu wollen. ›Es ist alles subjektiv‹ sagt ihr: aber schon das ist *Auslegung,* das ›Subjekt‹ ist nichts Gegebenes, sondern etwas Hinzu-Erdichtetes, Dahinter-Gestecktes«.«

Auf der Ebene der Mentorenschaft gilt es, Ausdrucksformen zu finden und anzubieten für Erfahrungen des Übersteigens, Verlassens von Begrenzungen, von Entgrenzung und Ichvergessenheit, für Empfindungen der Zugehörigkeit zum Großen-Ganzen – wie auch immer es verstanden wird.

Spirituelle Erfahrungen der Ich-Vergessenheit sind unterschiedlich getönt und von kultureller und religiöser Zugehörigkeit, Alter usw. geprägt. In der Biografiearbeit gilt es, nicht einen Glaubens- oder Denkansatz zu favorisieren, sondern Grenz- und Überschreitungserfahrungen als Thema anzubieten.

Eine geeignete Form, um der Profanisierung solcher Erfahrungen entgegenzuwirken, stellen poetische, bildhafte Verfahren dar. In ihnen tritt das Ich als Sprechendes zurück, die Grenze zwischen Innen und Außen, Subjekt und Objekt lockert sich – transpersonale Erfahrungen können ausgedrückt werden. Der Themenkreis bietet sich somit wunderbar an, um eingeübte duale Strukturen mit averbalem Erzählen, wie malen, tanzen u. a., und durch poetische Verfahren wie Gedichte, Gebete, Lieder/Songs, Traumerzählungen zu erweitern und »zum Tanzen« zu bringen.

Beispiel III
Der nachfolgende Text versucht eine Erfahrung einzufangen, in der das Ich, das Subjekt, als Aufgelöstes auftaucht, in der es nicht vorhanden ist und doch spricht (»Erfahrungsbericht« aus Jäger, 2000, S. 110):

»**Das Wunder**
Ich erlebe 1000 Wunder!
Ich komme von nirgendwo her,
ich gehe nirgendwo hin,
es gibt mich überhaupt nicht.
Und trotzdem kann ich gehen, essen,
die Treppe hochgehen
und diese Zeilen schreiben.
Ist das nicht ein Wunder!
Es haut einen vom Stuhl!«

Liest man den Text nach der Beschäftigung mit der vorgeburtlichen Existenz, lässt sich weiterdenken, dass die Zeilen 2–4 auch Spuren der noch ich-freien Erfahrungen aus der embryonalen Zeit enthalten. Denn wie könnte sich der Absatz einer »neutralen Beobachterin von einem fachlichen Hochsitz aus«[32] vom Anfang des Kapitels nun in der fiktiven Sprache des Embryos anhören, das meint: in dem vorgeburtlichen Erleben von jede:m von uns? Ein Versuch:

> »das Ich, das nicht existiert, das nicht ist, bewegt sich, schwebt – in etwas – Umfassendes – ohne Kontur – klopfend, klopfend – kein immer, kein nie du ich – schwebend – sich dehnend – klopfend tropfend schwebend ...«

Vom Abwerfen und Nachwachsen der Schale

Als erinnerbare Ich-Erfahrungen begegnen uns die sogenannten kleinen Geburten und Tode in Lebensübergängen. Alle Abschieds- und Ankunftsthemen in der Biografie sind entsprechend Verwandlungsthemen (siehe auch Unterkapitel 3.2, S. 114): »Ich glaube, wir haben etwas von einem außergewöhnlichen Schalentier an uns. Der Krebs entwickelt während seines Wachstums eine Reihe harter, schützender Hüllen und stößt diese immer wieder ab. Jedes Mal, wenn so ein Krebs innerlich wächst, muss die Hülle abgeworfen werden. Eine kurze Zeit bleibt er dann verletzbar, bis eine neue, beschützende Schicht entsteht, die die alte ersetzt. Auch wir müssen uns bei jedem Übergang von einem Stadium des menschlichen Wachstums zum nächsten einer beschirmenden Hülle entledigen. Dann sind wir eine Zeitlang verletzlich und unbeschützt – aber zugleich gärt es in uns und wir befinden uns wieder im embryonalen Stadium und können uns in nie gekannter Weise nach allen Richtungen hin ausdehnen. Dieses Abwerfen alter Hüllen kann mehrere Jahre und noch länger dauern. Am Ende eines jeden Übergangs aber beginnt für uns eine längere, stabilere Periode, in der uns beträchtliche Ruhe und ein Gefühl von wiedergewonnenem Gleichgewicht erwartet« (Gail Sheehy, zit. nach Prinsenberg, 1997, S. 209).

Zur Transzendenzerfahrung gehört aber auch Ich-Verlorenheit in Form von Ängsten. Dann scheint die dunkle Seite der Transpersonalität auf. Hier gilt es,
- das Ich-Bewusstsein zu stärken, Begrenzungen in den Blick zu bringen
- dem Ausdruck von Ängsten und Schmerzen seinen Wert zuzugestehen
- Ablösungsprozessen als Vorbereitung auf ein Ende (des Lebens) Raum zu geben.

---

32 Nach der Befruchtung nistet sich das Ei in die gut vorbereitete Gebärmutter ein. Hier kann das Embryo wohl gedeihen. Es schwimmt schwerelos im Fruchtwasser der Mutter, vergleichbar einem Astronauten im Weltall. Es gibt weder Zeit- noch Raumerlebnis. Das Embryo wird vollständig durch den mütterlichen Organismus versorgt: Ernährung, Verdauung, Atmung, Wärmeregulierung. All das übernimmt die Mutter fürs Kind in einer vollständigen Symbiose.

Eine zerstörerische Form der Ichaufgabe lässt sich in allen Formen des Fanatismus vermuten. Nun ist es unwahrscheinlich, dass sich Menschen in dieser Verfasstheit mit Biografiearbeit beschäftigen. Fanatismus ist allerdings ein Thema, wenn er Teil der Lebenserfahrung gewesen ist und, im Zuge der Umwertung der Werte, dazu Abstand genommen wurde. Dies ist immer ein mutiger Akt, der schmerzhafte Erkenntnisse und die Übernahme von Verantwortung für nicht mehr rückgängig zu machende Ereignisse bedeutet. In der Begleitung ist hier Fingerspitzengefühl gefragt, denn Werte, die in einem Sinnzusammenhang stehend Orientierung gaben, führen nach Frankl Menschen zu Überzeugungsgemeinschaften zusammen. In der Beschäftigung mit der eigenen Biografie kommen ehemals handlungsleitende Maxime und deren Wirkungen in den Blick und auf den Prüfstein. Diese Transformationserfahrungen auf der Werteebene können als sehr schmerzhaft erlebt werden, wenn grundlegende Überzeugungen wie politische, religiöse, kulturelle, familiäre Basisannahmen korrigiert, deren Folgen aber angenommen werden müssen.

In der Mentorenschaft ist es auch hier ratsam, mit Wertekommentierungen sparsam zu sein und stattdessen die Weise der inneren Auseinandersetzung und die Form des Ausdrucks zur Kommentierung zu nutzen und Vertrauen in die Kraft des Ausdrucksmittels zu setzen. Denn das Ausdrucksmittel »»muss als das primäre Element in einer Biographie erkannt werden«, schreibt Ira Bruce Nadel in *Biography. Fiction, Fact and Form (1984)*« (Steidele, 2019, S. 62).

Biografische Fragen im Kontext der Umwertung der Werte können sein:
- Welcher Wind, welcher Geist weht durch mein Leben?
- Wofür schlug und schlägt mein Herz?
- Welchen Wert gebe ich von heute aus gesehen einer Erfahrung, einer Begegnung, Entscheidung, Plage, Zumutung, einem Kunstwerk?
- Welche Werte ziehen sich durch mein Leben, welche habe ich verändert und transformiert und was war dafür nötig?
- Aber auch: Mit wessen Wertvorstellungen habe ich mich angelegt? Wer oder was hat meinen Widerstandsgeist geweckt? Woran habe ich mich abgekämpft?

Stufen des Glaubens

In den nachfolgenden »Stufen des Glaubens« (siehe Tabelle 6) wird ein Entwicklungs- und Reifungsprozess im Kontext von Religion und Spiritualität skizziert, der ebenfalls ein »Abwerfen und Nachwachsen von Schalen« beschreibt.

Tabelle 6: Stufen des Glaubens (nach Fowler. 1991; Schweitzer 1987)

Stufe	Allgemeine Merkmale:	Stärke	Schwäche	Beispiel
Intuitiv-projektiver Glaube (Kleinkind)	Denken folgt mehr der eigenen Phantasie als klarer Wahrnehmung der äußeren Wirklichkeit	Vorstellungskraft, die noch nicht von Gesetz und Logik eingeschränkt wird	Negative Gewalt, die unkontrollierte Vorstellungen und Ängste über das Kind gewinnen können	»Gott ist überall.« »Gott hat man nicht in der Hand.« »Gott ist überall, aber nicht in der Hand.«
Mythisch-wörtlicher Glaube (Grundschule)	Mythen, Geschichten und Symbole haben zentrale Bedeutung für Orientierung in der Welt / Der Wortsinn ist Grenze des Verstehens	Offenheit für erzählten Sinn: Sinn, der sich dem erschließt, der in Geschichten lebt	Mythen werden wörtlich genommen und nicht als symbolische Sprache erkannt / Gott wird ganz wie ein menschliches Wesen verstanden (Anthropomorphismus)	»Gott ist wie ein Heiliger. Er ist gut und regiert die Welt. Er lebt oben im Himmel und wacht über alle Menschen. Jedenfalls versucht er es.«
Synthetisch-konventioneller Glaube (Jugend- und Erwachsenenalter)	konventionell: Glaube ist noch kein persönlich angeeigneter Glaube, sondern von außen abhängig und übernommen / synthetisch: einzelne Inhalte sind nicht stringend verbunden	sich auf andere verlassen können	Abhängigkeit / Fehlen eigener, kritischer Stellungnahme und persönlicher Autonomie / allerdings: kirchen- und traditionskritisch, wenn vom Umfeld vorgegeben	»Meine Eltern haben mir immer beigebracht, dass Gott da ist und dass er die einzige Möglichkeit ist, dass das Leben gelingt.«
Individuierend-reflektierender Glaube (Auslöser: Konfrontation mit anderen Glaubensweisen in modernen Gesellschaften)	Bewusstsein der eigenen Individualität und Autonomie / Selbstreflexion und Bereitschaft zur Traditionskritik	neu gewonnene Unabhängigkeit / Fähigkeit zum eigenen Urteil	Individualismus: »Es gilt nur, was ich für richtig halte.« / radikale Symbolkritik: bei Übermaß an kritischem Urteil mitunter Ablehnung jeglicher mythologischer Vorstellungen als »Unsinn«	Mythos »Gott« ? / Mythos »Auferstehung Jesus«?
Verbindender Glaube	dialogisches Verständnis, das Schwarz-Weiß-Malerei und Entweder-Oder von Vorstufe ablöst / Verständnis der relativen Wahrheit unterschiedlicher Traditionen ermöglicht verbindende Fähigkeit	dialogische Haltung und Offenheit durch Bewusstsein der begrenzten Geltung der eigenen Position und Tradition / eigene Individualität muss nicht ständig gegen andere und Tradition verteidigt werden	Relativismus: religiöse Traditionen nur als Steinbruch, aus dem man nimmt, was man für sich gebrauchen kann / passiver Zynismus: resultierend aus der Wahrnehmung paradoxen Charakters aller Wirklichkeit und Wahrheit	---
Universalisierender Glaube	Paradoxien von Vorstufe sind überwunden zugunsten von »absoluter Liebe und Gerechtigkeit« / »Absolutheit des Besonderen«. Überzeugung, dass das Absolute, das Transzendente sich immer nur in Gestalt des Besonderen, einer bestimmten Religion findet / »Gewaltloses Leiden« und »höchste Achtung vor dem Sein« als Wege zu einer »Gemeinschaft« mit allen Menschen und allem Sein			Gandhi, Martin Luther King, Mutter Theresa, Dietrich Bonhoeffer.

Methodische Anregungen zu Geburts-, Abschieds- und Transformationsprozessen

An dieser Stelle habe ich assoziative und strukturierende Merkmale von Geburts-, Abschieds- und Transformationsprozessen und mit diesen verbundene übergreifende Themen versammelt. Diese können als Anstöße und Inspirationen zum biografisierenden Explorieren der eigenen Sichtweise auf die Lebensfragen verstanden werden.

Auf die Welt kommen: Geburtsprozesse
- meine Geburt, der Tag meiner Geburt
- Geburt der eigenen Kinder, Enkelkinder
- Geburt von Tierkindern
- Pflanzen, die durch die Erde kommen, Blüten öffnen, Samenkapseln öffnen sich
- Geburt einer Idee, einer Tat
- die innere Bedeutung von Mythen zur Erschaffung der Erde, des Menschen
- was durch mich in die Welt gekommen ist
- wie neu geboren: Neuanfänge
- Hebammen meines Werdens

Sich gehen lassen: Sterben und Abschiedsprozesse
- Sterbebegleitung, Sterbeerfahrungen im nahen und weiteren Umfeld
- eigene Todeserfahrungen
- Was habe ich sterben lassen, zurückgelassen, losgelassen, was mir wesentlich war? Welche Wirkung habe ich dadurch erfahren?
- Beerdigungen, Rituale, Feiern
- Verluste, die ich erlitten habe, und »Wiederauferstehungserfahrungen«
- der gute Abschied, das böse Ende

Ausdrucksformen für Transformationsprozesse in der Biografiearbeit
- Darstellungsform von Lebensthemen und ihrer Bewältigung in Form eines Märchens
- Mythen als Ausgangspunkt grundlegender menschlicher Erfahrungen und deren Bewältigung als Struktur für eigenes Erzählen
- archetypisches Arbeiten, z. B. mit Archetypenkreis der Frau, Heldenreise

- biblische Geschichten als Ausgangspunkt: Welche Arche Noah gab es in meinem Leben, welche Arche Noah habe ich gebaut? Wann bin ich vom Saulus zum Paulus geworden?
- Arbeit mit Symbolen als Darstellung eines Entwicklungs- und Transformationsprozesses, wie Spirale, Labyrinth, Jahreszeitenzyklus
- bedeutsame Träume erinnern

Übergreifende Themen
- Entwicklungsgeschichte der eigenen Wertebiografie: Woran glaub(t)e ich, was ist mir Wert, in was gebe ich mich hinein, wo finde ich Resonanz, was hat in mir Resonanz?
- Erinnerung früherer, kindlicherer Formen der Spiritualität/Religiosität und ihre Entwicklung zu reiferen Formen, Fragen, Zweifeln, Erlebnissen
- Erleben von Geburt und Sterben im Lebenslauf (als reale Geschehnisse und als innere Prozesse in Bezug auf einzelne Lebensbereiche und -phasen)
- »Lichte Momente« – Begegnungen mit dem Außer-Gewöhnlichen, Erfüllung, Hingabe, Glück
- Bewusstwerdungsmomente in der Biografie – eine Erkenntnis tritt ins Leben. Mit welchen Personen sind sie verbunden gewesen, welchen Platz haben diese Menschen (noch) im eigenen Leben? (Anregung durch Prinsenberg, 1997)
- Wo in meiner Biografie habe ich mich geführt gefühlt? Wer hat mich wann als »guter Engel« für sich gesehen?
- Die geistig-kulturellen Quellen meiner Biografie – »Meine geistigen Mütter und Väter« (Prinsenberg, 1997, S. 178)
- Arbeit mit Ritualen, Entwicklung von Ritualen, ritualisierte Strukturen in der Gestaltung des biografischen Ausdrucks

3.6 Recherche in der Biografiearbeit oder: Gewusst wie

Dieses Kapitel ist ein Nachschlagkapitel, das Recherchemöglichkeiten detailliert aufzeigt. Sie können es nutzen, wenn Sie für sich oder in der Mentorenschaft Unterstützung für einen Rechercheprozess suchen.[33]

Was bedeutet recherchieren?

In unserem biografischen Gedächtnis ist unser Leben und das unserer Vorfahren gespeichert: Orte, Zeitabläufe, Begebenheiten. Manches wissen wir, vieles nicht. Wenn es Lücken gibt, dann sorgt das vielleicht für Beunruhigung, Verwirrung; es fehlt der Boden, das geht an die Substanz. Was kann man tun? Ein Mittel ist die Recherche.

Zur Wortbedeutung: Französisch *re-chercher: chercher = suchen, re = noch einmal, wiederholt, wieder.* Man könnte auch assoziieren: cher (franz.) = lieb, teuer. Chercher geht zurück auf lateinisch circare (circus = Kreis): herumgehen, durchstreifen. Recherchieren meint also: *nachforschen, ermitteln, erkunden, suchend durchstreifen. Und es geht um etwas, das einem wichtig, teuer, ist – man tut es wiederholt, hartnäckig.*

Biografiearbeit ist ohne Recherche nicht möglich. Sie ist notwendig, um ein realistisches Bild von im Dunkel (der Vergangenheit, von Nichtkommunikation, der Verschwiegenheit) liegenden Lebensverhältnissen, Ereignissen und ihren spezifischen Umständen zu gewinnen. Die Recherche liefert Informationen und Hintergründe und somit die Grundlagen, um Hypothesen zu entwickeln und zu überprüfen. Sie liefert aber nicht nur Fakten und Zusammenhänge, sondern auch Geschichten und Stimmungen. Dies alles ist nötig, um einen fundierten Eindruck bilden zu können und eigene Einschätzungen zu bestätigen oder zu korrigieren. Die Recherche dient also dem Ziel, eine stimmige Erzählung zu schaffen. Darin sollen offene Fragen geklärt sein, aber auch die Grenzen des Herausgefundenen aufgezeigt werden.

Grundsätzlich versucht man bei der Recherche, möglichst viele Quellen und Gedächtnisse »anzuzapfen«. Denn wir wollen ja unsere Wissenslücken schließen, d. h., etwas erfahren, was irgendwo und von irgendwem schon gewusst wird oder wurde, nur bisher nicht von uns.

---

33 Ich danke meinem Mann, Holger Schindler, für die Unterstützung bei der Zusammenstellung.

Zwei Quellen: das persönliche und das soziale Gedächtnis

Bei der Recherche in der Biografiearbeit gibt es zwei Wege: Das ist zum einen die mündliche Überlieferung, das direkte Gespräch mit Betroffenen, Verwandten, Angehörigen, Augenzeugen. Diese *persönlichen Gedächtnisse* von Menschen liefern die wichtigsten und wertvollsten Hinweise. Je mehr dieser »Quellen« sprudeln, desto besser; sie helfen uns, ein umfassendes und vor allem ein lebendiges Bild zu bekommen.

Zum anderen greift man bei der Recherche auf die *sozialen Gedächtnisse* zurück, die in den verschiedensten Quellen niedergelegt sind: in Archiven und Kirchenbüchern, in Zeitschriften und Nachschlagewerken, in Literatur, Musik und in Filmen – zunehmend sind diese Quellen auch online im Internet verfügbar. Diese Recherche ist oft sehr aufwendig und zeitraubend: Man muss sich einarbeiten in die Systematik, man muss die Strukturen verstehen, um an die gewünschten Informationen zu kommen. Man muss Anfragen richten an Verwaltungsstellen, die häufig langsam arbeiten, bei denen fremde Sprachen gesprochen und andere Schriftzeichen verwendet werden. Vielleicht muss man alte Texte in Sütterlinschrift entziffern oder unbekannte Abkürzungen enträtseln.

Forschergeist und ein langer Atem sind also sehr nützlich. Darüber hinaus ist es gut, sich Unterstützung zu holen. Man findet sie bei Verwandten, Genealogen, bei speziellen Suchdiensten oder bei Menschen, die sich ebenfalls auf die Suche begeben haben.

Persönliche Quellen auswerten

Beim Ausräumen eines Hauses findet man auf dem Speicher, im Keller oder in der Schublade eines alten Möbelstückes oftmals alte Dokumente und Unterlagen, die Informationen über die Familie enthalten.

- *Familienstammbuch:* Es enthält wertvolle Informationen über Familienmitglieder, Daten wie Geburt, Tod, Konfession, Kinder etc.
- *Urkunden:* Geburt, Heirat, Tod etc./Konfirmation, Firmung/Testamente, Nachlässe, Schenkungen (z. B. Haus gekauft 1935 von jüdischen Eigentümern, der Nachbar hat es 1939 gekauft – was bedeutet das?)/Militärunterlagen, Musterungslisten/Ariernachweise, Ahnen- und Nachkommentafeln/Schulzeugnisse und Auszeichnungen von Wettbewerben, Pokale etc.
- *Tagebücher:* persönliche Aufzeichnungen, Kriegstagebücher
- *Alte Briefe:* Häufig werden Briefe aufbewahrt, die als wichtig empfunden wurden; auch Briefe zwischen Partnern, die an unterschiedlichen Orten leben.

- *Fotoalben:* Aus alten Fotos lassen sich viele Informationen herauslesen, sie transportieren Stimmungen, Beziehungen, Zeitbezüge. Gut ist, wenn man ältere Verwandte zu den Bildern befragen kann. Das ist auch ein Türöffner für persönliche Erinnerungen und Geschichten.
- *Fotos, Passbilder, Todesanzeigen*

Dokumentieren Sie alle Ihre Quellen. Wo Sie die Originale nicht bekommen, machen Sie Kopien davon. Legen Sie einen Ordner an, in dem Sie alles abheften, denn wenn die Menge des Materials zunimmt, verliert man leicht den Überblick. Nützlich ist es dann, wenn man weiß, wo man das Geburtsdatum, den Wohnort oder eine Anekdote findet.

Alte Orte aufsuchen

Sehr hilfreich ist es, wenn man die entsprechenden Orte selbst oder zusammen aufsuchen kann. Hier einige Beispiele:
- *Vertriebene:* Man fährt mit der Mutter, deren Familie aus dem Sudetenland vertrieben wurde, in die frühere Heimat. Das Haus, die örtlichen Verhältnisse, die Pflanzenwelt, das Wetter, die Gerüche, die Art zu reden, zu gehen, zu essen, sich zu kleiden, gemeinsam zu singen, und natürlich das Treffen mit einer alten noch lebenden Freundin – das alles fügt sich zu intensiven Eindrücken zusammen. Und obwohl man noch nie dort war, spürt man möglicherweise eine tiefe Vertrautheit: Ja, von hier stamme ich her!
- *Evakuierte:* Nach dem Tod der Mutter hat ein Biografisierender mit seiner Tante Orte aufgesucht, wohin die Familie im Krieg wegen der Luftangriffe evakuiert wurde. Nach über 70 Jahren stiegen in der Tante Erinnerungen auf, kleine Geschichten von früher und gravierende Ereignisse, die vergessen waren. Das ist aufwühlend und sehr aufregend für alle Beteiligten. Hinterher bedankte sich die Tante bei dem Biografisierenden für diesen wichtigen Tag und die Würdigung, die ihre Geschichte durch diese Spurensuche erfahren hat.
- *Pflegekinder oder adoptierte Kinder* sollten wissen können, wer die leibliche Mutter und der leibliche Vater ist, wo sie herkommen, warum sie nicht mehr dort leben konnten. Gemeinsam mit dem Kind kann man sich auf die Suche begeben, einen Ausflug machen zum früheren Wohnort. Eine Adoptivmutter berichtete in einem Seminar, dass sie jedes Jahr mit ihrem Adoptivkind zu der Babyklappe fährt, wo das Kind nach seiner Geburt von der Mutter abgelegt wurde.
- *Geflüchtete* haben oft für lange Zeit keine Möglichkeit, ihren Heimatort und die Menschen dort wiederzusehen, weil es die politischen oder andere

Umstände nicht erlauben. Hilfreich kann es sein, den Ort digital über Google Earth zu besuchen. Eine Frau, die mit ihrer Familie aus Afghanistan geflüchtet war, hat in einer Gruppe ihren Wohnort aus der Vogelperspektive gezeigt und Geschichten darüber erzählt. Fotos oder Landkarten können ebenso dazu dienen, einen symbolischen Besuch zu ermöglichen.

Orte sind wichtig, denn unsere Erinnerungen und Erfahrungen sind immer mit Ort und Zeit verbunden. Wo diese Koordinaten fehlen, weil sie nicht bekannt sind oder nicht erinnert werden, ist es gut, sie herauszufinden. Dann bekommen Erzählungen, Gedanken und Mutmaßungen eine reale Basis, auf die man etwas und sich selbst gründen kann.

Öffentliche Quellen finden

- Kirchenbücher: Sie gehören zu den wichtigsten Quellen für die Familien- und Ahnenforschung. Hier sind, beginnend im 15. Jahrhundert, alle Trauungen, Taufen und die Sterbedaten verzeichnet, unabhängig von Stand, Geschlecht und Vermögen. Die Kirchenbücher werden von der jeweiligen Kirchengemeinde geführt, d. h., man muss den jeweiligen Ort wissen, um etwas zu erfahren. Am besten nimmt man dann Kontakt zum Pfarrer oder zum Gemeindebüro auf. Vielleicht hilft einem auch jemand beim Finden und Lesen, denn diese handschriftlichen Eintragungen sind nicht leicht zu entziffern und um die verwendeten Begriffe und Abkürzungen zu verstehen, braucht man möglicherweise Unterstützung. Die meisten Kirchenbücher existieren auf Mikrofilm, man kann sie dann im Archiv per Computer durchsuchen. Manchmal sind sie auch digitalisiert und gegen Gebühren online einzusehen. Die evangelische Kirche (www.archion.de) und die katholische Kirche sind dabei, ihre Kirchenbücher online zur Verfügung zu stellen.
- *Standesamt (ab 1876):* Das Standesamt kann Auskunft geben über Geburt, Wohnsitz, Heirat und Sterbedaten. Meist kann man die Bücher im Lesesaal einsehen oder sich kostenpflichtig Kopien schicken lassen. Achtung: Es gelten Schutzfristen, innerhalb derer die Angaben gesperrt sind (z. B. bis 30 Jahre nach dem Tod).
- *Staatsarchive,* z. B. *Hessisches Staatsarchiv* in Marburg: Hier befinden sich Grundbücher, Personenstandsakten (Geburt, Heirat, Tod), Polizeiakten, Gerichtsakten, Verzeichnis jüdischer Gemeinden etc., teilweise sind die Bestände digitalisiert und online einsehbar (www.arcinsys.de)
- *Online-Datenbanken:* Bei den amerikanischen Anbietern www.ancestry.de und www.myheritage.de kann man weltweit nach Verwandten und Vorfah-

ren suchen. Auch die Mormonen (www.familysearch.org) verfügen über Abermillionen von Daten weltweit.

Die Quellensuche bedeutet in den meisten Fällen, dass man sich auf eine zeitintensive Recherche begibt. Denn es gibt keine zentrale Stelle, man muss selbst herausfinden, wo man die richtigen Informationen erhalten könnte. Die meisten Angebote sind kostenpflichtig, es fallen je nach Aufwand und Angebot unterschiedliche Gebühren an.

Sich ein Bild von der Zeit, dem Ort und den Verhältnissen machen

- Dokumentationen. Im Internet findet man Filme über alle Epochen und über viele Ereignisse, die das Leben der Menschen bestimmt haben. Auf youtube zum Beispiel einen Film über die Währungsreform 1948 oder »Kassel im Feuersturm« über die Zerstörung von Kassel im 2. Weltkrieg, aber auch eine Dokumentation über das Leben vor dem Krieg in Kassel.
- *Romane, Filme.* Viele Romane und Filme bilden Zeitgeschichtliches ab, hier kann man sich einfühlen in die jeweilige Zeit, einen Ort und die damaligen Umstände.
- *Politische Geschichte.* Es gibt eine große Menge von politischer und zeitgeschichtlicher Fachliteratur, die auch für Laien verständlich ist. Am besten in Bibliotheken oder im Internet nach Stichworten suchen.
- *Archive, Zeitungsarchive, Internet:* Nach Schlagwörtern durchsuchen
- *Ortsfamilienbücher, Ortssippenbücher:* Darin befinden sich die Geburten, Heiraten und Todesfälle in einer Gemeinde, zusammengestellt nach Familienclans. Am besten bei der Gemeinde nachfragen, ob es sie für den Ort gibt.
- *Kartenmaterial, Satellitenbilder, Streetview:* Der Blick in den Atlas bietet einen ersten Überblick. Landkarten und Straßenkarten auf Papier sind gut, um sich ein genaueres Bild von den örtlichen Verhältnissen zu machen. Äußerst hilfreich ist auch Google Maps (www.google.de/maps), das die gesamte Erde abbildet und über eine gute Suchfunktion verfügt. Neben den Karten zur Orientierung bekommt man hier auch den fotografischen Blick aus der Satellitenperspektive. Teilweise hat man auch den Streetview zur Verfügung, also die fotografische Ansicht aus der Bodenperspektive in Augenhöhe.

Wer kann mir helfen?

- Verwandte: Ältere Verwandte sind oft dankbar, wenn sie auf ihre Erinnerungen angesprochen werden, damit sind sie meist allein. Denn viele Menschen wollen die alten Geschichten gar nicht hören.
- *Suchdienste:*
  - *Suchdienst des Roten Kreuzes,* DRK-Suchdienst, Leitstelle Carstennstraße 58, 12205 Berlin, www.drk-suchdienst.de: Hilft, Angehörige zu finden, die durch Krieg, Vertreibung, Flucht oder Katastrophen verloren gingen (Vermisste aus dem 2. Weltkrieg, Flüchtlinge und Migranten der aktuellen Fluchtbewegungen)
  - *Volksbund Deutsche Kriegsgräberfürsorge e. V.,* Werner-Hilpert-Straße 2, 34117 Kassel, www.volksbund.de: Kümmert sich um Soldatengräber weltweit, teilt auf Anfrage mit, wo Angehörige begraben sind und ob etwas über Vermisste bekannt ist
  - *Internationaler Suchdienst (International Tracing Service, ITS),* Große Allee 5–9, 34454 Bad Arolsen, www.its-arolsen.org: Verwaltet das weltweit größte Archiv über die Opfer der Naziherrschaft, Zwangsarbeiter, Kriegsgefangene und von den Nazis verschleppte Kinder. Man kann online einen Suchauftrag erteilen.
- *Wehrmachtsauskunftsstelle:* Eichborndamm 179, 13403 Berlin. Die Wehrmachtsauskunftsstelle ist dem Bundesarchiv in Berlin angegliedert. Hier befinden sich die Soldatenakten von 1849 bis 1945. Unter dem Link https://www.bundesarchiv.de/DE/Content/Artikel/Benutzen/Hinweise-zur-Benutzung/Unterseiten-Militaer/Personenbez-Unterlagen-Militaer/benutzen-hinweise-militaerische-unterlagen-persbezogen.html kann man Kopien der Dienstakte des Angehörigen anfordern.
- *Jugendamt* (Adoptionskinder, Pflegekinder): Hier kann man Informationen über die leiblichen Eltern, die Herkunftsfamilie und die Umstände und Hintergründe des Weggebens eines Kindes bekommen.
- *Pfarrer der Heimatgemeinde* (Kirchenarchiv): Er ermöglicht den Blick in die Kirchenbücher oder weiß, in welchem Archiv sie sich befinden und ob es einen Onlinezugriff gibt.
- *GenWiki: Der Verein für Computer-Genealogie* bietet im Internet unter der Bezeichnung GenWiki (http://genwiki.genealogy.net) umfangreiche Informationen rund ums Thema Familienforschung an, von Anfängertipps über Computerprogramme bis zu Vordrucken für Nachforschungen etc. Außerdem gibt es hier Mailinglisten, Newsgruppen und thematische Foren mit kompetenten Spezialisten für die unterschiedlichen Themen und Regionen, an die man sich mit Fragen wenden kann.

So kann man vorgehen

- Was will ich erforschen? Wählen Sie einen Vorfahren oder eine Fragestellung aus! Werden Sie sich klar über Ihre Frage, die Sie klären wollen.
- *Sichten des Materials:* Was weiß ich schon, was habe ich an Unterlagen?
- *Was ist mein inneres Anliegen?* Wo ist die Lücke?
- *Welche weiteren Informationen benötige ich?*
- *Wie gehe ich vor?* Machen Sie sich einen Rechercheplan; schreiben Sie auf, wo und wie Sie weitere Informationen suchen wollen. Haken Sie ab, wenn Sie einen Pfad verfolgt haben.
- *Gedanken aufschreiben:* Im Laufe der Recherche ändern sich oft die Schwerpunkte: Dringliche Fragen finden ihre Antwort und rücken in den Hintergrund, dafür tauchen neue Fragen auf. Machen Sie sich Stichpunkte, schreiben Sie Ihre Mutmaßungen auf, formulieren Sie neue Fragen, die beantwortet werden sollen.
- *Familienstammbaum erstellen:* Ein Stammbaum oder eine Ahnentafel sind sehr hilfreich, um das Dickicht der Familie aufzuklären und einen Überblick über die oft komplexen Beziehungen zu bekommen. Der Stammbaum ist gelebte und geronnene Geschichte. Die visuelle Darstellung ist nützlich für weitere Nachforschungen.
  - Im Internet gibt es etliche Programme, mit denen man einen Stammbaum ausarbeiten kann (siehe z. B. wiki-de.genealogy.net). Man gibt die bekannten Daten ein, sie werden dann automatisch zum Stammbaum oder der Vorfahrentafel gruppiert. Einige der Programme sind kostenlos, für andere muss man bezahlen (einmalig oder Abo-System). Kostenlos ist z. B. das Programm der Mormonen www.familysearch.org/de
  - Bei mehreren Programmen kann man auch nach bisher unbekannten und weit zurückliegenden Vorfahren suchen, das ganze weltweit. Allerdings erhält man brauchbare Ergebnisse nur, wenn man genaue Namens-, Orts- und Zeitangaben hat – und wenn sich schon jemand mit der Familie beschäftigt und das ins World Wide Web gestellt bzw. man die richtige Datenbank erwischt hat.
- *Familienchronik verfassen:* Vielleicht haben Sie vor, das Erforschte in einer Familienchronik niederzuschreiben, versehen mit alten Fotos oder anderen Dokumenten. Für wenig Geld kann man einige Exemplare binden lassen – ein schönes Geschenk für die eigenen Kinder oder interessierte Verwandte und eine dauerhafte Selbstvergewisserung.

4 Biografische Prozessgestaltung am Beispiel von Schreibgruppen oder: Vom roten Faden zum Gewebe des Lebens

> Das Wort ist der Ruf,
> der die Dinge und uns selbst
> in den offenen Bereich des Lebens ruft,
> von dem wir und die Dinge kommen.
> Das Wort bringt uns in diesen Anfang.
> Am Ende zielt das Wort nicht auf das Festgeschriebene,
> das Namentliche.
> Die Botschaft des Wortes
> ist die Fraglichkeit,
> die Anrufung in den offenen Bereich
> des Anfangs.
> In das Anfängliche der Welt.
> Das ist ihr Erscheinen.
> *Unbekannt*

Schreibgruppen sind in der Biografiearbeit ein verbreitetes Verfahren. Das ist naheliegend, sind doch schriftlich erzählte Biografien eine wichtige Grundlage, um so etwas wie »Biografie« überhaupt in einer »orchestralen Vielstimmigkeit« zu denken. In diesem Kapitel werden Aufbau und Prozessbegleitung anhand der Arbeit in Schreibgruppen exemplarisch dargestellt und können als solche auch zur Anregung für weitere gestalterische Formate dienen.

4.1 Zielgruppen und Kontexte – wo, wann und mit wem?

Dieses Unterkapitel weist auf die Wichtigkeit der Rahmenbedingungen für die Entstehung einer Schreibgruppe hin.

Das Initiieren von Schreibgruppen bedarf folgender Abklärungen:
- Welche Zielgruppe soll
- in welchem professionellen Kontext
- von wem angesprochen
- und geleitet werden?

Schwerpunkte bestimmen sich anhand des so entstehenden Auftrags. (Zur besseren Einordnung kann die Skizze »Felder der Biografiearbeit« aus dem Unterkapitel 2.2, S. 69 hinzugezogen werden.)

In der Regel wird eine biografische (Schreib-)Gruppe im Rahmen einer Trägerschaft angeboten. Träger können sein: Volkshochschulen, Kliniken, Schulen, Seniorenheime, Kulturämter, öffentliche Bibliotheken, Literaturhäuser, Gefängnisse, Träger der Erwachsenenbildung, Kirchengemeinden u. ä. In eigenen Praxen und Ateliers finden biografische Schreibgruppen im Rahmen von Gruppenangeboten ebenfalls statt. Durchgeführt werden sie von Fachkräften, die in Verbindung mit ihrer jeweiligen Fachlichkeit eine Expertise für eine bestimmte Zielgruppe und deren Anliegen haben. Der zeitliche Rahmen reicht von einem einmaligen Treffen über Wochenenden bis zu über lange Zeiträume laufende Gruppen im Wochen- oder Monatsrhythmus mit langsam wechselnden Teilnehmenden.

4.2 Themenfindung und Themengestaltung

Biografisches Schreiben beinhaltet das Bereitstellen eines Raumes, in dem Sprache als Erfahrung entwickelt werden kann. Dies geschieht vor allem durch Schreibanleitungen, die darauf hinzielen, dass nicht – wie es normalerweise der Fall ist – für ein Gegenüber, ein Du erzählt wird, sondern für das Ich. Damit läuft es unserer Alltagserfahrung entgegen, beinhaltet doch die Fähigkeit, ein Gespräch zu führen, zugleich, sich auf ein Gegenüber bzw. auf einen Kontext einzustellen zu können. Dies wiederum beinhaltet die Fähigkeit, Gefühls- und Gedankenprozesse der erwarteten »Schnittmenge« anzupassen bzw. diese Schnittmenge herzustellen. Man bewegt sich im Rollenkontext: Über ein und dieselbe Erfahrung spricht man mit seinem Kind, seinem Ehepartner, seinen Freunden oder einer zufälligen Banknachbarin usw. unterschiedlich.

Beim biografischen Schreiben schätzen die Teilnehmenden in der Regel den Freiraum, auf sich selbst bezogen, also kontextreduziert zu sein und damit unverhofft frei zu erzählen. Eine Aufgabe bei der Anleitung von Schreibeinheiten ist es deshalb, die Kontextbezogenheit zu mildern und dadurch Neukonstruktionen von Geschichten zu fördern.

»Ich erzähle, was ich erzähle,« lautet die Devise. Erläuterungen, Auslassungen, Ergänzungen, die ich meinem Gegenüber zuliebe mache, brauchen nicht berücksichtigt zu werden. Emotionen, Rückfragen, Assoziationen des Gegenübers zum gleichen Thema, die im Gespräch auftauchen, fallen ebenso weg. Damit entsteht die Möglichkeit, den eigenen Erzählfaden – gesponnen aus Assoziationen, Abfolgen, Themen, Sprachebenen – ungestört aufzuspannen. Sich selbst etwas zu erzählen, heißt, der eigenen Spur zu folgen, vielleicht sogar das erste Mal der eigenen Spur zu folgen, indem man sie gerade (er)findet.

Durch dieses auf sich selbst gerichtete erzählende Schreiben wird der *innere Kontext*, der Erinnerungsrahmen hörbar, in dem die Selbsterzählung stattfindet. Dieser Erinnerungs- und Gestaltungsprozess folgt einem Rhythmus. Ihn bei Planung und Durchführung zu berücksichtigen, kann hilfreich sein. Die folgenden Übersichten fassen rhythmische Grundmerkmale zusammen.

Prozessentwicklung
- *Erinnern:* ein Thema tut sich auf ...
- *Erkunden:* ... und wird in ausgewählten Aspekten (persönlich, familiengeschichtlich, zeitgeschichtlich, religiös/spirituell etc.) ausgelotet
- *Verbinden:* Die Aspekte werden miteinander in Verbindung gebracht, verflochten und gestaltet; eine Essenz wird herausgearbeitet
- *Sich einverstanden erklären:* Dem Gelebten und Erinnerten wird ein Platz gegeben im größeren Geschehen des Lebens und es erfährt dadurch zugleich Würdigung und Begrenzung
- *Aufheben:* Die Bearbeitung wird abgeschlossen und die Erfahrung mit anderen geteilt; sie ist damit vom individuellen und kommunikativen Gedächtnis aufgenommen und so im doppelten Sinne aufgehoben
- *Frei werden für Gegenwärtiges und Zukünftiges:* Das Interesse richtet sich neu aus (siehe auch Beispiel in Unterkapitel 3.1, S. 104).

Diesem Rhythmus entsprechend ergeben sich auch die Aufgaben der den Prozess begleitenden Mentor:innen, wie die folgende Übersicht darstellt.

Aufgaben der Mentor:innen in der Prozessbegleitung
- *Erinnern:* Themen vorschlagen; Erinnerungshilfen zur Verfügung stellen, z. B. Gegenstände, Fotos, Erzählungen, frühere Sprachgewohnheiten etc.; kreative Methoden anleiten
- *Erkunden:* Auf die den Erinnerungen innewohnenden Ebenen verweisen, z. B. auf geschichtliche Fakten, relevante Zeiträume und Orte, Mehrgenerationendynamik; Recherchemöglichkeiten anregen
- *Verbinden:* Führen biografischer Gespräche über das Entstandene; Zusammenführen und Verdichten der Inhalte durch schöpferische Ausdrucksmöglichkeiten anleiten
- *Sich einverstanden erklären:* Führen biografischer Gespräche: Kenntnisse über Entwicklungsphasen im Erwachsenenalter, Einordnen individueller Erfahrungen in zeitgeschichtliche Bedingungen, Umgang mit Schicksalsereignissen, Würdigung des Gewesenen unterstützen, Resonanz auf der jeweiligen kreativen Ausdrucksebene geben

- *Aufheben:* Kenntnisse von Ritualen der Erinnerungskultur; Abschließen von Themen befördern durch deren befriedigenden gestalterischen Ausdruck; »den letzten Schliff« anregen; Mit-Teilen in der Gruppe, evtl. Weitergabe in der Familie besprechen; was festgehalten und weitergegeben wird, ist aufgehoben im doppelten Sinne des Wortes; Freude, Entspannung unterstützen
- *Frei werden für Gegenwärtiges und Zukünftiges:* Neue Themen anregen oder Verabschieden der Teilnehmenden.

4.3 Über die Kunst, auseinanderzudividieren und zusammenzufügen – Aufbau von biografischen Schreibprozessen

Eine Vielzahl an Textformen und Methoden bieten sich Biografisierenden in Schreibprozessen dar, die in einer Zusammenfügung zu einem Ganzen wachsen können.

Im Aufbau des Schreibprozesses empfiehlt sich ein Wechsel zwischen
- *assoziativen Texten* (Stoffsammlung)
- *erzählerischen Texten* (Prosa)
- *verdichteten Texten* (lyrische Formen).

Im Folgenden sind einige Methoden genannt, die sich für die unterschiedlichen Schreibphasen eignen (eine kurze Erläuterung der Methoden finden Sie im Unterkapitel 4.7, S. 215).

Assoziative Methoden: Schöpferisches Denken und Handeln enthält ein spielerisches Element. Darum stehen Methoden am Anfang, die Offenheit und eine Bereitschaft, festgefügte Bedeutungszusammenhänge zu verlassen, anregen:
- Stichworte/Stichwortketten
- Schreibsonne
- Cluster.

Methoden zwischen Assoziation und Erzählung sind »Methoden, die den Zugang zum emotionalen Grund unseres Denkens freizulegen in der Lage sind« (Biniek, 1982, S. 112):
- Cluster
- Erinnerungsliste
- Automatisches Schreiben.

Methoden zum Verdichten dienen dazu, die Essenz des Geschehens herauszuarbeiten und zu einem Abschluss zu kommen:
- Elfchen
- Gedichte aller Art
- chinesisches Gedicht
- Abschlusswort und Überschrift.

Aus Einzeltexten ein Ganzes schaffen: Entstandene Texte können zu einer neuen Einheit und damit zu einem Ganzen verbunden werden. Dabei bewährt es sich, nach literarischen Mustern vorzugehen. Ein Beispiel dafür findet sich hier:
- Inhaltsverzeichnis der entstandenen Texte
- Überschrift/»Buchtitel«, Gattung
- Klappentext verfassen
- Ausblick auf Nachfolgewerk.

Es findet sich dann, wie Goethe (1809/1956, S. 134) schreibt, »ein roter Faden, der durch das Ganze durchgeht [...] und woran auch die kleinsten Stücke kenntlich sind, dass sie« – so kann man sinngemäß ergänzen – zur Biografie dieses einen Menschen gehören.

4.4 Die Entwicklung des poetischen Selbst und der Erzählstimme

In diesem schreibenden Gestalten entwickelt sich ein poetisches Selbst und eine eigene Erzählstimme.

Die eigene Stimme ist hörbar, wenn zweierlei zusammenkommt: Ich erzähle auf der inhaltlichen Ebene, *was* ich zu erzählen habe. Das ist das Hervorbringen meiner Themen, meiner Anliegen, meiner Sicht- und Erlebnisweisen. Und ich erzähle es auf meine eigene Weise, also *wie* es für mich angemessen, stimmig ist. Das ist die Entwicklung des eigenen Stils. Durch die Verflechtung von beidem wird erlebt: Ich bin es, die sich in der mir eigenen Sprache zum Ausdruck bringt. Ich bringe mich hervor.

Verständnis dafür entstand durch meine langjährigen Erfahrungen in Schreibgruppen, aus Erfahrungen mit der Forschungsmethode des narrativen Interviews, durch Beschäftigung mit grammatikalischen Unterschieden in verschiedenen Sprachen und den darin gespeicherten kulturellen Mustern, durch die Lektüre von Claude Levi-Strauss und seinen Forschungen zu Verwandtschaftsbeziehungen und Grammatik (1992), durch Beschäftigung mit schizophrener Kommunikation – und natürlich mit und durch Werke der Literatur. Jeder große Schriftsteller, schrieb Ingeborg Bachmann sinngemäß, habe nur ein einziges, ihm tief zugehöriges, Thema. Dieses Thema umkreise er in all seinen Werken wie ein Planet seinen Stern. Die Schriftstellerin Bachmann bezieht diese Aussage auf Literat:innen, also auf solche, die, um ihr Thema zum Ausdruck zu bringen, eine neue Sprache suchen und finden und uns, den Lesenden, dadurch einen neuen Raum öffnen (Bachmann, 1981, S. 312). Dies ist natürlich eine Dimension, die in Schreibgruppen in dieser Weise nicht vorkommt. Sie kommt nicht in der Weise vor, dass die entstehenden Texte eine erweiterte Öffentlichkeit bewegen. In anderer Weise geht es aber genau um diese Qualität, und das habe ich erst nach einiger Zeit verstanden. Es geht genau darum, sein eigenes Thema und die Sprache dafür wechselseitig hervorzubringen. In diesem Hervorbringungsprozess wird etwas deutlich, das ich »Sprachgestalt« nenne und das umfassender ist als der Inhalt dessen, was erzählt wird.

Was ist mit »Sprachgestalt« gemeint? Sie bedeutet, in Anlehnung an die körperliche Gestalt, das Zusammenwirken zwischen Substanz und Bewegung. Substanz kann hier verstanden werden als der Inhalt des Erzählten, Bewegung als der Sprachfluss mit seinem spezifischen Wortschatz und in seinen grammatikalischen Ausprägungen. Sprachgestalt bedeutet damit die unverwechselbare Art und Weise des sprachlichen Ausdrucks, der Klang eines Textes (vergleichbar mit dem spezifischen Klang von Sprechstimmen). Bereits nach zwei bis drei Treffen lassen sich Texte dadurch den Schreibenden zuordnen.

Erzählen findet deshalb immer in mehreren Dimensionen zugleich statt: Inhalt, Stil und Gestaltung durchdringen sich. Sie erfahren während des Prozesses des biografischen Schreibens und des Zugehörbringens der Geschichten Veränderungen. Diese Veränderungen sind Ausdruck der Gestaltungskraft der Biografisierenden.
Eine Geschichte hat mindestens drei Ebenen:
1. *Inhalt*: was Menschen erzählen
2. *Stil*: wie Menschen erzählen
3. *Gattung*: als was Menschen ihre Erfahrung erzählen.

All diese Ebenen sind Gestalt gewordene Erlebnisse, Gefühle und Gedanken und damit Ausdrucksmittel. Meiner Erfahrung nach geht das bis in die sogenannten Fehler der Rechtschreibung, Zeichensetzung, Grammatik hinein. All dies bildet die Sprachgestalt. In den Schreibgruppen wird diese Sprachgestalt innerhalb kurzer Zeit sichtbar oder, besser gesagt, hörbar. Mit dieser Sprachgestalt lässt sich arbeiten, sie lässt sich entwickeln, mit ihr kann man kommunizieren, eine Beziehung herstellen, mit anderen Worten: Über sie kann man den Menschen erreichen.

Die Entwicklung der Sprachgestalt in biografischen Schreibgruppen ist zugleich die Entwicklung des poetischen Selbst. Sie lässt sich folgendermaßen beschreiben:

- Hinwendung der Wahrnehmung nach innen: Die Person ist jetzt für sich selbst da, muss nichts tun, erledigen, kommuniziert nicht nach außen, sondern nach innen.
- Fokussieren der Aufmerksamkeit durch gelenkte, angeleitete Assoziation oder durch individuelles Aufgreifen des sich aufdrängenden Themas
- Wahrnehmen der dazu entstehenden inneren Bilder: Welche Erinnerungsbilder tauchen auf, welcher Ort, welche Menschen, welcher Geruch, welche Tageszeit; was davon ist gerade das Wesentliche?
- »Abtasten« dieser inneren Bilder mit den eigenen Worten, In-die-Sprache-bringen der inneren Bilder
- Das In-die-Sprache-bringen der Bilder wirkt wie ein »Entwicklungsmittel«, macht sie kontrastierter und deutlicher. Akzente und Betonungen entwickeln sich.
- Dadurch entsteht ein »Fluss des Erzählens«, das innere Bild löst also eine Bewegung aus, es entsteht die Abfolge von Bildern, ein Geschehen wird erzählbar, die Geschichte entwickelt sich, schreibt sich fort … es fließt.
- Dieses Erzählen orientiert sich am Ablauf der inneren Bilder, des eigenen Gestaltungsprozesses und nur nachgeordnet an einem Du oder an einem äußeren Zweck. Es ist also nicht in konkrete Kommunikation eingebunden, sondern folgt dem eigenen Erkundungsinteresse.
- In dieser nicht in soziale Verwertung eingebundenen Sprache, der sozialen Zweckungebundenheit des Erzählens entsteht eine geöffnete Wahrnehmung; nichteingefahrene Assoziationen tauchen auf und werden in neuen sprachlichen Bildern ausgedrückt.
- Dieser schöpferische Ausdruck lässt sich als Ausdruck des poetischen Selbst bezeichnen.
- Mit ihm einher geht das Empfinden einer tiefen Befriedigung, und zwar unabhängig davon, ob der geschriebene Inhalt leicht oder schwer, traurig oder freudig ist.
- Dieser Ausdruck ist der sich entwickelnde Ausdruck der eigenen (inneren) Stimme. So, wie sich die Singstimme ausbilden lässt, lässt sich auch die Erzählstimme ausbilden. Damit ist nicht eine Erzählstimme mit allgemeingültiger literarischer Qualität gemeint, sondern eine Verfeinerung der

Stimme, mit der wir das eigene, so wichtige Selbstgespräch führen (siehe auch Unterkapitel 2.4, S. 91).
- Das Tagebuchschreiben grenzt in bestimmten Bereichen an diese Erfahrung, insofern es der (freien) Assoziation folgt und sich an den inneren Bildern orientiert statt an äußeren Anliegen. Was es nicht hat, ist die gelenkte Assoziation und die Schreibanleitung. Tagebuchschreiben hat deshalb weniger die Tendenz, »über sich hinaus zu wachsen« und sich weiterzuentwickeln. Was es außerdem nicht beinhaltet, ist die Vorleserunde und damit die Verankerung im Sozialen, also die Bekräftigung der Realität der inneren Bilder durch die Verankerung im sozialen Raum.

Biografische Hervorbringungsprozesse können Wochen, Monate oder auch Jahre dauern. Tiefgreifende Erkundungen wechseln sich dann mit Alltagserzählungen, Lebensfreundlichkeiten, auch sprachspielerischer Experimentierfreude ab. Komplexe Lebensthemen werden, vergleichbar archäologischen Ausgrabungen, langsam und Schicht für Schicht ans Licht – d. h. hier zur Sprache – gebracht. Im Ausdrücklichen des auch schmerzhaft Eindrücklichen entsteht so im Gestaltungs- und Mitteilungsprozess Mitgefühl mit sich selbst, Freude und Gegenwärtigkeit.

Im nachfolgenden Text reflektiert eine Teilnehmerin diese Erfahrungen:

>»Ich wollte einen Ausdruck, mein Inneres nach außen bringen
>durch das Schreiben selbst
>durch das Vorlesen in der Gruppe.
>Das Geschriebene ist dann in der Welt, ich werde gesehen, finde Gehör und Resonanz.
>Da war ein Nicht-Akzeptieren von Blockaden. Ich hatte in den Schulaufsätzen fast immer ›Thema verfehlt: 6‹. Die Blockaden überwinden ging nur durch
>   alles ist erlaubt
>   alles ist richtig
>   kein Verbessern
>   kein Vergleich
>   keine Bewertung.
>Mein biografisches Schreiben war oft schmerzhaft. Es tauchten schwierige Themen immer wieder auf. So machte ich die Erfahrung – frei nach Hermann Hesse: ›Alles, was nicht bis zum Ende durchlitten ist, kehrt wieder.‹
>Dieses ›Von der Seele schreiben‹ war immer auch ein Für-die-Seele-schreiben, auch weil mit mir und meinen Texten respektvoll umgegangen wurde in der Schreibgruppe.

> Den Anfang des Schreibtextes fand ich irgendwann sehr schnell. Ich schrieb einfach den Satz auf, der mir in den Sinn kam, ohne daran herumzufeilen. Und ich fand einen eigenen Schreibstil und das war außerordentlich beglückend.«
>
> Rita M.

4.5 Gehör finden oder: Die Bedeutung der Vorleserunde

Biografisches Schreiben in der Gruppe ermöglicht also sowohl das Aufschreiben eigener Erfahrungen als auch das Einbringen dieser Texte. Damit geschieht etwas Doppeltes: Im ersten Schritt, dem Schreiben, werden die eigene Perspektive und Erzählstimme hervorgebracht und im zweiten, dem Vorlesen, werden sie zu Gehör gebracht und vernommen. Denn mit der eigenen Stimme zu sprechen, impliziert das Bedürfnis, gehört zu werden. In biografischen Schreibgruppen findet dies in den Vorlese- und Gesprächsrunden statt. Das ist immer spannungsvoll, oft klopft das Herz dabei: Ich bringe mich zu Gehör. Und ich werde gehört: Ein bewegender und vollkommen gegenwärtiger Prozess. In ihm wird die eigene Erfahrungsstimme in das soziale Gedächtnis der Gruppe integriert. Die eigene Stimme und Erfahrung sind damit bezeugt und im sozialen Raum als Wirklichkeit bestätigt.

> Frau E. hatte sich in ihren Texten intensiv mit ihrer Herkunftsfamilie auseinandergesetzt. In der Beziehung zur Mutter erzählte sie dabei von ihrer Verwirrung über deren »zwei Gesichter«, das eine zugewandt und im guten Sinne mütterlich, das andere kalt und emotionslos. Kindliche Verzweiflung, Wut und Ablehnung der Mutter und diesen Zumutungen gegenüber fanden in den Texten ihren Ausdruck. In der Gruppe wurden diese Gefühle als nachvollziehbar aufgenommen und anerkannt. Frau E. erlebte die Akzeptanz ihrer verwirrenden Gefühle und die Fähigkeit, ihre Verwirrung verständlich zu machen.

Dieses Ankommen wirkt als Beglaubigung der eigenen Geschichte(n) und Person. Diese Beglaubigung bestärkt wiederum die Bereitschaft, sich mitzuteilen und zu erinnern – oftmals schließlich auch an bis dahin verborgene, verheimlichte und immer noch schmerzhafte Erfahrungen.

In dem sich daran anschließenden Gespräch wird das nun als Text formulierte Erleben als Teil der gemeinsamen sozialen Wirklichkeit bestätigt. Die Schreibenden sind damit mit ihrer Geschichte im wörtlichen und übertragenen Sinne angekommen.

In einer späteren Sitzung lautete die Schreibanregung: »Von einem mir nahestehenden Menschen erzählen.« Frau E. wählte ihre Mutter. In diesem Text schrieb sie nicht im Rollenkontext Mutter-Tochter. Sie konnte sich der Mutter als Person zuwenden. In ihrem Text erzählte sie von einer grundlegenden, traumatischen Kindheitserfahrung der Mutter während des Krieges: Diese, damals ein zehnjähriges Mädchen, wurde wegen der Bombardements der Heimatstadt mit ihrer Mutter im Zug evakuiert. Dieser Zug wiederum wurde von einer Bombe getroffen. Die Mutter starb. Das Mädchen harrte stundenlang neben der toten Mutter aus. Dann wurde es von Fremden weggeholt.

Die Resonanz in der Gruppe auf diese Geschichte war sehr stark. Das Mitgefühl, das zuvor dem Mädchen E. zuteil worden war, erweiterte sich nun auf das Kind, das deren Mutter gewesen war. Frau E. war diese Geschichte lange bekannt gewesen. Durch die emotionale Anteilnahme der Gruppe, die sowohl ihr als auch der Mutter galt, wurde nun für sie erstmals die emotionale Wucht des Geschehens spürbar. Sie weinte im Mitgefühl für das Mädchen, das ihre Mutter gewesen war. Ihre Verwirrung löste sich auf, indem sie das »kalte Gesicht« der Mutter nun auf deren Erstarrung als Kind neben der toten Mutter beziehen konnte.

»Kennedy-Moore und Watson beschreiben vier zentrale Funktionen des emotionalen Ausdrucks: Emotionsregulation, Selbsterkenntnis, Coping und Beziehungsverbesserung […] Aus der Arbeit mit Traumaüberlebenden […] weiß man, dass Intrusionen leichter und länger ertragen werden, wenn ehemalige Opfer die Möglichkeit erhalten, mit empathischen und supportiven Menschen über das Trauma zu reden. Das Gespräch mit einem empfänglichen Zuhörer erleichtert die Einordnung des traumatischen Geschehens in einen Sinnzusammenhang, ermöglicht die Entwicklung von Copingstrategien und steigert das Gefühl der Selbstkontrolle« (Heimes, 2012, S. 64).

Erfüllung wird, unabhängig vom emotionalen Gewicht der Geschichten, durch das Hervorbringen und Gehörtwerden der eigenen Erzählung empfunden. Dies wird verständlich durch den Resonanzbegriff, so wie ihn der Soziologe Hartmut Rosa entwickelt hat: »Resonanz ist kein Gefühlszustand, sondern ein Beziehungsmodus. Aus diesem Grund kann die ›negative‹ Emotion Trauer (ebenso wie auch etwa Einsamkeit) zu einer positiven (Resonanz-)Erfahrung führen, und deshalb sind Sätze wie *Der Film war so schön, ich hab so geheult* kein semantischer Unfug, sondern Ausdruck einer allgemeinen Erfahrungstatsache. […] Was als positiv erlebt wird, ist nicht die Trauer selbst, sondern die dadurch ausgelöste Resonanzwirkung« (Rosa, 2017, 288 f.).

> Dann trat Frau E. ihre eigene Tochter vor Augen. Die Betroffenheit veränderte sich. Ihr Gesicht hellte sich auf. Und sie erzählte eine weitere, für die Gruppe neue Geschichte: Ihre Tochter sei zum wiederholten Male in der Psychiatrie. Während psychotischer Schübe habe diese panische Angst vor Feuer und Zerstörung. Das sei doch eben jenes, was deren Großmutter, ihre Mutter, als Kind erlebt habe. Und in der ihr eigenen Art sagte Frau E. vergnügt: »Ich werde das ihrem Therapeuten erzählen.«
>
> In der nachfolgenden Sitzung berichtete Frau E., die Psychose ihrer Tochter sei nach dem intensiven gemeinsamen Gespräch zwischen dem Therapeuten, der Tochter und ihr abgeklungen.

Die Gruppe war in Resonanz gegangen, d. h. in eine Antwortbeziehung zu dem, was Frau E. zu Gehör gebracht hatte. Mehrere Gruppenmitglieder hatten eigene Gefühle des Schmerzes und der Trauer auf die Erzählung nicht abgewehrt, sondern gezeigt und dabei sowohl Anteilnahme ausgedrückt als auch erfahren. Die Tragweite des früher Geschehenen konnte sich dadurch bei Frau E. entfalten, ohne sie zu überwältigen: Bedeutsame Zusammenhänge wurden für sie spürbar und denkbar.

Für die Gruppe wiederum bleibt als Erfahrung: Indem ich mich meinem Erleben widme, finde ich Unterstützung und Entlastung. Mitunter werden Situationen, die sich dem eigenen Erzählen versperren, weil sie traumatisch gebunden oder scham- und schuldhaft besetzt sind, in Texten anderer »mit zur Sprache« gebracht. Die Gruppe bietet so auch die Möglichkeit, sich über die Texte der anderen an sich selbst anzunähern.

Alternativ wird um traumatische Ereignisse herumerzählt, wodurch schließlich immerhin der weiße oder schwarze Fleck auf der inneren Landkarte allmählich verortet wird: »Ich kann über die Bombennächte im Keller/über den Verlust des Kindes etc. nicht schreiben. Das war zu schlimm.« Damit weiß man miteinander, wo die Grenzen des Erzählbaren momentan liegen, und es gibt eine Erzählung über diese Grenzen.

Prozessverlauf in der Vorleserunde
- Mit der eigenen Stimme sprechen (Christa Wolf)
- sich selbst dabei neu/Neues erzählen
- sich selbst hören
- im Angesicht der anderen
- Resonanz erleben: geschützte Reaktionen auf ungeschützte Äußerungen
- gegenwärtig sein
- zuhören
- Erfahrungen anderer, die mit ihrer Stimme sprechen, in die eigene Erinnerung integrieren.

4.6 Die Aufgabe von Mentor:innen im Gruppenprozess

Es folgt ein kurzer Überblick über die wichtigsten Aspekte für das Leiten einer Gruppe im Schreibprozess.

Die Aufgaben im angeleiteten Schreibgruppenprozess lassen sich wie folgt zusammenfassen:
- Übergang vom Alltagsmodus in den Selbst- und Gruppenbezug ermöglichen
- Schreibthema und Schreibmethode anbieten
- bei Schreibblockaden unterstützen, diese zu lösen
- in der Vorlese- und Gesprächsrunde den Resonanzraum gestalten und schützen.

In der Gruppenlenkung ist maßgeblich, verschiedene Ebenen der Verarbeitung und des Ausdrucks gleichberechtigt zuzulassen. Veränderung geschieht über die Annahme dessen, was ist, also auch über die Annahme dessen, wie etwas ausgedrückt ist, und dessen, was nicht ausgedrückt ist.

Steuerung in der Gruppe bedeutet zudem, zu stoppen, wenn ein anderer Text als Anlass zur Erzählung eigener Geschichten genutzt wird. Die Texte dürfen also nicht »enteignet« werden durch Betroffenheit von weiteren Gruppenmitgliedern, denn »Resonanzbeziehungen setzen voraus, dass Subjekt und Welt hinreichend ›geschlossen‹ bzw. konsistent sind, um mit je eigener Stimme zu sprechen, und offen genug, um sich affizieren oder erreichen zu lassen« (Rosa, 2017, S. 298).

Zu lenken sind auch Gesprächsprozesse des Vertiefens und Begrenzens im Dienste dessen, dass die Gruppe als Resonanzraum fungiert. Diese Lenkung führt insgesamt zu einem Beruhigungsimpuls, da dafür Sorge getragen ist, dass der Aufmerksamkeitsraum »gerecht genug« verteilt wird im Sinne der »Aufmerksamkeitsgerechtigkeit« bei Kate Manne (2019). Es bedeutet zugleich, dafür zu sorgen, dass das Leichte und das Schwere, das noch Stockende und das schon Flüssige, das Alltägliche und das Außergewöhnliche nebeneinander Platz haben. Im Gruppenprozess entsteht dann die bedeutsame Erfahrung: Schweres, auch Traumatisches darf in die Sprache kommen – und danach kann ein Text gelesen werden, der zum Lachen verlockt. Das Schwere wird zum Ausdruck gebracht und aufgenommen und es erstickt das Leichte nicht (mehr). Beides nebeneinander lässt sich jetzt fühlen. »Auch in einer Untersuchung von Berkowitz und Trocolli erwiesen sich Teilnehmer, die ihre Gefühle zeigen durften, großzügiger in der Beurteilung anderer Menschen als Teilnehmer, die ihre Gefühle unterdrücken mussten« (Heimes, 2012, S. 64).

Im schöpferischen Ausdrucksgeschehen kann neben dem inhaltlichen auch immer auf die Ausdrucksbewegung eingegangen werden, d. h. hier auf die Sprache, in der erzählt wird. In manchen Situationen ist es angebracht, auf der Ebene der Erzählweise Resonanz anzubieten und nicht explizit auf den Inhalt einzugehen. Dabei handelt es sich um Themen, die anfänglich zur Sprache gebracht werden und im Schutzraum des gerade erst Erscheinenden bleiben müssen, um dessen Wirksamkeit nicht beraubt zu werden, d. h. heilend zu sein. Hier geht es um »das magische, das ästhetische, das therapeutische Wort, das wirksam und lebendig ist, weil es den Schrecken bannt« (Assmann, 2018, S. 260). Dann ist ein Eingehen, ein Hinweisen auf die Sprachebene der Kanal, über den Bekräftigung, Beruhigung und Bejahung entstehen.

»Hinauftreiben«, wenn die Bürde leichter geworden ist, und so, unbeschwerter, weil das Notwendige zur Sprache gekommen ist, auch gehen zu können – welch schöner, doppeldeutiger Begriff »gehen können« –, davon spricht der nachfolgende Text einer Teilnehmerin, mit dem sie sich aus der Gruppe verabschiedete:

> **Abschied, Tapferkeit und was mich sonst noch beschäftigt**
> »Jetzt habe ich mich selbst entdeckt. Meine Liebe zu meinem Körper, meine Bezogenheit auf das Leben, meine heitere Kraft, mein Ruhiges und Polterndes.
> Hier habe ich eine Sprache dafür gefunden. Durch die Angst und den Schmerz hindurchzugehen. Nicht stumm. Den Mund aufzumachen – wie meine Mutter es früher verlangte. Ich war eine brave Tochter, auch. Aber in der Schreibgruppe machte ich den Mund auf, weil ich es wollte. Dennoch: ›Brav‹ kommt aus dem Französischen und heißt im Deutschen ›tapfer‹.
> Ich machte den Mund auf, weil ich begriff, dass Leben immer ganz persönlich ist. Und dass ich nur, wenn ich bereit bin, das ganz Persönliche zu teilen, mich mitteilen kann.
> Wie oft habe ich den Zauber erlebt, Worte zu finden für mich, für Erlebtes, für Erlittenes, für das, was mir manchmal erst im Moment des Schreibens bewusster wurde, sich auf Materie entfaltete. Worte als Material, um sich selbst einzufangen, zu imaginieren, sich in eine Selbst-Trance zu begeben beim Schreiben.
> Mein Leben – magisch.
> Ich kann mich genießen, über Worte. Das festzustellen, war ebenfalls Genuss. Es hat mich Überwindung gekostet, mich mitzuteilen, am Anfang. Die Erfahrung, die ich machen durfte, war Anteilnahme an mir, meinem Ausdruck. Tiefes Zuhören. Positive Rückmeldung. Ich fühlte mich angenommen. Eigentlich war es auch etwas Magisches. Und gute Magie heilt.
> Was ist nun mit dem Abschied?! – Er ist leicht.

> Ich nehme ein Geschenk mit, eine Selbst-Erfahrung, eine Selbst-Sicherheit.
> Ich habe ein halbes Jahr gezögert, weil ich mich noch nicht verabschieden konnte, zu sehr hätte ich euch vermisst! Jetzt weiß ich, dass ich meine Fähigkeiten und Unfähigkeiten mitnehme, und die Erfahrung.
> Ich habe in meinem Leben viele Abschiede herbeigeführt und annehmen müssen. Früher fühlte ich mich eher dem Abschiedsschmerz ausgeliefert, manchmal schien er mir unerträglich. Ich mied Abschiede, vermied sie, mogelte mich drum herum. Der Gedanke, dass es für alles eine Zeit gibt, war mir lieber ein Satz auf dem Papier denn eine Erfahrung. Erst der Tod meines Freundes hat mich gelehrt, dass Untertauchen nicht das Ende ist, es gibt auch ein Hinauftreiben.«
>
> Barbara (53)

4.7 Methodische Anregungen und Hinweise[34]

Zuletzt einige Schlagworte, die das Gestalten von Prozessen in Schreibgruppen anregen können.

Stichworte/Stichwortketten: Spontan Stichworte zu einem Thema aufschreiben, als Kette aneinanderhängen; nicht nach Logik fragen

Schreibsonne: Eine »Kindersonne« aufmalen; das Thema wird in die Mitte der Sonnenscheibe geschrieben, die Strahlen werden mit je einer Assoziation, einem Stichwort dazu beschriftet.

Cluster: Das Thema wird in die Mitte des Blattes geschrieben und eingekreist; es empfiehlt sich, den Selbstbezug dazu mitauszudrücken, also z. B. »Meine Wohnorte« statt »Wohnorte«. Davon ausgehend wird eine Stichwortkette notiert, wobei immer das zuletzt geschriebene Wort zur nächsten Assoziation führt. Diese Kette muss ebenfalls keiner äußeren Logik folgen. Danach wieder zur Mitte gehen und mit einer neuen Assoziation anfangen.

Erinnerungsliste: Die schönste Liste, die ich kenne. Erinnerungen können assoziativ aufgeschrieben (und zu einem späteren Zeitpunkt sortiert oder ausgeführt) werden. Es wird mantraartig begonnen mit »Ich erinnere mich ...«, danach folgt eine Erinnerung mit einem konkreten Aspekt und einer Gefühlsfärbung als Abschluss.

---

34 Zur Anleitung siehe auch Unterkapitel 5.1, S. 217.

> **Beispiel**
> »Ich erinnere mich an meinen Neffen, der sich auf Glatteis mit seinem Auto überschlug, dessen Frau im achten Monat schwanger war und denen sozusagen kein Haar gekrümmt war. Was für ein unglaubliches Geschehen!«

Automatisches Schreiben: Zehn Minuten mit der Hand schreiben, ohne abzusetzen. Wenn keine Ideen da sind, dann letztes Wort mehrmals wiederholen, Liedtexte aufschreiben etc. bis wieder ein Schreibimpuls kommt (die Anregung kommt aus den Schreibspielen des Dadaismus).
Elfchen: ein kleines angeleitetes Gedicht aus elf Worten nach den Vorgaben der Tabelle 7.

Tabelle 7: Ein »Elfchen« erzeugen

	Anzahl der Worte	Inhalt	Beispiel
1. Zeile	1	Thema	Sonne
2. Zeile	2	Ansprache	du warme
3. Zeile	3	etwas erzählen	vor meinem Fenster
4. Zeile	4	Frage an das 1. Wort	Werde ich frei sein?
5. Zeile	1	Antwort	Bald!

Gedichte aller Art: Vierzeiler, Limericks, Haikus etc.
Chinesisches Gedicht: Zu einem Thema/Aspekt ein Satz; zu einem weiteren Thema/Aspekt ein Satz; das zweite Thema mit einem weiteren Satz vertiefen; beide Themen in einem Abschlusssatz verbinden. Dient der Zusammenfügung von Erzähltem bzw. Gehörtem
Abschlusswort und Überschrift: Fokussiert das Erzählte im Nachhinein, drückt also die Erkundungserfahrung aus
Zahlreiche Schreibanregungen finden sich u. a. in den Fachbüchern »Es lohnt sich, einen Stift zu haben« (Unterholzer, 2019). »Auf meinen Spuren« (Gudjons et al., 2020)., »Lehrbuch des Kreativen Schreibens« (von Werder, 1993), »Das Leben in die Hand nehmen« (Burkhard, 1992).

5 Biografiearbeit als Bestandteil psychosozialer Arbeitsfelder oder: »Versuchen, die Fragen selber lieb zu haben« (Rainer Maria Rilke)

Biografiearbeit findet Anschluss an jegliche Kontexte psychosozialer Arbeit. In diesem Kapitel werden besondere Aspekte für den jeweiligen Kontext hervorgehoben. Die Kontexte sind: Jugendamt und Adoptions- und Pflegekinderarbeit, Generationsübergreifendes Arbeiten in Gruppen, die Arbeit mit älteren Menschen, Arbeiten im Kontext von Pflegebedürftigkeit und Sterben, Supervision und zuletzt Coaching.

5.1 Biografisches Arbeiten im Kontext des Jugendamtes

Ausgangspunkt dieses Kapitels bildet eine Fortbildung für Sozialpädagog:innen aus dem Bereich Adoptions- und Pflegekinderarbeit. Ziel war es, den Fachkräften eigene Erfahrungen mit Biografiearbeit und deren Wirksamkeit zu ermöglichen, um deren Bedeutung im Kontext der Identitätsentwicklung für herkunftsfern lebende Kinder und Jugendliche erfahrbar zu machen. Bereits gemachte fachliche Erfahrungen sollten stärker im Bewusstsein verankert werden. Prozess und Ergebnisse werden exemplarisch für die Bedeutung der Arbeit mit Fachkräften dargestellt und eingeordnet.

Die Fortbildung bestand aus zwei Schwerpunkten, einem Selbsterfahrungsanteil in Bezug auf eigenes kindliches Erleben (Teil I) und einem Übertragungs- und Anwendungsanteil auf das berufliche Handeln (Teil II und III).

Selbstreflexive Biografiearbeit für Fachkräfte des Jugendamtes im Adoptions- und Pfegekinderbereich

Teil I – Biografiearbeit als Selbsterfahrung
Ausgehend von der Idee, dass es gut ist, zu wissen, wo man ankern kann, bevor man sich in unbekanntes Gewässer begibt, begannen wir mit einer Übung zur Selbstvergewisserung. Methodischer Schwerpunkt war dabei assoziatives Schreiben, in diesem Fall mithilfe einer »Schreibsonne«.

In der Biografiearbeit und im biografischen Schreiben spielt die freie Assoziation eine bedeutsame Rolle. Unbewusste Seiten, die nicht Gegenstand der Alltagssprache und des Alltagsbewusstseins sind, sind Inhalt der poetischen Sprache, der inneren Bildwelt und des Traums. Die freie Assoziation als Methode des biografischen Schreibens hilft, Zugang zu diesen (Be-)Reichen zu finden und sie mit dem Tagesbewusstsein zu verbinden.

Freie Assoziationen entwickeln sich aus einem Kernwort, an das sich Wortgruppen und Wortketten anschließen. Die Bildung solcher Ketten und Assoziationsnetze ermöglicht es, die noch nicht »gehobenen« Erinnerungen, Gefühle, Einfälle, die eher im Halbbewussten schlummern, über den Ausdruck ins Bewusstsein zu heben. Dieses Ausdrücken von etwas Bedeutsamen, das zuvor verborgen war, erweitert unsere Möglichkeiten, zu fühlen, zu denken und zu handeln (von Werder, 1993)

Bei der »Schreibsonne« wird ein Thema oder Schlüsselwort gefunden und in die Mitte des Blattes gesetzt. Um dieses Wort wird, einer Sonne gleich, ein Kreis gezogen. Dieser Sonne gilt es nun, Strahlen zu geben, indem außen herum im Uhrzeigersinn die Assoziationen zum Thema in Stichworten notiert werden. Die Stichworte bilden die Anregungen zum Schreiben eines Textes. Zum Schluss wird eine Überschrift für den entstandenen Text gewählt.

Mit dieser Methode regten wir die Fachkräfte für Adoptions- und Pflegekinderdienste an, sich an eigene, positive Kindheitserfahrungen zu erinnern. »Eine Situation, in der ich mich geborgen gefühlt habe in der Beziehung zu einem erwachsenen Menschen«, lautete die Aufgabenstellung, der schriftlich nachgegangen wurde.

Durch das Vorlesen der Geschichten entstand ein innerer Raum, in dem die Begegnungsqualitäten deutlich wurden, die einem Kind Verwurzelung in Beziehungen ermöglichen. Ein gemeinsames Anliegen spüren, Fürsorge und Wärme empfangen, Blickkontakt haben, sich auf kleine, wiederkehrende Erlebnisse und Rituale verlassen und freuen zu können, davon sprachen die Kindheitserlebnisse.

Diese Vorgehensweise – das Erinnern und Erzählen dessen, was gut und nährend gewesen war – wurde gewählt, weil sie auch bedeutsam ist für die Unterstützung der Suche nach den biografischen Wurzeln der Pflege- und Adoptivkinder. Dem Ungewissen, dem Schmerzhaften lässt sich mit den bewusst gewordenen tragenden Momenten in der Biografie leichter entgegengehen.

»Welcher Mensch/welche Zeit in meiner Herkunftsfamilie ist für mich mit einem blinden Fleck belegt? Welche Phantasien, Hoffnungen und/oder Befürchtungen ranken sich um diesen Menschen/diese Zeit?«, das war das nächste Thema, das schriftlich erkundet wurde.

Diese Aufgabenstellung sollte das Empfinden der Fachkräfte für die Bedeutung der Erfahrung verfeinern, mit einem gravierenden Nichtwissen in Bezug auf die eigene Herkunft zu leben. Gleichzeitig war intendiert, zu zeigen, dass Pflege- und Adoptivkinder nicht in einer absoluten Sondersituation leben, sondern dass dieses Nichtwissen eine (mehr oder weniger starke) Facette jeder menschlichen Biografie ist.

(Familien-)Geschichten, die die Fachkräfte dabei zur Sprache brachten, drehten sich um Themen wie:
• Fragen an den eigenen, unbekannten Vater
• Gefühle der Nichtzugehörigkeit in Verbindung mit dem Verlust der Heimat und damit der Wurzeln der Eltern durch Krieg, Flucht und Vertreibung
• die sich merkwürdig gebärdende Großtante, von der man erst im Erwachsenenalter erfährt, dass sie – jüdischer Abstammung – ihre zwei Kinder im Faschismus nach England hat ausreisen lassen und danach nie mehr wiedergesehen hat
• Abwertung von Familienmitgliedern aus Gründen, die nicht ergründet werden sollen
• die ferne Nähe zu unbekannten Halbgeschwistern etc.

Bedeutsam war zu diesem Zeitpunkt das Erstaunen darüber, wie intensiv die Präsenz von Nichtbekanntem oder Nichtgesagtem war und wie stark die verborgene Verbundenheit zu diesem weißen Fleck auf der Landkarte der eigenen Biografie ist.

Der erste Teil der Fortbildung endete mit einer Verbindung zwischen Selbsterfahrung und Arbeitserfahrung. Die Wirkung von verborgenen Teilen der Lebens- und Familiengeschichte auf die eigene Befindlichkeit und das Selbstbild, die durch die Geschichten unmittelbar spürbar geworden war, konnten als Verständnis für die Bedeutung von Biografiearbeit mit Pflege- und Adoptivkindern auf den Arbeitsbereich übertragen werden.

Es wurde darüber hinaus deutlich, dass für die Fachkräfte in ihrer Kompetenz zwei »Wurzelstränge« wirksam werden: die mitgebrachten biografischen Erfahrungen und die erworbene Professionalität – es lassen sich hier die zwei Wurzelstränge von Herkunftsfamilie und aufnehmender Familie assoziieren, aus denen Pflege- und Adoptivkinder ihre Identität bilden müssen.

Teil II – Biografiearbeit als Arbeitsmethode
Anlehnend an den ersten Teil der Fortbildung wurden die Teilnehmenden angeregt, Erfahrungen aus ihrem Arbeitsbereich als Geschichte niederzuschreiben: »Über die Arbeit mit einer Pflegefamilie/einem Pflegekind erzählen, für die man sich entweder Klärung wünscht oder in der sich etwas überraschend gut oder schlecht entwickelt hat«, lautete die Aufgabenstellung. Nach

Fertigstellung der »Geschichte« wurde angeregt, je einen angenommenen Kommentar aus der Perspektive des Kindes und aus der Perspektive der Pflege- bzw. Adoptiveltern zum Geschriebenen hinzuzufügen. Wichtig war uns dabei, dass die Fachkräfte für Adoptions- und Pflegekinderdienste ihr inneres Erleben als Fokus nahmen.

Methodisch konnten sie als Einstieg wählen zwischen der Schreibsonne und dem Cluster. Das Cluster ist eine Weiterführung der Schreibsonne und führt zu einer Intensivierung der freien Assoziation: Wieder wird mit dem Kernwort, das umrahmt wird, auf der leeren Seite begonnen. Dann werden vom Kernwort aus rasch und ohne lange Überlegungen Assoziationsketten gebildet. Das jeweils zuletzt geschriebene Wort ist Assoziationsgeber für das Kommende. Sind die aufeinanderfolgenden Assoziationen erschöpft oder kommt ein neuer Einfall, geht man zurück zum Kernwort und beginnt eine neue Assoziationskette.

Nach ca. zehn Minuten wird in der Regel ein Muster erkennbar, ein Thema, das immer wieder auftaucht oder zu dem man sich besonders hingezogen fühlt. Dieses Thema sollte dann als Ausgangspunkt für einen Text genommen werden.

Im Folgenden präsentiere ich vier der entstandenen Geschichten. Ihre Abfolge zeigt exemplarisch den Prozess der Herausnahme von Kindern aus dem Elternhaus und daraus entstehende mögliche Begleitungsaufgaben der Fachkräfte im biografischen Bezug. Dabei werden die Fragen und auch die Zweifel deutlich, die sich für Sozialpädagog:innen in dieser Arbeit ergeben.

Die vier Beispiele bilden einen gemeinsamen Bogen durch das Thema. Sie beschreiben aus der Sicht der jeweiligen Fachkraft:
- die Herausnahme von Kindern aus ihrer Herkunftsfamilie
- den Blick auf die Herausforderungen in der aufnehmenden Familie
- die mühsame Arbeit einer späteren Kontaktaufnahme zwischen leiblichem Kind und Herkunftsfamilie
- die innere Arbeit eines Kindes, das sich bemüht, einer ihm fremden Mutter zu schreiben.

Beispiel I
Eine fallführende Fachkraft beschreibt die Herausnahme von Kindern aus deren Herkunftsfamilie und reflektiert dessen Wirkung auf ihr persönliches Erleben und ihre fachliche Einschätzung.

»Trennung« oder erste Geschichte:
Erzählt, wie es beginnt, ein Pflegekind zu sein
»Trennung, Trennung, Trennung, wie oft müssen diese zwei Kinder das noch erleben? Sie leben als Geschwister mit Mutter und Vater, der Vater von nur einem

> Kind ist. Die Mutter hat sich vom Vater des anderen Kindes getrennt, der Sohn wurde getrennt.
> Die Jungen haben sich, die Eltern haben ihre Drogen, die seit Jahren zur Familie gehören. Die Eltern träumen, mit den Kindern eine Familie sein zu wollen, unauffällig, Vater, Mutter, Kinder.
> Bei einem Polizeieinsatz wird die Familie gewaltsam getrennt, die Geschwister bleiben zusammen. In einer ihnen völlig fremden Situation. Sie haben nur sich, der Große hütet den Kleinen, der Kleine kann sich auf den Großen verlassen. Sie wurden von ihren Eltern verlassen – erst jetzt oder schon vor langer Zeit?
> Die Eltern werden getrennt, die Mutter wird in Süddeutschland festgehalten, der Vater in der Mitte.
> Die Kinder lernen neue Menschen in ihren jungen Jahren kennen. Diese sollen ihnen ein ›neues Leben‹ ermöglichen – mit oder ohne Vergangenheit?
> Die Geschwister werden getrennt, ohne Schmerzen ... bestimmt mit Trauer, Wut, Hoffnung und vielen Fragen im Lebensgepäck.
> Die beiden können sich sehen, besuchen, treffen, reden ... über was?
> Ihre Familie – welche?«

Diese Geschichte vermittelt die Erschütterung der Sozialpädagog:innen bei der Herausnahme der Kinder aus ihrem familiären Zusammenhang. Vieles ist aufgerissen, und es ist schwer, die Situation mitzutragen. Wo die Hoffnung hernehmen, dass es für die Kinder gut weitergehen kann?

Hier hilft es, sich bewusst zu machen, dass die Fachkraft eine wichtige Funktion übernimmt: Sie wird zur Zeugin des biografischen Bruchs im Leben der Kinder und des damit verbundenen Schmerzes und sie kann zur »Bewahrerin« dieser Erfahrung werden. Es gibt zu diesem Zeitpunkt keine andere Person im Leben der Kinder, die diese Aufgabe übernehmen könnte: Die leiblichen Eltern haben ihre Präsenz verloren, und Pflege- oder Adoptiveltern sind in der Regel noch nicht in ihre Rolle eingetreten.

Die bewusste Übernahme dieser Zeugenschaft, verstanden als notwendiger Bestandteil der sozialpädagogischen Aufgaben, gibt dieser Situation eine Bedeutung für die Zukunft und macht sie damit auf tröstende Weise sinnvoll. Zu einem späteren Zeitpunkt erwächst aus solch einer bewusst wahrgenommenen Zeugenschaft für die Kinder die Möglichkeit, im Rahmen einer eventuellen Spurensuche auf das sachliche und emotionale Wissen der Sozialpädagogin des Jugendamtes zurückzugreifen. Ein wichtiger Wendepunkt in der Lebensgeschichte von Betroffenen kann dadurch rekonstruiert und Identität gewonnen werden (siehe dritte Geschichte »Wirrwarr«, S. 224).

Beispiel II
Die fallführende Fachkraft tastet sich zu der Fragestellung vor, inwieweit die »Geschichte der Pflegeeltern und des Pflegeverhältnisses« einbezogen werden müsste, um aktuelle Dynamiken zu verstehen und neue Handlungsräume zu öffnen.

»Sein oder Schein« oder zweite Geschichte:
Fragt danach, wer wo angekommen ist
»Die Familie steht in der Öffentlichkeit, der leibliche Sohn läuft ›gradlinig‹, er macht sein Abitur und meistert auch sonst alle Anforderungen, die das Leben an einen 18-Jährigen stellt.
Problematischer ist die Situation der zwei in der Familie lebenden Pflegekinder. Die Geschwister, die sehr klein, als Säuglinge bzw. als zweijähriges Kleinkind, in die Familie gekommen sind, werden von den Pflegeeltern wie eigene Kinder geliebt und dafür wirbeln sie alles so durcheinander, dass das ganze Familienleben nur noch darauf ausgerichtet ist, alles irgendwie doch noch zu schaffen.
Das Leben der Pflegekinder gestaltet sich von Beginn an dramatisch: Mangelversorgung, Vernachlässigung und Misshandlung durch die Eltern. Die Herausnahme erfolgte gegen den Willen der Eltern und verlief mit vielen Drohungen, Geschrei und Gewalt. Besuchskontakte mussten früh abgebrochen werden.
Bis heute verläuft das Leben der beiden Kinder schwierig. Beide haben Schulprobleme, verweigern den Unterricht, die Ältere ritzt, die Jüngere hat einen Suizidversuch begangen. Grenzverletzungen, Grenzüberschreitungen, Protest und Rebellion bestimmen das Leben.
Die Pflegeeltern sind schon lange an ihre Grenze gekommen, das soll nur keiner wissen. Sie suchen zwar Hilfe, aber nur vordergründig, keine unangenehme und keine, die die Familie in der Öffentlichkeit diskreditieren könnte.
Eines der Pflegekinder möchte Kontakt zu den leiblichen Eltern aufnehmen, dies wird von den Pflegeeltern nicht gewollt. Auch die Aufklärung über die existierenden leiblichen Geschwister und die Herkunftsfamilie wird abgelehnt und kann nicht im Einverständnis und in Zusammenarbeit mit den Pflegeeltern erfolgen.
Die Kinder haben nie direkt von den Pflegeeltern gesagt bekommen, dass sie nicht adoptiert sind, sondern als Pflegekinder in der Familie leben. Die Pflegeeltern haben Angst, den Kindern zu erklären, dass sie Geldleistungen für sie bekommen.
Die Pflegeeltern haben einerseits Angst, dass seitens der Eltern oder der Pflegekinder Vorwürfe laut werden könnten, andererseits wollen sie auch die Kinder schützen und halten die Konfrontation mit den Eltern bzw. mit der Vergangenheit für zu aufwühlend für die Kinder.

> Sie kämpfen für ›ihre‹ Kinder an vielen Fronten – um die Versetzung in der Schule aus pädagogischen Gründen zu erwirken, um die Sonderbeschulung zu verhindern, um die kleinen ›Vergehen‹ im Privatbereich wieder geradezurücken, um alles wieder ›richtigzustellen‹, um die pubertären Launen der Kinder zu ertragen […]. Sie fühlen, dass sie den Kampf ›mit der Vergangenheit und mit den leiblichen Eltern‹, der jahrelang verdrängt wurde, nicht auch noch wollen.
>
> *Perspektivwechsel:*
> Gedanken der Kinder: ›Hier gibt es schlimme Geheimnisse. Ich muss schlimm sein ... ich bin schlimm ... Ich verstehe mich selbst nicht, ich will das nicht.
> Gedanken der Pflegeeltern: ›Wir können nicht mehr, wir tun doch alles für die Kinder, aber die verbauen sich alle Chancen; wenn wir jetzt auch noch über die Vergangenheit und über die leibliche Familie reden, dann wühlt das bestimmt so auf, dass sie die Versetzung in der Schule nicht mehr schaffen. Die anderen Probleme in der Schule sind jetzt wichtiger.‹
>
> *Abschließender Gedanke der Fachkraft:*
> Jedes Kind hat ein Recht darauf, seine Herkunft zu kennen.«

Die Geschichte erzählt von Geheimnissen und Tabus, die sich in der Pflegefamilie entwickelt haben und von Wirkungen, die davon vermutlich ausgehen, und stellt sich die Frage nach professionellen Handlungsmöglichkeiten in solch einer Situation.

Dazu gehört die Wahrnehmung der widersprüchlichen Aufträge, die die Fachkraft erhält. Da sind einerseits die Pflegeeltern, die hoffen, die Fachkraft könne die Situation retten, ohne sie zu ändern, und da ist andererseits ein Pflegekind, das Fragen zu seiner Herkunft und möglicherweise auch zu seinem Platz in der Pflegefamilie hat, sie aber nicht ohne Kränkung der und Grenzverletzung gegenüber den sorgenden Erwachsenen stellen kann.

Hinweise auf einen möglichen Lösungsweg sind im Text angedeutet:
Indem mit den Pflegeeltern über den Beginn, über die Wurzeln der Inpflegenahme reflektiert würde, könnte der vermeintliche Sinn ihres Verdeckens von Realitäten und damit auch ein Teil der Dynamik, die die Kinder entwickelt haben, in einem neuen Licht erscheinen. Was haben die Pflegeeltern vor der Aufnahme der Kinder mit einer Inpflegenahme verbunden? Gab es einen heimlichen Adoptionswunsch? Wer aus der Familie hat ihnen damals Mut gemacht, wer hat Befürchtungen geäußert? Wenn man sich auf die Suche nach weiteren Geheimhaltungen in deren Herkunftsfamilien machte, auf welche Geschichten könnte man dann stoßen?

Biografiearbeit mit den Pflegeeltern könnte hier eine Möglichkeit darstellen, um für die Kinder den biografischen Zugang zu öffnen.

Dieses Beispiel verdeutlicht die Chance, die sich aus der Beschäftigung mit dem Inhalt und der Methode der Biografiearbeit für Fachkräfte der Adoptions- und Pflegekinderdienste ergeben. Im ersten Schritt geht es darum, Klarheit darüber zu erlangen, dass es Pflegeeltern nicht freisteht, die Wurzelsuche der Kinder zuzulassen oder zu unterbinden oder Realitäten zu verleugnen. Das ist deshalb wichtig, damit Sozialpädagog:innen, wie in diesem Fall, den Argumenten der Pflegeeltern nicht erliegen. Denn hier ist die Sozialpädagog:in, vergleichbar mit der Herausnahme von Kindern aus der Herkunftsfamilie, genötigt, etwas gegen den Willen von aufnehmenden Eltern anzustoßen. Und das lässt sich nur mit fachlich abgesicherten Gründen tun.

Zu einem zweiten Schritt gehört es, Methoden an die Hand zu bekommen, um diesen Prozess in Gang und die aufnehmenden Eltern mit ins »biografische Boot« zu nehmen.

Beispiel III
Eine Sozialarbeiterin dient als »Kontaktbrücke« zwischen Adoptivtochter und leiblicher Mutter. Deren angespannte Gefühle während des Anbahnungsprozesses stehen einerseits für die Brisanz, die dieser Prozess für die Betroffenen hat. Andererseits verweisen sie möglicherweise auf ein halbbewusstes Thema aus der eigenen Biografie.

»Wirrwarr« oder dritte Geschichte:
Erzählt die Chronologie einer Mutter-Tochter-Zusammenführung
aus der Perspektive der Sozialpädagogin
»Nach Monaten des Wegschiebens, Verdrängens und der Suche nach ›Wichtigerem‹ habe ich im Schreibtisch die ›unangenehmen Hinterlassenschaften‹ meiner Vorgängerin ›ausgegraben‹ und endlich versucht, sie zu bearbeiten. Zunächst Sortieren der schriftlichen Unterlagen, Erstellen einer Chronologie: Wann geschah was mit welchem Ergebnis, wo stockt es, wie könnte es weitergehen, es hat sich ja lange keiner gemeldet?!
Der Wunsch, ›keine Leichen‹ im Schreibtisch zu haben, ist stärker. Also ran an den Fall: Kollegin krank, wen fragen, was ich tun soll, tun darf?
Unsicherheit. Wieder weglegen?
Wer ist die Mutter von C., wo lebt sie, gibt es einen Weg von Mutter zur Tochter, von Tochter zur Mutter?
Die Fragen sind nur zu beantworten, wenn ich die Mutter ausfindig mache.
Also, den im Landkreis lebenden Vater der leiblichen Mutter einfach anrufen. Tipp vom Kollegen. Muss ja nicht sagen, worum es geht, einfach nur nach der Adresse der Tochter fragen; mit der hätte ich was zu besprechen.

Klappt wunderbar, Adresse erfahren ohne Nachfrage nach dem Grund, warum ich das wissen will.
Erstaunen – es ist die Adresse, die schon vor Monaten aufgetaucht war, aber wo laut Einwohnermeldeamt die gesuchte Person nicht gemeldet ist.
Ich schreibe einfach mal hin mit der Bitte um Rückruf in einer dringenden, persönlichen Angelegenheit.
Schon am nächsten Tag ein Zettel in meinem Postfach. Frau X. hat angerufen und bittet um Rückruf.
Freude – Herzklopfen – was kann ich sagen, wie kann ich sie gewinnen???
Ordentlich tief durchgeatmet, Nummer gewählt, Frau X. war gleich dran – und irgendwie lief es wie von selbst. Kamen schnell ins Gespräch, Grund geklärt, kurz von sich erzählt. Ja, sie möchte Kontakt zu ihrer Tochter.
Hat ja super geklappt, leichter als gedacht. Sofort Adoptivvater angerufen (warum eigentlich den?). Neuigkeiten mitgeteilt. Er sagt es seiner Tochter, die wird sich bei mir melden – super, gut gemacht.
Nach dem Wochenende Zettel im Fach. Frau X. hat angerufen und war stinksauer. Entfernter Bekannter habe ihr telefonisch Vorwürfe gemacht, wie sie denn ihre Tochter weggeben konnte, was sie für eine Mutter sei?
Herzklopfen, Unsicherheit – ich muss anrufen, wie wird Frau X. reagieren?
Fasse allen Mut zusammen, aufschieben hilft nichts. Rufe Frau X. an und erläutere Geschehnisse, frage, ob wir indiskret waren.
So hat sie sich das nicht vorgestellt, stellt infrage, ob sie überhaupt noch Kontakt will.
Zeige Verständnis für ihre Wut, finde keine Erklärung für diesen Vorgang, tut mir leid für sie [...]
Letztendlich war sie wieder ›runtergekühlt‹. Kann alles so weiterlaufen wie geplant – Erleichterung bei mir.
Erstkontakt mit C., Gespräch im Büro.
Wie sieht sie aus, was ist sie für ein Typ, wie komme ich mit ihr ins Gespräch, was will sie wissen? – Hoffentlich wühle ich nicht zu viele Emotionen bei ihr auf.
Läuft besser als geahnt. Langes, gutes Gespräch, emotional gefasst, gute Atmosphäre, über Weg geeinigt.
Sie schreibt ihrer Mutter einen Brief, den diese über mich erhält.

Perspektivwechsel:
Gedanke des Adoptivkindes: ›Hätte das alles nicht einfacher laufen können?‹
Gedanke der leiblichen Mutter: ›Typisch Sozialarbeiter!‹

Eigene Frage:
Wo kommt das Wirrwarr her, von mir oder aus dem Fall?«

Die Herausforderung, von der diese Geschichte erzählt, ist Kontaktaufnahme und Begegnung statt Abbruch und Verdrängung. Auffallend ist der intensive Prozess der Sozialpädagogin, in dessen Verlauf sie die Emotionalität kanalisiert, um Begegnung möglich zu machen. Die Sozialpädagogin ist immer da besonders involviert, wo sich die Frage stellt, ob es einen weiteren Schritt aufeinander zu geben wird oder es zu einem erneuten Abbruch der Kontaktaufnahme kommt. Im Gesamtgeschehen nimmt sie eine Art Brückenfunktion ein. Die Betroffenen tasten sich über die Gespräche mit ihr allmählich an eine reale Begegnung heran.

Wenn man sich erinnert, wie heftig die Herausnahme eines Kindes aus der Familie wirkt oder wie schwer der Entscheidungsprozess einer Mutter für eine Adoptionsfreigabe ist, wird die Arbeit der Zusammenführung in ihrer Tragweite deutlich. In der äußerlich aus einigen Telefonanrufen bestehenden Tätigkeit werden innerlich weite Wege zurückgelegt. Dafür haben die Beteiligten Zeit nötig, Zeit, um sich einen Schritt vorzuwagen, Zeit, um die Ergebnisse zu bedenken, Zeit, um sich ihrer selbst im Vertrauten zu vergewissern. Insofern scheint es stimmig, dass sich auch die Fachkraft als »Schaltstelle« dieses Prozesses Zeit für die einzelnen Schritte zugesteht.

Der Frage nachzugehen, was ihr Anteil an dem »Wirrwarr« sei, lohnt sich gleichwohl. Im Rahmen des ersten Fortbildungsteils würde man eine Ausdifferenzierung der Frage erarbeiten, um sie beantwortbar zu machen. Sie könnte beispielsweise lauten:

- Welche Geschichten kann meine eigene Familie zu dem großen Themenzyklus Verletzungen, Trennungen und Wiederbegegnungen beitragen?
- Welche Menschen in meiner Familie möchte ich versöhnen und wie würde ich deren Geschichte erzählen?

Die Intention wäre, vergleichbare Prozesse mit größerer innerer Ruhe und dadurch mit weniger Kräfteverschleiß begleiten zu können.

> **Beispiel IV**
> Ein Sozialpädagoge erzählt von den Herausforderungen, die eine Kontaktaufnahme zur leiblichen Mutter für ein Pflegekind mit sich bringt.
>
> **»J. will seiner Mutter schreiben« oder vierte Geschichte:**
> **Erzählt von den Mühen der Kontaktaufnahme**
> »Es war so ausgemacht: Nach den Herbstferien soll J.s Mutter einen ersten Brief von ihrem Sohn bekommen. Noch nie im Leben hat er ihr geschrieben. Aber was soll er eigentlich schreiben dieser Frau, die er seit zehn Jahren nicht mehr gesehen hat und die auf dem Foto, das sie ihm zugeschickt hatte, so selt-

sam aussieht? Und hatte er eigentlich nicht schon erreicht, was er wollte: Seine Mutter war gefunden worden und sie hatte genauso reagiert, wie er es sich gewünscht hatte. Hauptsache, dass das mit dem Namen geht klar. J. denkt. ›Das hat jetzt meine Mutter in die Hand genommen und es ist nur noch eine Frage der Zeit, dass ich ›U.‹ heiße.‹

Aber es ist jetzt ein Geben und Nehmen geworden: Einwilligung zur Namensänderung gegen einen netten Brief vom Sohn an die Mutter.

Als J. seine Mutter das letzte Mal gesehen hatte, konnte er noch gar nicht schreiben. Jetzt kann er zwar schreiben, aber er weiß nicht was. Es sind so viele Jahre vergangen, die sich nicht in Worte fassen lassen. Würde J.s Mutter ihn überhaupt verstehen? Er weiß gar nicht, was seine Mutter interessiert, und es ist doch so viel passiert. Beim Nachdenken darüber wird er derart müde, dass er beschließt, seine Mutter zu bitten, das mit dem Briefeschreiben noch mal zu verschieben. Außerdem muss er ja noch Hausaufgaben machen, und das ist doch eigentlich wichtiger. Jetzt hat es so lange gedauert, bis er ein Lebenszeichen von seiner Mutter bekam, dass er jetzt auch ein Recht hat, sie noch etwas zappeln zu lassen. Mal sehen ...

Perspektivwechsel:
Gedanken von J.: »Bitte keinen Druck!«, »Jetzt hat er (der Sozialpädagoge) gemerkt, dass ich nicht gedrängt werden will.«

Gedanken der Pflegeeltern:
»Vielleicht sollten wir einfach mal gemeinsam zu J.s Mutter fahren ...«
Herausforderungen für die Fachkraft, die in der Kontaktaufnahme aufscheinen, beziehen sich auf den Rhythmus der Wiederbegegnung. Sie zuzulassen beinhaltet, nichts zu forcieren und die Bedürfnisse beider Seiten anzuerkennen. Denn diese Geschichte aus der Perspektive von J. erzählt uns, wie wichtig es ist, an dieser Stelle des Prozesses nicht zu lösungsorientiert zu arbeiten. Der weiße Fleck, der für den Briefschreiber auftaucht, »ich weiß nicht, was sie interessiert«, ist ja nicht banal, sondern schafft ein Bewusstsein über die momentane reale Beziehung zu dem Zeitpunkt, an dem das, was vorher abgeschnitten wurde, sich wieder begegnen soll. Beide Welten, das Leben der Mutter und das Leben des Sohnes, müssen erst wieder in Zusammenhang gebracht werden. Jeder muss auf der Brücke ein Stückchen dem anderen entgegenkommen – ein emotional sehr sensibler, anstrengender Prozess. Die im Text beschriebene überwältigende Müdigkeit ist Ausdruck dafür.

Die Gefahr, der die Fachkraft für Adoptions- und Pflegekinderdienste hier ausgesetzt ist, ist paradoxerweise der zu starke Wunsch nach einer gelungenen Zu-

> sammenführung, sei es, um ein Erfolgserlebnis im Beruf zu haben, sei es, weil es ein Bedürfnis ist, das aus eigenen biografischen Erfahrungen gespeist wird.

Die Herausforderung besteht darin, das Kind zu unterstützen, in der Kontaktaufnahme zur Mutter bei sich zu bleiben, also das eigene Tempo zu wählen, die eigenen Themen zu wählen, damit es damit leben kann – egal, wie die Mutter/Eltern reagieren – und die Begegnung für sich einordnen kann. Der Sozialpädagoge ist aufgefordert, der Versuchung zu widerstehen, sich mit dem inneren Kind in sich zu verbinden, das es den Eltern recht machen will, die »doch endlich da sein wollen«.

Teil III – Neun hilfreiche Qualitäten für die Begleitung bei der Wurzelsuche

Aus den persönlichen Geschichten, die aufgeschrieben wurden und den darin enthaltenen Beziehungsqualitäten sowie aus den Geschichten aus dem Arbeitsalltag, lassen sich folgende Qualitäten entwickeln, die für die biografische Begleitung von Adoptiv- und Pflegekindern und deren Eltern bei ihrer Wurzelsuche hilfreich sind:

1. *Trennung zwischen den Aufgaben der sozialen Kontrolle und der lebensgeschichtlichen Begleitung*
    a) Dies beinhaltet in Bezug auf die soziale Kontrolle die Bereitschaft der Jugendamtsmitarbeiter:in, handelnd Verantwortung zu übernehmen, in »Täterschaft« zu kommen, »schuldig« zu sein an Weichenstellungen im Leben des Kindes, und
    b) den Mut aufzubringen, mit den vielfältigen Folgen einer Entscheidung umzugehen, in der biografischen Begleitung des Kindes.
2. *Neutralität*
    Ein Verstehen entwickeln, das es möglich macht, sich über die leiblichen Eltern von Kindern in solch einer Weise zu äußern, dass sich das Kind in seine biografische Linie stellen kann, ohne Angst vor seiner Herkunft zu bekommen und d. h. auch, ohne Angst vor sich selbst zu bekommen. Neutralität beinhaltet hier, ohne Bewertungen und Verurteilungen der Personen der Eltern wahrheitsgemäß und kindgemäß auf seine Fragen nach ihrem Verhalten zu antworten.
3. *Demut und Bescheidenheit, Würdigung und Respekt*
    Diese Haltung gegenüber dem Schicksal des Kindes (und das heißt auch, gegenüber dem Schicksal der Eltern) erlaubt den professionellen Helfern, die Lebensschicksale anzuschauen, ohne ändern zu müssen, was sie nicht ändern können. Es entsteht eine innere Balance zwischen professioneller Distanz und fördernder Beziehung. Diese Balance ermöglicht Handeln.

4. *Umgang mit der eigenen Betroffenheit*
   Ein solcher Umgang erwächst aus der Fähigkeit, sich zu distanzieren und gleichzeitig im Kontakt zu bleiben. In Distanz zu bleiben, meint, die Geschichte des Kindes (und der Eltern) im Wesentlichen nicht durch Verknüpfung mit eigenen Erlebnisanteilen zu absorbieren. Im Kontakt bleiben bedeutet, bereit zu sein, die Gefühle des Kindes in Bezug auf seine Geschichte weitgehend wahrzunehmen und zu begleiten. Starke eigene Gefühle gegenüber einzelnen Familienmitgliedern und ihren Handlungen können dabei als Übertragungsgefühle wahrgenommen werden. Der bewusste Umgang mit ihnen ermöglicht Handlungsfreiheit.
5. *Bereitschaft, mit dem Kind durch einen Trauerprozess zu gehen und die nötigen Kenntnisse über die Phasen der Trauer*
6. *Bereitschaft, eigene Grundannahmen zu überprüfen und zu relativieren*
   Beispiele: »Diese Erfahrung hat keinen Sinn.« »Ein gutes Leben ist ein leichtes Leben.«
7. *Humorvolle Haltung im Umgang mit der Pflegefamilie und mit sich selbst*
   Humor erleichtert das Herstellen von Beziehung und erweitert die Spielräume für neue Zugänge und Facetten im Blick auf die jeweiligen Biografien. Die humorvolle Sichtweise auf Situationen ist eine Form der positiven Verwirrung, die der Musterunterbrechung dient. Der Effekt ist die Auflösung der Anspannung und Entlastung der Personen. Ziel des Humors ist, sowohl miteinander als auch über sich selbst lachen zu können. Dies bewirkt eine gesunde Distanzierung, die eine kreative Erschließung von Ressourcen und Lösungsmöglichkeiten eröffnet. Die eigene Position als Professionelle(r) humorvoll beleuchten und relativieren zu können, schützt einerseits vor dem Burn-out und kann andererseits den Betroffenen zu mehr Fehlerfreundlichkeit und Toleranz im Miteinander verhelfen.
8. *Ressourcenorientierung*
   Dazu gehört zum einen, die vorhandenen »Wurzelfäden«, die das Kind im Boden der Pflege-/Adoptivfamilie entwickelt hat, immer wieder zu schätzen und zu pflegen, z. B. durch Erzählen(lassen) guter gemeinsamer Erfahrungen. Zum anderen bedeutet es, dass die Sozialpädagog:in das Kennen(lernen) der biografischen Wurzeln des Kindes als Ressource für die Zukunft erkennt, und zwar unabhängig von deren Schwere.
   Impulsgeber für die Auseinandersetzung und ihre Intensität mit der Herkunftsfamilie ist dabei in der Regel das Kind. Die Abwehr eines Kindes, sich mit bestimmten Situationen und Fakten seiner Vergangenheit (jetzt) zu beschäftigen, kann auch als Fähigkeit gesehen werden, sich nur so viel zuzumuten, wie es mit Mut tragen kann.

9. *Bereitschaft zur Auseinandersetzung mit den eigenen biografischen Wurzeln*
Wenn spürbar ist, dass eine oder mehrere dieser Qualitäten immer wieder als besondere Herausforderungen oder als Ärgernis erlebt werden, wäre die Richtung der eigenen Biografiearbeit vermutlich die Trauer über und die Versöhnung mit den Begrenzungen der eigenen Eltern und dem eigenen Schicksal.

Im weiteren Umgang mit den aufgeschriebenen Geschichten aus dem Arbeitsalltag ließen sich mithilfe dieser Qualitäten Hinweise darauf erarbeiten, an welcher Stelle im Laufe eines Prozesses von den Sozialarbeiter:innen eine Korrektur vorgenommen werden könnte, um zu hilfreichen Schritten zu kommen.

In Kleingruppen bestand die Möglichkeit, auf diese Weise verschiedene Szenarien gedanklich durchzuspielen und herauszufinden, mit welcher veränderten inneren Haltung der Sozialpädagog:innen welche äußere Wirkung bei den Beteiligten oder bei der eigenen Einschätzung hervorgerufen wurden.

Verknüpfungen zwischen dem eingebrachten Fall und der persönlichen Biografie, wie sie z. B. in der Geschichte »Wirrwarr« angesprochen wurden, konnten wahrgenommen und positiv genutzt werden.

Schlussfolgerungen aus den Arbeitsgruppen

- Der Blick auf die Lebensgeschichten ist in jeder Phase und zu jedem Zeitpunkt eines Pflegeverhältnisses möglich und sinnvoll.
- Akzeptanz und Würdigung des bisher Erreichten sind Voraussetzung, um Pflegeeltern mit ins »Boot« weiterer Biografiearbeit zu nehmen.
- Nützlich kann es sein, auch auf die »Wurzeln« des Pflegeverhältnisses zurückzukommen. Was war damals Motivation und Absicht, wie war das Pflegeverhältnis angelegt, gab es offene oder versteckte Adoptionsabsichten und -wünsche?
- Klarheit über die Anfangsphase schärft den Blick für die Probleme der Gegenwart.

Abschließende Überlegungen

Wir haben einen Rahmen vorgegeben, der Sicherheit geboten hat, waren zugewandt und haben ermöglicht, dass die Kursteilnehmenden ihre Geschichten ohne Bewertung aufschreiben und vorlesen konnten. Methoden aus dem biografischen Schreiben gaben dabei Anregungen für Erinnerungen und haben gleichzeitig ein Ausufern und das Wiederholen von schon immer so Erzähltem verhindert.

In der Atmosphäre von Offenheit und Vertrauen, die sich dadurch entwickelt hat, haben sich die Sozialarbeiter:innen in ihrer persönlichen Geschichte mitgeteilt, haben sich bewegen lassen und sind engagiert mitgegangen. Neue Sichtweisen und Perspektiven sind entstanden. Und das sind schließlich auch die Qualitäten, die sie für ihre Arbeit – nämlich Pflege- und Adoptivkinder und deren Familien bei der Wurzelsuche zu begleiten – brauchen.

Systemtherapeutisch orientierte Biografiearbeit mit Pflege- und Adoptivkindern und deren Familien[35]

Die Bedeutung von Biografiearbeit für herkunftsfern lebende Kinder ist mittlerweile im fachlichen Bewusstsein verankert. Dies zeigt sich zum einen in der Aufnahme von Biografiearbeit als Hilfeplanziel, zum anderen in Biografiearbeit als Weiterbildungsthema für Fachkräfte und aufnehmende Familien. Um diese Arbeit nicht in erster Linie didaktisch zu be- und ergreifen, sondern als komplexes Prozessgeschehen, ist ein systemtherapeutisches Verstehen und Handeln empfehlenswert.

In Anton Tschechows Lustspiel »Der Kirschgarten« beschäftigt sich die Gouvernante Scharlótta mit der im wörtlichen Sinne »unerhörten« Frage nach ihrer Herkunft. In ihrem Monolog erlebt sie die Leere, die die Antwortlosigkeit hinterlässt, als einen Zustand des »immer, immer allein«-Seins, trotz der Gegenwart »kluger Leute«: »Scharlótta (nachdenklich): Ich besitze keinen Pass und hab keine Ahnung, wie alt ich bin, aber ich glaube, ich bin ganz jung. Als ich klein war, sind mein Vater und meine Mutter über die Jahrmärkte gefahren und haben was vorgeführt, ganz schön. Ich konnte Salto mortale und solche Sachen. Und als Papa und Mama gestorben sind, nahm mich eine deutsche Dame bei sich auf und gab mir Unterricht. Gut. Ich bin groß geworden und wurde Gouvernante. Aber woher ich bin und wer ich bin – ich weiß es nicht ... Wer meine Eltern waren, vielleicht waren sie gar nicht verheiratet ..., keine Ahnung. Ich weiß nichts. (Pause), ich würde gern mit jemandem reden, aber es gibt niemanden ... ich hab niemand. ... Diese klugen Leute sind alle so blöd, kein Einziger, mit dem ich reden kann ... Immer, immer allein, niemand gibt es und ... und wer ich bin, wozu ich bin, ich hab keine Ahnung ... (geht ohne Eile ab)« (Tschechow, 1904/2013).

Für die Biografiearbeit mit *herkunftsfern untergebrachten Kindern* (diesen Begriff ziehe ich *fremd untergebrachten* vor) braucht es demnach mehr als Klug-

---

35 Das Kapitel ist angelehnt an meinen Beitrag »Systemtherapeutische Biografiearbeit im Pflegekinder- und Adoptionsbereich« (Schindler, 2020).

heit. Wessen es bedarf, damit die »klugen Leute« im Sinne von Tschechow mehr als klug, nämlich antwortgebend sind, findet sich, kind- und familiengerecht erzählt, in der heilsamen Geschichte von den Lebensfäden: »Das gehäkelte Leben« (Keyserlingk, 1998, S. 105–111). Dort kommt der Großmutter zweier Kinder die stabilisierende, sie durch das emotionale und äußerliche Chaos durchtragende, Rolle zu. An dieser Aufgabe der Großmutter, der *großen Mutter*, lässt sich die Haltung der Mentor:in in der Biografiearbeit mit Kindern erläutern: Es ist die Haltung einer Person, die zugehörig ist und zugleich Abstand hat und dem Kind in seiner verwirrenden Situation und seinen zerrissenen Loyalitäten zur Orientierung verhilft. Eine Figur, die den Prozess führt, aber nicht wertet – und die neben den Kindern auch diejenigen einbezieht und begleitet, die zu den Kindern gehören. Zugegebenermaßen eine herausfordernde Aufgabe – sind doch sowohl leibliche Eltern als auch Pflege- und Adoptiveltern, die mit der sozialen Elternschaft die größte Alltagsnähe zum Kind haben, emotional sehr involviert.

Was also braucht es, um dem Kind eine stabile Beziehung zu bieten, in der Ambivalenzen und Schmerzen im biografischen Prozess aufgefangen werden können?

Zum einen braucht es umsichtige Fachkräfte, die mit der emotionalen Leere und Desorientierung des Kindes umgehen können (innere Ebene) und die die Suche nach Gewesenem (äußere Ebene), die Einordnung des Gefundenen und der (noch) bleibenden Leerstellen in der Gegenwart unterstützen. Zum anderen braucht es systemtherapeutische Unterstützung für die aufnehmenden Familien. Wenn deren eigene familiäre Betroffenheiten/Geschichten/Sinnkonstruktionen auf das aufgenommene Kind und dessen Herkunftssystem übertragen werden und zu Spaltungsprozessen führen, gilt es, auch mit ihnen über biografische Erkundungsprozesse an ihren Familiensystemen zu arbeiten. Denn neben Personen verbinden sich mit dem aufgenommenen Kind und der aufnehmenden Familie auch mehrere Herkunftssysteme und deren Dynamiken.

Grundlagen und Methoden der Biografiearbeit sind gut ausgearbeitet und in Fachkreisen bekannt. Sehr zu empfehlen sind: Das Buch von Lattschar und Wiemann (2007), das praxisnah und mit Einfühlungsvermögen Biografiearbeit mit Kindern vermittelt, sowie »Mein Lebensbuch!!!« (Horst u. Mohr, 2012), das mit seinen Arbeitsblättern vielfältige Anregungen bietet.

Von Anwesenden und Abwesenden

Für die Fachkräfte gilt es, komplexe Systemdynamiken zu steuern. Denn im »Schlepptau« von aufgenommenen Kindern finden sich ein: Fachkräfte des Jugendamtes, leibliche Eltern, leibliche Großeltern, Pflegeeltern bzw. Adoptiv-

eltern (des Weiteren kommen oft hinzu gesetzliche Betreuer:innen, Familiengerichte, Gutachter:innen). Oft kommen diese aus verschiedenen Kulturen, aus sehr unterschiedlichen sozialen Milieus und geografischen Orten. Relevante Personen für die Kinder können sein:
- *die direkt erreichbaren Anwesenden*, also Pflegeeltern, Adoptiveltern, Fachkräfte des Jugendamtes, aber auch Herkunftseltern
- *bekannte Abwesende*: Personen, die nicht erreichbar und doch bedeutsam sind, z. B. bei einem Pflegekind die leibliche Mutter, die zu Hilfeplangesprächen oder vereinbarten Besuchen nicht erscheint; Jugendamtsmitarbeitende, die in wichtigen Phasen zuständig waren, jetzt aber nicht mehr erreichbar sind
- *unbekannte Abwesende*: z. B. der leibliche Vater eines Pflegekindes; leibliche Eltern bei Adoptivkindern; für eine zweite Pflegefamilie die ersten Pflegeeltern
- *Abwesende, von deren Abwesenheit man nichts weiß, obwohl sie bedeutsam sind*: z. B. Geschwister und Halbgeschwister; ein leiblicher Vater, dessen Identität überdeckt ist durch irreführende Angaben der Mutter; bedeutsame ehemalige Entscheider, z. B. im Ausland oder bei einem Jugendamtswechsel.

Wer für wen bekannt, unbekannt oder nicht vorhanden ist, variiert je nach Rolle. Es entstehen vielschichtige Systemdynamiken, die aus verschiedenen Standorten heraus unterschiedlich wahrgenommen, sortiert und verkraftet werden wollen – und in denen sich das betroffene Kind oftmals nicht auskennt.

Elternschaften: Ein Unterschied, der einen Unterschied macht
Eine zentrale Aufgabe von Biografiearbeit ist es deshalb, dem Kind für diese seine wechselvolle Geschichte einen sozialen Gedächtnisraum zur Verfügung zu stellen, in dem es für seinen Platz in der Welt Orientierung finden und dadurch allmählich relativ stabile Selbst-Gewissheit erlangen kann. Dieser Gedächtnisraum ist zugleich Voraussetzung für eine ausreichend gute Entwicklung des autobiografischen Gedächtnisses.

Die wichtigsten Merkmale des autobiografischen Gedächtnisses, dem komplexesten unserer Langzeitgedächtnisse, sind, dass emotional bedeutsame Ereignisse in die Dimensionen von Zeit und Ort eingeordnet werden (siehe Abbildung 2) und dass diese Inhalte an das Bewusstsein und die Selbstreflexion gekoppelt sind (vgl. Alley, 2019, S. 41).

Pflege- und Adoptivkinder leben – zumindest in Teilen – mit einer zerrissenen inneren Landkarte. Erfahrungen, Zeiten und Orte sind darin nicht recht verbunden, fluktuieren chaotisch und oftmals schmerzhaft, vieles fügt sich nicht zueinander. *Ein Etwas, ein Nichts* geistern diffus herum, beunruhigen, führen

zur Desorientierung über die eigene Person, die die Vergangenheit nicht klar genug verorten und die Gegenwart nicht wirklich genug spüren kann. Professionelle, bindungssichere *biografische Geburtshelfer* sind nötig, damit das Kind seine wesentlichen, mit tiefen Erschütterungen verbundenen Fragen entwickeln und stellen kann:
- Zu wem gehöre ich und auf welche Weise?
- Wer bin ich? Was ist (mit) mir passiert?
- Wie geht es weiter mit mir?

Dabei macht es einen Unterschied, ob wir von Adoptions- oder Pflegekindern sprechen. Dieser Unterschied wird erkennbar in den vier Aspekten der Elternschaft: Die Aufgaben der Fachkräfte bei der Entwicklung des biografischen Gedächtnisses für herkunftsfremd untergebrachte Kinder/Jugendliche resultieren aus der Verteilung der vier Aspekte der Elternschaft (siehe Abbildung 26).

Abbildung 26:
Die vier Aspekte der Elternschaft (übernommen aus Schindler, 2020, S. 178; nach Lattschar u. Wiemann, 2007, S. 31)

- *Leibliche Elternschaft:* Die Zeugung und die daraus entstehende Schwangerschaft macht (in der Regel) zwei Menschen zu gemeinsamen Eltern eines dritten Menschen. Die embryonale Grunderfahrung während der Schwangerschaft heißt »ich wachse« und »mein Leben geschieht im Raum der Beziehung« (Korte, 2017). Diese Grunderfahrungen in ihren jeweiligen förderlichen und hinderlichen Ausprägungen und Tönungen sind im Körpergedächtnis gespeichert und bilden die Ausgangslage für das *zweite, das nachgeburtliche Leben.*

- *Soziale Elternschaft:* Die fürsorgliche, verantwortliche Elternschaft gegenüber den leiblichen, seelischen und geistigen Bedürfnissen und Entwicklungen des Kindes, die »Alle-Tage-Eltern«, die den Alltag für das Kind gestalten und mit dem Kind leben und (nach der Kaffeekantate von Johann Sebastian Bach) in »hunderttausend Hudeleien« eingebunden sind.
- *Die wirtschaftliche Elternschaft:* Sie stellt die finanziellen Mittel für die alltägliche Elternschaft bereit und sichert die Entwicklungsbedürfnisse des Kindes materiell ab.
- *Die rechtliche Elternschaft:* Im gesetzlichen Sinne ist sie die elterliche Sorge/ das Sorgerecht und damit die Entscheidungsbefugnis im Sinne des Aufenthaltsbestimmungsrecht, der Gesundheitsfürsorge etc.

Bei Adoptivkindern bleibt lediglich die leibliche Elternschaft unverändert. Alle anderen Elternaspekte gehen auf die Adoptivfamilie über. Jugendamt und Familiengericht bleiben als Übergangselternschaften mit einstmals zentralen Entscheidungsbefugnissen biografisch gesehen bedeutsame Größen im Leben der Betroffenen.

Bei Pflegekindern sind die vier Elternaspekte oft über viele Jahre auf mehrere Institutionen (Jugendamt, Vormund) und (wechselnde) Personen (Fachkräfte, Bereitschaftspflegeeltern, Pflegeeltern) verteilt, die miteinander in einem mehr oder weniger kontinuierlichen und konstruktiven Austausch stehen.

Die Herausbildung des biografischen Gedächtnisses ist für herkunftsfremd untergebrachte Kinder also eine besondere Herausforderung, und damit auch für die sie begleitenden Fachkräfte. Es gilt, für das Kind einen Gedächtnisraum zu konstruieren.

Dazu gehört zum einen das Zusammentragen von Informationen über das soziale Umfeld und die bedeutsamen Menschen und Erfahrungen des Kindes, was eine Begegnung/Zusammenarbeit verschiedener Elternschaften impliziert, sowie in einem nächsten Schritt die Unterstützung des Kindes bei der möglichst konkreten Auseinandersetzung mit seiner bisherigen Lebensgeschichte. Zum anderen gehören dazu systemtherapeutische Umgänge mit den Bedenken und Ängsten Erwachsener, die die Elternaspekte vertreten (also Pflegeeltern, leibliche Eltern, Fachkräfte), in Bezug auf die Biografiearbeit, was wiederum zur punktuellen Arbeit mit deren eigenen biografischen Themen führen kann. Systemtherapeutische Biografiearbeit unterstützt neben den Kindern die zuständigen Erwachsenen darin, die Herkunftsgeschichte des Kindes mit allem Schmerz emotional akzeptieren zu können. Denn erst dann können Adoptions- und Pflegeeltern sowie Fachkräfte für die Reaktion eines Kindes in Bezug auf seine Geschichte einen sicheren Beziehungsboden bieten. Biografiearbeit bezieht sich damit einerseits auf die »Gedächtnisarbeit« mit dem Kind und andererseits auf die Sensibilisierung und Begleitung der beteiligten Erwachsenen.

Denn das Besondere im Pflegekinder-/Adoptionskontext ist, dass Fachkräfte es mit Nichtfachleuten, also Pflegeeltern/Großeltern zu tun haben, die intensive Unterstützung bei der Entwicklung einer quasitherapeutischen Grundhaltung brauchen: einen heilsamen Umgang mit den schmerzvollen kindlichen Erfahrungen und seiner herkünftlichen Familiengeschichte entwickeln und zugleich verbindlich bleiben in dem oftmals fordernden bis überfordernden aktuellen Familienalltag. Eine Herausforderung, die von den aufnehmenden Eltern immer neu zu bewältigen ist:
- in Bezug auf das Verhalten der Kinder (Abwehr nicht persönlich nehmen)
- in Bezug auf die (großherzige) Einbeziehung der Herkunftskontexte.

Die Motivationen, sich diesen Anstrengungen auszusetzen, sind Zugewandtheit und Liebe für das Kind und der Wunsch, ihm die Integration seiner Erfahrungen zu erleichtern.

Federführend sind dabei oft – nicht immer – die Mitarbeitenden der Jugendämter, die die Schnittstelle darstellen für die Lebensorte des Kindes.

Aus der Praxis erzählt

Beispiel I
Eine Pflegemutter (Erzieherin, in systemischer Weiterbildung) schreibt für ihren Pflegesohn (17 Jahre, entwicklungsverzögert) eine heilsame Geschichte nach Anregungen von Keyserlingk (1998) sowie einen Lebensbrief nach Anregung von Lattschar und Wiemann (2007). Mithilfe systemtherapeutischer Begleitung hat sie sich zuvor intensiv mit ihrer Geschichte als Pflegefamilie und mit der Herkunftsgeschichte des Pflegesohns auseinandergesetzt. Sie beginnt folgendermaßen:

»Lieber L.[36]!
In letzter Zeit hast du Fragen nach deiner Herkunftsfamilie gestellt. Es hat dich berührt, dass deine Mama verschiedene Männer hatte und sie nicht mit deinem Vater verheiratet war. Diese Wahrheit passt nicht so ganz in deine Vorstellung von einer ›heilen‹ Familie. Aber so heil war es auch leider nicht in deinen ersten eineinhalb Lebensjahren, sonst wärst du nicht zusammen mit deinen fünf Geschwistern von deiner Mama weggekommen.«

---

36 Namen hier und in den folgenden Beispielen anonymisiert.

Sie erzählt dann weiter in einer gut nachvollziehbaren, konkreten, nicht abwertenden Sprache von den Erfahrungen des Kindes mit Mangelversorgung in der Herkunftsfamilie, berichtet vom Leben des Vaters und dessen Tod, dem Eingreifen des Jugendamtes, seiner Ankunft als Pflegekind in der Pflegefamilie und der Ankunft zweier weiterer Pflegegeschwister. Es folgt ein Auszug aus ihren Reflexionen:

»L. hörte beim Vorlesen des Lebensbriefes aufmerksam zu und reagierte spontan mit folgenden Sätzen: ›Wie bei mir‹ – da die Mutter als Kind zeitweise woanders untergebracht war – und ›Deshalb kann ich auch oft nicht schlafen‹ – bezogen auf den verschobenen Wach-Schlaf-Rhythmus der Herkunftsfamilie. Ich hatte den Eindruck, L. findet Schnittstellen mit seiner Herkunftsfamilie. Er kann sich erklären, warum er nachts oft wach ist. Er hat ein Bild, wie es bei ihm in der Herkunftsfamilie war und warum er dort nicht bleiben konnte: ›War ganz schön versifft, das war nichts für Kinder.‹ L. zeigt Verständnis für seine Mutter: ›Meine Mama hat es auch nicht leicht gehabt.‹ Neben Verständnis und Gemeinsamkeit äußert er auch Kritik: ›Verschiedene Männer find ich nicht gut.‹ L. fragt dann noch nach seinem Vater: ›Woran ist er denn gestorben?‹ Ich habe ihm gesagt, soweit bekannt ist, hat er wohl zu viel getrunken und man hat ihn tot gefunden. Dann sprechen wir über die Möglichkeit einer Kontaktaufnahme zu seiner Mutter, z. B. durch einen Brief. Aber das möchte L. nicht so schnell, wenn überhaupt. So offen hatte ich bisher noch nie über seine Eltern gesprochen. Da L. aus sehr schwierigen Verhältnissen kommt und er auch nie weiterfragte, war immer die Sorge bei uns, inwieweit er die Wahrheit verkraftet. Diese Sorge war unbegründet. Wenn ich skalieren müsste, auf welcher Beziehungsstufe ich vor dieser Arbeit und jetzt zu L. stehe, würde ich antworten: Vor der Arbeit war ich zeitweise auf 3–4 und jetzt stehe ich in Beziehung zu L. bei 7–8. Unser Verhältnis hat sich verbessert. L. tritt häufiger in Beziehung und macht seine Aufgaben, ohne ständig aufzubrausen. Es hat mich gefreut, wie L., der oft verschlossen wirkt, offen und neugierig gegenüber den Angeboten war.«

Nach der Vorarbeit der Pflegemutter beginnen beide mit der Gestaltung eines Lebensbuches für L.

Beispiel II
Dieses Beispiel ist dem Adoptionskontext entnommen. Hier dient Biografiearbeit dazu, für das Adoptivkind das soziale Gedächtnis zu erhalten, indem wichtige Bindungspersonen im Kontakt miteinander bleiben.

Die dreijährige R. hat seit ihrer Geburt in der Bereitschaftspflegefamilie gelebt. Ein angebahnter Adoptionsprozess ist gescheitert. Im Übergangsprozess zur neuen Adoptivfamilie arbeitet die systemtherapeutisch ausgebildete Fachkraft
- mit dem Trennungsschmerz und der Trauer der abgebenden Bereitschaftspflegeeltern, die das Kind aus Altersgründen nicht bei sich belassen können und wollen
- mit den Ängsten der aufnehmenden Adoptivmutter, ob eine Beziehungsübernahme vonseiten des Kindes aus gelingt und sie als Mutter »gut genug« ist
- mit der Symptomsprache des Kindes.

Als es zu Spannungen zwischen der abgebenden und der aufnehmenden Familie kommt, mindern biografische Erzählungen über deren jeweiligen Herkunftskontexte die Konfliktdynamik: Das als fremd und unangemessen empfundene Verhalten der jeweils anderen Familie kann nun als Erfahrungsunterschied auf der kulturellen und sozialen Ebene aufgefasst und verstanden werden. Vorverurteilungen werden infolgedessen aufgegeben, Unterschiede nicht mehr persönlich genommen. Vorsichtige Entspannung tritt ein, gemeinsame Begegnungen zum Wohl des Kindes sind wieder möglich. Beide Kontexte mit ihren relevanten Bindungen und Umwelten und damit auch Gedächtnissen können so für das Kind erhalten bleiben.

In diesem Übergangsprozess wurde also auch mit der Bereitschaftspflegefamilie und der Adoptivfamilie punktuell biografisch gearbeitet, damit der Raum beider »Elternschaften« kommunikativ erhalten bleiben konnte.

Beispiel III
Dieses Beispiel verdeutlicht, wie wichtig die Arbeit mit den aufnehmenden Familien ist, um eine gute Grundlage für die Biografiearbeit mit dem Kind zu legen.

In einem Pflegeelternseminar zur Biografiearbeit, das systemtherapeutisch angeleitet wird, sagt eine Pflegemutter am Ende:

»Ich warte noch, bevor ich mit meinem Pflegekind über seine Biografie spreche. Da gab es so viel Gewalt. Die macht mir Angst. Aber jetzt weiß ich, dass ich mich mit meiner Angst beschäftigen muss.«

Diese Pflegemutter hat sich auf den Weg begeben, antwortgebend zu werden.

Schlussbemerkung: Biografiearbeit ist Beziehungsarbeit
Biografiearbeit bietet dem Adoptiv- oder Pflegekind an: Du kannst deine Geschichte mit mir/uns anschauen, abwarten, erkunden, aushalten, durchstehen, neu zusammensetzen, beiseitelegen, wieder hervorholen, weiterentwickeln, leben. Ich/wir stehen für die Fähigkeit des Lebenkönnens mit dieser Geschichte in einer lebbaren Gegenwart.

Dies fordert die begleitenden *Elternsysteme* zur ressourcenorientierten Zusammenarbeit auf. Für die meisten Pflege- und Adoptiveltern stellt dies eine viel größere Entwicklungsherausforderung dar, als sie sich bei der Aufnahme eines Pflege- oder Adoptivkindes haben träumen lassen: erlebte Vernachlässigung, Gewalt und Verlustschmerzen des Kindes akzeptierend da sein zu lassen und einen lebensfördernden Umgang damit zu entwickeln, fordert unweigerlich eigene Entwicklungen heraus.

Angesichts dieser Herausforderungen bietet systemtherapeutische Biografiearbeit den fallführenden Kräften der Jugendämter einen tragfähigen Boden und breiten Horizont.

Ein letzter Hinweis: In der Arbeit mit Pflegeeltern, deren Pflegekinder bereits aus dem Haus sind, wurde deutlich, dass ihnen oftmals nicht hinreichend bewusst war, welche Spuren ihre Pflegeelternschaft bei den Kindern hinterlässt und welche Bedeutung sie behalten. Aussagen wie »Er kommt uns auch nach zehn Jahren noch besuchen«, »Er möchte, dass wir seine Frau kennenlernen«, »Als es ihr ganz schlecht ging, hat sie bei uns angerufen«, machen deutlich, dass es eine Anforderung an die Pflegeeltern sein kann, sowohl die Vergangenheit als auch die Zukunft der Pflegekinder ins Bewusstsein zu nehmen und einen eigenen Stellenwert als »aufnehmendes Elternhaus« in beidem zu finden.

5.2 Generationsübergreifendes Arbeiten in biografischen Gruppen oder: »Die Zeit ist eine Brücke« (Håkan Nesser)

In diesem Kapitel stelle ich meine Arbeit mit generationsübergreifenden Schreibgruppen vor. In meinen Schreibgruppen ist die Altersgruppe der 20–30-Jährigen am kleinsten, die der 40–55-Jährigen liegt im mittleren Bereich und die 55–85-Jährigen stellen die größte Gruppe dar. In der generationsübergreifenden Arbeit in biografischen Schreibgruppen wirkt die Anwesenheit unterschiedlicher Generationen bereichernd und belebend. Sie führt bei Älteren zu einem Gefühl der Vergegenwärtigung, auch und gerade in Bezug auf eigene Erinnerungen, bei Jüngeren zu einer verlebendigten Vorstellung von der Lebenszeit. Denn »fünfunddreißig Jahre sind eine ganz schön lange Zeit, da kann viel auf der Strecke bleiben« (Nesser, 2010, S. 10). Generationsbreite in einer Schreibgruppe wirkt als Brücke über die Zeit oder, wie Nesser schreibt, »Die Zeit ist eine Brücke« (S. 9).

Beobachtungsposten in der Zeit

In einer Metapher skizziert der Schriftsteller Milan Kundera Menschen, die sich auf dieser »Brücke der Zeit« verständigen, ohne bewusst mit den großen Standortunterschieden des Alters umzugehen. »Menschen begegnen sich im Leben, plaudern, diskutieren, streiten miteinander, ohne sich bewusst zu machen, dass sie aus großer Entfernung miteinander sprechen, jeder von einem Beobachtungsposten aus, der an einem anderen Ort in der Zeit liegt« (Kundera, S. 33). In generationsübergreifenden Gruppen wird neben dem inhaltlichen Thema zugleich als Subtext die Beschreibung des jeweiligen zeitlichen »Beobachtungsposten« miterzählt. Einen Einblick in die divergierenden Bedeutungen des biografischen Schreibens für unterschiedliche Altersphasen soll die als Entfernungen benannten Unterschiede verdeutlichen (siehe auch zur Entwicklung im Erwachsenenalter Unterkapitel 3.3, S. 130):

- *Alt gewordene Menschen* sind für biografisches Arbeiten, insbesondere mit dem Medium des kreativen Schreibens, geradezu prädestiniert. Es bietet ihnen ein hilfreiches Ausdrucksmittel, um ihr gelebtes Leben zu reflektieren, das jetzige zu füllen und zu fühlen und das noch zu lebende zu gestalten. Hanne Opitz (1998, S. 49) fasst zusammen: »Menschen fortgeschrittenen Alters sind mehr denn je in der Lage, ihr bisheriges Leben reflektieren zu können. Das heißt, sie können ihr gegenwärtiges Handeln vor dem Hintergrund der eigenen Lebensgeschichte verstehen. Die Auseinandersetzung mit der eigenen Lebensgeschichte ermöglicht das Erkennen und auch das Neuinterpretieren vergangener Erfahrungen, es ermöglicht das Erkennen von Zusammenhängen und auch das Verdeutlichen sich wiederholender Beziehungsmuster. »Die Arbeit an der eigenen Biografie im Alter kann auch als ein Konstruktionsprinzip verstanden werden, welches einerseits die Dimension einer Bilanz über das bisherige Leben darstellt und andererseits die Dimension der Suche nach dem Sinn der bevorstehenden Lebensjahre, wobei in diesen Prozess das gesamte Leben eingeht« (S. 122).
- *Für noch junge Menschen* wird der Schreibwunsch gespeist aus dem Bedürfnis der Selbstvergewisserung: Wer bin ich in der Welt? Schreiben stellt den Versuch dar, das als zugleich intensiv und chaotisch-undurchschaubar empfundene Leben zu durchdringen und zu gestalten, von der »Erleidenden« zu der Erfahrenen zu werden. Zugleich kann im Schreiben dem Drang nach Selbstausdruck und schöpferischer Aneignung der Welt, der dieser Lebens-

phase zugehörig ist, nachgegeben werden. Eine Schreibgruppe bietet die Möglichkeit, damit in Resonanz zu kommen.

- *Die mittlere Lebensphase* ist gekennzeichnet durch das Eingewobensein in die Welt über Verantwortlichkeiten auf vielen Ebenen und den damit verbundenen Verpflichtungen und auch Scheitererfahrungen. Der Besuch einer biografischen Schreibgruppe dient in diesen Lebensphasen vor allem dazu, einmal wieder »zu sich selbst«, zu kommen, »für sich selbst« da zu sein, den Kopf über dem Wasser (der Verpflichtungen) zu halten. Die Möglichkeit der Selbsterkundung stellt eine weitere Motivation dar: Auf welchem Boden stehe ich, was habe ich erreicht, wo will ich hin, ist eine Richtungsänderung in Bezug auf Arbeit, Familie, Partnerschaft nötig, noch möglich, wünschenswert, welche ganz anderen Seiten von mir können sich schriftlich wieder einmal Luft verschaffen? Das Finden eines eigenen und neuen Bekanntenkreises außerhalb eines verbindlich geteilten Alltags, in dem die eigene Person wieder einmal neu gesehen wird, wird als bereichernd und erfrischend erlebt.

Mit all diesen Motivationen kommen Menschen in Schreibgruppen und begegnen sich dort. Sie begegnen sich als Personen, und zwar in erster Linie als Personen, die Texte schreiben und sich diese Texte gegenseitig vorlesen. Somit begegnen sie sich doppelt: als reale Personen und als Menschen, die in Geschichten auftauchen und dort eine Hauptrolle spielen. Die jeweiligen Personen und ihre lebensgeschichtlichen Konstruktionen werden in dieser Doppelpräsenz deutlich sicht- und hörbar. Daraus erwächst eine große Unmittelbarkeit in einem dann als wesentlich empfundenen Begegnungsraum. In ihm werden Unterschiede und das Wahrnehmen dieser Unterschiede nicht nivelliert, sondern gefördert. Sie treten als »Thema« und »Stil« zutage.

Neben den individuellen und lebensfeldbezogenen Unterschieden, die immer gegeben sind, werden in generationsübergreifenden Schreibgruppen die Merkmale der weit auseinanderliegenden Lebensalter wirksam. Sie bilden gleichsam eine Zeitbrücke. Auf ihr werden historische Prozesse als geschichtliche Kontextbedingungen der Biografien sichtbar. Sie treten in den jeweiligen Lebenserzählungen auf drei Ebenen hervor:
- als Erlebnisebene in der Auffassung des Themas
- als Sichtweise in der Erzählperspektive
- als Stil in der Sprache.

Die generationsübergreifende Gruppe bildet dann den Hintergrund, auf dem das jeweilige zeit- und lebensgeschichtliche Bezogensein deutlich wird, viel deutlicher, als wäre man mit seiner Erinnerung, seinem Text, allein oder als wäre man allein mit ihm im »nur« eigenen Generationenbezug. Die Präsenz mehrerer Generationen verdeutlicht somit das Hintergrundrauschen der Zeit, aus der das Erleben, die Sprache und die Sichtweisen der jeweiligen Altersgruppe hervortreten.

Generationenbezug und Generationsbreite

Generationszugehörigkeit entwickelt sich in der mittleren Kindheit und intensiviert sich in der Pubertät durch die Bildung von Peergruppen und Cliquen. Die Generationszugehörigkeit stellt einen bedeutsamen Reifeschritt dar und wird für die Ablösung von den Elternfiguren, die Entwicklung von Unabhängigkeit und den Aufbau eines eigenständigen Lebens gebraucht. Mit der Geburt eigener Kinder tritt lebensgeschichtlich die Generationsbreite wieder stärker in den Mittelpunkt des Erlebens. Generationsbezug und Generationsbreite stellen ein Koordinatensystem dar, das im Lebensvollzug nachhaltig bedeutsam bleibt, auch für das Gefühl von sozialer Sättigung und Lebensfülle.

Auf der Ebene der inneren Landkarte gelingt Verständigung allerdings oft am einfachsten, also am intuitivsten mit Menschen der eigenen Generation. Mit ihnen teilen wir die Rahmenbedingungen unserer körperlichen Entwicklung und unserer Bewusstseinsentwicklung. Generationszugehörigkeit ist charakterisiert durch das Hineingeboren werden in einen Zeitgeist, in gesellschaftliche Ereignisse und Gegebenheiten, in einen Grad technischer Entwicklung und sozialer Bedingungen, die als grundlegend und fraglos erfahren und damit gefühlt und gedacht werden. Fraglos und grundlegend deshalb, weil sie unabhängig von ihrer Einordnung in einen Gesamtprozess als »eigentlich« empfunden werden, da wir sie als Kind zu einem Zeitpunkt unseres Lebens erfahren, an dem wir zu keinen Vergleichen fähig sind. Diese Erfahrungen bleiben für Menschen ein bedeutsamer Fixpunkt, um Entwicklungen und Werte gesellschaftlicher, emotionaler, finanzieller und anderer Art einzuschätzen. Um deren Fraglosigkeit in Fragwürdigkeit umzuwandeln, ist ein bedeutsames Maß an Energie und Bewusstsein nötig. Im generationsübergreifenden Arbeiten steht dieses Bewusstsein als Gruppenbewusstsein zur Verfügung.

Die Bedeutung der Generationszugehörigkeit kann zwischen Älteren und Jüngeren in alltäglichen Situationen eine Neigung hervorrufen, sich wechselseitig in maßgeblichen Bereichen nicht gespiegelt zu fühlen und sich deshalb von ihnen als »den anderen« abzusetzen. Der »andere« ist dann nicht die Person, die einem gegenübertritt, sondern die Person in ihrer generationsgebundenen Rolle als ältere Frau (Mutter), alter Mann (Opa), ahnungsloser Jungspund (Sohn/Tochter) etc.

Dieses sich Nichtspiegeln drückt sich beispielsweise aus, wenn Jüngere »die Alten« beim Erzählen mehr oder weniger unduldsam gewähren lassen. Umgekehrt zeigt es sich, wenn alte Menschen »die Jungen« im Raster ihrer eigenen Erfahrungen messen oder durch penetrante »Altklugheit« (hier neu interpretiert als Vereinnahmung des bedeutsamen Erfahrungswissens für sich und die eigene Generation) verschrecken.

In generationsübergreifenden Schreibgruppen entsteht dagegen ein Feld, in dem sich Personen unterschiedlichen Alters außerhalb ihrer Generationsrollen wahrnehmen. Durch die Begegnung der Personen als Figuren in einem Text entsteht Gleichwertigkeit in der Unterschiedlichkeit.

Damit sind gute Voraussetzungen geschaffen, um das Generationengedächtnis, wie es Jan Assmann (2007) beschreibt, zu entwickeln. Das Generationengedächtnis als soziales Gedächtnis umfasst mehrere Generationen und dient dem Zusammenhalt von sozialen Gemeinschaften. Für alt gewordene Menschen stellt es eine Erleichterung dar, wenn jüngere Generationen ihre Erzählungen im besten Sinne »aufnehmen«. Für junge Menschen bedeutet es eine Verankerung in dem unfassbaren »Getümmel der Welt«, die »alten Geschichten« der eigenen Herkunft (Familie, Kultur, Sozialgruppe etc.) zu kennen und damit einen »Standpunkt« für sich selbst zu finden.

Generationsübergreifende biografische Gruppen fungieren damit auch als Generationengedächtnis. Biografische Geschichten und persönliche Schicksale fügen sich ineinander und ermöglichen ein umfassenderes Verstehen.

»Liebe oder was sonst?« oder:
Welche Erfahrungen miteinander möglich werden

Kreative Schreibgruppen mit biografischer Ausrichtung ermöglichen altersübergreifende Verständigung und direkte Kommunikation zwischen den Generationen, da alle im Schreibprozess zuerst einmal textlich »nur« zu sich selbst sprechen. Damit entstehen zahlreiche Erzählungen zu einem gemeinsamen Thema aus sehr unterschiedlichen Perspektiven.

In der Folge, nämlich der Vorleserunde, gewinnen die unterschiedlichen Altersgruppen Einblicke in die jeweils anderen Wirklichkeiten. Daraus entsteht als Gesamteindruck die Wandlung des Themas durch den Lauf der Zeit. Das Thema fächert sich auf, vergleichbar mit Licht, das durch ein Prisma fällt.

Die nachfolgenden Texte sind in einer geschlechtsgemischten biografischen Schreibgruppe von 15 Teilnehmenden zwischen 23 und 83 Jahren entstanden. Die Gruppe hat sich über mehrere Monate 14-tägig getroffen. Die Texte wurden zu Hause verfasst. Die Themen und die Schreibanregung dazu wurden von mir als Mentorin gegeben. Während der Gruppensitzungen wurden die Texte vorgelesen, und es wurde miteinander über das jeweilige Thema und dessen Umsetzung gesprochen. Die hier abgedruckten Texte sind entstanden zum Thema »Liebe oder was sonst?«.

Beispiel I
Der erste Text stammt vom ältesten Teilnehmer. Ihm ist die Sorgfalt der Bearbeitung anzumerken. Das Wort »damals« wird als Stilmittel eingesetzt und dient ganz offensichtlich als »Brücke über die Zeit«.

»damals
damals anno 1947 ein glutheißer sommer voller hunger die menschen damals im zweiten jahr nach dem elenden krieg damals
ja damals sitze ich auf dem tisch am geöffneten fenster und nähe am kostüm für die kaufmannsfrau von vis-a-vis der herrin über unerreichbare genüsse damals als schon viele frauen aus geretteten anzügen die heimkehr der männer nicht mehr erwartend sich kostüme daraus schneidern lassen
damals noch unerfahren in den dinge der liebe unterbreche ich oft meine arbeit schaue zur kaufmannsfrau hin die mit einem weißen ladenkittel nur unzureichend angezogen tiefe verlockende einblicke gewährt wenn sie sich über ihre mit äpfel gefüllte kiste beugt der meister mit zuschneiden beschäftigt merkt nichts von den abwegen des lehrlings
damals darf ich bei der anprobe helfen mit zittrigen fingern reiche ich die stecknadeln kann den blick nicht von den bloßen armen abwenden deren haut einen leichten duft nach lavendel verströmt das blut schießt mir unter die stirn sie merkt meine verlegenheit in einem günstigen augenblick der meister holt die fehlenden ärmel von nebenan fragt sie magst du das magst du mich
damals noch ahnungslos von den fallen des begehrens kann ich nur ein leises ja stammeln
später dann damals im juli 47 bin ich bei ihr wie immer an sonnabenden trage ich die fertigen stücke zur kundschaft und so auch zu ihr mein leichtfertiges ja wird eingefordert unbeschreiblich die wonne unbeschreiblich das glück damals
damals im spätherbst steht ein mann in abgerissener kleidung vor dem haus gegenüber der lehrling sitzt auf dem tisch hinter dem fenster und sieht entsetzt den heimkehrer dessen anzug nicht mehr im schrank hängt damals näht der lehrling aus alten uniformstücken für ihn einen neuen anzug damals ist er verzweifelt und schon brennt sein gewissen und wie ein altes stück tuch wendet er den begriff der treue hin und her damals wird ihm keine antwort erst viel später als das damals

> wieder an ihm vorbeizieht das vom schweigen umhüllt verloren ging erkennt er lilith war ihm begegnet adams erste frau damals im glutheißen jahr anno 1947«
>
> Wolfgang (Teilnehmer einer biografischen Schreibgruppe), 83 Jahre

Jeder einzelne Text einer Person verweist auf deren Gesamterfahrungen. In ihm ist der Mensch wie in seiner Körperhaltung »aufgehoben«, und indem ein Text geschrieben und mitgeteilt wird, wird ein wesentlicher Kontakt zwischen ihm und den Zuhörenden möglich. Ein wesentlicher Kontakt meint einen auf das Wesen bezogenen Kontakt (Hellinger, 1996), in dem sich Einzelnes (ein einzelner Text) als Aspekt des Ganzen, der Gesamtheit der Person, zeigt.

Der Text von Wolfgang K. beschreibt eine erste Liebeserfahrung aus großer zeitlicher Distanz. Diese Distanz wird noch betont durch die Erwähnung von Lilith. Lilith als Frau vor Eva nimmt Bezug auf die Vorgeschichte der »Erschaffung von Adam und Eva« im Alten Testament. In der heutigen Lesart, die hier geprägt ist durch den feministischen Diskurs, gilt Lilith als die freie Frau, die ihren eigenen Regeln folgt und nicht dem Manne untertan ist. Diese zeitlich betonte Distanz korrespondiert mit dem Lebensalter des Autors, dessen »Beobachtungsposten in der Zeit« ziemlich weit von dem beobachteten Ereignis entfernt ist. Diese Weite des Blicks macht es ihm möglich, viele Kontextbedingungen der Erfahrung einfließen zu lassen.

Im Text tritt so die Verschränkung zwischen dem jetzigen Lebensalter des Autors mit seinen damaligen spezifischen, auch sexuellen Entwicklungsherausforderungen und der gesellschaftlichen Situation der Nachkriegszeit deutlich hervor. Das Ende der Liebeserfahrung weist zugleich auf die Erneuerung der gesellschaftlichen Ordnung nach den »Unordnungen« der unmittelbaren Nachkriegszeit: »Lilith«, die alleinstehende Kaufmannsfrau, wird wieder zur »Eva,« zur Frau eines Mannes, dem Lehrling entrückt. Die Frage der Verführung verbindet sich mit der Frage nach Schuld und der Vertreibung aus dem Paradies. Diese Verschränkungen machen den Text, so kurz er auch ist, zu einer komplexen Erzählung.

In seiner Grammatik und Rechtschreibung drückt sich die Zurücknahme von Bewertungen aus. Das alte Ich steht dem jungen Ich sehend gegenüber. Leidenschaft und Urteile sind in den Hintergrund getreten. Aber das Erlebte wird, gerade durch seine Vielschichtigkeit, bedeutsam. Nicht nur für den alten Mann. Der sagt: »Ich hatte das vollkommen vergessen. Es fiel mir erst durch die Themenstellung wieder ein. Ich habe noch nie darüber gesprochen.«

Die jüngeren Kursteilnehmenden vollziehen die Brechungen und Ambivalenzen des Geschilderten und deren Integration durch die Art des Textes beim Zuhören mit. Der lesende 83-Jährige verwandelt sich buchstäblich vor aller

Augen und Ohren in einen liebens-, leid- und lebenserfahrenen Mitmenschen mit kreativer Ausdruckskraft, der es vermag, uns in nur wenigen Zeilen die Nachkriegszeit und ihren verflochtenen Erfahrungsraum aufzuschließen.

> **Beispiel II**
> Der folgende Textauszug stammt von einem 23-jährigen Mann. Er war der jüngste Teilnehmer der Gruppe und las im Anschluss an den vorherigen Text. Seine eigene, noch fast aktuelle Geschichte, bekommt durch den Text des alten Mannes, der sich in dem Text als junger vorstellt, ein Gegenüber. Ein Gegenüber, das dem Leben standgehalten hat, das ernst zu nehmen ist und das auch seine Erfahrung ernst zu nehmen weiß. Der »Beobachtungsposten in der Zeit« des jungen Mannes ist dagegen fast noch identisch mit der Erlebenszeit.
>
> **»Ein Moment wie dieser**
> Ich stand mit Max in so 'ner komischen Mischung aus Bar und Café. Hier gab es Cocktails und Cappuccino an Stehtischchen und Sofagarnituren aus Leder. Es war Freitagabend und es dämmert draußen schon. Wir wollten heute Abend irgendwo was steigen lassen. Aber es war wie so oft. Keinen Plan und keine Motivation.
> Ich bin 23 Jahre alt und studiere was Technisches. Max ist ein Freund von mir, seitdem ich auf die Uni gehe. Die Wochenenden stehen wir meist zu zweit durch. Meine Freundin hat vor einigen Wochen Schluss gemacht, und nun bin ich auf der Suche nach was Neuem. Im ›Storm‹ habe ich vor zwei oder drei Wochen so ein komisches Mädel aufgerissen. Sie war vielleicht höchstens 17 oder 18. Sie hatte eine gute Figur, doch ihr Gesicht war nicht das, was man als Traum beschreiben würde. Max ist sehr wählerisch, was Frauen angeht. Es war mit diesem Mädel das Gleiche wie mit meiner Freundin. Er fand sie nicht gut genug. ›Nicht mal für eine Nacht‹, hatte er gesagt. Max gehört zu der Sorte Typ, die lieber Spaß als eine Bindung wollen.«
> Victor (Teilnehmer einer biografischen Schreibgruppe), 23 Jahre

In dem Text beschreibt der junge Mann aus großer Nähe die Pein der Partnerinnen- und Beziehungssuche in einer Phase, in der sie unerfüllt bleibt. Die Suche ist groß und damit die Leere. Es besteht noch ein Schwanken zwischen Peergruppenzugehörigkeit (die Meinung des Freundes, die von dessen Seite aus möglicherweise dazu dient, die männliche Peergruppe durch Abwertung der Frauen noch zu erhalten) und Bindungswunsch. Die zeitliche Nähe zum Geschehen bringen eine dichte Beschreibung des inneren Ringens und der dazugehörigen Ambivalenzen mit sich. Sie sind noch nicht durch zeitliche Distanz vereindeutigt.

Die sprachliche Gestaltung erfordert jedoch zugleich Distanz und Reflexion. Der 23-Jährige erscheint damit als einer, der in der Erfahrung fast noch feststeckt und sie im Schreiben zugleich schon übersteigt.

Erste Äußerungen zu diesem Text von älteren Frauen und Männern gingen in etwa in die Richtung: Ich hatte schon vergessen, wie qualvoll das war, wie einen diese Gefühle, diese Suche, diese Ungewissheiten mitgenommen haben. Teilnehmende der mittleren Generation nahmen Bezug auf ihre sich ablösenden Kinder und deren Bedürfnis, nachts »um alle Ecken zu ziehen«: »Ach darum geht es, na klar. Ist auch für sie anstrengend, nicht nur für Eltern.« Die meisten der Kursteilnehmenden erinnerten sich aufgrund des Textes an ähnliche Beziehungsphasen. Eine zeitliche Einordnung nach vorne – »dann hat sich etwas entwickelt«, »schließlich bin ich ihr begegnet« – fand statt. Vonseiten des jungen Teilnehmers wurde das als »Hoffnungsschimmer« aufgenommen.

Die Sprache wurde als jung, belebend und passend zum Inhalt empfunden und jedenfalls als ganz und gar anders als die eigene.

Teilnehmende biografischer Schreibgruppen begegnen sich als Hauptpersonen ihrer Geschichten, und zwar in dem Alter, in dem ein Ereignis, eine Geschichte stattgefunden hat. Geschichten aus der Herkunftsfamilie, über Liebe, Berufsfindung, Verluste, Individuation – plötzlich ist es möglich, sich unabhängig vom realen Alter in dem Alter und der Zeit der jeweiligen Geschichte zu »treffen« (wie in jeder anderen Erzählung, in der Lesende in eine Geschichte abtauchen und dort über eine Identifikation als Heldin, als Held wieder auftauchen).

Der Ältere wird von Jüngeren durch diese Identifikation in der Geschichte als »Mensch wie ich« erlebt. Die Generationsschranke hebt sich, ohne dass es zu Rollenvermischungen kommt. Innere Bilder und Vorstellungen, wie Ältere sind oder wie es sein wird, selbst älter zu werden, kommen bei Jüngeren in Bewegung und werden verlebendigt. Es entwickelt sich die Fähigkeit, den Menschen zu empfinden, der ein bestimmtes Alter hat, statt den Menschen bloß aus der Altersperspektive her einzuordnen. Äußerungen der Jungen auf die Texte der Älteren gehen etwa in die Richtung: »Ich habe gar nicht gewusst, dass man in Ihrem Alter noch so viele Fragen hat, dass man noch so unsicher ist« etc. Es kommt also zu einer Wahrnehmung von Ambivalenzen und damit zu einer Wahrnehmung von Entwicklungspotenzialen.

Umgekehrt erfahren Ältere noch einmal facettenreicher, »wie das war, jung zu sein«. Äußerungen, wie »ich hatte schon vergessen, wie schwer das auch ist«, zeigen auch hier eine Zunahme des Ambivalenzwissens und damit des genaueren Erinnerns an.

> **Beispiel III**
> Hier ein weiterer Text zum Thema »Liebe oder was sonst?«:
>
> »Ole!
>
> Ich
> Im Hotel
> Sechster Stock
> Betrete Lift
> Er blond
> Bildschöner Mann
> Steht gegenüber
> Wir sind allein
> Keiner steigt zu
> Spannung
> Plötzlich
> Unerwartet
> Leidenschaftlicher Kuss
> Ich
> Total perplex
> Fahrstuhl hält
> Er
> Steigt aus
> Verschwindet
> Ich
> Fahr weiter
> Zum Essen
>
> Ole!«
> Elisabeth (Teilnehmerin einer biografischen Schreibgruppe), 70 Jahre

Eine begehrenswerte Frau kommt uns aus dem Text entgegen, die selbst begehrt und darin souverän ist. Die Schreiberin, eine Frau mit 70 Jahren und damit auf einem zu ihrer Geschichte weit entfernten »Beobachtungsposten in der Zeit«, skizziert den erotischen Begegnungsmoment mit Glanz und Bravour.

Vor einiger Zeit wurde eine gesellschaftliche Diskussion angestoßen zur »Unsichtbarkeit« von Frauen jenseits der Wechseljahre (Mika, 2014). Mit diesem Gedicht bringt sich die 70-Jährige in die Mitte zurück mit den Erfahrungen des Begehrens und der Erotik. Die 70- und der 23-Jährige treffen sich im Raum der Geschichten. Dort geht der 23-Jährige an der jungen Frau vorbei und merkt: Für sie muss ich noch reif werden.

Entwicklung von gemeinsamen Themen

Der Austausch von Erfahrungen bezieht sich sowohl auf Einzelaspekte des Lebens als auch auf Lebensthemen. Begegnet sind mir in Schreibgruppen auch spontan entstandene Erzählungen zu Erfahrungen unterschiedlicher Generationen, die sich zum Teil durch mehrere Sitzungen hindurch entwickelten, z. B. zu den Themen Adoption (abgebende Mütter, abgegebene Kinder, aufnehmende Eltern, verlorene Geschwister), Kriegserfahrungen (aus dem Zweiten Weltkrieg und von Menschen in Asyl), Auslandsaufenthalte (zu verschiedenen historischen Zeiten in den gleichen Ländern, konkret Schülerreisen in die Sowjetunion zu DDR-Zeiten und in den 90er Jahren nach Russland). Dies führt für die Beteiligten zu einer Erweiterung ihrer eigenen Erfahrung und geschichtlichen Einordnung.

Zusammenhänge zwischen wissenschaftlich-technischen Errungenschaften und gesellschaftlichen und individuellen Werten lassen sich ebenfalls ausloten, z. B. durch Themenstellungen wie: Welche technische Entwicklung hat tief in mein Leben eingegriffen, an welche erinnere ich mich mit Dankbarkeit, mit Ambivalenz, welche hätte ich lieber nicht erlebt? Während dabei z. B. für Frauen, die vor 1940 geboren wurden, die Waschmaschine eine große Rolle spielt, thematisierten die um 1950 geborenen Frauen die Pille und die um 1980, für die Waschmaschine und Verhütung keine Themen sind, da sie immer zur Verfügung standen, das Handy und die 1990er Generation das Smartphone. Die Unterschiede verweisen dann auf die jeweiligen Bedingungen des Lebens. Die Erfahrung, wie sehr eine technische Entwicklung eben diesen Alltag verändert, ist dagegen eine, die sich teilen lässt.

Wie lassen sich generationsübergreifende Gruppen initiieren?

Generationsübergreifendes Arbeiten setzt voraus, dass
- explizit ein Thema gefunden wird, das die Generationenperspektive überschreitet: Es braucht Potenz genug, um große Altersunterschiede zu überbrücken
- das Thema implizit die Lust am sich Verständigen zwischen den »Beobachtungsposten in der Zeit« anregt und nährt. Denn nur dann werden die »Stimmen aus den Beobachtungsposten anderer Zeiten« überhaupt wahrgenommen. Und nur dann machen sie die eigene Welt weit.

Zuletzt ein Hinweis: Für Ausschreibungen von generationsübergreifenden Gruppen empfiehlt es sich, die Betonung auf die Gestaltung und den kreativen Ausdruck zu legen. Die Altersspanne der sich angesprochen Fühlenden ist dabei am größten.

5.3 Biografisches Arbeiten mit älteren Menschen oder: »Die Zeit ist eine Diebin« (Håkan Nesser)[37]

In der Konstruktion »Biografisches Arbeiten mit älteren Menschen« setzten wir voraus, dass sie eine Gruppe für sich bilden: Ältere Menschen sind eine Zielgruppe unter anderen. Und doch sind sie nicht wie andere: Denn das Altern erleben ausnahmslos alle immer. Es ist eine grundlegende Eigenschaft alles Lebendigen. Und zugleich erlebt es jeder für sich. »Prozesse des Alterns [sind] in höchstem Maße individuelle Prozesse, die gesellschaftliche Breite besitzen, aber im Kern immer einzelne Menschen betreffen, die diesen Prozess für sich erleben und in der Regel auch gestalten. Mit anderen Worten: Alter und altern ist ein Teil der Biographisierung des Lebens« (Marotzki, 2009, S. 121; vgl. Marotzki, Nohl u. Ortlepp, 2021).

Grundmerkmale des Alterns

Als zentrales Merkmal des Alterns (im Unterschied zum Älterwerden) verstehe ich hier hormonelle Veränderungen, die als grundlegende Funktion das Nachlassen bzw. Ende der Fruchtbarkeit und Zeugungsfähigkeit bewirken. Mit diesen hormonellen Umstellungen sind Veränderungsprozesse in der Emotionalität und den Handlungsräumen verbunden: Die Körperlichkeit klopft nicht mehr so stark durch Begehren und Begierde an, macht sich zunehmend in Einschränkungen der Möglichkeiten bemerkbar. Die berühmte Altersgelassenheit ist eben u. a. auch eine der nachlassenden Kräfte des Körpers, des Willens und der Emotionalität. In diesen nachlassenden Kräften, durch die die Einwilligung in Veränderungen des Alters geschieht (schließlich will ich auch nicht mehr, was ich nicht mehr kann), liegt die Vorübung auf das große Loslassen im Sterben.

Mit dem Ruhigerwerden des aktiven, sexuellen Begehrens sowie den Veränderungen der familiären Verantwortungen gehen neue Türen auf: Es öffnen sich die Räume der Erinnerungen an das bereits gelebte Leben. Denn ein älterer Mensch ist ein älter gewordener und werdender Mensch, einer der bereits einen längeren Werdeprozess durchlebt hat und zugleich verkörpert.

Dieses Öffnen der Erinnerungsräume kann durchaus zwiespältig erlebt werden, wie das nachfolgende Zitat deutlich macht: »Was das Alter so schwer erträglich macht, ist nicht das Nachlassen der geistigen und körperlichen Fähigkeiten, sondern die Bürde der Erinnerungen« (Höhne, 2014, S. 254). Lange mitgetragene Erlebnisse, auch mitgeschleppte Erlebnisfetzen, bedrängen

---

37 In diesem Kapitel beziehe ich mich auf meinen Buchbeitrag »Den Faden verweben – Biografiearbeit mit älteren Menschen« (Schindler, 2014b).

dann und können mögliche altersbedingte Beschwerden verstärken, denn »es ist bekannt, dass ein aktives Zurückhalten von Gedanken und Gefühlen Stress verursacht, der [...] zum Ausbruch psychischer und psychosomatischer Krankheiten beitragen und zu Beeinträchtigungen im Alltag führen kann« (Heimes, 2012, S. 65). Bei belastenden Erinnerungen und traumatischen Verkapselungen greifen nun als Auswirkung der sich wandelnden Kräfte Strategien der Bewältigung aus früheren Lebensphasen nicht mehr in gewohnter Weise. Die Betroffenen stehen auf der Kippe: Will ich auf meine Erfahrungen und Verarbeitungsmuster noch einmal – oder überhaupt erstmals – schauen? Funktioniert das Wegschauen noch? Wie hoch ist der Preis für weiteres Zurückhalten, wie groß aber auch die Angst vor dem, was sich zeigen könnte? Habe ich überhaupt noch genügend Energie, Gefühle und Erinnerungen wegzudrücken? Auf welchen Pfaden folge ich der Seh(n)sucht nach Wiederbegegnung mit mir selbst und Vergangenem?

In der Biografiearbeit kann all dies zur Sprache kommen und zwar jenseits schon festgezurrter Erzählmuster. Diese gilt es zu lockern, damit im »alten Leben« Neues geschieht. Begleitet werden die Teilnehmenden also bei Erkundungs-, Trauer- und Versöhnungsarbeit. »Zusammenhängen der individuellen, familiären, gesellschaftspolitischen Bedingungen und Zeitumstände nachspüren. Einwilligung in das, was und wie ich gelebt habe, Anerkennung meiner eigenen Begrenzungen und der Fülle dessen, was möglich war« (Höhne, 2014, S. 244), erweist sich dabei für die Betroffenen als Wegrichtung.

Biografiearbeit ist also auch für ältere Menschen eine Hinwendung zu lebensgeschichtlichen Themen aus einem gegenwartsbezogenen Anlass mit Wirkung auf die Zukunft. Aleida Assmann (Assmann, 1999) spricht im Zusammenhang mit dem sozialen und kollektiven Gedächtnis davon, dass erinnert wird, was einen tiefen Eindruck gemacht hat und als bedeutsam erfahren wurde. Der gestalterische Impuls verhilft zum Ausdruck des Eindrücklichen, dessen, was sich aus der Fülle der Lebenszeit in den Vordergrund drängt.

Zugleich ermöglicht dieses biografische Ausdrucksgeschehen, dass sich Menschen mit ihren Erfahrungen als nachhaltig erleben. Das ist oft ganz im wörtlichen Sinne zu verstehen: Für die Nachkommen wird etwas hinterlassen, »etwas bleibt«, auch wenn die Zeit und das eigene Leben vergehen. Mit diesem Wissen können dann Themen innerlich zur Ruhe kommen. Sie sind aufgehoben – im doppelten Sinne des Wortes. Denn »Geschichten bieten für Menschen das zentrale Ordnungsmuster, das sie ihr Leben als ein kohärentes Ganzes erfahren lässt. Ohne eine solche Ordnung bewegen wir uns nur in einem Chaos aus Erfahrungen, psychologisch könnten wir in einer solchen ›bedeutungslosen‹ Welt nicht überleben« (Schlippe, 2007, S. 9).

»Gustav Mahler hat einmal gesagt, jede seiner Symphonien sei eine eigene und in sich geschlossene Welt. Eine jede habe ihre eigene Sprache, ihre eigene Moral usw. Man könnte dasselbe von einem jeden Buch sagen. Auch jedes Buch hat seine eigene Sprache, seine eigene Struktur, seine eigene Gestalt, seinen eigenen speziellen Charakter« (De Shazer, 2009, S. 286). Und man kann dasselbe auch von jeder Biografiearbeit sagen: Jede Biografiearbeit hat ihre eigene Sprache, ihre eigene Struktur, ihre eigene Gestalt, ihren eigenen, speziellen Charakter.

Nicht zuletzt unterstützt Biografiearbeit ältere und alte Menschen darin, die losen Fäden des Lebens so ins Lebensganze einzuweben, dass sie sich nicht weiter in ihnen verheddern müssen: damit neben äußeren auch innere Ansammlungen des Lebens in eine selbstgewählte Ordnung gebracht und »überlassen« werden können und am Ende schließlich der Lebensabschied leichter gelingt.

Beispiele aus der Praxis biografischen Arbeitens

Die vier folgenden Beispiele aus der Praxis des biografischen Arbeitens zeigen unterschiedliche, also spezielle Ordnungsmuster auf. Sie sind so ausgewählt, dass sie sich den vier Feldern der Biografiearbeit im Uhrzeigersinn zuordnen lassen und so die Breite der Biografiearbeit mit älter gewordenen Menschen aufzeigen (siehe Abbildung 6).

Beispiel I
»Ein Gespräch führen – die Gegenwart finden«:
Biografiearbeit in Form von biografischen Gesprächen
Herr Becker[38] (63 J.): sich erinnern – klären – weitergehen
Herr Becker kam zu mir in die Praxis mit dem Wunsch, »ein Gespräch zu führen«. Ausdrücklich will er keine Therapie oder Beratung. Was entsteht, nennen wir biografisches Gespräch. Wir führten es mit drei Terminen innerhalb von sechs Wochen.

Erstes Treffen: Anliegen und Werdegang
Was das Gespräch zum Inhalt haben sollte, darüber ist sich Herr Becker nicht so recht im Klaren. Er sei antriebslos, etwas niedergeschlagen. Manchmal überlege er sogar, ob er depressiv sei, wagt er sich vor. Dass er jetzt in der letzten Phase seiner Berufstätigkeit sei, beschäftige ihn, und überhaupt sein Leben. Ich taste mich mit ihm vor.

---

38 Alle Namen in den Beispielen sind geändert.

Wir erstellen ein Genogramm, verbildlichen seinen beruflichen Werdegang mithilfe von Karteikarten und Symbolen im Raum. In jungen Jahren hat er eine lebensbedrohliche Krankheit überwunden, hat sich schließlich beruflich in eine unerwartete Richtung entwickelt, dann später – gegen alle Prognosen – noch eine Familie gegründet und, ja, in den letzten vier Jahren seinen alten Vater durch ein langes Sterben begleitet. Das habe ihn wohl auch viel Kraft gekostet.

Das erste Gespräch ist zu Ende, der Rückblick skizziert.

Zweites Treffen: Bedauern und Verabschieden
Bei diesem Gespräch äußert er Bedauern über Gelegenheiten, die er nicht ergriffen, Möglichkeiten, die er ausgeschlagen hat. Dazu zählt u. a. eine fachliche Weiterqualifizierung. »Aber dazu ist es zu spät«, sagt er, »jetzt am Ende meiner Laufbahn.« Wir ziehen Verbindungen zu seinem familiären Ausgangspunkt und den zeitgeschichtlichen Umständen. In diesem Licht erscheinen seine »Versäumnisse« milder, das Ergriffene bemerkenswerter. Die Belastungen seines Lebens sind noch einmal Thema. Dann nimmt er anerkennend seine erwachsenen Söhne in den Blick: »Wie gut sie sich doch entwickelt haben!«

Das zweite Gespräch ist zu Ende, die Bestandsaufnahme gemacht.

Drittes Treffen: Bannung der Ängste, Spannen des Bogens
Was ist mein Platz im Leben, was bleibt, jetzt wo der Vater tot ist, die Söhne (fast) selbstständig sind und die Berufstätigkeit dem Ende zugeht? Das ist die Frage, die sich beim dritten Gespräch schließlich als die von Anfang an bohrende herauskristallisiert. Mit dem biografischen Wissen von Lebensrhythmen sehe ich Herrn Becker mit 63 Jahren auf der Schwelle zum neuen Lebensjahrsiebt. Mit jedem Rhythmuswechsel will ein innerer Lebensmittelpunkt losgelassen, ein neuer ergriffen werden. In dem Übergang entsteht eine Vakanz. Nicht selten ruft der Wechsel zu Beginn Irritation und Leere, dann Belebung und Erneuerung hervor.

Mit diesen Zusammenhängen im Blick schauen wir auf die Gegenwartssituation von Herrn Becker. Ich strecke meine Arme seitlich aus, einer Waage gleich, und lenke seinen Blick auf meine nach oben geöffnete rechte Hand. Dort liegt symbolisch das Gewicht des Lebensabschiedes, sein Vater hat ihn gerade vollbracht. Dann schauen wir zu der linken Hand. Dort symbolisiert sich das Leben der nachkommenden Generation, der Söhne. Darüber spannt sich sein Lebensbogen. »Dann,« sagt er und begibt sich ebenfalls in die Geste, »schaue ich ja vor mich in die Gegenwart, in mein Leben. Das liegt vor meinen Augen.« Die Bannung durch das Sterben des Vaters löst sich auf: »Da bin ich ja noch gar nicht«, sagt er. Und: »Mein Leben war anders, da kann ja auch mein Sterben anders sein.« Dann, mit Blick auf die Söhne: »Der eine ähnelt mir sehr. Es ist gut,

> durch sie mit dem Werden verbunden zu bleiben.« Und dann, mit den Augen wieder zur Mitte gehend: »Meine großen Aufgaben sind bewältigt. Jetzt bleibt mir noch eine Strecke Zeit für mich.« Und, nach einer Pause: »Und für meine Frau.« Beide sind wir ruhig.
> »Das war das Gespräch, das ich gesucht habe«, sagt er dann. »Ich sehe jetzt klarer und fühle mich leichter. Das Bild des Lebensbogens nehme ich mit. Das wird mich begleiten.«
> Die Erneuerung der Kräfte hat begonnen.

Motivation von Herrn Becker war das Bedürfnis, Gewesenes zu verstehen und in Zusammenhänge zu bringen: Wie bin ich geworden, was ich jetzt bin; was ist gewesen?

Was wirkt(e) worauf, was bleibt kostbar, wo bleibt Bedauern, was bleibt überhaupt, was muss ich loslassen, was kann ich loslassen? Wandlungsprozesse werden sichtbar.

Das Setting dieser Biografiearbeit war einzeln und privat. Der Prozess führte in die Selbstreflexion und machte Selbstentwicklung möglich, hier das Ankommen in der neuen Lebensphase. Durch den Austausch mit der Mentorin gehen die persönlichen Lebensereignisse prägnanter und zugleich geordneter in sein persönliches Gedächtnis über. In der Metapher des Lebensbogens ist seine aktuelle Lebenssituation angemessen aufgehoben.

> **Beispiel II**
> **»Dem Vater begegnen – sich der Geschichte stellen«: Biografiearbeit als Unterstützung bei der Rekonstruktion von Familienereignissen**
> *Frau Schulz (81 J.): recherchieren – aufschreiben – sich dem Gewesenen nähern und gewachsen fühlen*
> Frau Schulz trägt schon seit vielen Jahren den Gedanken vor sich her, sich mit dem Leben ihres Vaters auseinanderzusetzen. Der Vater, bis Kriegsende überzeugter Nationalsozialist, war nach dem Krieg drei Jahre in einem Internierungslager und drei Jahre später an den Folgen der Internierung gestorben. Frau Schulz, die ihn als Kind sehr geliebt hat, befürchtet, unerträgliche Schuld auf seiner Seite zu finden. Innerlich hat sie dieses Thema über 60 Jahre beiseitegeschoben und doch getragen. »Dieser Aufgabe in meinem Leben muss ich mich noch stellen«, sagt sie, »dann habe ich alles Wichtige getan.«
> Als Unterstützung für ihr persönliches Projekt, an dem sie zu Hause viele Stunden, Tage und Wochen arbeitet, nimmt sie begleitende Gespräche in Anspruch. Zu einem späteren Zeitpunkt ist auch die 80-jährige Schwester beteiligt.
> Die biografischen Arbeitsgespräche beziehen sich

- auf handwerkliche Aspekte des Aufschreibens der väterlichen Lebensgeschichte und des Recherchierens zu historischen Hintergründen, z. B. zu Internierungslagern und zur Entnazifizierung: Wie gehe ich das Thema an? Wie ordne ich die Fülle des Materials: meine eigenen Erinnerungen, Erinnerungen weiterer Familienangehöriger, Briefe, Fotos, historische Dokumente und Quellen, geschichtliche Dokumente?
- auf Fragen zur Erzählperspektive: Dieser Aspekt ist (immer) verbunden mit Beziehungsfragen: Urteile ich über meinen Vater, wenn ich mich mit seinem Leben beschäftige? Was mache ich mit den sich widersprechenden Aussagen meiner Geschwister gegenüber meinen Erinnerungen? Was mache ich mit Wünschen aus der Familie, das Thema nicht mehr »ans Licht zu zerren«? Bürde ich den Nachkommen eine Last auf, wenn ich ihnen die Ereignisse jener Zeit zumute?

Professionelle Biografiearbeit beinhaltet hier emotionale Unterstützung und Ermutigung für das Vorhaben auf dem Hintergrund des Wissens über Mehrgenerationendynamik einerseits sowie Beratung rund um das Erkundungsprojekt »Vater« andererseits. Frau Schulz nimmt dabei ihre eigene Perspektive ein. Die Entscheidung, nicht etwa »objektiv«, sondern aus der eigenen Erzählperspektive zu schreiben, kostete Frau Schulz Mut – sich so für bedeutsam zu halten – stellte aber zugleich einen wichtigen Entlastungsschritt dar. Frau Schulz gerät damit nicht in Gefahr, als »Urteilende«, als »Richterin« aufzutreten.

Entstanden ist ein für erwachsene Kinder und Enkelkinder gestaltetes Buch, in dem die Familiengeschichte auf dem Hintergrund der politischen Geschichte beschrieben ist, und zwar aus der Erzählperspektive von Frau Schulz. Die Gründlichkeit, mit der sie sich der historischen Wirklichkeit gestellt hat, wird für die nachfolgende Generation zur Klarheit über die Familiengeschichte.

»Die Noch-Gegenwart« der Vergangenheit hat für Frau Schulz mit dieser Aufarbeitung an Intensität verloren. Eine große Arbeit liegt hinter ihr. Nun bleibt Raum für sie, sich der Gegenwart des Lebens anzuvertrauen. Und das tut sie.

Das Setting der Biografiearbeit war hier zunächst privat und einzeln, später erweiterte es sich um die Schwester und geht damit schon in einen Gemeinschaftsbezug über. Die Ergebnisse wurden Kindern, Schwiegerkindern und Enkelkindern als abgeschlossener Text zur Verfügung gestellt. Die von Frau Schulz recherchierte und reflektierte Geschichte des Vaters bzw. Großvaters oder Urgroßvaters und der Familie im Kontext politischer Entwicklungen wird damit Teil des Familiengedächtnisses, also des sozialen/kommunikativen Gedächtnisses.

Das Beispiel von Frau Schulz beinhaltet also einen Übergang zwischen biografischer Einzelarbeit und Gruppenarbeit, aber auch zwischen privat und (Familien-)Öffentlichkeit. Die Anfangsmotivation lag in dem Bedürfnis, für sich selbst Wesentliches aus der Vergangenheit zu klären. Die Öffnung zum Familiengedächtnis hin entstand für Frau Schulz im Laufe des Prozesses, als sie das Wissenkönnen als Entlastung erlebte.

Beispiel III
»Jetzt fühle ich mich ermutigt, meine ganze Geschichte aufzuschreiben«: Biografiearbeit in biografischen Schreibgruppen
Frau Lewicki (75 J., und sieben weitere Teilnehmerinnen zwischen 50–75 J.):
Erinnern – ausdrücken – mit-teilen
Frau Lewicki ist bereits viele Jahre in einer biografischen Schreibgruppe, als sie dort den Satz sagt: »Jetzt fühle ich mich ermutigt, meine ganze Geschichte aufzuschreiben.« Zwischendurch hat sie wegen starker Herzrhythmusstörungen nicht an der Gruppe teilnehmen können. Sie ist eine eifrige Schreiberin: Menschen ihrer Herkunftsfamilie, Lebensorte, ihre Ehescheidung, Wendepunkte im Leben und manches andere waren ihre Themen gewesen. Der Tenor ihre Texte hatte jedoch bei aller Lebendigkeit immer den Hauch eines bloßen Berichtes behalten. Das änderte sich eines Tages: »Ich höre deine Texte«, sagte sie zu einer Schreibkollegin, »und sie kommen mir so erfüllt vor. Du erzählst auch den Schmerz. Aber er ist ebenso lebendig wie das Glück. Ich habe versucht, meine Gefühle in den Texten klein zu halten. Aber jetzt fühle ich mich ermutigt, alles aufzuschreiben, auch das, was mir ans Herz gegangen ist.«

Frau Lewicki ist dabei, im biografischen Schreiben vom Lebensbericht zur Lebensgeschichte überzugehen.

Das Setting ist privat und in der Gruppe. Der Motivation liegen die Bedürfnisse zugrunde, eigene Erfahrungen zum Ausdruck zu bringen, dafür die eigene Ausdrucksfähigkeit zu nutzen und zu entwickeln und beides, Inhalt und Ausdruck, mit anderen zu teilen.

Durch die mentorisch begleitete, emotionale Anteilnahme der Gruppe an Texten mit unterschiedlichsten Inhalten und Gefühlsfärbungen war für Frau Lewicki eine wesentliche Veränderung eingetreten: Unabhängig vom emotionalen Gewicht wurde Lebendigkeit und Verbundenheit erlebt.

> **Beispiel IV**
> **»Vergangenheitsräume erkunden und vermitteln«: Projektbezogene Biografiearbeit in der Gruppe als Geschichtsvermittlung**
> *Sechs Teilnehmende (72–84 J.): rekonstruieren – festhalten – weitergeben*
> Subjekt der Biografiearbeit ist hier keine Person, sondern etwas nichtpersonales Drittes, das alle Teilnehmenden verbindet.
> Als Beispiel kann eine Gruppenarbeit mit Senioren im Auftrag einer Gemeinde dienen. Aus Anlass des 750-jährigen Bestehens sollte Ortsgeschichte erarbeitet werden. Ein Jahr lang trafen sich sechs Männer zwischen 72 und 84 Jahren in einer von einer Mentorin für Biografiearbeit angeleiteten Arbeitsgruppe. Persönliche Geschichten, die hier neben der Recherche zur Sprache kamen, dienten der Vervollständigung der Ortsgeschichte.

In diesem Setting ist ein mehr chronologischer, berichtender Gestus vorherrschend. Erzählungen dienen der »Bebilderung« von Fakten. Es geht mehr um faktisch Geschehenes als um das Erleben des Geschehenen.

Dieser Form der Biografiearbeit liegt in der Regel ein historisches Interesse zugrunde. Die Lust, sich der Vergangenheit zuzuwenden, bekommt einen Anlass und eine Form. Die Ergebnisse werden als offizielles Wissen von der erweiterten sozialen Gruppe angenommen, was auf jeden Fall Befriedigung schafft: Was geschehen ist, ist erzählt, festgehalten und weitergegeben worden. Und wer weiß, vielleicht greifen auch nachfolgende Generationen darauf zurück, z. B. bei der 1000-Jahr-Feier im Jahre 2247.

Das Setting hier ist öffentlich und in der Gruppe. Motivation ist die Schaffung eines gemeinsamen Geschichtswissens, das für einen definierten Personenkreis und Ort relevant ist. Das historische Interesse bei den Beteiligten in diesem Setting ist oft mindestens genauso groß wie das Bedürfnis, sich an Eigenerlebtes zu erinnern.

Das Zusammentragen von Wissenswertem aus Chroniken, Kirchenbüchern, Dokumenten aller Art, Fotografien, Artefakten spielt eine große Rolle. Das Nachforschen im sozialen Verbund dient dem Gestalten von geschichtlichen Entwicklungen im eigenen Bezugsraum mit einer klaren, auch zeitlich datierten Ergebnisorientierung.

Das Erarbeitete geht neben dem sozialen auch in das kulturelle Gedächtnis (des Ortes) über.

Über sich hinausweisen und gestalten: Biografiearbeit als ausdrücklicher Beitrag im Kontext von Literatur und Kunst

erinnern – ausdrücken – inszenieren – vermitteln

Neben dem biografischen Erkundungsprozess findet sich hier eine zusätzliche Motivation: die kulturelle Vermittlung des Erinnerten. Das Ausdrucksmedium der Biografiearbeit erhält damit quasi professionelle Bedeutung. Hierzu zählen z. B. die in kleinen Verlagen erscheinenden Publikationen von Biografisierenden, die nach einer individuellen Aufarbeitung ihrer Geschichte und Familiengeschichte diese um einen über sie hinausgehenden Aspekt erweitern. Ebenso gehören dazu Ausstellungen, Lesungen, Theateraufführungen (siehe dazu Unterkapitel 6.3, S. 305) etc. von Projekten mit biografischem Schwerpunkt, die öffentlich angekündigt werden. Auch wenn eine Gruppe gemeinsam einlädt, stellt doch jede Person ihren eigenen Beitrag zur Disposition, wird damit in Zusammenhang gebracht und trägt dafür die Verantwortung.

Autobiografischer Abschluss

Meine mütterliche Familie musste 1945 fliehen, meine Mutter war damals 14 Jahre alt. Sie sprach nie über diese Zeit, aber meine Großmutter war eine starke, bildkräftige Geschichtenerzählerin. So wurden wir Kinder mit einem sagenhaften Alltag und mit Personen vertraut, die uns so fern waren wie der Mond. Aber was heißt fern? 1969 kam es zur ersten Mondlandung, und ebenso war es schließlich möglich, mit der Familie an die alten Heimatorte zu fahren. Und dort kehrte meine Mutter in die Sprache zurück.

Meine Oma ist seit vielen Jahrzehnten tot, meine Mutter schon viele Jahre. Die einstmals mündlich erzählten Geschichten habe ich in der Zwischenzeit aufgeschrieben.

Vor etlichen Jahren war ich mit meiner damals zwanzigjährigen Tochter im Heimatort ihrer Großmutter und Urgroßmutter. Hineingewachsen in eine Familie, in der das Biografische immer auch Thema war, war sie neugierig auf diesen Teil ihrer Herkunft. Nun kennt auch sie das »Haus der Mütter« – die Geschichte ist weitergegeben und damit aufgehoben. »Jetzt kenne ich den Ort«, sagte meine Tochter. »Im Moment reicht mir das. Später, wenn die Vergangenheit für mich wichtig wird, weiß ich, wo ich die Geschichten finde.«

So geschieht über die Weitergabe zugleich Bewahren und Wandel im Familiengedächtnis. Und auch dafür ist Biografiearbeit gut.

5.4 Biografisches Arbeiten im Kontext von Pflegebedürftigkeit und mit Sterbenden oder: Leben ein Leben lang (Ein Beitrag von Susanne Ringeisen)

»Endet die Reise, beginnt das Angekommen sein.«[39]
»Die Dinge loszulassen bedeutet nicht, sie loszuwerden. Sie loslassen bedeutet, dass man sie im Sein belässt.«[40]

So begrüßt die Homepage des Hospiz Elias in Ludwigshafen seine Besucher:innen. Bereits in dieser Einleitung klingt die Wichtigkeit der Biografiearbeit an. Das Hospiz Elias bietet Platz für acht schwerstkranke, sterbende Menschen. Ich selbst darf seit Gründung des Hauses im Jahr 2005 zum Pflegeteam gehören. Wir sind angetreten, Patient:innen und ihre Angehörigen in einer Lebensphase zu begleiten, die ängstigend und schmerzhaft, aber auch friedvoll und versöhnlich sein kann.

Der Versuch, ein neuzeitliches Hospiz darzustellen, gelingt am wirkungsvollsten mit einem Satz von Cicely Saunders, der Begründerin des St Christopher's Hospice in London (1967), während eines Patientengesprächs:
»Sie sind wichtig, weil Sie eben Sie sind. Sie sind bis zum letzten Augenblick Ihres Lebens wichtig und wir werden alles tun, damit Sie nicht nur in Frieden sterben, sondern auch bis zuletzt leben können.«[41]

Grundmerkmale der Arbeit im Kontext eines Hospiz

»Weil Sie eben Sie sind ...«

Menschsein heißt, Person sein, per-sonare (lat.), also: hindurch-tönen. Es gehört zu den großen Wundern des Lebens, dass jeder Mensch einzigartig ist. Um diese Einzigartigkeit zu erfassen, braucht es ein Lernen, ein Kennenlernen. Dieses Kennenlernen braucht das Erzählen, das Erfahren, das Hören der Geschichte dieses Menschen, seiner Biografie, auch und gerade in meinem beruflichen Umfeld, dem stationären Hospiz. »Ich kann nur zusammenfügen, was ich für werthalte. Das, was ich zusammenfüge, gewinnt an Wert.«[42]

---

39 https://www.hospiz-elias.de/stationaeres-hospiz/unser-haus/
40 https://www.hospiz-elias.de/stationaeres-hospiz/aufnahme/
41 Prof. Dr. med Sven Gottschling/Dr. Katja Welsch »Übers Sterben reden« ISBN 978-3-596-70536-8/S. 255
42 Ein Zitat aus der Weiterbildung »Biografiearbeit aus systemischer Perspektive« im Systemischen Institut Mitte, SYIM, Kassel.

»... bis zuletzt leben können.«

Im letzten Lebensweg eines Menschen geschieht, meinem Erfahren nach, eine Bündelung des Wesentlichen. Dabei heißt wesentlich, dass das Wesen dieses Menschen zutage kommen, gesehen und gewürdigt werden will.

Aus diesem Verständnis von Hospiz, das Cicely Saunders im zitierten Satz so treffend auf den Punkt gebracht hat, haben auch wir uns eine Überschrift über unser Tun gewählt, ein Motto, das uns Orientierung gibt:

»Leben, ein Leben lang ...«

Dieser Leitfaden wird angelegt an unser tägliches Handeln. Jeder pflegerischen und medizinischen Maßnahme geht daher die Frage voraus: »Dient unser Tun der Lebensqualität dieses Menschen?« Und: »Was bedeutet für diesen Menschen Lebensqualität?«

Um diese Frage beantworten zu können und somit einem Menschen Begleiter zu werden, bedarf es eben dieses Kennenlernens: Wer ist dieser Mensch und wie ist er geworden? An welchem Punkt ist dieser Mensch, den ich begleite? Nur dort kann ich ihn abholen! Dabei ist das Wissen um seine Geschichte unerlässlich.

Dies bedeutet mehr als palliativmedizinische Betreuung und das Lindern von Schmerzen: Es bedeutet das Miteinbeziehen der Angehörigen, das Berücksichtigen des sozialen Umfelds und der Lebensgewohnheiten des Patienten oder der Patientin und sein/ihr Recht auf eigenverantwortliche Entscheidungen sowie das Wissen um die je individuellen Wünsche: »Moderne Biografiearbeit ist das interdisziplinäre Interesse für alles, was mit der Lebensgeschichte eines Menschen zusammenhängt« (Specht-Tomann, 2009). Dies beinhaltet wichtige Eckdaten und Lebensumstände (äußere Biografie) bis hin zur Verarbeitung dieser Lebensumstände (innere Biografie). Diese innere und äußere Biografie gilt es zu erfahren und zu erfassen.

Die wichtigen Eckdaten und Lebensumstände erfassen wir im stationären Hospiz im Aufnahmeprozess mithilfe eines Genogramms. So hat jeder, der mit diesem Patienten Kontakt hat, einen guten ersten Überblick und Eindruck, der in der Begegnung mit diesem Menschen eine wichtige Hilfe sein kann.

Im Verlauf der Begleitung erfahren wir als Team immer mehr über die Verarbeitung der Lebensumstände. Dabei kommt uns das Miteinander der unterschiedlichen Professionen zugute. Ein Patient oder eine Patientin erzählt z. B. der Atemtherapeutin oder dem Musiktherapeuten völlig andere Anteile seiner Lebensgeschichte als einer Pflegekraft. Erst im Zusammensetzen des Puzzles wird ein Bild daraus.

Wie kann nun die Aufmerksamkeit für dieses Erzählen, das Wahrnehmen von Wesentlichem, das Innehalten beim Erspüren einer Not, die ausgesprochen werden möchte, und das Hinführen zu einem solchen Gespräch erlernt und praktiziert werden?

Oft sprechen unsere Patient:innen weder im Aufnahmegespräch noch in den ersten Tagen ihres Aufenthaltes über alle Familienmitglieder. Da gibt es Brüche im Familiensystem, Angehörige, mit denen es seit Jahren oder Jahrzehnten keinen Kontakt mehr gibt. Genauso oft wird es dann aber doch noch Thema auf dem letzten Weg. Vielleicht erzählt einer der Angehörigen, dass es einen Fehlenden gibt, oder sogar der Patient, die Patientin selbst. Manchmal gelingt es, noch mal einen Kontakt anzuregen, manchmal nicht. In jedem Fall ist das Wissen darum wichtig für die Begleitung.

Sehr selten werden traumatische Erlebnisse ins Wort genommen. Oft sind sie tief vergraben. Dies gilt besonders für das Erleben von Gewalt oder sexuellen Übergriffen. Nicht selten künden körperliche Abwehr und Ängste bei bestimmten Pflegehandlungen davon, selbst und gerade, wenn dieser Mensch nicht mehr bei klarem Bewusstsein ist. Das ist dann eher ein biografisches Erahnen, das eine besondere Achtsamkeit braucht.

Die Haltung und das Eigene

Begleiten heißt wahrnehmen, heißt den Weg und die Weise des mir anvertrauten Menschen und seiner Angehörigen zu achten. Damit Begleitung geschehen kann, bedarf es einer Grundhaltung, die alles durchdringt.

Der Beginn dieser Grundhaltung ist mein Selbstverständnis und die Achtung meines eigenen Lebens mit seiner Verletzlichkeit, Schutzbedürftigkeit und Schönheit. Es beginnt mit mir, meiner eigenen Spiritualität und meiner Auseinandersetzung mit dem Leben.

Das Beschäftigen mit dem Sterben stellt die Frage: Lebe ich so, wie ich leben will? Wenn mich in der Begegnung mit einem anderen Menschen etwas besonders berührt, wird eine Saite in mir angeschlagen, schwingt etwas in mir mit, das beachtet werden will. Das gilt für jede Begegnung. Insbesondere die Arbeit mit Sterbenden und damit die Konfrontation mit der Endlichkeit lässt mich an den eigenen Lebensthemen nicht vorbei. Es wächst die Erkenntnis: Der Tod ist die letzte große Krise. Dabei möchte ich das Wort »Krise« deuten als »Wende« oder als »Moment der Entscheidung«. So ergibt sich die Frage: Wie gehe ich mit den aktuell anstehenden »Wenden« in meinem Leben um? Wie habe ich bisher Krisen bewältigt? Wie bin ich daraus hervorgegangen? Welche Entscheidungen stehen an, um meinem Leben die Wende zu geben, die mich am Ende sagen lässt: »Es war gut. Ich habe gelebt.«?

Dies hat mich bewogen, mich meiner eigenen Biografie zu widmen. Ich wollte mehr darüber erfahren, wie man sich dieser biografischen Arbeit nähern kann.

Die Begleitung

> Biografisches Arbeiten hat für den Erinnernden immer einen Zweck:
> Er kreiert eine ihm erträgliche Wirklichkeit.«
> Hans Georg Ruhe (2003, S. 11)

Das Beschäftigen mit der eigenen Biografie geschieht zumeist in »Wendezeiten«, in Lebensübergängen. Das Wissen um das Anbrechen des letzten Weges ist wohl der Übergang mit der stärksten Intensität. So entsteht gerade in dieser Zeit der heftige Wunsch nach einer Rückschau, einem »Lebensergebnis« mit der Sehnsucht nach »Erfüllung«. Wünschen wir Menschen uns nicht sehr, dass das Leben, das wir gelebt haben, ein Ziel erreicht und zu einer »Erfüllung« kommt? Es ist der Wunsch, hier auf Erden etwas bewirkt zu haben, meine Person entwickelt zu haben in ihrer ureigenen und einmaligen Art. Das, was ich nicht gelebt habe, bleibt für alle Zeiten ungelebt. Nur ich kann *mein* Leben leben.

Am schwersten werden meiner Beobachtung nach am Ende des Lebens nicht die Fehler empfunden, sondern das Ungelebte, das man immer vorhatte, wofür man sich aber nie die Zeit nahm – eine der großen Lehren der Sterbenden an uns noch Bleibende.

So wird das Erinnern, das Erkennen von Zusammenhängen, das Schauen auf das Gute, das Geleistete und Vollbrachte, zum Aufsammeln einer Lebensernte. Meine Mutter hat an ihrem Lebensende den Wunsch geäußert, ihre Lebensgeschichte aufzuschreiben. Ihre Begründung war: »Damit ich nichts mitnehmen muss.« Es kommt zu einem »Aufheben« von Erinnerungen, zum einen, weil sie so kostbar sind, zum anderen, um sie getrost beiseitelegen zu können. Die Wirklichkeit des Sterbens wird durch das Anschauen einer Lebensernte und das Ablegen von Lasten im wahrsten Sinne des Wortes er*träg*licher.

So dient das Beschäftigen mit der Lebensgeschichte der Stärkung der Identität des Betroffenen: Wer war ich, was hinterlasse ich, was trägt mich, wie kann ich mich jetzt diesem letzten Erleben stellen? Entwicklungen werden durch diese Arbeit am Leben besser verstanden, von dem Betroffenen selbst und den Begleitenden. Es geschieht Verwandlung:

»Nicht mehr das Erleben hat mich, sondern: Ich habe das Erleben.«[43]

---

43 Ein Zitat aus der Weiterbildung »Biografiearbeit aus systemischer Perspektive« im Systemischen Institut Mitte, SYIM, Kassel.

Das Erfassen von Familiendynamiken hilft mir als Begleiterin, die richtigen Fragen zu stellen im Umgang mit den Sterbenden und ihren Angehörigen.

Das Wissen um den Glauben, in dem der Patient oder die Patientin verwurzelt ist, stellt einen weiteren unabdingbaren Teil der Begleitung dar, da auch dies Teil seiner bzw. ihrer Biografie ist.

Dabei ist die lebensgeschichtliche Erzählung immer eine Interpretation des gelebten Lebens. Das Erinnern muss vom Begleiter neutral betrachtet werden, eine Interpretation seinerseits ist nicht zielführend. Wertschätzendes Zuhören als Grundhaltung ist unerlässlich. Unsere Lebenserinnerungen und -erfahrungen sind ganz persönliches Eigentum!

Mit anderen Worten: Die Lebensgeschichte eines Menschen ist heilig, im Sinne von »unverfügbar«. Der Umgang mit der Lebensgeschichte, dem Leben eines Menschen, erfordert besonders in dieser Lebensphase eine spirituelle Kompetenz, oder wie Weiher es ausdrückt: »Spirituelle Intelligenz ist die Fähigkeit, das Heilige vor Entweihung zu schützen« (Weiher, 2009, S. 84).

Wie findet das Unsagbare einen Ausdruck? Unser gesamtes Menschenleben ist durchdrungen von Ritualen, von kleinen und großen Tätigkeiten, die den Sinn haben, die Unverfügbarkeit des Lebens als Geheimnis zu begehen. Die Geburt eines Menschen, der Eintritt ins Erwachsenenleben, das Eingehen einer Lebensgemeinschaft, all diese Meilensteine lassen uns spüren, dass das Wunder des Lebens nicht zu fassen ist. So bauen wir uns Brücken und setzen Zeichen, weil wir Ausschau halten nach diesem Bedeutungsvollen. Wir versuchen einen Ausdruck für ein Geheimnis.

Auch der letzte große Übergang, gerade der, braucht dieses Stehenbleiben vor dem Unverfügbaren.

Wenn wir im Leben einen lieben Freund verabschieden, der *»ans andere Ende der Welt zieht«*, veranstalten wir wahrscheinlich ein Fest. Vielleicht gibt es auch die eine oder andere Rede, die unsere Freundschaft und Wertschätzung ausdrückt. Wir essen und trinken gemeinsam, sind fröhlich und traurig und sind in dem Bewusstsein, dass wir bald nicht mehr zusammen sind, ganz in der Gegenwart. So gelingt ein Abschied am besten dann, wenn man noch mal ganz da sein kann. Das gilt auch für den letzten Abschied!

Das Sterben und der Tod sind ein fester Bestandteil des Lebens. Eine Biografie endet nicht vorher, dieser letzte Weg ist ein Teil des Ganzen!

Ein junger Mann Mitte Dreißig wünschte sich in unserem Hospiz ein Geburtstagsfest mit Musik, Tanz, Buffet und Getränken vom Feinsten. Ein Fest für seine Angehörigen und Freunde und uns Pflegenden. Wir haben einen Festsaal mit Musikanlage und Discokugel für ihn ausgestattet und haben *sein* Fest gefeiert. Er

> war noch einmal ganz da, auch wenn er selbst nur liegend dem Fest beiwohnen konnte. Wenige Tage danach ist er verstorben.
> *Ein vierzigster Hochzeitstag* wurde im Hospizgarten im Pavillon begangen, mit roten Rosen und dem Lieblingsessen der beiden. Freude und Trauer waren präsent, Dankbarkeit für die lange gemeinsame Zeit, Erinnerungen an Wegmarken, Schweres und Schönes wurden in die Mitte genommen und gewürdigt: gelebte Biografiearbeit.
> *Eine Patientin* hat ihre Lieben alle nacheinander »einbestellt«, hat ihnen etwas aus ihrem Leben zur Erinnerung geschenkt, hat Worte des Dankes gefunden für gemeinsam Erlebtes, und wo es ging, Unerledigtes und Unausgesprochenes in die Mitte genommen.

Das Finden und Anbieten der passenden Rituale und Symbole gelingt nur durch das möglichst umfassende Begreifen des Familiengefüges.

Persönlicher Nachsatz

Sterben ist so individuell wie das Leben. Sterben ist schwer. Ein Übergang, den wir nicht überblicken, ein Geschehen, bei dem es um die großen Kräfte geht, die es im Leben zu entdecken gibt, Kräfte wie Hoffnung, des sich Überlassens, des Vertrauens und der Liebe. Ich selbst bin verwurzelt in dem Glauben an den Gott der Bibel und finde, dass Anselm Grün (2009) treffende Worte gefunden hat, wenn er zu Gott sagt: »Wenn ich sterbe, falle ich tief in deine Liebe hinein.«

Ich habe vier Kinder geboren. Jede Geburt war so individuell wie die Menschen, die durch mich hindurch in diese Welt gekommen sind.

Das Gebären ist mühsam, ja, man könnte es schwer nennen. Wenn ich nun die beiden Übergänge »Geborenwerden und Sterben« miteinander vergleiche und damit den großen Lebensbogen »Biografie« schlage, sehe ich Angehörige von Sterbenden auch wie Gebärende, die etwas ganz und gar Wertvolles loslassen und in eine andere Welt hineingeben. Aus eigener Erfahrung weiß ich: Wenn ich jemanden hergeben muss, der meinem Herzen nahe ist, bricht sich der Schmerz durch mich hindurch, ein Geschehen, das mich erfasst und dem ich ausgeliefert bin. Ich bin Teil dieses Lebensprozesses.

Wir Mitarbeiter im Hospiz sind wohl mit den Hebammen zu vergleichen. Wir können die Bedingungen gestalten, schauen, dass der Übergang möglichst gut gelingt. Mit all unserem Wissen und Können sind wir Begleiter, nicht mehr, aber auch nicht weniger.

Das große Geheimnis bleibt beim Sterbenden selbst. Es entzieht sich uns genauso wie der Eintritt in die Welt. Es bleibt die Hoffnung und das Vertrauen, dass uns auch dort liebende und sorgende Arme empfangen und dass uns auch dieser Übergang, so wie unser erster, gegeben wird.

Alles, was in einer Biografie wirklich bedeutungsvoll ist, bleibt ein Geheimnis: das Werden, das Wachsen, das Lieben, das Vertrauen, das Hoffen ... und das Sterben.

5.5 Biografisches Arbeiten im Kontext Supervision oder: Wenn die Wellen höher schlagen[44]

Wenngleich das Anliegen supervisorischer Arbeit darin besteht, das berufliche Handeln der Supervisanden zu reflektieren, beeinflusst deren biografischer Hintergrund ihre berufliche Sichtweise grundlegend. Dies kann zu unbeabsichtigten Resonanzen zwischen beruflichen und biografischen Wirkfeldern und in der Folge zu Eskalationsdynamiken führen. Anhand von Beispielen aus der Praxis gibt dieses Kapitel Einblick in meine Arbeit mit biografischen Aspekten in der Supervision als Methode der Entkopplung unerwünschter Wirkfelder, einer Entkopplung, in deren Folge Selbststeuerung wieder möglich wird.

Grundmerkmale der supervisorischen Arbeit

»Der Weg in die Welt führt über mich selbst.« Dieser Satz der Malerin Elvira Bach, den ich in den 1980er Jahren in einem Interview in der HNA (Hessische/ Niedersächsische Allgemeine, Tageszeitung) gelesen und nie vergessen habe, erscheint mir wie ein Leitmotiv. Es hat mich bei meiner biografischen Arbeit mit Menschen in sehr unterschiedlichen Kontexten begleitet.

Zur Biografiearbeit gehört, wie bereits beschrieben, die Verschränkung unterschiedlicher Ebenen: die individuelle Ebene, die familiengeschichtliche Ebene in ihrer Mehrgenerationendynamik, die gesellschaftliche Kontextualisierung, die Thematisierung von spirituellen Dimensionen und Sinnfragen, die durch den Lebenseintritt, das Verwobensein ins Lebendige und das Ende der Existenz, so wie wir sie kennen, entstehen.

Während der Begleitung von biografischen Prozessen bewunderte ich immer wieder, durch welch feine Resonanzen diese Ebenen im Lebenslauf miteinander verwoben und aufeinander eingestimmt sind.

Da ist es naheliegend, dass ich auch in meiner supervisorischen Praxis Resonanzen aus dem biografischen Themenfeld nachspüre. Heidi Möller beschreibt

---

44 Zum Teil entnommen aus Schindler, 2014a.

mit Bezug auf Harald Pühl Supervision als berufsbezogene Beratung, der es um die Kompetenzerweiterung gehe (Möller, 2001). Kompetenzerweiterung wiederum beinhaltet in bestimmten Problemdynamiken die Reflexion der oben benannten biografischen Ebenen. In Anlehnung an Irma Jansen möchte ich sagen, dass eine ausschließlich auf den aktuellen Kontext bezogene Supervision – bei Jansen heißt es »soziale Arbeit« –, »die den biografischen Problemhintergrund ausblendet, ebenso zu kurz greifen würde wie eine Psychotherapie, die allein bei der individuellen Dimension ansetzt« (Jansen, 2011, S. 25).

Die Arbeit mit biografischen Aspekten steht im supervisorischen Feld dementsprechend im Dienst der Professionalisierung. Ich setze sie bei eskalierten Situationen im Berufsalltag ein, die zu Resignation, Burn-out, inneren und äußeren Kündigungen oder vergleichbaren Reaktionen führen. Indem die Folgen biografischer Erfahrungen auf das berufliche Handeln erkundet werden, können deren ungewollte Wirkungen aufgelöst oder zumindest gemildert werden. Die biografische Herangehensweise stellt somit ein Instrument zur Deeskalation im Berufsalltag zur Verfügung. Des Weiteren hat sich die biografische Herangehensweise bewährt, um bei chronifizierten Teamkonflikten eine Musterunterbrechung zu bewirken.

Als Lehrtherapeutin im Bereich »Systemische Therapie und Beratung« arbeite ich in der Ausbildungssupervision ebenfalls mit dem biografischen Ansatz. Anhaltender Distanzverlust der Weiterbildungsteilnehmenden zu Klienten(systemen), die sich in Form von Überengagement, Abwertung, Versagensgefühlen etc. ausdrücken, sind darin immer wieder zu bearbeitende Dynamiken. Den Fachkräften wird durch die biografische Herangehensweise die Wirkung ihrer persönlichen Erlebensmuster im professionellen Handeln nachvollziehbar. Die fachliche Entwicklung führt so im Reflexionsprozess vom sich Hineingezogenfühlen *in* die Dynamiken des Klientensystems über das aufmerksame Wahrnehmen der eigenen Resonanzen *auf* Dynamiken des Klientensystems zum Erkennen eigener Thematiken einerseits und damit zum Freiwerden *für* die Anliegen der Klienten andererseits. Dies stellt eine wesentliche Kompetenz im psychosozialen Handeln dar.

Biografisches Arbeiten setzt »fachliche Professionalität voraus, die dazu in der Lage ist, ein spezifisches Setting der Biografiearbeit zielorientiert und Adressat:innen spezifisch zu entwickeln und zu gestalten« (Jansen, 2011, S. 26).

Resonanzdynamik

Bedeutung und Funktionsweise meines biografischen Ansatzes in der Supervision leite ich aus der nun folgenden Erläuterung des Resonanzbegriffs und der Resonanzkatastrophe her: »Schwingende Systeme können unter geeigneten

Bedingungen miteinander in Resonanz treten. [...] Jeder kennt das: Wenn man am Klavier bei getretenem Pedal einen einzelnen Ton anschlägt, [...] klingt das ganze Klavier. [...] Resonanz ist [...] der Mechanismus, um Ganzheit herzustellen, um komplexe, in sich rückgekoppelte Strukturen zu verstehen, denn diese halten ja durch Resonanz zusammen« (Cramer, 1996, S. 9).

Wenn wir uns die physikalische Definition anschauen, so finden wir unter Resonanz »das Mitschwingen eines schwingungsfähigen Systems (Resonator), wenn es durch periodisch veränderliche Kräfte mit einer Frequenz [...] erregt wird, die einer Eigenfrequenz des Systems gleich oder fast gleich ist. Die Amplitude der so erzwungenen Schwingungen hängt wesentlich von den Dämpfungseigenschaften [...] des Resonators [...] ab. Der größte Wert wird erreicht, wenn die erregenden Frequenzen gleich der Resonanzfrequenz des erregten Systems ist. In diesem Fall kann der Resonator so stark schwingen, dass er sich in einer Resonanzkatastrophe zerstört« (Meyers Lexikon, 2008, S. 784).[45]

Die Dynamik eines solchen Hochschaukelprozesses wird sichtbar an den sprichwörtlichen Monsterwellen der Ozeane. Früher wurden die sich bis zu 50 Meter hoch auftürmenden »Kaventsmänner«, die selbst große Schiffe versenken, als »Seemannsgarn« abgetan. Heute ist ihr Vorkommen nachgewiesen. Monsterwellen erheben sich, wenn eine hohe Woge eine zweite von ähnlicher Wellenlänge einholt und sich mit ihr vereint. Treffen Wellenfelder aus unterschiedlichen Richtungen aufeinander, schaukeln sich Wellen mitunter zu beachtlicher Größe auf. Starke Gegenströmung kann die Welle noch höher erheben.

Auch wir Menschen sind schwingungsfähige Systeme. Schauen wir unter diesem Aspekt auf unseren Leib: Bauchraum, Brust- und Herzraum, Hals- und Kopfraum – überall sind Höhlungen, Muskeln, Sehnen, Knochen, die als Resonanzgeber fungieren. Der menschliche Leib kann damit als Ur-Instrument bezeichnet werden: Ein Instrument, das erst aufhört zu schwingen, wenn das Leben endet.

Mit dieser Resonanzbefähigung schaffen wir den Raum des Zwischen-Menschlichen: Dies wird auch in der Sprache deutlich: Wir stimmen uns aufeinander ein, sind verstimmt, suchen oder fürchten Harmonie und Dissonanz, lassen etwas nachklingen.

---

45 Um sich ein Bild von der zerstörerischen Kraft der Resonanz zu machen, empfehle ich das sehr eindrückliche Video im Internet »Tocamo Narrows Bridge Collapse, 1940«. Zu sehen ist eine Hängebrücke aus Stahl und Beton, die innerhalb weniger Minuten aufgrund einer durch einen Sturm unterstützten Eigenschwingung einstürzt.

Der Psychologieprofessor Stefan Herzka von der Universität Zürich bemerkt dazu, dass der Kern von Therapie die Erfahrung emotionaler Resonanz sei, eines verborgenen, aber fühlbaren Geschehens, durch das wir in unserer Tiefe berührt würden und das uns befähige, uns auf einen anderen Menschen emotional einzustimmen und mit ihm mitzuschwingen (nach Gindl, 2001, S. 114–115). Christine Geiser (2005, S. 214 f.) kommentiert dies so: »Es geht [bei Resonanz] immer um etwas Gemeinsames, um einen Dialog, eine Zwei-Heit, um ein ›Beziehungslebewesen‹, wie ich es in meiner Sprache nenne.«

Wenn ich also in der Supervision davon ausgehe, dass sich bei Supervisanden in bestimmten Situationen eine berufliche Anforderung und die Nachwirkungen eines biografischen Ereignisses in ihrer Eigenschwingung verstärken und deshalb hochschaukeln, arbeite ich im supervisorischen Feld mit den Gesetzmäßigkeiten der Resonanz.

Für viele Fachkräfte gilt es als ein Zeichen von Professionalität, Themen aus der Arbeit »nicht mit nach Hause« zu nehmen. Denn Professionalität in der psychosozialen Arbeit wird auch verstanden als die Fähigkeit, eigenen Impulsen nicht ausgeliefert zu sein, sondern emotionale Betroffenheit lenken und reduzieren zu können.

Aus meiner Arbeit als Supervisorin weiß ich, dass dieser Anspruch mit den realen Erfahrungen oft nicht übereinstimmt: »Mit Familie X beschäftige ich mich noch nachts«, »Ich kann nur noch von dem Konflikt mit Kollege Y reden«, »Mein Mann will meine Klagen über meine Arbeitsbelastung nicht mehr hören«. Ganz offensichtlich gelingt in diesen Phasen die Trennung zwischen beruflicher und privater Sphäre nicht. Bei solchen, mit starken Emotionen vorgebrachten beruflichen Anliegen gehe ich als Supervisorin dementsprechend davon aus, dass es zu einer Resonanzwelle zwischen beruflicher und privater Lebenserfahrung gekommen ist, denn »Resonanz ist eine Form der Wechselwirkung, […], über die alle raumzeitlichen Strukturen miteinander in Beziehung treten können« (Cramer, 1996, S. 14). Indem ich in der Supervision auf die biografischen Aspekte hinweise, mache ich die Zweiheit, von der Christine Geiser spricht – das Wesensmerkmal der Resonanz – wieder erlebbar.

Dabei fasse ich den beruflichen und den privaten Bereich als zwei Hemisphären eines Wirkkreises auf, durch den das professionelle Handeln geprägt wird. Beide Hemisphären unterteilen sich in verschiedene Wirkfelder (siehe Abbildung 27).

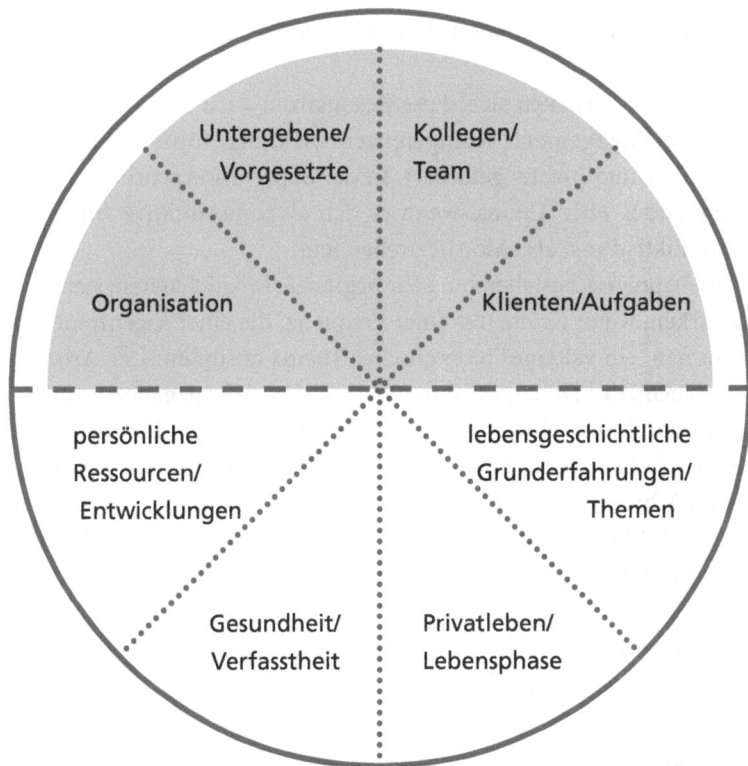

Abbildung 27: Wirkkreis des beruflichen Handelns (von Herta Schindler)

Erläuterungen:
- Im *oberen Teil* des Kreises befinden sich die allgemeinen, öffentlichen Bereiche der Arbeit. Sie sind überindividuell, werden vorgefunden und im Arbeitsprozess gestaltet. Von allen Beteiligten werden sie wahrgenommen und sind deshalb offizieller Inhalt der mündlichen und schriftlichen Kommunikation der Mitarbeitenden.
- *Der untere Teil* zeigt die biografischen Erfahrungen, die den Personen immanent sind und die die Mitarbeitenden qua ihrer Person »dabeihaben«. Sie

werden in den Arbeitskontext mitgebracht und bleiben dennoch weitgehend geschützt und verborgen, also privat. Sie stehen nicht oder nur eingeschränkt zur Verhandlung.
- *Beide Hemisphären des Wirkkreises* stehen miteinander in Resonanz und müssen doch zugleich differenziert gelebt und gelenkt werden.

Selbstverständlich drücken sich diese Resonanzen auch konstruktiv aus. Wir erleben dann Engagement, Kompetenzentwicklung, fühlen uns von unserem Tun erfüllt und positiv gefordert. In der Supervision wird das Resonanzgeschehen jedoch eher Thema, wenn es sich als unproduktive Anstrengung, heftige Konfliktladung, als »Monsterwelle« zeigt.

Im Arbeitsprozess bestehen nur sehr begrenzte Möglichkeiten, steuernd entgegenzuwirken, wenn Kräfte mit einer Frequenz, die einer Eigenfrequenz fast gleichkommen, ein vakantes biografisches Thema anstoßen: Der Arbeitsplatz muss aufgesucht, der Dynamik kann nicht aus dem Weg gegangen werden. Sie kann kaum durch zeitlichen oder räumlichen Abstand gemildert werden. Das Resonanzgeschehen treibt die Eskalation weiter in die Höhe und türmt sich, gleich einer Monsterwelle, zu überwältigender Größe auf.

Vermutlich können solche Resonanzdynamiken jahrelang anhalten und neben körperlichen und psychischen Einbußen auch zu beträchtlichen wirtschaftlichen Einbußen für Arbeitnehmer und Arbeitgeber führen. Dieser Eskalationsprozess lässt sich, hat er einmal Fahrt aufgenommen, willentlich kaum mehr steuern oder gar beenden.

Arbeit in der Supervision mit dem Resonanzgeschehen

Voraussetzung für eine Steuerung ist, dass die Resonanz zwischen den sich hochschaukelnden Bereichen erkannt wird und die Supervisand:in in einem nächsten Schritt ihre »Dämpfungseigenschaften« verbessert.

In der Arbeit mit biografischen Aspekten erkunden Supervisand:innen, aus welchen Anteilen sich die Monsterwelle im Aufeinandertreffen konstituiert hat, konkret: Welche als belastend erlebte berufliche Situation in Resonanz geraten ist zu welchem belastenden biografischen Ereignis. In der Folge wird die emotionale Energie wieder den jeweiligen Feldern des Wirkkreises zugeordnet: Der Dynamik wird sprichwörtlich Wind aus den Segeln genommen. Durch das Erkennen der Resonanz wird also die Zweiheit wieder in Kraft gesetzt. Die vordem nicht steuerbare Resonanzenergie schwächt sich daraufhin spürbar ab. Die Hemisphären können wieder als getrennt erlebt werden. Das biografische Ereignis kann nun persönlich weiterbearbeitet werden (oder nicht), und die beruflichen Kompetenzen können (wieder) er- und gelebt werden. Eine Entlastung der Arbeitsprozesse von den biografischen Dynamiken der Person tritt ein. Im weiteren Verlauf der Supervision kann daran gearbeitet werden, die Zweiheit zu stabilisieren und professionelle Handlungsstrategien zu entwickeln.

In der Teamsupervision setzt das biografische Verfahren die Zustimmung aller Teammitglieder voraus. Der Fokus bleibt dabei immer die Entschärfung des Resonanzerlebens und nicht die Aufarbeitung des biografischen Ereignisses.

Darüber hinaus kann der biografische Ansatz in der Teamsupervision angewendet werden, um chronische Teamkonflikte und Kommunikationsstörungen verringern zu helfen und eine neue Teamkultur anzuregen. Indem biografischen Wirkfeldern unter supervisorischer Lenkung Raum gegeben wird, wird eine Resonanz zwischen den Teammitgliedern initiiert, die als positiv erlebt wird. Wurden Unterschiede in Teams zuvor als Problem, Konflikt oder, umgekehrt, als irrelevant behandelt, werden diese Unterschiede durch die biografischen Erzählungen als gewordene Eigenheiten der Personen erkennbar und eher akzeptierbar.

Arist von Schlippe (2011) zitiert in einem Vortrag Luhmann, wenn er sagt: »Im Licht der Theorie sozialer Systeme bestehen Sozialsysteme aus Kommunikationen, […], eine Organisation [… ist] die Kontinuität des Kommunizierens auf der Basis von gemeinsam erzeugtem Sinn. Das Gedächtnis des Sozialsystems ist ein Gedächtnis, das aus Kommunikation besteht. Geschichten erzählen ist eine Form des Systemgedächtnisses.« Inhalte aus informellen Gesprächen von Teilen des Teams über Teile des Teams (Tratsch) werden mit gelenkten Erzählungen aus der biografischen Hemisphäre in die offizielle Kommunikation gehoben, d. h. öffentlich zur Sprache gebracht und damit dem allgemeinen Systemgedächtnis zugeführt. Der bisherige Status quo des Teamgedächtnisses verändert sich dadurch in Inhalt und Struktur.

Aufgrund des im Erzählten vermittelten Zusammenhangs erscheint es möglich, etwas, das als Angriff oder als Irritation im Arbeitsprozess erlebt wurde, neu einzuordnen. Damit werden Verhaltensweisen zumindest teilweise aus den kollegialen Verstrickungen »entlassen«. Was Winslade und Monk (2011, S. 206) über die Methode der »narrativen Mediation« schreiben, lässt sich hier auf den Prozess des biografischen Arbeitens im Team übertragen: »Das Besondere daran ist, dass [… man] keine Neuerungen in der Erzählung des problematischen Konflikts anzustreben braucht; vielmehr wird die Beziehung zwischen den Beteiligten ›auf neue Gleise‹ gesetzt und so in eine neue Geschichte gebracht.« In der Folge schwächen sich destruktive Resonanzen zwischen Teammitgliedern ab. Das »Resonanzkatastrophenbarometer« sinkt.

Beispiele aus der Praxis supervisorischen Arbeitens

Es folgen drei Beispiele zum biografischen Arbeiten im Kontext der Supervision.

Beispiel I
»Frau Baltaus[46] möchte mal ruhen« – biografische Supervision zu einem Kindheitsereignis

Frau Baltaus arbeitet bei einem großen Träger als Sozialpädagogin. Die Arbeit der Einrichtung ist ausgerichtet auf ein heilpädagogisches Schülerinternat mit Schule für Kinder und Jugendliche mit sonderpädagogischem Förderbedarf. Frau Baltaus ist sowohl für die Aufnahme und Entlassung der Kinder als auch ihre Eingliederung ins Internat zuständig.

Aktuelle Anlässe für Supervision sind Druckgefühle, auch in Form von Bauchschmerzen; als überflutend erlebte Arbeitsprozesse, die zu einem Gefühl der Lähmung führen; eine intensive Neigung, die Arbeitszeiten auszudehnen; mangelnde Abgrenzung gegen ausgesprochene und unausgesprochene Erwartungen der Leitung.
Supervisionsanliegen sind: Die Arbeit befriedigend gewichten, Struktur statt Diffusität, Perfektionismus abschwächen und die grundlegende Frage klären: »Bin ich hier noch richtig?«.

In der zweiten Sitzung benennt Frau Baltaus als wichtigstes Anliegen, ihren Hang zum Perfektionismus ändern zu müssen. Der damit verbundene Stress belaste auch ihre private Beziehung. Bei Beschwerden ihrerseits gegenüber der Leitung formuliere diese den Vorwurf, sie sei »zu gründlich, ihr Stress sei selbstgemacht«. Damit ist Frau Baltaus in eine Zwickmühle geraten: Weniger gründlich zu sein, bringe sie in große innere Unruhe, und die verursache ihr Stress. Damit der nachlasse, kümmere sie sich wieder engmaschiger darum, dass die Ein- und Ausgliederung der Kinder in Schule und Internat wirklich gut verlaufe, was wiederum Stress verursache. Bei der Vielzahl der parallel und hintereinander verlaufenden Ein- und Abgänge trete der Zustand der Entspannung praktisch nie ein. Sie betont, dass ihre Gründlichkeit in der Tat eine andere Dimension habe als bei den meisten Menschen. Ich bitte sie um ein Beispiel.
Ihr Beispiel: Wenn ich ein Paket verschicke, erzählt sie, ist für mich dieser Vorgang erst abgeschlossen, wenn das Paket »gut angekommen« ist und ich das weiß. Erst nach dieser Bestätigung lasse ich innerlich los. Bezogen auf meine Arbeit bedeutet das, dass ich bei einem neuen Schüler erst nach dem gut verlaufenen Hilfeplangespräch ein Jahr später sicher weiß, dass er »gut angekommen« ist. Um auch vorher beruhigt zu sein, müsste ich den Schüler im Blick behalten. Bei den

---

46 Alle Klientennamen in den Beispielen sind geändert.

zahlreichen, über das gesamte Schuljahr stattfindenden Aufnahmeprozessen ist das aber unmöglich. Dadurch bleibt permanent eine innere Unruhe.
Hypothese: Hier ist ein Arbeitsprozess mit einer starken emotionalen »Ladung« versehen. Diese verweist auf einen lebensgeschichtlichen Zusammenhang. Ein so geartetes Thema auf der rein beruflichen Handlungsebene – also auf den Feldern der oberen Hemisphäre des Wirkkreises (siehe Abbildung 27) – klären zu wollen, wäre vermutlich für mich als Supervisorin mühsam und für die Supervisandin nur kurzfristig entlastend. So, wie die Supervisandin ihr Dilemma vorträgt, gehe ich davon aus, dass es eine Resonanz zu einer bedeutsamen biografischen Erfahrung – zur unteren Hemisphäre des Wirkkreises – gibt, die ihr nicht bewusst ist. Um meine Hypothese zu überprüfen und ein Erkennen der Resonanz zu ermöglichen, biete ich folgende Frage an:
Biografische Frage: »Gibt es in Ihrer Familiengeschichte ein Ereignis, das nicht im Auge behalten wurde und das deshalb schlimme Folgen gehabt hat?«
Wirkung der Frage: Im Gesicht der Supervisandin spiegelt sich emotionale Bewegtheit und Irritation. Zu ihrer eigenen Überraschung fällt ihr sofort etwas ein. Sie sei aber unsicher, ob dieses Ereignis mit ihrer beruflichen Situation in Verbindung stehen könne. Dies ist eine typische Reaktion beim Auftauchen biografisch relevanter Erfahrungen im beruflichen Kontext. Sie hängt u. a. mit der oben beschriebenen Definition von Professionalität zusammen. Durch meine, aus dem geschilderten beruflichen Dilemma abgeleitete, biografische Frage bot ich der Supervisandin an, einen Brückenschlag von der beruflichen zu einer persönlichen Erfahrung zu vollziehen.

Damit die Verbindung geschlossen werden kann, braucht es die Ermutigung durch die Supervisorin. Die Notwendigkeit drückt sich in der zweifelnden Kommentierung der Supervisandin zu ihren eigenen Assoziationen aus. Mit der Bejahung dieser Resonanzmöglichkeit, verbunden mit der Aufforderung, das erinnerte Ereignis zu erzählen, beginnt die Supervisandin, neue Zusammenhänge wahrzunehmen und damit tiefere Einsichten in die Resonanzdynamik zu erlangen.
Biografisches Ereignis: Die Supervisandin erzählt nun, sie sei mit einer Hüftschiefstellung auf die Welt gekommen, die die Eltern »nicht im Blick behalten« hätten. Erst eine Mitarbeiterin der Kinderkrippe machte die Eltern wieder darauf aufmerksam. Mehrere schmerzhafte Operationen waren nötig, die bei frühzeitiger Behandlung überflüssig gewesen wären. Auch heute noch leidet die Supervisandin unter den Auswirkungen, hat Bewegungseinschränkungen und immer wieder Schmerzphasen. Die Eltern machen sich Vorwürfe. So etwas hätte ihnen nicht passieren dürfen und darf sich nicht wiederholen.
Reaktion der Supervisandin: Beim Erzählen verändert sich die Stimme, wird ruhiger und mitfühlender. Die überraschte Frage »kann dieser Zusammenhang

bestehen?« weicht der erstaunen Feststellung »der Zusammenhang besteht«. Ein Verinnerlichungsprozess ist spürbar: Ihr Schmerz in Bezug auf ihre körperliche Beeinträchtigung entspreche dem Schmerz, den sie empfinde, wenn sie die Eingliederung der Kinder nicht im Auge behalte. Dies sei für sie ein starker Beweis des Zusammenhangs.

Die Resonanzdynamik ist damit entschlüsselt. Sie fand statt zwischen einem biografischen Thema aus dem Bereich Gesundheit/Verfasstheit in Verbindung mit einer familiären »Unterlassungssünde« – die das Zeug zum biografischen Grundthema hat – einerseits, und andererseits dem beruflichen Feld Klientenbetreuung. Die äußere Bewertung dieser Resonanz durch die Vorgesetzte türmte die Welle weiter auf in Richtung »Resonanzkatastrophe«, was wiederum zurückwirkte in den Bereich Partnerschaft. Indem durch die Zuordnung der Dynamik zu den jeweiligen Hemisphären die Zweiheit wieder in Kraft gesetzt ist, schwächt sich die »Resonanzkatastrophe« unmittelbar ab. Die Supervisandin fühlt sich emotional entlastet und bezogen auf die Arbeitsprozesse wieder zur Selbststeuerung in der Lage.

Kommentierung durch die Supervisorin: In der nun folgenden Kommentierung geht es darum, die in der Regel schmerzhaften biografischen Ereignisse als Ressourcen für die Arbeit entdecken zu helfen und eine Transformation der bis dahin schmerzhaften Erfahrungen in eine konstruktive Kompetenz zu befördern. Die bewusst gewordene Verbindung wird dadurch nicht als Scheiterverbindung erlebt. Sie kann sowohl in das persönliche als auch in das berufliche Feld als bedeutsame Lebenserfahrung eingegliedert werden.

Im geschilderten Fall beinhaltet meine Kommentierung drei Aspekte:
- Der erste ist die Würdigung der kleinschrittigen und konsequenten Prozessverantwortung, verbunden mit der Frage, in welchen Arbeitsbereichen diese gefragt sein könnte. Dies könne auch wichtig sein bei der Frage, ob ein Stellenwechsel »dran« sei und falls ja, mit welchem Stellenprofil. Damit wird eine positive Resonanz der biografischen Erfahrung mit dem beruflichen Feld angeregt.
- Der zweite Aspekt bezieht sich auf das Gefühl der Unruhe aus Sorge um die Kinder. Hier könne sie mit einem Richtungswechsel beginnen: Wenn die Sorge um die anderen groß wird, könne sie sich mit Mitgefühl dem Kind in sich selbst annähern. Hier wird die weitere Bearbeitung der Thematik im persönlichen Feld angeregt.
- Im dritten Aspekt stelle ich die Frage, mit wem aus ihrer eigenen Krankengeschichte sie sich während der Aufnahmeprozesse der Schüler:innen identifiziere: mit den Fachkräften oder mit ihren Eltern? Es ist eindeutig, dass sie sich mit den Eltern identifizierte. Hier ist wichtig, am Unterschied zu arbeiten: Im Aufnahmeprozess ist sie als Fachkraft da, d. h. mit begrenzter Verantwortung.

Zielrichtung der Kommentierung: Die Kommentierungen dienen dazu, den beruflichen und privaten Erfahrungsfeldern eine je eigene Richtung zu geben und damit die Resonanzdynamik weiter abzuschwächen, die den Stress provoziert hat.

In den nachfolgenden Supervisionssitzungen werden diese Unterschiede und Differenzierungen stabilisiert.

Beispiel II
»Herr Lot sieht ein Bild« – biografische Supervision zu einem Ereignis aus der Vorgeneration
Herr Lot ist Mitarbeiter mit einer halben Stelle eines Teams für »Betreutes Wohnen für Jugendliche und junge Erwachsene« eines mittelgroßen sozialen Trägers. In der Teamsupervision zeigt er sich eher defensiv. Das gleiche Verhalten zeigt er gegenüber den Jugendlichen. Für eine Kollegin, mit der er oft im Tandem fallzuständig ist, wird das zum Problem: Ihr bleiben die fordernden und begrenzenden Aspekte der Arbeit, während Herr Lot als der »mitfühlende Kümmerer« erscheint. Herr Lot geht trotz der halben Stelle oft belastet nach Hause, trägt »seine Jugendlichen« gedanklich mit und fragt sich, ob er wirklich alles getan habe. Durch die Kollegin wird das Thema in der Supervision angesprochen. Herr Lot äußert danach bei seiner Teamleitung den Wunsch nach Einzelsupervision, um an seiner Haltung zu arbeiten, und bekommt drei Sitzungen bewilligt. Ich übernehme die Einzelsupervision mit der Absprache, keine Teamthemen mit dem Kollegen zu besprechen.
Aktueller Anlass: Beim ersten Termin benennt er folgerichtig als Anliegen, sein defensives Verhalten verändern zu wollen. Welche guten Gründe es für sein Verhalten geben könne, frage ich. Er möchte die Jugendlichen nicht noch mehr belasten, lautet seine Antwort, und damit vermeiden, dass noch Schlimmeres passiert. »Was ist die schlimmste Vorstellung, mit der Sie sich quälen?«
Größte Befürchtung: Er wird still und nachdem ich ihn noch einmal ermutige, erzählt er, dass er manchmal nachts wach liege. Dann sei seine größte Angst, dass ein Jugendlicher »tot im Zimmer liegt und ich es nicht verhindert habe«.
Erste Hypothese: Ich mache ihn darauf aufmerksam, dass dies ein Bild von starker Intensität ist. Da dieses Bild seines sei und kein allgemeines, könnten wir uns fragen, woher gerade er dieses Bild habe.
Biografische Frage: »Gibt es eine Erfahrung in ihrem Leben, zu der dieses Bild gehört?«
Wirkung der Frage: Es tauchen keine Assoziationen und Erinnerungen bei ihm auf.
Zweite Hypothese: In diesem Fall gehe ich davon aus, dass das Ereignis nicht unmittelbar in seiner Biografie liegt, sondern zu seiner Familiengeschichte gehört.

Familienbiografische Frage: Ich frage, ob es ein totes Kind/einen toten Jugendlichen in der Familiengeschichte gegeben hat. Auch dazu tauchen keine Assoziationen auf. Nun gehe ich mit dem Supervisanden über die Genogrammarbeit in die Familiengeschichte und schaue nach Resonanzereignissen, die die Potenz haben, eine »Monsterwelle« zu bilden. In der Regel muss man auch hier ermutigen und bei der Geschichtenfindung aktiv unterstützen, da es um ausgeklammerte oder zu wenig beachtete Ereignisse geht. Auf diese Weise wird folgende Geschichte sichtbar:

Familienbiografisches Ereignis: Die Mutter des Supervisanden hatte eine kleine Schwester. Diese starb vor ihrem ersten Geburtstag, vermutlich am plötzlichen Kindstod. Der Klient misst diesem Ereignis das lange vor seiner Geburt lag, keine Bedeutung bei und ist geneigt, darüber hinwegzugehen. Da jedoch sein Angstbild – ein anvertrauter junger Mensch liegt tot im Zimmer – uns leitet, verweile ich hier. Nun fällt ihm ein, dass dieses dramatische Ereignis noch unter dramatischeren Umständen geschah: Während die Eltern auf einer Beerdigung waren, wurde der damals 7-jährigen älteren Tochter (Mutter des Supervisanden) das Schwesterchen anvertraut. Als die Eltern zurückkamen, lag das kleine Kind tot in seinem Bettchen.

Reaktion des Supervisanden: Auch hier tritt das Erstaunen über das Wirken der »alten Geschichte« auf. Wenn deren Bedeutung durch die Supervisorin »beglaubigt« wird, kann die dazugehörige Emotionalität auf dieses Ereignis übergehen: Der Supervisand fühlt sich berührt, empfindet Schreck, Mitgefühl, Trauer, auch Freude über die (wieder)gefundene Tante.

Resonanzdynamik: Damit wird das berufliche Feld vom emotionalen Resonanzgeschehen aus dem Familienfeld entlastet. Die Stresswelle sinkt. »Im Gebiet sozialer Felder wird Gedächtnis durch Resonanz mit früheren Aktivitäten dieser Felder hervorgebracht [...] Die Menschen vollziehen Handlungen [...] und zwar in der gleichen Weise, wie diese schon früher ausgeführt wurden und durch diese Ähnlichkeit kommen sie in Resonanz mit allen, die die Handlungen vor ihnen vollzogen haben« (Sheldrake, 2001, S. 26, 36). Der Auftrag des »Verantwortlichseins für Jüngere« verband die berufliche und biografische Hemisphäre und ließ den zum familiengeschichtlichen Feld gehörenden emotionalen Schock auf das berufliche Feld Klienten/Aufgabe und in der Folge auf das Feld Kollegen/Team übergehen. Dies führte zu Beeinträchtigungen im Feld Gesundheit/Verfasstheit des Supervisanden und in der Folge auch auf sein Privatleben/Familienleben.

Aufgabe der Supervisorin ist es nun, die Differenzierung der zuvor in Resonanz stehenden Hemisphären zu stabilisieren.

Kommentierung durch die Supervisorin: Diese Stabilisierung geschieht einerseits, indem das biografische Feld Würdigung erfährt. Hier war die Anregung, dass der Supervisand seiner Ehefrau von der so früh verstorbenen Tante erzählt, um die

Wirklichkeit ihres Lebens und Sterbens zu bekräftigen. Seine Idee war es, etwas aufzustellen, was an sie erinnert. Andererseits gilt es dann im nächsten Schritt, seine Rolle als Fachkraft zu erarbeiten. Es geht dabei um die Abgrenzung der Verantwortungsbereiche: Die Auflösung des unbegrenzten Verantwortungsgefühls »für das Leben« ermöglicht ihm konkrete Verantwortungsübernahme für konkrete Schritte in der Arbeit mit den Jugendlichen und damit, als kompetenter Kollege seinen Platz einzunehmen.

Rückmeldungen des Supervisanden in der darauffolgenden Sitzung: »Die Supervision war sehr wichtig für mich. Seitdem kann ich bewusster mit den Situationen umgehen, die mich stressen. Ich bin fast ein halbes Jahr morgens gegen fünf Uhr aufgewacht, voller Selbstzweifel, mit Atemnot und mit meinem Angstbild vor Augen. Jetzt habe ich mich an das erinnert, was war, was meiner Tante und meiner Mutter und meiner Oma widerfahren ist. Am Morgen nach der Supervision bin ich wieder um fünf Uhr aufgewacht mit Selbstzweifeln und Kurzatmigkeit. Da habe ich meine Gefühle gedanklich zu dem kleinen Engel geschickt, den ich für meine Tante hingestellt habe. Das hat mich berührt. Ich war traurig. Danach bin ich wieder eingeschlafen. Seitdem schlafe ich durch.« Das Bild hatte aufgehört, herumzugeistern.

Beispiel III
»Was ich schon immer mal von dir wissen wollte ...« –
biografisches Arbeiten in der Supervision zur Unterstützung
einer konstruktiven Neustrukturierung des Teamgedächtnisses
Dieser Bericht bezieht sich auf die Arbeit mit dem Team einer Jugendwohngruppe. Dort gibt es massive Kommunikationsprobleme. Das Team, drei Frauen und zwei Männer, ist fast in zwei Lager gespalten, wobei einer der Männer durch langwierige Monologe die Fähigkeit besitzt, das Restteam gegen sich aufzubringen. Es gibt keine Teamleitung. Die für das Team zuständige Psychologin legt großen Wert auf Statusunterschiede und monologisiert ebenfalls häufig. Zu Beginn der Supervisionssitzungen stellt bereits die Frage nach einem gemeinsamen Anliegen eine Herausforderung für das Team dar.

Aktueller Anlass: Das Team weiß, dass einer meiner beruflichen Schwerpunkte Biografiearbeit ist. Zum Ende des Jahres entsteht der Wunsch, einmal etwas anderes zu machen, z. B. Biografiearbeit. Diese Anregung findet überraschenderweise allgemeine Zustimmung.

Biografisches Konzept: Für die nachfolgende Sitzung erarbeitete ich folgendes Konzept: »Was ich dich schon immer einmal fragen wollte« – Biografisches Arbeiten im Team:

a) Jedes Teammitglied entwickelt für jedes andere Teammitglied eine biografische Frage unter dem Motto »Was ich dich schon immer mal fragen wollte ...« und schreibt diese auf eine Karteikarte.
b) Ein Teammitglied stellt sich zur Verfügung, dem die Fragen gestellt werden. Das Teammitglied entscheidet nach jeder Frage, ob es sie beantworten möchte oder nicht.
c) Wenn sich das Teammitglied für eine Antwort entscheidet, erzählt es, indem es die Antwort gibt, aus seiner Biografie.
d) Nachdem alle Fragen gestellt und evtl. beantwortet sind, gibt es die Möglichkeit für einen Abschlusskommentar der Fragenden bzw. Zuhörenden.
e) Das nächste Teammitglied wird gefragt/erzählt usw.

Die Bedeutung des biografischen Fragens: Die Entwicklung einer biografischen Frage für die Kolleg:innen bedeutet ein Heraustreten aus eingespielten Kommunikationsmustern, z. B. der Nicht(be)achtung. Alle Personen im Team beschäftigen sich dabei innerlich mit allen Personen des Teams und wissen voneinander, dass sie dies tun. Indem dies auf abgesprochene Weise geschieht, werden die privaten Aspekte der Person zur offiziellen Kommunikation zugehörig. Der inoffiziellen, das Team spaltenden Kommunikation von Teammitgliedern über Teammitglieder wird Energie entzogen.

Die Anleitung gibt weder Anlass zur Befürchtung, dass Einzelne sich auf Kosten anderer einen Vorteil verschaffen, noch dass sich Subsysteme mit Neigung zur Banalisierung oder Ironisierung bilden.

Das Stellen einer biografischen Frage bedeutet, mitzuteilen, auf welche Weise man mit einer Person innerlich beschäftigt ist, welche Resonanz sie in einem findet. Die Frage zu stellen, ist bereits ein Akt der Öffnung auf der Begegnungsebene. Biografische Fragen sind in der Regel keine Konkurrenzfragen. Sie beziehen sich auf

- das Leben einer Person: Was hast du erlebt, das uns unterscheidet oder verbindet?
- die Hintergründe von Verhaltensweisen: Was hat dazu geführt, dass du etwas auf diese Weise tust?
- die Hintergründe von Meinungen: Was hat dazu geführt, dass du auf diese Weise denkst?
- die Hintergründe von Werten: Was hat dazu geführt, dass dir gerade dies wichtig ist?

Fragebeispiele:
- Wie hast du den Mauerfall erlebt? Was hast du vorher in der DDR gearbeitet?
- Wo lebst du seit der Trennung von deiner Frau? Wie gestaltet sich der Kontakt zu deinen Söhnen?

- Wie kommt es, dass du mit 29 Jahren immer noch bei deinen Eltern wohnst?
- An welche Urlaubsreise denkst du gern zurück und weshalb?

Die Entscheidung, eine Frage zu beantworten oder nicht, ist eine erste Überprüfung der Resonanz auf das aufgetauchte Thema und auf die Person, die es eingebracht hat. Meine Intention mit dieser Anleitung ist es, innerhalb des Teams eine konstruktive Resonanzentwicklung zu fördern. Es ist nötig, jeden Schritt sorgfältig zu begleiten, damit Kommunikationsgrenzen erweitert werden, ohne dass es zur Beschädigung einzelner Personen kommt. Auch die Nichtbeantwortung einer Frage wird deshalb positiv konnotiert. Der Schritt, selbstbestimmt eine kommunikative Grenze zu setzen, ohne Zugehörigkeit zu gefährden, dient als exemplarischer Vorgang.

Die Beantwortung biografischer Fragen wird möglich, wenn das Empfinden von teilnehmendem statt bewertendem Interesse auf der Seite der Fragenden/Zuhörenden spürbar wird. Dann kann dem Interesse an sich selbst Raum gegeben und vom eigenen Leben erzählt werden. Eine Hinwendung zu sich selbst im Angesicht des anderen geschieht. Was dabei entsteht, ist Vertrauen.

Abschlusskommentare nach jeder Runde ermöglichen es, eigenes Berührtsein, Achtung vor der Erfahrung des anderen und neue Wahrnehmungen zur Person und zum Team zum Ausdruck zu bringen. Sie vertiefen damit ein gelingendes Resonanzerleben.

Resonanzgeschehen: Dies ist ein Beispiel für den Aufbau von personaler, konstruktiver Resonanz im Teamkontext. Durch achtsames Arbeiten mit den Themenfeldern der biografischen Hemisphäre wird das kollegiale Feld des Wirkkreises von persönlichen Animositäten entlastet. Dies zeigte sich in der Situation konkret durch aufmerksames, anteilnehmendes Zuhören einerseits und ein mit den Personen verbundenes Erzählen andererseits. Die Stimmung in der Runde wurde zunehmend friedlich und freundlich. In der darauf folgenden Zeit war ein entspannteres Teamklima mit weniger Neigung zu »Resonanzkatastrophen« spürbar. Für die Klienten wirkt sich die Verbesserung der Zusammenarbeit des Teams u. a. durch zielführendere Interventionen aus.

Das Seerosenmodell

Um die Ebene, auf die biografische Erzählungen in und für Teams abzielen, zu verdeutlichen, stelle ich das »Seerosenmodell« vor: Das Seerosenmodell, das Gellert und Nowak (2007, S. 165–168) von Reiner Czichos übernommen haben, veranschaulicht die verschiedenen Schichten der Persönlichkeit (siehe Abbildung 28).

Blatt und Seerosenblüte in der Luft symbolisieren Verhalten.

Stängel im Wasser symbolisiert Haltungen und Einstellungen.

Wurzel im Boden/Grund symbolisiert Werte, Normen, frühe Prägungen.

Abbildung 28: Seerosenmodell (Zeichnung von Emily Schindler nach Gellert u. Nowak, 2007, S. 165; ursprünglich von Reiner Czichos)

Erläuterungen:
- Das Blatt (mit Blüte) befindet sich über der Wasseroberfläche. Es ist durch Wasser und Wellen relativ beweglich. Seine Bewegungen auf dem Wasser sind sichtbar. Ebenso ist unser menschliches Verhalten sichtbar. Wir reagieren damit relativ stark auf aktuelle Bedingungen. »Einflussnahmen bzw. Veränderungen in diesem Bereich können über Regeln, Verträge und Anweisungen erreicht werden. Nur auf dieser Ebene des erkennbaren Verhaltens sind Vereinbarungen überhaupt sinnvoll und möglich« (S. 166).
- *Der Stängel* befindet sich unter Wasser und bewegt sich mit ihm, allerdings in engerem Radius als das Blatt, da er dichter mit der im Boden verankerten Wurzel verbunden ist. Er ist Symbol für Haltungen und Einstellungen, die von außen nicht unmittelbar eingesehen und beeinflusst werden können. »Veränderungen in diesem Bereich lassen sich nicht schnell, das heißt nicht durch einfache Vereinbarungen erreichen.« Sie gelingen am ehesten über »konkrete Erfahrungen oder überzeugende Modelle« (S. 166 f.).

- *Die Wurzel* ist fest im Grund verankert. »Sie verändert ihren Standort nicht, doch sind durchaus unterirdische Wachstumsprozesse möglich. Veränderungen sind dementsprechend schwer zu bewirken. Es helfen gute Erfahrungen und intensive Auseinandersetzungen mit der eigenen Persönlichkeit« (S. 167 f.).

Indem innerhalb des Teams biografischen Erfahrungen Raum gegeben wird, ist ein Zugang zum Stängel- und Wurzelbereich der Personen ermöglicht. Werden Unterschiede in Teams zuvor als Problem, Konflikt oder umgekehrt als irrelevant behandelt, werden diese Unterschiede durch die biografischen Erzählungen als gewordene Eigenheiten der Personen erkennbar. Es erscheint nun möglich, dass das, was als Angriff gegenüber der eigenen Person oder als Irritation im Arbeitsprozess erlebt wurde, aufgrund des im Erzählten vermittelten Zusammenhangs anders eingeordnet wird. Damit werden Verhaltensweisen zumindest teilweise aus den kollegialen Verstrickungen »entlassen«. Destruktive Resonanzen zwischen Teammitgliedern schwächen sich ab. Das Barometer »Resonanzkatastrophen« sinkt.

Für diese Veränderung im Gedächtnis des Sozialsystems spielt eine wesentliche Rolle, dass das biografische Gespräch

- mit allen Teammitgliedern
- in einem offiziellen Setting
- bei allgemeiner Einwilligung
- unter achtsamer Leitung geführt wird
- und danach die Inhalte immer mal wieder mehr oder weniger beiläufig Erwähnung finden. Dies sichert das gemeinsame und damit offizielle Wissen von den Erzählungen aller Einzelnen sowie das achtsame Interesse aller an allen und damit die neu gefundenen Umgangsweisen im Team.

Die Resonanz zwischen der oberen und der unteren Hemisphäre des Wirkkreises ist damit ein Stück weit »entstört« worden. In der Folge gelingen Austausch und Absprachen störungsfreier.

Resümee: Biografisches Arbeiten im Kontext Supervision

Die Arbeit mit biografischen Aspekten steht im supervisorischen Feld im Dienst der Professionalisierung. Sie dient der Deeskalation bei zur Chronifizierung neigenden beruflichen Konflikten. Es wird davon ausgegangen, dass Eskalation, die die Selbststeuerung stark einschränkt, oft durch eine Resonanz zwischen beruflichen Anforderungen und privaten, ungeklärten Ereignissen zustande kommt. Dabei ist es hilfreich, von einem Wirkkreis des beruflichen Handelns auszugehen.

In der biografischen Supervision werden die emotionalen Energien innerhalb dieses Wirkkreises neu geordnet und damit die destruktive Resonanzdynamik abgeschwächt. Professionalität kann wieder er- und gelebt werden.

Der italienische Antimafia-Staatsanwalt und Schriftsteller Gianrico Carofiglio schreibt dazu auf seine Weise: »Wenn wir etwas erzählen, [...] und es dann noch einmal erzählen, [...], neigen wir automatisch dazu, [...] zu wiederholen, anstatt die direkte Erinnerung an das Erlebte abzurufen. [...] Zum Schluss erinnern wir uns gar nicht mehr an das Vorgefallene, sondern nur noch an die Erzählung des Vorgefallenen. [...] Um [... neue] Details zu finden, muss man die [...] Person von der Erinnerung an ihre Erzählung lösen und sie wieder mit der Erinnerung an das Geschehen selbst in Verbindung bringen [...]. Die Erinnerungen lösen sich nämlich nicht einfach auf und verschwinden. Sie bleiben da, unter der dünnen Kruste des Bewusstseins. Auch die, die wir für immer verloren geglaubt hatten. Manchmal bleiben sie ein Leben lang dort verborgen, andere Male hingegen passiert etwas, was sie wieder hochkommen lässt« (Carofiglio, 2013, S. 94f., 135f.).

In der Eskalation kommt die emotionale Ladung einer Erinnerung wieder hoch, wird jedoch einseitig an die berufliche Thematik gebunden. Dort kommt sie in der immer gleichen Erzählung, als Klage etc. zur Sprache. Mit der biografischen Supervision tritt das Erinnern an das Erzählte (die Klage) zurück und das Erinnern an ein bedeutsames biografisches Geschehen wieder hervor. In der Folge wird die Fähigkeit zur Selbstlenkung und damit auch zur Professionalität (wieder) frei.

5.6 Biografisches Arbeiten im Kontext Coaching oder: Zurückgucken, um vorwärtszukommen

Alles hat seine Geschichte. Auch der Begriff »Coaching«. Steigen wir also mit der Erzählung einer kleinen Geschichte ein. Um dann der Frage nachzugehen: Wann wirkt im beruflichen Feld das Erkunden von Biografischem – also einer Erzählung des Gewordenseins und den damit verbundenen Sinnkonstruktionen – zukunftsorientiert?

Grundmerkmale der Arbeit im Kontext Coaching

Der Begriff »Coaching« kommt aus dem Englischen, genauer aus dem Amerikanischen. Dies wird unmittelbar einleuchtend, wenn wir realisieren, dass er sich ursprünglich auf die Vielzahl an unterschiedlichen Fähigkeiten bezog, die ein Kutscher brauchte, um das Pferdegespann einer Postkutsche – stage coach – über weite Strecken zur Zusammenarbeit zu bringen. Ein geschickter Kutscher war in der Lage, die parallelen Welten – wir können auch sagen komplexen Systemdynamiken – in ein ausreichend gutes Zusammenspiel zu bringen. Dazu gehörten die mechanische Realität von Geschirr und Kutsche, die lebendige Realität der Pferde mit all ihren Bedürfnissen und ihrer Unterschiedlichkeit im Charakter, die Herausforderung durch Jahreszeit und Wetter. All dies galt es, zu einer einheitlichen Erfahrung zu verschmelzen, um in unerwarteten Situationen blitzschnell improvisieren zu können und als organische Einheit zusammen mit dem Gespann auf ein Ziel hinzulenken.

Im Sinne des heutigen Wortgebrauchs transportiert das Bild des Kutschers auf metaphorische Weise die Lenkungsaufgaben im Coaching.[47] Auf der Webseite der Systemischen Gesellschaft (SG) wird systemisches Coaching beschrieben als »ein aufgabenbezogenes, ressourcen- und lösungsorientiertes Beratungsformat für Führungs- und Leitungskräfte sowie Teams und Einzelpersonen in Organisationen. Es dient der Erweiterung von Kompetenzen und Handlungsmöglichkeiten und der Förderung der persönlichen und beruflichen Entwicklung von Menschen in ihren jeweiligen Arbeitswelten – unter Berücksichtigung aller relevanten Systemebenen.«

Coachingprozesse werden demnach aus vielfältigen Gründen angestrebt, u. a. um
- persönliche oder betriebliche Stagnation zu überwinden
- kreative bzw. strukturelle Arbeitsprozesse zu fördern
- Veränderungen im beruflichen Feld zu begleiten
- Konflikte in Teams und Unternehmen zu entschärfen
- neue Perspektiven als Arbeitnehmer oder auf der betrieblichen Ebene zu gewinnen.

Beispiele aus der Praxis im Kontext Coaching

Wie biografische Ebenen bei diesen Themenstellungen wirkungsvoll eingesetzt werden können, verdeutlichen die folgenden Beispiele. Das erste bezieht sich auf einen Einzelcoachingprozess mit einer Führungskraft. Im zweiten geht es um die Herausforderung eines großen psychosozialen Trägers, das Team eines ehemals kleinen Vereins nach dessen Übernahme zu integrieren.

---

47 Den Hinweis auf diesen Zusammenhang verdanke ich Andrea Böttinger, Kiel.

Beispiel I
Das Gelübde eines Jugendlichen in der Rolle einer Führungskraft
Setting: Einzelcoaching einer Führungskraft
Methode: Erkundung biografischer Hintergründe aktueller Stagnation und Wiedereinführung von Entscheidungsmöglichkeiten

Biografisches Coaching erweist sich hier als unterstützender Faktor, damit eine Führungskraft ihre Entscheidungsmöglichkeiten und damit Selbstwirksamkeit wieder erlangen kann. Erforderlich war eine Überprüfung von selbstgesetzten Werten in der Jugend.

Bei hartnäckigen, nicht förderlichen Kommunikations- und Verhaltensmustern fokussiert Biografiearbeit im Coaching somit auf relevante Lebenserfahrungen der Coaches, um den möglichen »Bremsklotz« (passend zum Bilde des Kutschers) zu finden und zu lösen. Lösungsorientierung bedeutet hier, alten Glaubenssätzen, heimlichen Schwüren, familiären Tabus nachzuforschen, um deren Wirksamkeit in der aktuellen Situation zu erkennen, zu begrenzen und abzumildern. Dabei dienen u. a. Sprachbilder, unhinterfragte Vorannahmen und die Verteidigung von Scheiterstrategien als Hinweise auf relevante Vorerfahrungen.[48] Im nachfolgenden Beispiel berichtet eine Kollegin, die bei einer großen Krankenkasse überregional Führungskräfte coacht, von ihrer Erfahrung:

»Als Erstes möchte ich bemerken, dass ich ganz wenig Erfahrung mit der biografischen Arbeit habe, denn in der Vergangenheit habe ich es nicht gewagt, so tief in die Persönlichkeit der Führungskräfte ›einzusteigen‹.

Es handelt sich um eine Führungskraft, die einen Bereich leitet, der aufgrund seiner Struktur meiner Einschätzung nach nie zum Erfolg kommen kann. Alle ›Minderleister‹, alle Verhaltensauffälligen, schwierigen oder psychisch kranken Mitarbeiter der Direktion wurden in der Vergangenheit dorthin abgeschoben.

Der derzeitige Leiter weiß, dass er unter solchen Strukturbedingungen diesen Bereich nicht erfolgreich führen kann, ist unglücklich, aber hält an der Leitungsrolle weiter fest und kann nicht aufgeben. Das wäre für ihn Verrat. Eine andere, ihm angebotene Stelle hat er sogar ausgeschlagen. Daraufhin habe ich ihn angesprochen und wir haben eine Sitzung zu dem Thema vereinbart.

In diesem Zusammenhang habe ich dann die biografische Frage gestellt, ob dieses ›Nicht-Aufgeben-Können und Verrat‹ einen Bezug zu seiner persönlichen Vergangenheit hat. Er wusste sofort und sehr plastisch ein Beispiel zu benennen, in dem er als Jugendlicher aus einer Bedrohungssituation geflüchtet ist und danach des Verrates an dem besten Freund bezichtigt wurde. Diese Erfahrung en-

---

48 Zur theoretischen Einordnung siehe auch den Wirkkreis des beruflichen Handelns in Unterkapitel 5.5, S. 265.

> dete in einem Gelübde, immer weiterzukämpfen und niemals aufzugeben. Auf diesem Hintergrund konnten wir gut an dem aktuellen Thema weiterarbeiten.«
> (S., 50 J., Psychologin, Systemische Supervisorin und Coachin)

In diesem Beispiel erweist sich biografisches Coaching als unterstützender Faktor für die Führungskraft, um Entscheidungskraft und damit Selbstwirksamkeit wiederzuerlangen durch Fragen wie: Will ich an dem Gelübde festhalten? Erlaube ich mir, meine Werte zu verändern, oder verändere ich meine Sichtweise auf meine heutige Situation und die meiner Mitarbeitenden?

In der Einstiegskommentierung der Coachin wird deutlich, dass die Arbeit mit biografischen Themen bei Personen in hierarchisch übergeordneten Positionen die Überprüfung eines Tabus voraussetzt: nämlich das der empfundenen Annahme, die Führungskraft könne den Hinweis auf persönliche Hintergründe als »Schwäche« und somit als »Unverschämtheit« und Grenzüberschreitung diesbezüglich wahrnehmen. In der vorgestellten Sequenz haben damit beide, Coachin und Coachee, einen Erweiterungsprozess vollzogen.

Im Bereich von Teams geht es eher nur am Rande um die Rekonstruktion persönlicher Lebenserfahrungen und ihre Verbindung zum Arbeitsfeld. Hier steht mehr die Geschichte von Einrichtungen und Organisationen, deren Entstehungskontexte, Professionalisierungswege und die Entwicklung von Arbeitskulturen im Vordergrund. Sich diesen Themen mit biografischen Aspekten zuzuwenden, kann empfehlenswert sein, wenn in Bezug auf die verbindende Aufgabe (noch) keine gemeinsame Erzählung vorhanden ist. Die gemeinsame Rekonstruktion des Gewordenseins fördert wechselseitiges Kulturverstehen (in verschiedenen Abteilungen, Bereichen, Teams, Hierarchien), die Entwicklung einer gemeinsamen Sprache, manchmal auch die Realisierung nicht zu überbrückender Unterschiede.

> **Beispiel II**
> **Das alte und das neue Wir**
> *Setting:* zwei Teamtage mit Teammitgliedern (altes Team) samt Teamleiterin und Bereichsleiterin (neuer Träger)
> *Methoden:* Rekonstruktion der Historie des übernommenen Vereins und des Übernahmeprozesses; Bewusstmachung der sprachlichen Aufrechterhaltung der getrennten »Wirs«; Entwicklung gemeinsamer Standards als neues Wir in einer gemeinsamen Zukunft
> Von einem großen psychosozialen Träger wurde ich für zwei Teamtage angefragt. Thema war die Teamentwicklung in einem Segment, das vor einigen Monaten neu übernommen worden war: Der ehrenamtliche Vorstand eines Ver-

eins zur psychosozialen Versorgung von Geflüchteten, der über mehrere Jahre gearbeitet hatte, war aufgrund von Alter und Überlastung an seine Grenzen gekommen. Der Verein wurde nach einer längeren Verhandlungsphase von einem großen Träger übernommen.

Das Team arbeitete unter dem neuen Träger weiter, jedoch waren nicht alle übernommen worden. Stattdessen war eine von außen kommende Teamleitung installiert worden. Die Zusammenarbeit gestaltete sich schwerfällig. Die Teamleitung war kurz davor, das Handtuch zu werfen.

Am ersten Teamtag fand ich eine Konstellation vor, die fest in alten »Wirs« verankert war: Sprachen die Teammitglieder von »Wir«, meinten sie ihren vorherigen Verein. Sprachen Teamleitung und Bereichsleitung von »Wir«, meinten sie ihrer beider Zusammenarbeit. Hier ging es also darum, überhaupt erst einmal die Geschichten dieser »Wirs« wechselseitig zu kennen, um dann möglicherweise zu einer Neukonstruktion, zu dem gegenwärtigen »Wir« mit seinen gegenwärtigen Subsystemen kommunikativ vorzudringen.

Eine zuhörende Gesprächsatmosphäre herzustellen, war deshalb Voraussetzung für eine weitere gemeinsame Entwicklung. Angeregt von Aspekten der gewaltfreien Kommunikation initiierte ich als einen ersten Schritt, wechselseitig rekonstruieren zu lassen, was Personen des »anderen Wirs« jeweils erzählt hatten. Und erst dann zu reagieren. In dieser Verlangsamung wurden eigene Erzählkonstruktionen wahrnehmbar und die jeweils andere mit ihren Erzählungen hörbar.

Anliegen war dabei, die Grundlage eines gemeinsamen sozialen Gedächtnisraumes zu schaffen, den ich als eine Voraussetzung dafür ansehe, dass zukünftiges Handeln ebenfalls gemeinsam entwickelt werden kann.

Nach dieser Grundlegung bestand der zweite Schritt in Rekonstruktion und Kommunikation der unterschiedlichen Historien: die Entwicklungsgeschichte des ehemaligen Vereins (dargestellt von den Teammitgliedern), die Entwicklungsgeschichte der Übernahme aus der Perspektive des neuen Trägers (dargestellt durch die Bereichsleitung), die fachliche Verbindung der Teamleitung zum Themenfeld Psychosoziale Betreuung von Geflüchteten (durch die Teamleitung). Methodisch wurde dies in Einzelarbeit erarbeitet, auf Karteikarten festgehalten und im Raum beim Erzählen als Weg aus verschiedenen Richtungen in der Bewegung aufeinander zu sichtbar ausgelegt.

Entstanden sind u. a.

- gemeinsames Kennenlernen und Nachvollziehen von bedeutsamen Erfahrungsunterschieden (so wurde z. B. herausgefunden, dass der Begriff »Aktenführung« mit sehr unterschiedlichen Inhalten verbunden wurde. Erst danach konnte ein gemeinsames Vorgehen entwickelt werden, ohne durch Wertediskussionen in der Sackgasse zu landen)

- Ergänzungen von Halbwissen (bezüglich des Übernahmeprozesses)
- Korrektur von Fehlinformationen (über finanzielle Ressourcen)
- Erkennen von Verbindungen (so ist die Teamleitung eines der Gründungsmitglieder des Vereins gewesen, was den später angestellten Mitarbeitenden bis dato unbekannt war).

Durch Rekonstruktion und Erzählung der getrennten Geschichten entstand so eine neue gemeinsame Geschichte, auf die sich nun bezugnehmen ließ. Auch wenn dies noch nicht ganz leichtfiel: Das Team benutzte weiter ein »Wir« für die alte Konstruktion, ließ sich aber am zweiten Tag bereitwillig darauf aufmerksam machen. Die Teamleitung, die aus dem Kontext Psychiatrie kam, benutzte weiter das Wort »Patienten« statt »Klienten«, war überrascht, als ich sie darauf aufmerksam machte und gewillt, sich umzustellen. Auch dies markierten wir als Teil der neuen gemeinsamen Geschichte: Wir – das neue Wir – lernen auch sprachlich noch um.

Neben dem Begleiten von aktuellen krisenhaften Prozessen wird Coaching auch genutzt, um professionelle Entwicklungs- und Veränderungsprozesse anzustoßen und zu begleiten. Für diesen Kontext stelle ich als eine methodische Möglichkeit aus dem biografischen Spektrum vor: die Arbeit mit dem »Berufslebensbaum«.

Der Berufslebensbaum

Die Arbeit mit dem Lebensbaum habe ich in Kapitel vier ausführlich beschrieben. Im Wald stehen, wie man weiß, viele Bäume. Das ist erfreulich. So kommt im Kontext Coaching ein weiterer hinzu: der Berufslebensbaum. Dabei steht der Baum als Metapher für aufeinanderfolgende Phasen des (Berufs-)Lebens.[49]

> Rückzug aus dem Berufsleben
> Vorbereitung auf den Austritt
> Innerer Austritt
> Gefahr der Sättigung
> Reifephase, späte Phase des Berufslebens
> Konsolidierung und Stabilität
> Hohes Erfahrungswissen

---

[49] Das Modell wurde entwickelt und veröffentlicht von Barbara Hinding, Maren Albrecht, Ynaiê Bhering Soares und Michael Kastner (2016), Mannheimer Institut für Public Health, Sozial- und Präventivmedizin, Medizinische Fakultät Mannheim, Universität Heidelberg.

- Weiterhin berufliche Entwicklung
- Wechsel innerhalb des Karriereweges
- Wachstum/Professionalisierungsphase
- Kompetenzentwicklung
- Wissen- und Erkenntniszuwachs
- Berufliche Weiterentwicklung
- Phase des Berufseinstiegs
- Erste Berufserfahrungen
- Orientierungsphase (beruflich/persönlich)
- Beginn Ausbildung/Studium

Die Stammlinie entwickelt sich von unten (Beginn Ausbildung/Studium) nach oben bis in die Baumspitze hinein (Rente) in aufeinanderfolgenden Etappen. Durch individuelle Erfahrungen mit familiären Lebensphasen und Herausforderungen verästeln diese sich seitlich. Je nach Anliegen lassen sich anhand dessen Ressourcen, Wendepunkte, Krisen und deren Bewältigungsmöglichkeiten, Förderer etc. reflektieren.

Verweisen möchte ich an dieser Stelle auch auf das Buch »Unternehmen Lebenslauf« (Brug u. Locher, 2003). Es ist als Workshop konzipiert und enthält zahlreiche methodische Anregungen zur Verflechtung von »Biografie, Beruf und persönlicher Entwicklung«. Das Buch gehört zum Kontext der anthroposophischen Literatur. Anregungen sind jedoch in so etwas wie einen »allgemeinen Bestand« auch der systemischen Arbeit übernommen worden, wie z. B. die Unterscheidung zwischen Erkenntnisfragen und Entscheidungsfragen. Für »Prozesse der Veränderung, Entwicklung und Erneuerung bei individuellen Menschen, in Arbeitsteams und Organisationen wie auch in der Gesellschaft« (S. 9) stellen die Autoren Tools und deren Hintergründe zur Verfügung.

6 Einblicke in Vielfalt oder: Das Mosaik der Biografiearbeit

In diesem Kapitel stellen Fachfrauen mit unterschiedlichen Grundprofessionen, die zugleich Mentorinnen für Biografiearbeit (SYIM)[50] sind, vor, wie sie Biografiearbeit in ihr jeweiliges Praxisfeld integriert haben. Sie öffnen uns damit Fenster in vielgestaltige biografische Räume. Ihre Beispiele regen an, experimentell und weltoffen im jeweiligen professionellen Kontext mit dem biografischen Ansatz zu arbeiten.

6.1 Biografiearbeit tänzerisch oder: Biografiearbeit in Bewegung (Ein Beitrag von Eva Burghardt)

In meinen Projekten biete ich, Choreografin und Tanzpädagogin, bewegte Biografiearbeit an. Neue Perspektiven auf die eigene Biografie zu ermöglichen und gleichzeitig in künstlerischer Gestaltung Ausdruck zu finden, ist dabei die treibende Kraft. Dabei sehe ich mich u. a. inspiriert durch Ansätze von Anna Halprin, die in ihrer Arbeit immer »den ganzen Menschen durch den Tanz erreichen« (zit. nach: Wittmann, Schorn u. Land, 2013, S. 49) und dabei nie den künstlerischen Aspekt aus den Augen verlieren möchte.

Einführende Gedanken

Die eigene leibliche Körpergeschichte zu erforschen, überhaupt wahrzunehmen und zu spüren, bilden Ausgangspunkte des biografisch-leiblichen Arbeitens. »Die soziale Biografie des Individuums«, das ist die grundlegende Annahme dabei, »hinterlässt ihren ›Eindruck‹ als Körpergeschichte in der Physis, wird einverleibt und prägt damit auch den individuellen körperlichen Ausdruck

---

50 Eine Ausnahme stellt Anna Hoff dar. Zudem stelle ich in Unterkapitel 6.5 »Storytelling« ethnografische Spaziergänge in Bremen und Windhoek/Namibia als Gemeinschaftsprojekt der Universitäten Windhoek und Bremen vor.

von Haltung, Bewegung, Gesten und Sprechweisen« (Keil, 2006, S. 133). In der Bewegungsimprovisation spielen biografische Aspekte deshalb immer eine Rolle, ob man sich dessen bewusst ist oder nicht. Die eigene Biografie schreibt sich in den Leib ein, beeinflusst, wie ich stehe, gehe, renne und tanze. Biografische und leibliche Aspekte sind bis in die Zellen hinein miteinander verwoben.

Am Beginn steht die Arbeit mit Bewegungsimprovisation und »Instant Composition«. Diese ist geprägt von vielen Fragen und dem ständigen Erforschen neuer Möglichkeiten:

> Was bewegt mich?
> Wie bewege ich mich?
> Wohin gehe ich? Wann?
> Was gibt es für Begegnungen?
> Was vertiefe ich?
> Was lasse ich gehen?
> Wo bleibe ich stehen?
> Wann gehe ich weiter?

Man weiß nicht, in welche Richtung sich eine (Tanz-)Improvisation entwickelt. Es entsteht ein unaufhörlicher Lernprozess, dem zu vertrauen, was kommt. Denn alles was passiert, wird Bestandteil der Improvisation. Die Frage ist nur, wie man damit umgeht. Die Beschäftigung mit Improvisation lehrt, Verantwortung zu übernehmen – für seine Reaktionen auf das, was geschieht. Es lehrt, Entscheidungen zu treffen. Einiges lässt sich beeinflussen, anderes nicht. Wie reagiert man auf Unerwartetes, vielleicht auch auf Zusammenstöße oder Zusammenbrüche? Wann lässt man sich vom Wirbel des Geschehens mitziehen, wann stemmt man sich dagegen?

Gerade die Arbeit mit Bewegungsimprovisation sowie die Entwicklung eigener Kompositionen, im Gegensatz zu vorgegebenen Choreografien und Schrittfolgen, öffnet somit Spielräume, in denen nach Halprin »nicht der Tanz, sondern der tanzende Mensch [...] mit seinen emotionalen Ausdrucksformen sichtbar und spürbar [wird]. Lebenserfahrungen der Tanzenden rücken in den Vordergrund« (zit. nach Wittmann et al., 2013, S. 63).

In meinen Projekten möchte ich einen offenen und kreativen Raum schaffen, in dem die Teilnehmenden sich auf »gleicher Augenhöhe« begegnen und miteinander in Kontakt treten können. Altersunterschiede, körperliche Möglichkeiten oder Einschränkungen sowie Erfahrungshintergründe sind kein Hindernis, sondern eine Bereicherung. Jede:r bringt sich auf seine/ihre individuelle Weise ein. Der Tanz misst sich nicht an technischer Perfektion, sondern lebt von der Einzigartigkeit jeder/s Einzelnen: »Der normale und auch alternde Körper wird in seiner Verletzlichkeit und in seinen Brüchen nicht negiert, sondern zeigt sich in seiner Kostbarkeit und Einzigartigkeit. Indem alte Menschen auf der Bühne tanzen, haben wir die Gelegenheit, eine andere Ästhetik zu kultivieren: eine, die Schönheit nicht nur in Perfektion und in einer präzise wiederholbaren körpertechnischen Leistung sieht, sondern die den Reiz des Uneinheitlichen, des Verborgenen und des Nicht-Perfekten wertschätzt. Und das ist in der Tat ein Geschenk an die Gesellschaft« (Gierz, 2018, S. 91 f.).

Diesen wertschätzenden Blick zu kultivieren und zu fördern, ist mir wichtig. Obwohl sich in den letzten Jahren viel in diesem Bereich bewegt hat[51], gibt es dennoch eine weit verbreitete Vorstellung, dass Tanz und Bewegung vor allem jungen und durchtrainierten Körpern vorbehalten sei. Die biografisch-tänzerische Arbeit bietet sich wunderbar dazu an, dieses Bild zu durchbrechen und neue Möglichkeiten aufzuzeigen.

Beispiele aus der Praxis:
Verknüpfung von Bewegung, Tanz und Biografiearbeit

Je nach Kontext und Projekt können unterschiedliche Schwerpunkte gesetzt werden. Die Arbeit kann sich in pädagogischen, künstlerischen oder auch therapeutischen Feldern bewegen. Persönliche wie auch gesellschaftliche Fragestellungen können als Ausgangspunkt dienen. Überschneidungen dieser Bereiche sind möglich, dennoch ist es wichtig, das Setting im Vorhinein klar zu definieren, damit sich die Teilnehmenden darauf vorbereiten und einlassen können.

Die hier beschriebenen Beispiele stammen aus generationsüberreifenden Tanzprojekten, die im pädagogisch-künstlerischen Bereich anzusiedeln sind. Fragestellungen zum eigenen Lebensweg und dem persönlichen Blick auf die Welt sowie Objekte, Fotos oder Musik der Teilnehmenden dienten als Inspiration und Ausgangspunkt für die gemeinsame choreografisch-szenische Gestaltung – mit anschließender öffentlicher Präsentation.

---

51 Zu den wohl bekanntesten Projekten zählen hier u. a. der »Kontakthof mit Damen und Herren ab 65« von Pina Bausch (Premiere 2000) wie auch das Projekt »Seniors Rocking« von Anna Halprin, filmisch dokumentiert von Ruedi Gerber (Premiere 2010). Aber es gibt auch zahlreiche andere Initiativen und Projekte mit älteren Menschen, im professionellen und/oder Laienbereich, wie z. B. Arbeiten des My-Way-Ensembles für Tänzer:innen ab 60 unter der Leitung von Gabriele Gierz, sowie das Stück »Life Lines« vom Dance On Ensemble für Amateure 60+ unter der Leitung von Martin Nachbar und Laura Böttinger, Hebbel am Ufer (Beginn 2018), https://dance-on.net/lokal/ (17.12.2021).

Geschichten erzählen und (tänzerisch) gestalten

Anfänge: Unabhängig von der jeweiligen Fragestellung oder Aufgabe ist es wesentlich, die Teilnehmenden zu Beginn ankommen zu lassen: bei sich, in der Gruppe, im Raum. Diese Aufmerksamkeit und Achtsamkeit für den Moment sind in der Arbeit mit Tanz- und Bewegungsimprovisation wie auch in der Biografiearbeit entscheidend. Der Ausgangspunkt ist immer in der Gegenwart:

> Die Atmung spüren, die Füße auf dem Boden wahrnehmen
> zu gehen beginnen
> Was für Abdrücke hinterlassen die Füße auf dem Boden?
> Welche Spuren hinterlasse ich – tiefe Furchen, zarte Linien, gerade oder kurvige Wege?
> Mache ich kleine oder große Schritte?
> Wie fühlt sich das an?
> Was macht es mit dem Rest des Körpers?
> Spielerisch können verschiedene Gang- und Bewegungsarten ausprobiert werden.
> Was für Begegnungen finden statt? Bleibt man lieber bei sich?

Schon hier beginnen die Teilnehmenden, sich unmerklich biografischen Themen auf abstrakte Weise anzunähern.

Innere und äußere Landschaften – Bilder in Bewegung

Die folgende Aufgabe, inspiriert aus dem tanz- und gestalttherapeutischen Ansatz nach Anna Halprin, bietet sich als Einstieg in den gemeinsamen Prozess an und verbindet Elemente von Malen und Bewegung miteinander.

Die Teilnehmenden werden gebeten, sich innerlich mit der Frage »Wo komme ich her?« zu verbinden. Welche Landschaften/Bilder/Farben etc. kommen dabei in den Sinn? Was hat einen geprägt?

Ausgehend hiervon kann ein Bild gemalt und gestaltet werden. Unterschiedlichste Themen wie Enge, Weite, Natur oder Stadt, grelle Farben oder dunkles Grau, können in den Bildern auftauchen.

Es geht nicht darum, die Bilder zu (be)werten oder zu interpretieren, sondern lediglich zu betrachten und intuitiv bestimmte Formen oder Motive aus den Bildern herauszugreifen, um diese im Anschluss wieder in Bewegung zu überführen. Die so entstehenden kurzen Bewegungssequenzen werden in Kleingruppen voreinander präsentiert und anschließend besprochen.

Diese Methode eröffnet den Teilnehmenden einen intuitiven Zugang über die Sinne. Aus dem *Berichten* (Fakten, Orte, Daten) wird ein sinnliches *Erzählen* mit dem Körper.

Arbeit mit Objekten

Ein ähnliches Prinzip eröffnet die Arbeit mit Objekten. Die Teilnehmenden können ein Objekt aussuchen oder mitbringen, welches ihnen zu der Frage »Wo komme ich her?« einfällt. Ein Objekt kann als Symbol dienen und helfen, Geschichten über die eigene Biografie zu erinnern, zu entfalten und auf zunächst nonverbaler Ebene zu verbildlichen. Ein Gegenstand kann für eine ganze Welt stehen, die sich darin verbirgt.

Jede:r hat die Möglichkeit, sein Objekt einzeln vor der Gruppe zu präsentieren. Zunächst nur das Objekt haltend, dann kann ergänzend dazu eine Geschichte oder ein Wort mitgeteilt werden.

Anschließend wird untersucht, welche Bewegungen, welche Körperlichkeit, welcher Tanz aus der Verbindung dieser Elemente entstehen kann.

Oft ist es hilfreich, entgegen dem Wunsch alles zeigen zu wollen, nur eine Bewegung herauszukristallisieren und zu minimieren. Es können Szenen entstehen, in denen teilweise Sprache, Bewegung und Objekt ineinandergreifen, sich ergänzen und Erinnerungsbilder erzeugen.

Hier folgen zwei Beispiele, um zu verdeutlichen, welche (Bewegungs-) Möglichkeiten aus dieser Aufgabe entstehen können:

Beispiel I

Eine Teilnehmerin entwickelte eine Choreografie mit (und unter) einem Hocker, der sie an die Enge ihrer Kindheit erinnerte. Es entstand eine abstrakte Komposition und Auseinandersetzung von Körper und Objekt: Was für Bewegungsmöglichkeiten gibt es trotz der Enge, welche werden vielleicht erst durch diese Enge – verbildlicht durch das Objekt – möglich?

Im Abschlussgespräch sagte sie, wie gut es ihr getan habe, diese wichtige Station ihres Lebens noch einmal körperlich zu erkunden und der Wirkung nachzuspüren. Wie sie diese Enge nun aus einer anderen Perspektive betrachten und darin auch andere Qualitäten wie Schutz und Behütung wahrnehmen könnte. Sie habe durch diese körperliche Umsetzung ihren Erinnerungen neue Anerkennung gegeben und fühle nun ein größeres Einverständnis und Annehmenkönnen dieser Erfahrung der Enge in der Kindheit.

Beispiel II

Eine andere Teilnehmerin entwickelte ausgehend von ihrem Symbol – ein Nähkissen voller Nadeln – eine sehr mechanische Bewegungssequenz, die für die ständige, nicht enden wollende Arbeit der Mutter stand. Die Teilnehmerin konnte dies in der Reflexion mit ihrem eigenen Getriebensein verbinden und aus einer anderen, milderen Perspektive – sowohl auf die Mutter wie auf sich selbst bezogen – betrachten.

Eine Wegkarte der persönlichen Vergangenheit erstellen
Eine weitere Aufgabe ist die Gestaltung des eigenen Lebensweges in Bild und Bewegung, inspiriert von Ruth Girod-Pierrot (2012, S. 169). Wie lässt sich eine Wegkarte der persönlichen Vergangenheit erstellen und in Bewegung umsetzen? Dazu können folgende Fragen dienen:

- Wo habe ich begonnen?
- Welchen Weg habe ich genommen?
- Welche Wegabschnitte waren prägend?
- Gab es Umwege oder Sackgassen?
- Wo habe ich verweilt?
- Wo stehe ich jetzt?

Dies sind einige Fragen, die als Ausgangspunkt dienen, um zunächst einen Weg auf Papier zu zeichnen, zu bezeichnen, zu verzieren oder zu kommentieren. Anschließend kann dieser Weg gedanklich in den Raum projiziert und im Weiteren als Inspiration für eine körperliche Übersetzung in den dreidimensionalen Raum dienen.

Nach der oft ersten Tendenz, alles aufzählen und zeigen zu wollen, ist es auch hier hilfreich, zu sehen, was sich für größere Bewegungen auf dem Weg beschreiben lassen. Welche Details können weggelassen werden? Was war wirklich wichtig? Keine leichte Aufgabe, schon gar nicht, wenn man bereits einen über 70 Jahre andauernden Weg hinter sich hat.

Diese Aufgabe ist zeitaufwendig und benötigt eventuell individuelle Hilfestellung und Unterstützung.

Je nach Setting können diese Wegbiografien abschließend einzeln einander gezeigt werden oder im künstlerischen Kontext als Ausgangspunkt für weitere Raumkompositionen genutzt werden. Fragen hierzu können sein:
- Was gibt es für Möglichkeiten der Vernetzung der Wegbiografien?
- Was für Begegnungen, Zusammenstöße, Überkreuzungen entstehen durch das gleichzeitige Abschreiten oder Tanzen dieser Wege?
- Wie können sich die Wege gegenseitig bereichern oder beeinflussen?

Abbildung 29: Szene aus einer Gruppenchoreographie mit Objekt (Stoffhase) und Taktgebern (Foto: Elma Riza, 2018)

Entwicklung einer Gruppenchoreografie

Eine Gruppenchoreografie (siehe Abbildung 29) hilft, das Gruppengefühl und die Zusammengehörigkeit zu stärken, indem jede:r ein Teil von sich für ein gemeinsames Ganzes einbringt.

Beispielsweise können sich die Teilnehmenden sowohl ein Wort wie auch eine Bewegung oder Geste zu der Frage »Was möchte ich weitergeben?« aussuchen. Diese werden sich gegenseitig vorgestellt und einander beigebracht. Die verschiedenen Bewegungen aller Einzelnen werden aneinandergereiht und miteinander verbunden, bis eine gemeinsame choreografische Bewegungsabfolge entsteht. Im weiteren Verlauf kann diese Bewegungsabfolge z. B. durch die Veränderung des Tempos, durch Verkleinerung oder Vergrößerung des Bewegungsradius, das Spiel mit Wiederholungen etc. variiert werden.

Während die Aufgabenstellung zu der Gestaltung des Lebensraumweges vieles öffnet, steht diese Herangehensweise für eine schließende Bewegung in Bezug auf den Prozess.

Zusammenführen und abschließendes Gestalten

Im abschließenden Teil des jeweiligen Projektes unterscheiden sich die Herangehensweisen je nach Setting stark voneinander.

Handelt es sich um ein *künstlerisches Setting*, in dem es darum geht, am Ende eine öffentliche Präsentation zu kreieren, ist das Zusammenführen und

Gestalten des entstandenen Materials von großer Bedeutung: Wie kann etwas aus einem heraus entstehen und dennoch dazu Distanz entwickelt werden, sodass universelle Bedeutung zum Vorschein kommen kann, die über die individuelle Betroffenheit hinausreicht? Obwohl die Teilnehmenden viel von sich zeigen, ist es notwendig, durch klare Gestaltung und Formgebung eine neue Ebene der Reflexion zu schaffen, die es auch dem Publikum ermöglicht, sich auf das Geschehen einzulassen und sich berühren zu lassen.

Handelt es sich um ein Setting, in dem der *Selbsterfahrungsprozess* im Hinblick auf persönliche biografische Fragen und deren leibliche Einschreibungen im Vordergrund steht, ist es ebenfalls wichtig, eine gemeinsame schließende Bewegung zu kreieren. Dies kann in Form eines informellen Showings und Erfahrungsaustausches stattfinden. Dabei gibt es nicht den Anspruch, ein klar komponiertes und wiederholbares Ergebnis zu kreieren.

Rückblick

Durch künstlerische körperlich-tänzerische Auseinandersetzung mit biografischen Fragestellungen werden Erinnerungsströme geöffnet und angestoßen, die in zahlreichen bewegten und bewegenden Geschichten zum Ausdruck kommen. Dies kann dazu beitragen, sich auf und in seinem Lebensweg neu zu verorten, besser zu verstehen und anzunehmen. So wird es möglich, Altes zu integrieren und Neues entstehen zu lassen. Um solche Prozesse zu unterstützen, ist es wichtig, genügend Raum und Zeit für gemeinsame Reflexion – des eigenen und des gemeinsamen Prozesses – zu geben.

Folgende Fragestellungen können dabei als Anregung dienen:
- Hat sich der Blick auf deinen (Lebens-)Weg verändert, nachdem du ihn getanzt/in Bewegung gebracht hast?
- Ist dir Neues aufgefallen/eingefallen?
- Sind bestimmte Abschnitte dadurch stärker hervorgetreten?
- Wie siehst du deinen Weg, wenn du ihn aus der Vogelperspektive betrachtest?

Einige Zitate von Teilnehmenden, die die Reichweite der Arbeit verdeutlichen:
- »Hinfallen und aufstehen gehören zusammen. Der Satz ›sich mit dem Schopf aus dem Dreck ziehen‹, welcher auch in der Performance auftauchte, macht mich stark. Egal was passiert, ich schaffe das, das ist noch mal ganz klar geworden, beim Schreiten dieses Weges.«
- »Mir ist der große Unterschied zum Leben meiner Eltern klargeworden. Erwachsensein, das bedeutet für mich Befreiung von Fesseln.«
- »Es ist mir klar geworden, dass ich mir Zeit nehmen kann, Geduld haben soll mit mir, dass ich aus dem Gleichgewicht fallen kann und es genießen darf.«

- »Ich habe durch das Projekt viel wahrgenommen über meine Wurzeln. Was hat mich zu dem gemacht, wie ich durchs Leben gehe? Die Basis, die mich getragen hat/trägt, konnte ich durch das Projekt stärker wahrnehmen.«
- »Ich bin in meinem Leben einen Schritt weitergegangen.«

Falls es auch um die Entstehung einer Performance ging, sollte auch dieser Prozess noch einmal angeschaut werden. Je nach Setting und Bedarf verlangen diese Reflexionen mehr oder weniger Zeit. Auf jeden Fall sollte diese so bemessen sein, dass das Erfahrene rückblickend noch einmal Wertschätzung erfährt und der Gruppenprozess sich rundet.

Abschließende Gedanken

Mit jeder (Adressaten-)Gruppe und jedem Projekt gestaltet sich die biografisch-tänzerische Arbeit neu. Je nachdem, was die Teilnehmenden an Erfahrung, Möglichkeiten und Fragen mitbringen, entwickelt sich der Prozess in unvorhersehbare Richtungen, entsteht neues und jedes Mal anderes Material. Es ist also unmöglich, eine genaue Anleitung zu schildern, die sich im Detail wiederholen ließe. Vielmehr dienen die Beispiele als Ausgangspunkte und Inspiration. Ich sehe es als meine Aufgabe, Räume zu schaffen, in denen es Platz gibt für die individuelle Entfaltung eines jeden Einzelnen. Es ist ein partizipatorischer Prozess, in dem die Teilnehmenden durch ihren »Input« mitbestimmen, in welche Richtung sich ein Projekt entwickelt und welches Material entsteht. Als Anleitende helfe ich, den Teilnehmenden eine Stimme zu geben.

Handelt es sich um ein künstlerisches Setting, greife ich als Choreografin bestimmte Aspekte heraus, helfe dabei, diese zu vertiefen, weiterzuentwickeln, gemeinsam zu gestalten und ihnen eine Form zu geben. Es ist eine ständige Balanceherausforderung, sowohl genügend Freiraum zu geben wie auch einen klaren Rahmen zu schaffen, in dem sich die Teilnehmenden nicht verlieren und der künstlerische Aspekt nicht aus den Augen verloren geht.

Auch für mich als Anleitende ist es ein offener Prozess, dessen Ausgang bis kurz vor Schluss unbekannt ist. Dazu brauche ich Vertrauen – in mich, in die Teilnehmenden und den Prozess als solchen. Eben dieses Vertrauen brauchen auch die Teilnehmenden.

Es ist immer wieder ein beglückendes Gefühl, wenn sich plötzlich die verschiedenen erarbeiteten Elemente und Szenen zu einem Ganzen zusammenfügen und ein Gesamtablauf sichtbar wird. Auf einmal scheint es dann plötzlich leicht und so, als ob es von Anfang an geplant gewesen wäre.

Hier schließt sich der Bogen zur Biografiearbeit. Durch die Bearbeitung und Gestaltung von Erfahrungen eröffnen sich neue Verständigungsebenen und kann Vergangenes neue (Zu-)Ordnung und Sinnhaftigkeit erfahren.

6.2 Pferdegestützte Biografiearbeit – ein theoretischer und praktischer Überblick (Ein Beitrag von Julia Schmidt)

Seit Jahrtausenden nehmen Tiere in der Beziehung zum Menschen eine bedeutsame Rolle ein, wobei der unterstützende Einsatz von Haus- und Nutztieren in den vielfältigen sozialen, pädagogischen und therapeutischen Handlungsfeldern erst seit geraumer Zeit einen Aufschwung sowie eine wissenschaftliche Anerkennung erfährt (Wohlfahrth u. Mutschler, 2020, S. 18; Turner, Wohlfahrth u. Beetz, 2018, S. 14).

Hintergründe oder: Das Pferd als Türöffner in die Vergangenheit

Besonders das Pferd fasziniert durch sein imposantes Wesen sowie die Kraft, Schnelligkeit und Anmut, die es verkörpert, und wird im Rahmen der pferdegestützten Interventionen erfolgreich eingesetzt (Barzen, 2020, S. 48 ff.; Winkler u. Beelmann, 2013, S. 4 ff.).

Als Oberbegriff umfassen die pferdegestützten Interventionen verschiedene Disziplinen, die sich u. a. anhand des Grundberufs und der Zusatzqualifikation der Fachkraft sowie durch die angesprochene Zielgruppe unterscheiden. Vorwiegend nehmen Kinder und Jugendliche, die einen ganzheitlichen Förderbedarf aufweisen, an dieser ergänzenden Interventionsmaßnahme teil (Mayer u. Welsche, 2017, S. 49). Strukturierte Behandlungsansätze für Erwachsene sind selten. Sie finden sowohl in der Fachliteratur als auch in der pferdegestützten Praxis bisher kaum Berücksichtigung, obwohl gerade ältere Menschen möglicherweise auf eine gemeinsame Entwicklungsgeschichte mit dem Pferd zurückblicken können und deren Einsatz einst als Arbeitstier erlebt haben.

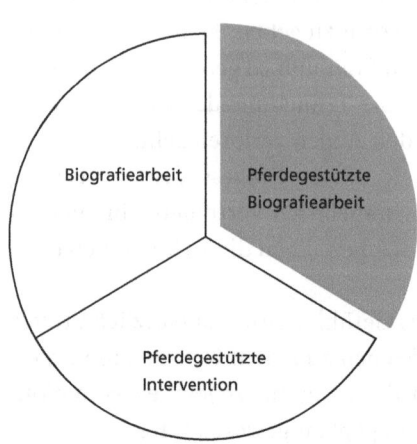

Abbildung 30:
Pferdegestützte Biografiearbeit im Kontext von allgemeiner Biografiearbeit und pferdegestützten Interventionen

Aufgrund dessen wurde das präventive Konzept der pferdegestützten Biografiearbeit mit Erwachsenen (Schmidt, 2017) erarbeitet. Es setzt sich gemäß Abbildung 30 aus theoretischen und praktischen Elementen der pferdegestützten Interventionen und der Biografiearbeit zusammen (Schmidt et al., 2021, S. 98).

In seiner jetzigen Form richtet sich das Konzept gezielt an Fachkräfte, die ihr Arbeitsfeld für Erwachsene im tiergestützten Bereich erweitern möchten. Für die Planung und Durchführung der pferdegestützten Biografiearbeit steht ein Manual zur Verfügung, welches neben der thematischen Einführung eine Vielzahl von Vorlagen und Materialien beinhaltet (Schmidt, 2021 et al., S. 100).

Konzeptionelle Grundgedanken

Der konzeptionelle Grundgedanke ist in Anlehnung und unter kritischer Betrachtung an das Stufenmodell der psychosozialen Entwicklung des Psychoanalytikers Erik H. Erikson entstanden, das vielfach als Grundlage für biografisches Arbeiten herangezogen wird[52] (Haight u. Haight, 2007, S. 9 ff.).

Erikson beschreibt die Entwicklung des Menschen als einen lebenslangen Prozess, der sich in acht Phasen vollzieht (Erikson, 1966/2015, S. 50 ff.; Erikson, 2016, S. 70 ff.). Die in diesen Lebensphasen zu bewältigenden Entwicklungsaufgaben dienen als Ausgangspunkt für die pferdegestützte Biografiearbeit. Anhand spezifischer Aufgaben werden unter Einbezug des Pferdes die Erfahrungen jeder Phase herausgearbeitet und reflektiert. Das bedeutet, dass der hohe Aufforderungscharakter (Urmoneit, 2015, S. 137 ff.) des lebendigen Pferdes und sein Verhalten in aufeinander strukturiert aufbauenden Übungen dazu genutzt werden, relevante Inhalte der jeweiligen Lebensspanne darzustellen und zu verdeutlichen. Die Interaktion mit dem Pferd ermöglicht einen leichteren Einstieg und Zugang zu individuellen und zugleich emotionalen Themen. Zudem werden eigene Handlungs- und Verhaltensmuster direkt und unmittelbar rückgemeldet und lassen dadurch neue Erfahrungsräume entstehen (Schmidt et al., 2021, S. 100 f.).

Die Teilnahme an der pferdegestützten Biografiearbeit zielt damit generell auf eine Verbesserung der psychischen Befindlichkeit der Klienten. Darüber hinaus soll durch die biografische Rückschau der Umgang mit Ängsten erlernt, eigene Ressourcen erkannt, das Selbstvertrauen gesteigert und die Identitätsfindung unterstützt werden. Insgesamt kann sich dadurch ein Kohärenzgefühl entwickeln, das die Lebensqualität verbessert und eine positive Lebensbilanzierung ermöglicht (S. 100).

---

52 Siehe dazu auch Unterkapitel 3.3.

Bestätigt wurde die Wirksamkeit der pferdegestützten Biografiearbeit mit Erwachsenen bereits im Rahmen verschiedener Studien (Schmidt, 2017; Schmidt, Wartenberg-Demand, Forstmeier, 2020, 2021).

Einblicke in die Praxis der pferdegestützten Biografiearbeit mit Erwachsenen

Für die Durchführung der pferdegestützten Biografiearbeit sind acht Einheiten zu je 90 Minuten vorgesehen, wobei die Fachkraft das Konzept und die Rahmenbedingungen jederzeit an die Bedürfnisse des/der jeweiligen Klient:in anpassen kann.

Während der aufeinander aufbauenden Einheiten werden die Lebensphasen
- der Kindheit (zwei Einheiten)
- des Jugendalters (zwei Einheiten)
- des frühen Erwachsenenalters (eine Einheit)
- des reifen Erwachsenenalters betrachtet und bearbeitet (zwei Einheiten).
- In der letzten Einheit erfolgten eine Rückschau und das Zusammentragen von Erkenntnissen aus dem gesamten Prozess.

Ergänzend besteht die Möglichkeit, ein Lebensbuch anzufertigen, dessen Arbeitsblätter dem Manual für pferdegestützte Biografiearbeit zu entnehmen sind (Schmidt, 2017. Neben der Gestaltung des Lebensbuches, welches u. a. zur Ressourcenarbeit genutzt wird, hat sich in der Biografiearbeit die Arbeit mit einer Lebenslinie bewährt (Ruhe, 2014, S. 206 f., 141 f.). Diese wird jeweils am Ende der zweiten Einheit der Kindheit, der Jugend sowie des reifen Erwachsenenalters dargestellt. Erlebnisse und Ereignisse, die das eigene Leben bedeutsam beeinflusst haben, werden entlang eines Seiles mit Hufeisen (für positive Geschehnisse) und Steinen (für negative) gekennzeichnet (siehe Abbildung). Dadurch werden Erfahrungen und Lebensabschnitte, welche die individuelle Lebensentwicklung entscheidend beeinflusst und geprägt haben, bewusst gemacht (Jänicke u. Forstmeier, 2013, S. 189).

Abbildung 31: Das Pferd beobachtet das Auslegen der Lebenslinie (Foto: Julia Schmidt)

Abschließend wird der biografische Prozess durch die Formulierung einer eigenen Überschrift für den jeweiligen Abschnitt der Lebenslinie gefestigt. Das Pferd kann bewusst in die Arbeit mit der Lebenslinie integriert werden (siehe Abbildung 31), wobei dessen Verhalten und seine Reaktionen Raum für Interpretationen lassen, z. B., wenn das Pferd einen großen Stein, welcher als Kennzeichen für ein schwerwiegendes Geschehnis im Leben des/der Klient:in steht, unvoreingenommen wegschubst.

Bei dem vorgestellten Konzept handelt es sich um ein pferdeschonendes Angebot, da nicht das Reiten im herkömmlichen Sinne, sondern die Bodenarbeit mit dem Pferd im Vordergrund steht, wobei es eine Aufgabe der Fachkraft ist, auf das physische und psychische Wohl des eingesetzten Pferdes zu achten.

Es folgt ein kurzer Überblick zu den einzelnen Einheiten.

Kindheit I – Lebensraumerfassung oder: Ein Rückblick auf die eigene Kindheit

Als behutsamer Einstieg wird zunächst der Lebensraum des Pferdes erkundet. Bereits beim Betrachten des Pferdes können Emotionen geweckt und Bilder sowie Erinnerungen aus der Kindheit hervorgerufen werden, die mit der individuellen Lebensgeschichte des Klienten einhergehen. Begleitende Fragestellungen richten sich an die frühesten Erinnerungen der Kindheit und das dazugehörige Umfeld, zudem kann der frühere Bezug zu Tieren thematisiert werden.

Kindheit II – Beziehungsarbeit oder: Am Körper orientiert

Die darauffolgende Einheit festigt die triadische Beziehung zwischen Klienten, Pferd und Therapeut. Anhand einer angeleiteten Übung erfährt der/die Klient:in durch den großflächigen Körperkontakt die Wärme, welche vom Pferd ausgeht und kann dadurch elementares Vertrauen aufbauen und vorhandene Unsicherheiten abbauen. Das Pferd vermag dabei sein Gegenüber emotional besonders tief zu berühren, weshalb es auch als archetypisches Symbol bezeichnet wird (Scheidhacker, 2010, S. 141). Es schafft Klarheit, wenn die Fachkraft die Körpersprache des Pferdes erklärt, wodurch das Pferdeverhalten auch für Laien verständlicher und die eigene Kompetenz im Umgang mit dem Pferd erweitert wird.

Der biografische Rückblick richtet sich während des körperorientierten Arbeitens am Pferd vertiefend auf die Kindheit des/der Klient:in – wem konnte man Vertrauen schenken, an wen konnte man sich anlehnen?

Jugend I – Aufstellungsarbeit oder: Wie gehöre ich zu wem?

»Gab es Menschen in Ihrer Familie oder Ihrem sozialen Umfeld, die Ihnen als Jugendlicher besonders nah standen und auf die Sie sich jederzeit verlassen konnten?« So könnten die Einstiegsfragen in diese Einheit lauten, die sich dem Anfang der Jugendzeit widmet. Dafür wird zu Beginn eine Form der Aufstellungsarbeit direkt am Pferd durchgeführt, um soziale Bindungen und Beziehungen des/der Klient:in in der Jugend zu verdeutlichen. Diese können möglicherweise durch entsprechende Reaktionen des Pferdes verstärkt werden. Um komplexere Beziehungen systemisch zu betrachten, werden anschließend Pferdefiguren, die als Stellvertreter für Familienmitglieder und deren Beziehung zueinanderstehen stehen, zur Aufstellungsarbeit genutzt (Natho, 2013, S. 38 ff.; Ruhe, 2014, S. 230; S. 76; Miethe, 2011/2014, S. 72 f.).

Jugend II – Kommunikationsverhalten oder: Wer bin ich wo?

In der vierten Einheit wird der Schwerpunkt auf allgemeine kommunikative Aspekte in der Jugendzeit, die Ablösungsprozesse sowie die Identitätsfindung gelegt. Dafür wird die Pferdeherde aufgesucht, die non-verbale Kommunikation der Tiere beobachtet und gedeutet, um sie direkt mit dem eigenen und dem bisher erlebten Kommunikationsverhalten zu vergleichen. Dabei ist das ausgeprägte Herden- und Sozialverhalten bedeutsam. Neben der Körpersprache der Pferde werden die Rollen innerhalb der Herde (z. B. Herdenchef, Leitstute, rangniedriges Tier) benannt und übertragen.

Frühes Erwachsenenalter – Selbstbehauptungstraining oder: Meiner Haltung auf der Spur

Nachdem der/die Klient:in in den vorherigen Einheiten gemächlich an den Umgang mit dem Pferd herangeführt wurde, erfordert diese Einheit Entschlossenheit und zugleich Vertrauen, da er/sie hierbei lernt, das Pferd im freien Kontakt durch seine/ihre Körpersprache zu delegieren und ihm als Interaktionspartner zu begegnen. Nach einer ausführlichen Einführung erprobt der/die Klient:in in der Praxis seine/ihre Körperspannung und Atmung so einzusetzen, dass er/sie dadurch die Richtung sowie das Tempo des freilaufenden Pferdes bestimmen kann. Hierfür muss er/sie sich deutlich positionieren und klar kommunizieren. Dabei ist die Reaktion des Pferdes auf seine/ihre Handlung eindeutig und nicht manipulierbar. Wenn der/die Klient:in einem sensiblen Pferd gegenüber sehr energisch auftritt und viel Druck aufbaut, wird es möglicherweise wegrennen und nicht wiederkommen. Wenn er/sie hingegen einem ranghohen Pferd unentschlossen entgegentritt, wird sich seine/ihre eigene Unsicherheit widerspiegeln, indem das Pferd möglicherweise stoisch auf seinem Platz stehenbleibt und sämtliche Bemühungen des/der Klient:in ignoriert. Inkongruentes Verhalten wird sichtbar und liefert Hinweise auf die Persönlichkeitsstruktur des/der Klient:in – eine Erkenntnis, welche sich für einen beruflichen und privaten Transfer anbietet.

Erwachsenenalter I – Parcoursarbeit oder: Selbstwirksamkeit üben

Nachfolgend besteht die Aufgabe darin, einen Hindernisparcours aus verschiedenen Gegenständen, wie z. B. Stangen und Pylonen, aufzubauen und diesen gemeinsam mit dem Pferd zu durchlaufen. Es erfordert auch hier Selbstvertrauen und Kreativität, um auftretende Probleme mit sich selbst oder dem Pferd zu lösen. Beim Führen des Pferdes wird der/die Klient:in in der Selbstwirksamkeit bestärkt und lernt, dem Pferd selbstbewusst den Weg zu zeigen und dabei die Führung zu übernehmen (Schmidt u. Gomolla, 2012, S. 149). Es geht dabei um das Annehmen und Erfahren von Herausforderungen sowie den Umgang mit Hindernissen und einer Zielformulierung, wobei das Pferd immer im Hier und Jetzt agiert.

Ergänzende Fragen können lauten:
- »Gab es in Ihrem bisherigen Leben ein konkretes Ziel, welches Sie verfolgt haben?«
- »Wie wurde dieses erreicht? Gab es Hindernisse beim Erreichen des Zieles?«
- »Wie wurden die Hindernisse überwunden?«
- »Mussten Sie dafür Ihre Strategie ändern?«

Erwachsenenalter II – Achtsamkeitstraining oder: Das Pferd ist vorurteilsfrei

In der vorletzten Einheit liegt der Schwerpunkt darauf, eigene Bedürfnisse zu erkennen und zu benennen. Durch den Umgang mit dem Pferd – das stets vorurteilsfrei reagiert – und dem damit verbundenen Naturerlebnis wird der/die Klient:in angeregt, sich auf sich selbst zu fokussieren. »Was möchten Sie in der nächsten Zeit für sich selbst tun?« »Welchen großen Wunsch haben Sie?« können Fragen sein, die anregen.

Achtsamkeitsübungen können unterstützend von der Fachkraft am oder auf dem Pferd angeboten werden. Sich z. B. von einem Pferd tragen zu lassen und die Kontrolle abzugeben, ist für viele Menschen eine wertvolle Erfahrung.

Integration und Erkenntnisgewinn oder: Ein eigenes lebensgeschichtliches Bild

In der Zusammenschau werden alle Erkenntnisse, die innerhalb der Intervention errungen wurden, gegenwartsbezogen reflektiert. Erikson gibt dazu an, dass durch die Bewertung und das Verstehen der Geschehnisse ein eigenes lebensgeschichtliches Bild entsteht und der eigene Lebenszyklus angenommen wird (Erikson, 1966/2015, S. 118). Im Fokus steht dabei die Frage: Wie bin ich zu dem/der geworden, der/die ich jetzt bin, und wie kann ich dieses Bewusstsein für mein zukünftiges Leben nutzen?

Fazit zur pferdegestützten Biografiearbeit

Aufgrund der positiven Effekte der Mensch-Tier-Beziehung ist der unterstützende Einsatz von Haus- und Nutztieren im Rahmen der Biografiearbeit eine Bereicherung. Sie werden allerdings bisher überwiegend in niederschwelligen Angeboten für Senioren mit demenziellen Erkrankungen zur Erinnerungspflege genutzt (Giruc, 2011; Wickel, 2011, S. 267). Daher ist das Konzept der pferdegestützten Biografiearbeit ein Novum und ein Türöffner für individuelle Reminiszenzprozesse mit dem Medium Pferd im Mittelpunkt. Die Aufgabe der Fachkraft besteht darin, diesen Prozess empathisch zu begleiten und einen Transfer zu den Erfahrungen, die in den aufeinander aufbauenden Einheiten gemacht wurden, herzustellen. Nachweislich profitieren die Klientinnen und Klienten, die für die Teilnahme keine Vorkenntnisse mit Pferden besitzen müssen, von den bedeutsamen, tiefgreifenden und nachhaltigen Eindrücken, die eigenen Lebensphasen und die damit einhergehenden biografisch relevanten Themen pferdegestützt zu bearbeiten. Die daraus resultierenden Erkenntnisse unterstützen die Akzeptanz und Wertschätzung des eigenen Lebens und können perspektivisch für eine ressourcenorientierte Zukunftsgestaltung genutzt werden.

6.3 Inter- und transkulturelle Biografiearbeit – theaterspielende Ansätze zur Überwindung von Fremdenangst und Rassismus in einer diversen Gesellschaft (Ein Beitrag von Christa Hengsbach)

Grenzland – Neuland

	Körpersprache wird
	entziffert
	Buchstabe für Buchstabe
Im Dickicht der Grenzen	Schrittweise Annäherung
sich verirren	vorsichtige Kontaktaufnahme
an einander geraten	Berührung wagen
In der Begegnung	Mutig die eigene Grenze öffnen
Fremdheit wittern	nicht scheuen das Risiko
Andersartigkeit spüren	sich verwundbar machen
Worte und Gesten	
Prallen aufeinander	Veränderung zulassen
Worte und Gesten	fremdes Terrain betreten
gleiten aneinander vorbei	und Neuland
Worte und Gesten	unerforscht bisher
wiederholen sich	gemeinsam entdecken
ändern ihre Bedeutung	urbar machen
jenseits von Sprachbarrieren	und besiedeln.

Karin Schneider[53]

»Fremdenangst kennt jede Kultur.« (Mario Erdheim)

Wer vom Fremden spricht, spricht immer auch von sich, das Fremde ist das, was ich nicht bin, was nicht zu mir gehört. Das Fremde macht Angst und stellt in Frage, was ich mir mühsam aufgebaut habe und was mir Sicherheit gibt: eigene Werte, Identität, eigene Lebensentwürfe und Traditionen. Menschen aus anderen Kulturen verunsichern mit ihren eigenen Verhaltensweisen, Lebensgewohnheiten, ihrer Herkunft und ihren Traditionen. Das Fremde fasziniert aber auch, denn es ist das Neue, das Verborgene, das Grenzüberschreitende. Lassen wir uns darauf ein, können wir neue Erfahrungen machen mit uns und anderen, wir können lernen, verstehen und angstvoll aufrechterhaltene Vorurteile erkennen.

Der Ethnologe und Psychoanalytiker Mario Erdheim beschäftigt sich seit Jahren mit den Ursachen des Rassismus. Ich zitiere aus einem Interview mit der Neuen Zürcher Zeitung (NZZ):

---

[53] Lyrikerin und Mitbegründerin der Interkulturellen Werkstatt e. V. Frankfurt am Main, 2013.

NZZ: Herr Erdheim, ist jede Ablehnung des Fremden bereits Rassismus?
»Man muss deutlich unterscheiden. Nicht jede Form von Fremdenangst ist an sich schon rassistisch. Rassismus ist eine Ideologie, die spezifische biologische Unterschiede ins Zentrum stellt: die Farbe der Haut, die Form der Nase, die Beschaffenheit der Haare. Fremdenangst ist auf das Individuum bezogen, das ich nicht kenne. Rassismus dehnt die Fremdenangst auf eine ganze Kategorie von Menschen aus, die bestimmte gemeinsame körperliche Merkmale haben. Die werden als Fremde schlechthin definiert, denen man nie nahekommen wird, weil eine biologische Schranke zwischen ihnen und uns existiert.

NZZ: Die Angst vor dem Fremden dagegen schließt die Möglichkeit der Begegnung nicht aus?
»Die Angst allein schon. Man darf aber nicht vergessen, dass unser Verhältnis zum Fremden immer ambivalent ist; zur Angst gesellt sich immer auch die Faszination. Deshalb kennt jede Kultur auch positive Formen des Umgangs mit dem Fremden ...«[54]

Persönlicher Zugang zur inter- und transkulturellen Biografiearbeit

Ich lebe in der Frankfurter Nord-West-Stadt, in einem Stadtteil zusammen mit vielen Migrant:innen. Zusammen – sage ich heute! In diesem multikulturellen Stadtteil lebten wir lange Zeit nebeneinanderher, kannten einander wenig. »Ausländer«, »Menschen mit Migrationshintergrund« zählten selten zum Bekanntenkreis. Es gab zu wenig Berührungspunkte. Fremdheit und Distanz prägten das Bild. Zudem kam es öfter zu Auseinandersetzungen, besonders unter jungen Menschen. Nur in den Kitas und den Schulen begegneten sich Kinder, Erzieher:innen und Mütter.

Das hat sich geändert: Durch das »Quartiersmanagement Soziale Stadt«, eine von staatlicher Seite eingerichtete und von der Evangelischen Kirche getragene Einrichtung für bestimmte Frankfurter Stadtteile, entstanden in einem »Kleinen Zentrum« soziale Projekte, Beratung, Deutschkurse, eine Kinderbetreuungseinrichtung, von marokkanischen Erzieherinnen geführt, der marokkanische Einkaufsladen, ein Café der Vielfalt und ein türkischer Dönerladen.

Kulturschaffende und Sozialarbeiter:innen gründeten 2012 das »Kulturnetz«, eine Anlaufstelle für Migrant:innen aus dem Stadtteil. Um die Menschen mit

---

54 Aus: Interview mit dem Psychoanalytiker und Ethnologen Mario Erdheim über die Ursachen des Rassismus. Von Claudia Kühner und Daniel Weber/Neue Zürcher Zeitung, 6/1998

Migrationsgeschichte und Einheimische zusammenzubringen, entstand ein Kulturprojekt, ein erstes biografisches Seminar für Frauen. »Ich bin Frankfurterin und komme aus …?« Unter dieser Thematik trafen sich Frauen zu einem Erzählcafé, um ihre Geschichten kennenzulernen. Frauen aus der Türkei, Marokko, dem Iran, Eritrea, Äthiopien, Afghanistan, Trinidad-Tobago, Frankreich und Einheimische. Gefördert wurde das Projekt vom »Quartiersmanagement Soziale Stadt« und dem Evangelischen Regionalverband Frankfurt am Main.

2014 gestalteten wir die Ergebnisse unserer biografischen Arbeit zu einem Theaterprojekt unter dem Namen »Zwischen den Welten«. Frauen verschiedener Herkunft spielten ihre Geschichte nach den Ergebnissen des Erzählcafés und entwickelten gemeinsame Szenen. Die Premiere fand mit großem Anklang in der Dietrich-Bonhoeffer-Kirche statt. Wiederaufnahmen in anderen Kirchen folgten in 2015.

Für eine längerfristige interkulturelle Arbeit schien uns eine Vereinsgründung sinnvoll. Die Vereinsgründung: »Interkulturelle Werkstatt e. V.« fand noch 2014 statt (siehe Abbildung 32).

Abbildung 32: Symbolbild Interkulturelle Werkstatt (Foto: cinestock)

Seitdem arbeiten wir zusammen, transkulturell, mit geflüchteten Menschen, Migrant:innen, die schon länger in Deutschland leben, und Einheimischen – aus dem Stadtteil, mittlerweile aber auch aus der ganzen Stadt. Studierende der Frankfurt University of Applied Sciences, Soziale Arbeit, schließen sich während Projekttagen an.

Regisseur:innen, Theaterpädagog:innen, Choreograf:innen, Biografiearbeiter:innen, Sozialarbeiter:innen gestalten mit der Gruppe die Produktionen. Unterstützt werden die Projekte vom AMKA/Amt für multikulturelle Angelegenheiten, dem Schultheater-Studio Frankfurt, vom Kulturamt Frankfurt und vom Ministerium für Wissenschaft und Kunst sowie privaten Sponsoren.

Heute laden sich Muslime und Christen zu ihren Festen ein. Heute kaufen Einheimische in den marokkanischen Läden ein. Heute kennen sich viel mehr Menschen über ihre Herkunft hinweg, laden sich privat ein und tauschen sich aus. Heute ist ein Teil der Fremdheit gewichen einer Begegnung bei gemeinsamen Sommerfesten im Park, bei der Tafel der Vielfalt und gemeinsamen Projekten, z. B. dem Projekt »Engel der Kulturen«.

Ich habe das Beispiel »Interkulturelle Werkstatt e. V.« gewählt, um aufzuzeigen, wie wichtig die interkulturelle und transkulturelle Arbeit in unserer Gesellschaft ist.

Es ist ein verstärktes Engagement im Bereich der soziokulturellen Arbeit mit Geflüchteten/Migranten notwendig und wird für einen sozialen Frieden gebraucht: Laut Bundeskriminalamt steigen die Straftaten auf Flüchtlingsunterkünfte. Rassistische Übergriffe und Ausgrenzungen sind an der Tagesordnung. Auch Angriffe und Anschläge vonseiten der Asylbewerber verunsichern und entsetzen die Menschen. Das Thema »Migration« polarisiert zwischen Hilfsbereitschaft, interkulturellem Interesse, Fremdenfeindlichkeit und offenem Rassismus.

Deutschland ist ein Einwanderungsland

Die Anzahl der Geflüchteten, die ab 2012 nach Deutschland kamen, hatte sich besonders im Jahr 2015 enorm gesteigert. Es waren meist junge Männer, zunächst aus Afrika, mittlerweile aus vielen Herkunftsländern, besonders des Nahen Ostens. Sie kommen, um den Kriegswirren im Herkunftsland zu entfliehen, um für ihr Leben eine neue, wirtschaftlich bessere Chance zu finden. Sie sind meist traumatisiert, gerade auch durch Erlebnisse auf gefährlichen Fluchtrouten.

In Deutschland wird 2021 von ca. 1,8 Millionen Schutzsuchenden gesprochen, die jedoch einen unterschiedlichen Aufenthaltsstatus haben. Viele leben nur in einer Duldung, bis der Asylantrag genehmigt oder abgelehnt wird. Geflüchtete sind unterschiedlich verteilt auf die einzelnen Bundesländer.

Es geht aber auch um die Menschen, die in den 1960er Jahren als »Gastarbeiter« gekommen und geblieben sind. Sie werden immer noch Mitbürger und Mitbürgerinnen mit Migrationshintergrund genannt, obwohl ihre Kinder längst in der 3. oder 4. Generation hier heimisch sind.

Und es geht um EU-Bürger:innen, die Deutschland als Wohn- und Arbeitsort gewählt haben. Alle haben ihr ursprüngliches Heimatland verlassen, freiwillig oder aus der Not heraus und leben nun in einer neuen, fremden und nicht vertrauten Kultur.

Kulturverständnis und inter- und transkulturelle Arbeit im migrantischen Kontext

Was ist Kultur?

Kultur ist, wie Menschen und Gemeinschaften von Menschen, ihr Leben auf der Erde gestalten. Kultur ist eigentlich kein Ding, sondern eine Tätigkeit – etwas, was Menschen tun und erfahren: »Doing Culture«. Infolge von globalen Migrationsprozessen und den modernen Kommunikations- und Wirtschaftswegen, sind wir alle durch mehrere kulturelle Muster geprägt, tragen verschiedene kulturelle Elemente in uns. Somit haben wir auch viele Gemeinsamkeiten. Wir sind alle »kulturelle Mischlinge«, haben »Patchworkidentitäten«, sind bi- bzw. multinationaler Herkunft, jede:r Einzelne von uns. »Doing Culture« – »Kultur gemeinsam machen« ist daher ein Gebot der Zeit, ein transkultureller Prozess (zum Begriff der »Transkulturalität« siehe Welsch, 1999, 2005).

Kulturen verstehen und verbinden – ein transkultureller Prozess

Migration lässt sich als ein Systemübergang beschreiben. Menschen verlassen heimatliche Systeme (z. B. Familie, Kultur und Staatswesen des Herkunftslandes) und treten in neue Systeme (z. B. Aufnahmelager, Arbeitsplatz, Kultur und Gesellschaft des Zuwanderungslandes) ein. Lebensumbrüche und Krisen sind in der Migration als Übergänge zwischen unterschiedlichen Kulturen und Staatsgebilden eines Systems zu verstehen.

Wenn wir also Menschen in Übergängen begleiten – wenn wir Migrant:innen bei ihrem Übergang in ein neues Land unterstützen –, beschäftigen wir uns mit solchen Systemelementen, die Möglichkeiten und Ansatzpunkte für eine interkulturelle, transkulturelle Arbeit bieten.

Die Gruppe der Geflüchteten nimmt im Moment in der Migrationsarbeit den größten Raum ein. In vielen gesellschaftlichen Institutionen – in Kirchen und kulturellen Räumen, in Bereichen der Sozialen Arbeit, in Flüchtlingshilfeorganisationen, staatlichen und kirchlichen Einrichtungen – wird Unterstützung und Begleitung angeboten. Es handelt sich um Deutschkurse, Integrationskurse, Betreuungsangebote, Beratungsgruppen und vieles mehr.

Interkulturelle/transkulturelle Arbeit hat in den letzten Jahren einen großen Stellenwert in der Migrationsarbeit eingenommen. Sie soll:
- Angst und Verunsicherung in Zuversicht und Sicherheit verwandeln und die Begegnung, die Kommunikation und den Austausch zwischen Menschen mit oder ohne Fluchtgeschichte fördern.
- Rassismus und Ausgrenzung den Boden entziehen durch Begegnung, Austausch, gemeinsames Tun mit integrativen Konzepten.

- Geflüchtete sollten nach Überprüfung ihres Aufenthaltsstatus einer dauerhaften Aufnahme entgegensehen können.
- Langfristig sollten Geflüchtete ihr neues Lebensumfeld selbst gestalten und mitbestimmen können (Empowerment).

Erfolgreiche interkulturelle, transkulturelle Arbeit erfordert soziale Kompetenz, Qualifikationen in gesellschaftlicher Diversität, das Wissen über inter- und transkulturelle Konzepte und Methodenkenntnisse, insbesondere auch in transkultureller Biografiearbeit (Transkulturelle Biographiearbeit: Ein Handbuch, 2012; Klingenberger, 2017).

Interkulturelle/transkulturelle Biografiearbeit mit Migrant:innen/Geflüchteten

Die Biografiearbeit hat mit vielfältigen kreativen, spielerischen und theatralen Formen Einzug gehalten in die Arbeit mit Migrant:innen. Biografiearbeit mit Migrant:innen hat das Ziel, die Identität von Menschen, die ihr Heimatland verlassen haben, zu sichern und somit auch ihre Kultur. Dabei kann eine biografisch angelegte Arbeit mit Migrant:innen helfen, ihre Migrationsgeschichte aufzuarbeiten, psychische Belastungen besser zu verstehen, ihre Kultur auch im Einwanderungsland zu leben und in der neuen Gesellschaft ihren Platz zu finden.

Haupt -und ehrenamtliche Begleiter:innen von Menschen mit Migrationshintergrund benötigen neben der Empathie und der Kenntnis des Migrationsthemas, ein Wissen über die kulturelle Herkunft ihrer Klienten. Einheimische, in Deutschland aufgewachsene Menschen erleben ein neues Verständnis und nehmen in ihrem Leben eine Bereicherung wahr durch Menschen aus anderen, oftmals fremden Kulturen.

Wer mit Geflüchteten arbeitet, muss jedoch mehrere Rahmenbedingungen, Basiserkenntnisse und Herausforderungen berücksichtigen. Geflüchtete sind keine homogene Gruppe, es gibt große Unterschiede in Bezug auf Herkunft und Bildung, Dauer des Aufenthalts, Alter, Sprache, Aufenthaltsstatus, Einkommenssituation, kultureller Hintergrund, Religion, Fluchtgründe und psychische Situation – all diese Faktoren spielen eine große Rolle.

Die Arbeit mit Geflüchteten erfordert generell eine hohe soziale Kompetenz: Es wird oft eine sozialpädagogische Betreuung benötigt, Aktionismus oder Geflüchtete als »spannendes Material« zu betrachten, ist nicht sinnvoll.

Eine Kooperation mit erfahrenen Organisationen auf lokaler, regionaler und nationaler Ebene ist wichtig. Sie kann eine wertvolle Verstärkung sein bei der Einschätzung sowie bei der Betreuung von Teilnehmenden während des soziokulturellen Prozesses.

Durch Biografiearbeit kann herausgefunden werden, wie Migrationserfahrungen das Leben der Menschen prägen, ebenso was notwendig ist, um das alltägliche Leben in einer ungewohnten Umgebung zu meistern.

Biografiearbeit hilft den Teilnehmenden, sich selbst auszudrücken, durch Erinnerungsarbeit Ressourcen und persönliche Talente zu reaktivieren und in Dialog miteinander zu kommen.

Eine transkulturelle Weltsicht will in der Praxis nicht Unterschiede auslöschen. Sie will vielmehr die Möglichkeiten der Verständigung erweitern und mit anderen Menschen als »grundsätzlich Ähnlichen« in Kontakt gehen.

Dabei sollen Prozesse des gegenseitigen Verstehens und Handelns anregt werden unter Menschen, die sich selbst als unterschiedlichen Kulturen zugehörig betrachten; ein »gemeinsames Drittes« zu schaffen – Doing Culture durch interkulturelle/transkulturelle Kommunikation.

Verfahren, kreative Methoden, szenische Verfahren und theatrale Konzepte

Viele Migrant:innen kommen aus kollektiven Kulturen und oralen Gesellschaften, in denen das Erzählen, das Spielen, das Gestalten, das lebendige Feiern und viele andere kreative Ausdrucksformen wichtige Lebenselemente sind und zu einer stabilen Ich-Identität gehören. Diese Ausdrucksformen verkümmern meist im Einwanderungsland oder finden nur in eigenen Migrantengruppierungen ihren Ausdruck (Kizilhan, 2005).

Daher ist eine kreative, auf szenischen und theatralen Verfahren beruhende Arbeit von großer Bedeutung. Eine allein auf narrative und sprachliche Elemente bezogene biografische Arbeit ist nicht ratsam, da kreative Zugänge notwendig sind und die neue Sprache im Zuwanderungsland noch nicht beherrscht wird.

Szenisches Spiel: Lernen mit allen Sinnen/Verfahren

Für Menschen aus anderen Kulturen, oft mit einem großen Anteil von kreativen und ritualisierten Ausdrucksformen, sind kreative, ganzheitlich-szenische und theatrale Ansätze von großer Bedeutung. Es ist ein kreativer Lernprozess, in dem Sehen, Hören, Fühlen, Sprechen, Singen, Bewegen und szenisches Gestalten integriert werden.

Das Szenische Spiel, das von Prof. Ingo Scheller, Oldenburg, in den 1980er Jahren entwickelt wurde, bietet Verfahren an, die das erfahrungsbezogene, ganzheitliche und szenische Lernen beinhalten. Im Szenischen Spiel wird ein Mensch in seiner gesamten Sinnesvielfalt »mit allen Sinnen« angesprochen. Diese erfahrungsbezogene Reflexionsarbeit erstreckt sich von der Kindheit bis in die Gegenwart. Sie berücksichtigt Gefühlsleben und rationales Verstehen, gesellschaftlich und religiös verankerte Rituale, heimatverbundene Prägungen und zukunftsorientierte Erwartungen an ein Leben im Einwanderungsland.

In den Szenen geht es nicht nur um Inhalte, sondern immer auch um den Raum, die Zeit, Gegenstände, das Auftreten und die körperlichen, gestischen, mimischen und sprachlichen Handlungen und Interaktionen der Personen. Diese Wahrnehmungen unterstützen die Erinnerung, rufen Gefühle, Phantasien, Gedanken und Übertragungen hervor (Scheller, 2012).

Diese Verfahren entstammen unterschiedlichen Bereichen: Neben spiel- und theaterpädagogischen Elementen (Konstantin Stanislawski, Augusto Boal), Elementen des Psychodramas und der Gestaltpädagogik kommen sie auch aus Bereichen der Wahrnehmungs- und Phantasieübungen sowie aus Bereichen des kreativen und autobiografischen Schreibens. Das Szenische Spiel ist eine Lernform, die eine Ergänzung zu den Methoden der Biografiearbeit darstellen kann.

Postdramatisches Theater

Das postdramatische Theater ist eine seit den 1980er Jahren praktizierte performancenahe Form des Theaters, die sich vom traditionellen Sprechtheater abgrenzt, indem sie sich anderen künstlerischen, darstellenden und medialen Genres und Techniken öffnet. Gerade in der transkulturellen, biografischen Arbeit mit Gruppen ähnlicher Thematik ist das postdramatische Theater eine geeignete theatralische Darstellungsform.

Performatives Theater

Diese Theaterform erzählt keine durchgehende Geschichte, hat keinen roten Faden, außer einem bestimmten Thema. Der Performancekünstler ist als Akteur (nicht als Privatperson) präsent. Er spielt keine Rolle, keine Figur. Er stellt sich eine Aufgabe, die er versucht zu lösen; dabei beobachtet ihn ein Publikum. Für den künstlerischen Prozess ist manchmal eine direkte Publikumsbeteiligung notwendig. Performances zeigen Situationen von oft ähnlich betroffenen Gruppen. Dabei ist der Verlauf performativer Arbeit meist nicht komplett planbar, sondern entwickelt sich aus einem Gruppenprozess.

Praxisbeispiel: »Das Eigene und das Fremde«[55]

Um einen kleinen Einblick zu geben in die jährliche Praxisarbeit mit den obengenannten Prämissen bzw. Methoden und somit in die Arbeit der Inter-

---

55 Durchgeführt in der Interkulturellen Werkstatt e. V., Frankfurt am Main.

kulturellen Werkstatt e. V., stelle ich kurz das Exposé für das Jahresprojekt 2015 vor: das Tanztheater »Das Eigene und das Fremde«. Im Weiteren werden einige der verwendeten Methoden des performativen, postdramatischen Theaters detaillierter vorgestellt.

Wer vom Fremden spricht, spricht immer auch von sich: Das Fremde ist das, was ich nicht bin, was nicht zu mir gehört:

Das Fremde macht Angst und stellt infrage, was ich mir mühsam aufgebaut habe und was mir Sicherheit gibt: Eigene Werte, Identität, eigene Lebensentwürfe und Traditionen. Menschen aus anderen Kulturen verunsichern mit ihren eigenen Verhaltensweisen, Lebensgewohnheiten, ihrer Herkunft und ihren Traditionen.

Das Fremde fasziniert aber auch, denn es ist das Neue, das Verborgene, das unsere Grenzen Überschreitende. Lassen wir uns darauf ein, können wir neue Erfahrungen machen mit uns und anderen, wir können lernen, verstehen und angstvoll aufrecht erhaltene Vorurteile erkennen.

Bezogen auf das künstlerisch-pädagogische Konzept (postdramatische, performative Arbeitsweise) sollen die Teilnehmenden ihre Gefühle, ihre eigene Kommunikation bzw. Sprache und ihre Ausdrucksvarianten entfalten und darstellen. Die Mitglieder der Gruppe drücken, unter Berücksichtigung ihrer Biografie, in Geschichten aus, was ihnen im Leben wichtig ist, welches ihre Ziele sind und worunter sie leiden.

Bei der Erarbeitung des Stücks sollen im künstlerischen Rahmen auch andere darstellerische Fähigkeiten der Beteiligten (Singen, Trommeln, Musizieren) neben den tänzerischen und schauspielerischen Aspekten in das Stück eingebunden werden. Das Hauptaugenmerk liegt dabei auf einer prozessorientierten Arbeitsweise. Ebenso wird mit der Methode des Improvisationstheaters gearbeitet (Augusto Boal). Unter Anleitung erproben sich die Teilnehmenden selbst in der Improvisation. Aus pädagogischer Sicht gibt die Projektleitung lediglich themenbezogene Aufgabestellungen bzw. Hilfestellung, sodass die Beteiligten in künstlerischer Hinsicht Freiheit genießen und explorieren können. Die Leitung steht ihnen zur Seite und treibt den Entwicklungsprozess voran, ohne sich jedoch in den Mittelpunkt zu stellen. Der Fokus liegt ganz klar auf der Entfaltung und der Selbstverwirklichung der Teilnehmer:innen und deren Kommunikation.

Diese beabsichtigte Mischung aus Bekanntem und Unbekanntem, Eigenem und Fremden macht letztendlich den Kern des künstlerisch-pädagogischen Konzepts aus. Die angesprochene Selbstverwirklichung und die Möglichkeit, sich selbst auszudrücken, münden dann in eine Tanztheatercollage.

In der Tanztheatercollage »Das Eigene und das Fremde« geschieht dies in einem gegenseitigen, transkulturellen Prozess (siehe Abbildung 33). Geflüchtete,

Migrant:innen, die schon länger Deutschland leben, und Einheimische gehen diesen Weg der Begegnung und des Sich-Verstehen-Lernens.

Workshopthemen und Szenen aus »Das Eigene und das Fremde«

Der Erinnerungskoffer

Zum Thema »Heimat« gestalten die Teilnehmenden einen Erinnerungskoffer, indem sie Erinnerungsstücke und wichtige Andenken an und aus ihrer Heimat gesammelt haben. Diese stellen sie der ganzen Gruppe vor.

Der Deutschlandkoffer

Zum Thema »Wie erlebe ich Deutschland?« haben die Teilnehmenden kurze Geschichten oder Erlebnisse und für sie typische Dinge aus Deutschland gesammelt. Auch in eigenen gemalten Bildern oder Collagen können Eindrücke über das Leben in Deutschland gesammelt werden. Diese stellen sie der ganzen Gruppe vor.

Mein Blut ist rot!
Julia beginnt und geht mit an der Stirn angeklebtem Luftballon langsam zur Bühne. Alle folgen. Musik fädelt ein.

Die anderen Schauspieler:innen folgen langsam. Auf der Bühne angekommen, werden absurde Vorurteile skandiert, z. B. »Blaue essen Ratten zum Frühstück«, »Rote stinken nach Schweiß!« Langsamer Beginn, Steigerung, alle durcheinander.

Julia nimmt den Ballon ab, ruft aus: »Mein Blut ist rot.« Die anderen machen es nach, wieder Steigerung in Tempo und Lautstärke. Die Schauspieler schauen sich an, springen in die Mitte auf die Ballons und zertrampeln ekstatisch wie Kinder alle Ballons.

Saids Lied
- Der Text des deutschen Grundgesetzes ertönt vom Band.
- Der Klavierspieler Tom übernimmt am Klavier die Melodie der deutschen Nationalhymne, von Said (aus Syrien) kryptisch mitgesummt.
- Julia (deutsche Flüchtlingshelferin) betritt die Bühne, während Tom (aus England) und Khen (von den Philippinen) noch Piano spielen.
- Julia ruft »Ja, mein Schatz!« »Ja, ich komme gleich!« ... und läuft eilig durch den Raum. Immer wieder hält sie inne und wiederholt den Satz. Sie steigert sich in der Bewegung und der Sprache.
- Parwin (aus Afghanistan) kommt währenddessen auf die Bühne, sieht Julia und läuft besorgt hinter ihr her.

- Sie steigern sich, bis Julia zusammenbricht.
- Parwin trägt Julia zur Bühne zurück.

Abbildung 33: Szene aus dem Tanztheater »Das Eigene und das Fremde«
(Foto: Christa Hengsbach)

Fazit zur inter- und transkulturellen Biografiearbeit

Migration gibt es schon immer in der Weltgeschichte. Durch die Folgen der Globalisierung nimmt sie heute einen immer größeren Raum ein. Sie eröffnet durch weltweite Vernetzung internationale Begegnungen, interkulturellen Austausch und Chancen – aber sie birgt auch viele Veränderungen und Gefahren. Sie stellt eine Herausforderung für uns alle dar.

Rassistische Anschläge und Attentate, aber auch Angriffe und Attacken von Migranten führen verstärkt zu Verunsicherung, Fremdenangst, Ausgrenzung und Rassismus. Die Gesellschaft, die Politik, die Menschen und die Institutionen sind gefordert, Wege zur Integration und einem friedlichen Miteinander zu finden.

Flucht und Migration aus wirtschaftlicher Not und wegen Kriegsgeschehen führen zu viel Leid und Entbehrung. Geflüchtete verunsichern die Menschen im Zuwanderungsland und sind selbst verunsichert.

Die transkulturelle Biografiearbeit bietet Ansätze zur Bewältigung. Gerade die Biografien von Migrant:innen sind von Umbruchsprozessen geprägt. Diese Ereignisse brauchen Einbettung in die eigene Lebensgeschichte.

Die Biografiearbeit hat eine heilende Dimension: Indem sich Migrant:innen vergangener Krisen erinnern, die vielleicht noch gar nicht endgültig geklärt sind, wenden sie sich ihnen erneut zu und sind gefordert, sie noch einmal zu bedenken. Die Biografiearbeit überlässt ihnen aber die Entscheidung, was sie erzählen, vorstellen oder spielen. Dies wird als Respekt, Achtung und Wertschätzung erfahren und führt dazu, dass Menschen auch von ihren Enttäuschungen, Schmerzen und Leiden berichten.

In der Biografiearbeit geht es für Migrantinnen und Migranten auch darum, die Wünsche und Träume an das eigene Leben hervorzubringen und Wege und Strategien für das weitere Leben zu entwickeln. Versteckte Ressourcen, gesellschaftliche und religiöse Rituale, kulturelle Gepflogenheiten des Herkunftslandes werden aufgedeckt oder szenisch belebt. Eigene, schlummernde Fähigkeiten werden neu entdeckt und gezeigt. Das gibt Kraft und Klarheit, um neue Wege zu beschreiten. Die eigene neue bi- oder multinationale Identität bekommt eine »Auffüllung«. All dies kann für eine Neugestaltung der eigenen Zukunft sinnvoll genutzt werden.

Arbeiten Migrant:innen und Einheimische in einem transkulturellen Prozess zusammen, werden Kommunikationsprozesse initiiert und es findet ein interkultureller Austausch statt. Somit kann gegenseitiges, empathisches Verständnis und Vertrauen gewonnen werden und auch ein »gemeinsames Drittes« geschaffen werden – Doing Culture durch interkulturelle/transkulturelle Kommunikation.

Diese steigert den Selbstwert von Menschen und stärkt gleichzeitig das Bewusstsein der gegenseitigen menschlichen Verbundenheit.

6.4 Biografiearbeit als Methode der politischen Bildung gegen gruppenbezogene Menschenfeindlichkeit (Ein Beitrag von Anna Hoff)

Wie in vielen Familien, denkt man auch in meiner Herkunftsfamilie in Schubladen: Frauen sind lieb. Männer sind stark. Ausländer sind faul. Wer zu kurze Röcke trägt, ist selbst schuld an Belästigung. Schubladendenken und Vorurteile sind in der Gesellschaft weitverbreitete Phänomene. Sie ordnen und vereinfachen Komplexität. Das kann hilfreich sein in einer immer undurchsichtigeren Welt. Problematisch wird es dann, wenn Vorurteile und Schubladendenken die Rechtfertigung liefern für diskriminierendes Verhalten und die Abwertung ganzer Gruppen.

Vorbemerkung

Der Sozialpsychologe Andreas Zick sagt, gruppenbezogene Menschenfeindlichkeit sei ein Indikator für die Qualität einer Demokratie. Bedeutet: Je verbreiteter die gruppenbezogene Menschenfeindlichkeit, desto schwächer die Demokratie und damit die Freiheit aller. Um unsere Demokratie zu stärken, gilt es also, diskriminierende Vorstellungen von anderen möglichst nachhaltig zu dekonstruieren. Nun ist davon auszugehen, dass das Bild, das wir uns von anderen machen, sehr stark davon abhängt, welches Bild wir von uns selbst haben; und dass das Bild, das wir von uns selbst haben, wiederum eng mit unserer Lebensgeschichte verknüpft ist.

Daher möchte ich in diesem Beitrag einen Vorschlag machen, wie die ressourcenorientierte Biografiearbeit als Methode in der politischen Bildung eingesetzt werden kann, um gruppenbezogenen Vorurteilen und diskriminierenden Tendenzen entgegenzuwirken.

Denn:
- Wer sich mit seiner Lebensgeschichte auseinandergesetzt und damit Frieden geschlossen hat, kann auch andere Lebensgeschichten akzeptieren und anerkennen.
- Wer seine Stärken kennt, muss die Schwächen der anderen nicht ausnutzen.
- Wer die Komplexität menschlichen Verhaltens erkannt hat, kann die Komplexität der Welt besser aushalten und mittragen.

Psychosoziale Faktoren in der politischen Bildung

Unsere Identität wird zu einem großen Teil durch das Zugehörigkeitsgefühl zu unterschiedlichen sozialen Gruppen bestimmt. Wir verhalten uns so, wie die Gruppe das erwartet bzw. wie wir uns vorstellen, dass ein Angehöriger dieser Gruppe sich eben verhält (Simon, 2019, S. 105). Gleichzeitig grenzen wir uns von anderen Gruppen ab. Nun ist Abgrenzung in der Regel gut und gesund. Problematisch wird es dann, wenn diese Abgrenzung mit Abwertung des anderen einhergeht.

Hier kommt der Selbstwert ins Spiel. Ein Mensch mit einem gesunden Selbstwertgefühl kann sich von anderen abgrenzen, ohne sie abzuwerten. Menschen mit geringem oder fragilem Selbstwertgefühl werten schneller andere Menschen, andere Lebensweisen, andere Sichtweisen, andere Gruppen ab, um sich selbst besser zu fühlen (Satir, 2020). Zwar weist der Psychologe Jens Förster zu Recht darauf hin, dass der Zusammenhang zwischen Selbstwertgefühl und Diskriminierung »komplizierter ist, als man meinen könnte« (Förster, 2007, S. 199), doch auch er bestreitet nicht, dass das eigene Selbstbild Auswirkungen hat auf das Verhalten anderer gegenüber.

Daher erscheint es sinnvoll, im Kontext politischer Bildungsarbeit psychosoziale Faktoren noch stärker zu berücksichtigen als bisher geschehen. Es sollte nicht nur darum gehen, den Anteil von Wissen über die Welt zu erhöhen, sondern auch Instrumente der Selbstreflexion zu vermitteln.

Politische Bildung hat den Auftrag, die Selbstwirksamkeit der Menschen im politischen System zu erhöhen. Ein Ziel der systemischen Arbeit ist es, intra- und interpersonelle Ressourcen von Menschen zu aktivieren und dadurch ebenfalls Selbstwirksamkeit in den eigenen Systemen zu ermöglichen. In beiden Welten geht es darum, Zusammenhänge sichtbar zu machen. In beiden Welten sollte der Mensch für sein eigenes Handeln Verantwortung übernehmen und ein Bewusstsein für seine eigene Rolle in den unterschiedlichsten Zusammenhängen entwickeln.

Warum es die Demokratie zu verteidigen gilt

Immer mehr Menschen stellen das demokratische System infrage, und immer häufiger werden die Persönlichkeitsrechte Andersdenkender oder Andersaussehender verletzt. Extreme politische Einstellungen werden salonfähig, der Populismus mit seinen unterkomplexen Antworten auf superkomplexe Fragen ist weltweit auf dem Vormarsch. Verschwörungsmythen finden einen Nährboden in der Mitte der Gesellschaft. Die großen Themen unserer Zeit befeuern ein Ohnmachtsgefühl: Klimawandel, Digitalisierung, Globalisierung, Individualisierung und nicht zuletzt auch die Erfahrungen in der Pandemie. Je mehr alles mit allem zusammenhängt und alles von allem abhängt, desto weniger Gestaltungsmöglichkeiten scheinen dem Einzelnen zu bleiben.

Dabei beschert die rechtsstaatliche Demokratie dem einzelnen Menschen im Vergleich zu allen anderen politischen Systemen, die wir kennen, größtmögliche Freiheit. In keinem anderen Gesellschaftssystem ist das Individuum in der Lage, eigenmächtiger und selbstwirksamer zu agieren. Es gibt zweifelsohne Fehler im System. Demokratie ist nicht automatisch gerecht und bedeutet nicht automatisch Glück und Wohlstand für alle. Demokratie bedeutet Arbeit und das Übernehmen von Verantwortung. Und gerade deshalb braucht es Bürgerinnen und Bürger, die *wissen,* welche Mittel sie nutzen und welche Wege sie gehen können, um ihrem Auftrag als oberster Souverän im Staat gerecht zu werden. Die sich aber auch ihrer *selbst bewusst* sind; die ihre Stärken und Schwächen kennen; die sich gut abgrenzen können, ohne andere abzuwerten; die wissen, dass es einen Unterschied macht, ob sie sich einbringen oder nicht.

Was genau ist »gruppenbezogene Menschenfeindlichkeit«?

Gruppenbezogene Menschenfeindlichkeit in Form von Vorurteilen und Stereotypen ist in unserer Gesellschaft weitverbreitet. »Als gruppenbezogene Menschenfeindlichkeit bezeichnen wir abwertende und ausgrenzende Einstellungen gegenüber Menschen aufgrund ihrer zugewiesenen Zugehörigkeit zu einer sozialen Gruppe. Eine in diesem Sinne menschenfeindliche Haltung kann sich auch in ausgrenzender oder sogar gewalttätiger Handlung zeigen oder Einfluss auf die Gestaltung von diskriminierenden Regeln und Prozessen in Institutionen und den Aufbau von diskriminierenden Strukturen haben« (Küpper u. Zick, 2015).

Gruppenbezogene Menschenfeindlichkeit begründet Ungleichwertigkeit fast überall auf der Welt mit Geschlecht, Alter, Religion, ethnisch-kultureller Herkunft, sexueller Orientierung und Behinderung. Es kommt vor, dass Vorurteile, die überwunden schienen oder in Vergessenheit geraten waren, reaktiviert werden und erneut in offene Diskriminierung münden. Das zeigt sich immer wieder insbesondere bei neuerlichen Ausbrüchen von Antisemitismus. Manchmal drücken sich Abwertung und Ausgrenzung offen und direkt, manchmal auch subtil und indirekt aus.

Vorurteile sind besonders hartnäckig, wenn sie psychosoziale Funktionen erfüllen, also für Gruppen und Einzelne einen sozialen und individuellen Nutzen haben. Diese Funktionen sind soziale, weil Vorurteile weniger für Individuen relevant sind als vielmehr für die Integration von Menschen in Gruppen. Anderes und Fremdes abzulehnen, abzuwerten und auszugrenzen, ist für viele extrem entlastend. »Im Grunde muss es erstaunen, wie viele Menschen psychisch stabil genug sind, um eine pluralistische, diverse, demokratische und damit völlig uneindeutige Welt voller Ambivalenz zu ertragen« (Plha u. Friedmann, 2019).

Beispiele für Biografiearbeit in der politischen Bildung

Ein geschlossenes rechtsextremes Weltbild und auch eine rechtspopulistische Einstellung wird sich nicht im Rahmen eines Biografieseminars verändern lassen. Das zu glauben, wäre naiv. Doch was ist mit all jenen, die über »die Alten«, »die Ausländer«, »die Behinderten« abwertend und verallgemeinernd sprechen, sich aber bisher wenige Gedanken über ihr Geworden-Sein gemacht haben und darüber, welche Werte und welche Geschichten eigentlich ihre Sicht auf sich selbst und auf die Welt prägen? Inwiefern würde ein gestärkter Selbstwert ihre Sicht auf den Wert anderer Menschen verändern?

Tatsächlich gibt es bereits spannende Beispiele für Biografiearbeit als Methode der politischen Bildung.

Beispiel I
Die staatlich geförderte zivilgesellschaftliche Beratungsarbeit gegen Rechtsextremismus in Nordrhein-Westfalen arbeitet im Rahmen der Ausstiegsberatung mit verschiedenen Methoden der Biografiearbeit. Ziel dabei ist es im Projekt

»… alleine hätte ich das nie geschafft!« unter anderem, »versteckte Ressourcen aufzudecken, auf die die Frauen im Ausstiegsprozess zurückgreifen können. Bei Frauen, die sich eher in einer passiven Rolle im Hintergrund erlebt haben, geht es hierbei verstärkt darum, eigene Wünsche und Bedürfnisse zu empfinden und zu formulieren« (Zivilgesellschaftliche Ausstiegsberatung in Nordrhein-Westfalen, o. J.).

Beispiel II
In dem Projekt »Jamal al-Khatib« der Bundeszentrale für politische Bildung bekommen Jugendliche, die in der Vergangenheit mit der IS-Ideologie bzw. religiös motiviertem Extremismus sympathisiert haben, die Möglichkeit, an einem Projekt mitzuarbeiten, das verhindern soll, dass andere Jugendliche ähnliche Sympathien (weiter-)entwickeln. »Der Schwerpunkt der Biografiearbeit liegt dabei auf der Phase der politischen Sozialisation, dem Einstieg in und dem Ausstieg aus der jihadistischen Szene sowie den dafür entscheidenden biografischen Momenten und Prozessen. Dabei werden durch retrospektive Sinngebung neue Perspektiven auf die eigene Geschichte entwickelt. Von der individuellen Ebene führt dieser Prozess zur gesellschaftlichen Ebene und der Frage ›Was hat das mit der Welt zu tun?‹. Dabei werden problematische Strukturen, die eine Hinwendung zu jihadistischen Narrativen befördern können, kritisch hinterfragt sowie alternative Narrative und naheliegende Handlungsoptionen auf individueller und gesellschaftlicher Ebene überlegt« (Bundeszentrale für politische Bildung, 2020).

Beispiel III
Auch die Rosa Luxemburg Stiftung in Hamburg bietet ein Biografieseminar an, weil sich »[in] der Lebensgeschichte jedes Menschen […] Gesellschaft und Geschichte [widerspiegelt]. Über Lebenserzählungen können wir lebensnahe Einblicke in gesellschaftliche Entwicklungen und Strukturen gewinnen, Zusammenhänge zwischen Individuum und Gesellschaft verstehen, kritisch reflektieren und letztlich auch Empowerment-Erfahrungen erleben« (Rosa Luxemburg Stiftung Hamburg, 2021).

Deine Geschichte hat einen Bezug zu den Geschichten der anderen
Diese drei Beispiele verdeutlichen, wie das Politische persönlich wird, wie groß die Betroffenheit von gesellschaftspolitischen Umständen sein kann. Die Tatsache, dass die Lebensgeschichten der Einzelnen zum Ausgangspunkt

gesellschaftlicher Reflexion werden, sendet ein wichtiges Signal aus den Reihen der politischen Bildung: »Du bist wichtig für das Ganze. Deine Geschichte hat einen Bezug zu den Geschichten der anderen.«

Eine eigene Geschichte hat jeder Mensch. Zudem gibt es private, berufliche, gesellschaftliche Netzwerke, in die er eingebunden ist und die seine Perspektive auf die Welt anteilig mitprägen. Daher ist die Zielgruppe für ein solches Angebot breit. Im außerschulischen Kontext ist eine heterogene Gruppe (Frauen, Männer, junge Erwachsene, Rentner:innen, Menschen mit und ohne Migrationshintergrund) von maximal zehn Teilnehmenden ideal. Denn so kann der Zusatzeffekt geschaffen werden, anderen Gruppen zu begegnen, Vorurteile dadurch zu dekonstruieren und durch die jeweilige Reflexion der einzelnen Lebensgeschichten mehr Gemeinsamkeiten mit den »anderen« als Unterschiede zu entdecken.

Methodische Anregungen und Fragen

Mithilfe diverser Methoden (Positives Tratschen, Bilderteppich, Landkarte, Genogrammarbeit, Familienrad, Ressourcenbaum, Zweierinterview etc.) und folgenden Fragen, werden die Teilnehmenden zur Selbstreflexion eingeladen:

- Wer bin ich? Welche Anteile habe ich in mir? Wie bin ich die Person geworden, die ich heute bin?
- Nach welchen Kriterien bewerte ich diese Welt? Und passen die unterbewussten Bewertungskriterien eigentlich zu den Werten, die ich bewusst vertrete?
- Was würden andere sagen, welche Persönlichkeitsmerkmale mich auszeichnen?
- Welche Orte und Menschen haben mich geprägt? Und warum lohnt es sich, sie immer wieder aufzusuchen?
- Auf welche Leistungen meiner Eltern/Großeltern darf ich stolz sein?
- Wer war wo zu Zeiten des Kriegs, in der Nachkriegszeit, im Kalten Krieg, in den Wendejahren?
- Wer hat wann, wo aus welchem Grund in welchem Land gelebt, es verlassen?
- Wer war wann von wem rechtlich und wirtschaftlich abhängig bzw. verantwortlich mit welchen Auswirkungen?
- Wie wurde bei uns zu Hause über bestimmte gesellschaftliche Gruppen gesprochen?
- Welche Fähigkeiten und Errungenschaften sind in meinem System enthalten?
- Was ist mein Grundgefühl gegenüber der Gesellschaft, in der ich lebe?
- Auf was kann ich mich in der Gesellschaft, in der ich lebe, verlassen? Worauf darf ich vertrauen?
- An welcher Stelle mache ich in der Gesellschaft einen Unterschied?

- Zu welchen Gruppen darf ich mich zugehörig fühlen?
- Gegenüber welchen gesellschaftlichen Gruppen habe ich Vorurteile?
- Wofür sind diese Vorurteile (für mich) gut?
- Wie leicht oder schwer fällt es mir, verschiedene Lebensweisen nebeneinander stehen zu lassen?
- Wie erhöhe ich die Akzeptanz gegenüber mir selbst und gegenüber anderen?

Damit die Teilnehmenden »die eigene Geschichte als aktiv gestaltender Akteur erleben können und somit das Gefühl eigener Wirksamkeit stärken, ist es hilfreich [...], vor allem Situationen zu fokussieren [...], in denen sie sich als aktiv und steuernd empfinden können« (Hölzle, 2011, S. 78).

Ein wichtiger Gedanke zum Schluss: Auch wenn die Allparteilichkeit in der politischen Bildung und in der systemischen Arbeit ein elementarer Grundsatz ist, stößt diese in der politischen Bildung an ihre Grenzen, sobald Handlungen und Äußerungen nicht mit den menschen- und demokratierechtlichen Grundlagen des Grundgesetzes vereinbar sind. Diese Grenzen müssen ganz eindeutig im Rahmen eines politischen Biografieworkshops gezogen werden – insbesondere, wenn gruppenbezogener Menschenfeindlichkeit begegnet werden soll.

Persönliche Notiz

Ich habe Politikwissenschaft studiert und Einiges an Hintergründen und Zusammenhänge über die Welt erfahren. Dieses Wissen bescherte mir jedoch nicht automatisch mehr *Selbstreflexion*. Der Zufall machte mich mit dem systemisch-konstruktivistischen Ansatz vertraut und mit der ressourcenorientierten Biografiearbeit. Ich durfte erfahren, wie das Nachdenken über meine Lebensgeschichte und mein In-die-Welt-Gestelltsein, meine Sicht auf Gesellschaft und mein Bild von den Menschen um mich herum verändert.

Seitdem ist es mir ein großes Anliegen, die systemische Herangehensweise noch stärker in der Welt der politischen Bildung zu verankern. Ich traue diesem Ansatz zu, dass er Menschen dazu befähigt, sich mehr als gestaltende Subjekte denn als nichthandelnde Objekte wahrzunehmen; dass er einen Raum öffnet, um die eigenen Ressourcen und das Eingebettet sein in unterstützende Systeme zu erkennen, und dass diese Erkenntnis dazu führt, andere Menschen mehr wertzuschätzen, statt sie abzuwerten. Diese menschlichen Fähigkeiten sind von zentraler Bedeutung für ein gelingendes Zusammenleben und eine funktionierende Demokratie.

6.5 Storytelling oder: Gesellschaftliche Narrative gemeinsam neu erzählen

Geschichte(n) gemeinsam erkunden: Geschichte(n) von Orten, Institutionen, Denkmustern. Nicht nur individuell, sondern innerhalb eines sozialen Kontextes. Den Rahmen für tradierte Erzählungen durch diesen gegenwärtigen Erkundungsprozess verschieben. Das meint Storytelling. Was dabei entstehen kann, veranschaulichen zwei Beispiele.

Storytelling als biografisches Format

Im Kontext der Biografiearbeit findet sich als weiteres Format ein unter Storytelling bekanntes Verfahren. Gemeint ist damit nicht das bloße Erzählen von Geschichten. Vielmehr geht es um das gemeinsame Entdecken von neuen Aspekten, um herkömmliche soziale Erzählungen zu erweitern, zu verändern, zu ergänzen oder abzulösen. Dabei werden vielfältige Perspektiven durch Einzelpersonen innerhalb einer Gruppe erkundet und zu neuen Ganzheiten zusammengeführt. Storytelling ist damit ein Erkundungsverfahren, in dem explizites, bewusstes Wissen und implizites Wissen – das als Ahnung, Verschwiegenheit, Geheimnis, Empfindung oder in Form von Anekdoten, Erinnerungsresten und Artefakten vorhanden ist – verbunden wird und so neue Geschichten hervorbringt.

Indem das Verfahren Geschichten von Einzelnen in einen größeren Zusammenhang einbettet, ist es eng mit dem Begriff des Narrativs verbunden. Unter Narrativ lassen sich Metaerzählungen verstehen, die durch ihre Grundmuster gesellschaftliches Handeln prägen, indem sie als Identifikationsangebot für bestimmte Gruppen dienen. Zugehörigkeiten zu Nationen, Geschlecht, das Ethos von Berufen oder Generationen werden u. a. durch Narrative geschaffen und erhalten.

Christine Erlach und Michael Müller (2020) prägten in diesem Zusammenhang den Begriff der »narrativen Intelligenz«: Um Menschen emotional zu erreichen, braucht es narrative Kontexte – und diese werden im Umkehrschluss genutzt, um spezifische Interessen zu verankern. Narrative Kontexte sind nicht auf Argumente angewiesen, wie sich z. B. in den Verschwörungsmythen rund um die Pandemie zeigte. Eskalierende Konflikte von Gruppen können befeuert und gesteuert werden, indem Basisnarrative so konstruiert werden, dass sie sich gegenseitig ausschließen. Hier wird die Macht von Metaerzählungen erschreckend deutlich. Im alltäglichen sozialen Kontakt nimmt der sogenannte Tratsch als soziale Verbundenheits- und Ausschlusserzählung die Rolle eines informellen Narrativs ein.

Eine Geschichte, die in Umlauf ist, ist schwer wieder einzufangen. Die Entwicklung neuer Narrative ergänzt existierende Erzählungen hingegen und bietet damit andere Möglichkeiten der Identifikation an. Ein verändertes Narrativ impulsiert die Entwicklung weiterer Deutungen und Verknüpfungen und damit neuer Perspektiven.

Im Rahmen der Unternehmensentwicklung wird Storytelling zur Organisationskommunikation genutzt, um die Geschichte einer Einrichtung, eines Vereins, einer Partei, eines Unternehmens in ihrer Vielschichtigkeit zu erkunden und informelles Wissen zu offiziellem Wissen zu machen. Bei der Aufarbeitung von anhaltenden, die Unternehmenskultur prägenden Konflikten wird das Verfahren eingesetzt, um Beteiligte oder Betroffene als Miterzählende zu Wort kommen zu lassen und damit Veränderungsimpulse auf eine breitere Basis zu stellen.

Im künstlerischen Bereich wird Storytelling verwendet, um neue Dimensionen in bekannten Themen freizulegen, z. B. Erzählkonzepte für Filme zu entwickeln oder Diversität zu erkunden.

In der Biografiearbeit knüpft die Entwicklung und Veränderung von Narrativen durch Storytelling an das kontrapunktische Lesen bzw. Hören an, wie es in Unterkapitel 3.1 (S. 104) dargestellt wird. Gemeint ist das Wahrnehmen von bisher nicht auserzählten Perspektiven und die Umverteilung der bisherigen Aufmerksamkeit in Bezug auf Peripherie und Zentrum und in Bezug auf das, was als banal und was als bedeutsam angesehen wird.

Praxisbeispiele zu Storytelling und der Neuerzählung gesellschaftlicher Narrative

Die zwei folgenden Beispiele aus der Praxis sollen dies verdeutlichen.
- *Beispiel I* beschreibt die Arbeit einer französisch-deutschen Biografiegruppe, die sich 2017 im Zuge des Brexits und der Präsidentschaftswahl in Frankreich mit Fragen nach der Relation von nationaler und europäischer Identität beschäftigte. Hier ging es um neue Deutungen nationaler Identität im Kontext von intereuropäischer Begegnung. Das sich daraus entwickelnde Narrativ verblieb im Kontext der Gruppe und somit in deren sozialem Gedächtnis.
- *Beispiel II* bezieht sich auf einen Workshop zur Erprobung von Methoden der Dekolonisierung in Windhoek/Namibia. Es wurde als Gemeinschaftsprojekt der Universitäten Bremen und Windhoek 2019 durchgeführt mit dem Ziel, didaktische Strategien zur Dekolonisierung von Wissensbeständen zu erarbeiten. Storytelling führt dabei zu einem veränderten Wissen, das im kulturellen Gedächtnis gespeichert wird, indem die individuell und gemeinsam

erkundete Geschichte(n) durch künstlerische Gestaltung und wissenschaftliche Veröffentlichung einem breiten Publikum zugänglich gemacht werden.[56]

Beispiel I
Französische und deutschen Familiengeschichten als europäische Erzählung
Setting: französisch-deutsche Biografiegruppe, gemeinsame Sprache ist deutsch
Zeit: drei gemeinsame Tage plus Einzelarbeit
Methoden: Rekonstruktion von Mehrgenerationendynamik auf der europäischen Landkarte, familiäre und historische Recherche, Verfassen und Mitteilen biografischer Texte
Gemeinsame Fragestellung: In der Beschäftigung mit familiengeschichtlichen Herkünften wird in einer französisch-deutschen Gruppe deutlich: Sobald die Teilnehmenden drei Generationen zurückgehen, lösen sich die scheinbar klaren Zuordnungen nationale Identitäten auf: Diese bekommen eine erstaunliche Beweglichkeit, im direkten und übertragenen Sinne.
Individuelle Markierung auf einem gemeinsamen Feld: In einem ersten methodischen Schritt werden auf einer großen europäischen Landkarte die Lebensorte der Vorfahren durch bunte Stecknadeln markiert: Jede anwesende Person arbeitet mit einer Farbe (siehe Abbildung 34). Sichtbar wird: Nationale Grenzüberschreitungen sind in den familiären Herkünften die Regel, nicht die Ausnahme.

Abbildung 34: Die Lebensorte der Vorfahren von vier Teilnehmenden auf der Europakarte

---

56 Alle Informationen zu diesem Thema aus Gruber und Weißköppel (2020).

Erläuterungen:
- *Franzose* (rote Nadeln): Von Armenien (ganz rechts in der Kartenlegende) über Izmir/Türkei, Thessaloniki/Griechenland, Marseille/Frankreich, Lyon, Paris, Grandcamp-Maisy/Normandie nach Cherbourg
- *Französin* (blaue Nadeln): von Krakau über Maastricht/Niederlande, Metz/Frankreich, Ardennen/Frankreich, Poitiers, Saint-Nazaire/Bretagne nach Bayeux/Normandie
- *Deutsche* (gelbe Nadeln): von Olmütz/Tschechien nach Fulda/Deutschland mit verbliebenen Verwandten in Prag (weiße Nadeln)
- *Deutscher* (grüne Nadeln): von Würzburg im Krieg nach Odessa/Ukraine, Dnepropetrovsk, Charkow, Paris/Frankreich, Bayeux/Frankreich und in Kriegsgefangenschaft nach Portsmouth und Hereford/Wales.

Das gemeinsame Thema der nationalen und intereuropäischen Identitäten hatte so viel Energie, dass sich ein intensiver Storytellingprozess entwickelte: Der gemeinsame Fragehorizont führte – nach im wörtlich wie übertragenen Sinne abgesteckten Territorien – zu weiteren Erkundungsprozessen.
Individuelle Recherchen: In einem weiteren Schritt beschäftigten sich deshalb alle Teilnehmenden mit ihrer persönlichen Familiengeschichte, recherchierten in privaten Dokumenten und öffentlichen Archiven, befragten Familienmitglieder und schrieben dann deren Emigrations- bzw. Kriegsgeschichten als »europäische Erfahrungen« auf.
In einem weiteren Schritt wurden diese Geschichten einander vorgestellt:

Da ist *die Französin,* deren eines Urgroßelternpaar aus Polen nach Frankreich emigrierte. Als spontane Reaktion der Anwesenden entstand die Vermutung, hier handele es sich um eine Flucht im Rahmen der Besetzung Polens durch die deutsche Wehrmacht im Zweiten Weltkrieg. Dies war nicht der Fall, zeigte jedoch die Präsenz dieses Narrativs unabhängig von der zeitlichen Realität des erzählten Ereignisses. Die Urgroßeltern waren Arbeitsemigranten: Der Urgroßvater, ein arbeitsloser Bergarbeiter, sah die Möglichkeit, in der aufstrebenden Kohleindustrie Lothringens sein Auskommen zu finden.

Da ist *die Deutsche,* deren Herkunftsfamilie nach 1945 aus der Tschechoslowakei ausgesiedelt wurde. Da die Großmutter eine tschechische Mutter hatte, war eine Wahl gegeben: Bleiben wäre möglich gewesen. Ein Sohn war jedoch in einem englischen Kriegsgefangenlager in der Nähe von Frankfurt a. M. Man entschied sich fürs Gehen. Verwandtschaftsbeziehungen nach Prag und in weitere Orte blieben bestehen – sie waren zugleich Verlust und Anker.

Da ist *der Deutsche,* der seines Wissens keine ausländischen Wurzeln hat. Als wir die Europalandkarte mit Familienorten bestücken, markiert er stattdessen zahlreiche europäische Länder, in denen männliche Verwandte während des Zweiten Weltkrieges stationiert oder in Kriegsgefangenschaft waren: Ukraine, Frankreich, England.

Es folgen Auszüge aus der europäischen Familiengeschichte *des Franzosen*, eines Musikers:

»Meine lieben Eltern sind geboren in Frankreich in den 20er Jahren, mein Vater 1923 in Marseille, meine Mutter 1925 in Cherbourg, alle beide im Monat September im Zeichen der Jungfrau.

Auf der Seite meines Vaters waren meine Großeltern Armenier, Migranten, wie man heute sagen würde. Sie waren geflohen und in Frankreich gestrandet, nachdem sie ein Land verlassen hatten – die Türkei – das sie verfolgt, massakriert, beraubt hatte. Und von dieser Flucht – wahrgenommen oder nicht – sind geblieben Schock, Ängste, Traumata und Hass, die durchgerutscht sind bis zu mir, vielleicht bis zu meiner Tochter. Diese Gefühle sind heimtückisch und unkontrollierbar, Gefühle des Ausgeschlossenseins, der Ohnmacht, Schuld und Selbstzerstörung (Alkohol, Drogen).

Die Eltern meiner Mutter waren französisch. Mein Großvater bretonisch, meine Großmutter aus der Normandie. Sie hatten einen kleinen Friseurladen in Cherbourg. Er stammte aus einer etwas bürgerlichen Familie aus einem Dorf in der Nähe von Rennes, Saint-Didier. Sie aus einer armen Fischerfamilie, sehr harter Beruf und schlecht bezahlt. Ich weiß nicht, wie sie sich kennengelernt haben. Sie hatten drei Kinder. Meine Mutter Gilberte wurde eingeschult in eine Bekenntnisschule, das ist eine religiöse Schule. Ihr älterer Bruder Pierrot begann im Alter von 12 Jahren, mit den Eltern in dem Friseursalon zu arbeiten. Der jüngere Bruder, Jean-Pierre, ist etwas länger zur Schule gegangen. Er war dann Soldat im Algerienkrieg, aber es scheint, dass er weder an Kämpfen beteiligt war noch Gewalt erleiden musste.

Als der 2. Weltkrieg begann, war Gilberte, meine Mutter, 15 Jahre alt. Die deutsche Besatzung, die Bombardierungen, die Angst: Ohne Zweifel – selbst wenn ich sie mir ziemlich ruhig und verankert in ihrem alltäglichen Leben vorstelle –, das muss sie nicht wenig durcheinandergebracht haben. Es gab einen offiziellen Befehl, Cherbourg zu evakuieren am 31. Mai 1943. Meine Mutter, 18 Jahre alt, und ihr kleiner Bruder Jean-Pierre, 8 Jahre alt, wurden zu ihrem Schutz aufs Land geschickt. […]

Meine Eltern als Paar haben die Spannungen nicht ausgehalten, die Konflikte, die aus ihren unterschiedlichen Kulturen kamen, die wirtschaftlichen Schwierigkeiten, die Ängste, die sich durch die langen Kriegsjahre in jeder Ecke der Welt aufgebaut haben. Trotz der Plastikmöbel, der Waschmaschine, des Marmortischchens, des Plattenspielers, des Automobils, der Schule, der Werbung, der öffentlichen Transporte – Züge, Autobusse, Metro –, auf die man sich verlassen konnte, um uns von rechts nach links zu kutschieren, trotz General de Gaulle und seiner Schildmütze, trotz alledem. Aber die Ferien am Meer waren gut!

1966 ließen sich meine Eltern scheiden. Das war das Ende einer Geschichte, schön trotz häufiger, ja sogar ununterbrochener Streitigkeiten. Ich war 12 Jahre und meine Schwester 16. Alles, auf jeden Fall das Wesentliche, hatte stattgefunden vor ihrer Trennung. Danach haben meine Schwester und ich versucht, die Entwicklung weiterzugehen, um voranzukommen, um zu wachsen und reifer zu werden, in diesen 70er Jahren, voll von Begierde, unerhörter Musik, neuen Ideen und Möglichkeiten, zu leben, sich zu kleiden – mit Minirock, langen Haaren, Blumenhemden [...]. Aber mit einem definitiv zerbrechlichen Familienleben und tiefen Zweifeln, die daraus erwuchsen.

Die moderne Musik – Hendrix, Otis Redding, Aretha Franklin –, die Schwarze Musik vor allem, dann die Entdeckung des Jazz, die mir vielleicht meinen Vater in Erinnerung rief und eine verdeckte Familie – fremd aber bekannt für mein intimes Ich (›Das intime Ich ist der Schutzengel‹, hat mir eines Tages ein Psychologe gesagt). Der Jazz war ein Empfangsboden für das Fremde, sodass ich mich angekommen fühlte, ein verschüchterter und ein revoltierender Jugendlicher, beides in einem [...]

Meine Tochter, sie ist jetzt in Berlin, um dort zu studieren und in einer Wohngemeinschaft zu leben [...].«

Individuelle Zusammenfassung und Verdichtung der Rechercheergebnisse: Europäische Dimensionen, die sich in dieser von dem Franzosen berichteten Familienbiografie über den Zeitraum von etwa 100 Jahren (ca. zwischen 1915 und 2017) finden lassen, sind:

1. Generation
- Armenien – Türkei/Flucht vor Vernichtung, Traumata, Migrantendasein
- deutsche Besatzung im 2. Weltkrieg/verdeckte Identität/Widerstandsgruppe
- Krieg – Evakuierung – Rückkehr
- amerikanische und englische Befreiung
- Algerienkrieg

2. Generation
- Kultur/Musik, vorwiegend aus dem englischsprachigen Raum
- Teilnahme am deutsch-französischen Schüleraustauschprogramm im Gaststatus

3. Generation
- Auslandssemester der Tochter in Berlin im Rahmen des europäischen Erasmusprogramms

Neben der Darstellung der einzelnen Geschichten machten Zusammenfassungen (wie oben) schließlich die vielfältig verflochtenen Geschichten der einzelnen Personen und ihrer Familien mit Europa sichtbar.

Überindividuelle Schlussfolgerungen aus dem gemeinsamen Erfahrungsschatz: Im Austauschprozess verbanden sich die Einzelerzählungen zu einer europäischen Geschichte. Die Perspektive, das neue Narrativ, das für die Anwesenden in diesem Storytellingprozess entstand, kann mit einem Satz umrissen werden:

Fazit: Storytelling Europa Wir, ob Deutsche oder Franzosen, sind Europäer:innen – dies ist fraglos und liegt nicht in unserer Entscheidung. Unsere Eltern waren Europäer:innen, unsere Großeltern waren Europäer:innen und auch unsere Kinder und Kindeskinder sind und werden europäisch sein: entweder im Frieden oder im Krieg.

Beispiel II
Storytelling-Workshop zur Erprobung von Methoden der Dekolonisierung (Gemeinschaftsprojekt der Universitäten Bremen und Windhoek 2019)
Setting: Transnationale Gruppenarbeit
Methoden: Walking (ethnografische Spaziergänge), gemeinsame Gestaltung eines Blogs

»Walking, also Spazierengehen oder Flanieren, hat sich in den letzten Jahren als explizites Instrument im Repertoire der Ethnografie etabliert. Federführend sind die Ansätze der Sensorischen Ethnologie […], die die Körperlichkeit von Forschenden ins Zentrum stellen und dafür sensibilisiert haben, alle menschlichen Sinne bewusst einzusetzen, um menschliches Dasein im Verhältnis zu ihren Um- und Mitwelten zu erforschen« (Gruber u. Weißköppel, 2020, S. 168). Auf diese schöne Weise setzt sich eine Gruppe Bremer und Windhoeker Menschen im wörtlichen und übertragenen Sinne in Bewegung, um vorkolonialer, kolonialer und postkolonialer Geschichte nachzugehen.[57] Während eines vorbereiteten Spaziergangs gelangt die Gruppe von Ort zu Ort. Ihre Aufmerksam-

---

57 Verantwortlich in Bremen: Dr. Cordula Weißköppel und Dr. Martina Grimmig; in Windhoek: Dr. Rosa Persendt und Frauke Stegmann.

keit gilt dabei unbeachteten Artefakten, wortlosen Zeichen einer vielschichtigen Geschichte, und Ortsnamen, in denen vergessene Bedeutungen mitschwingen.

Der zuerst in Bremen durchgeführte Spaziergang sensibilisierte für das bis heute verbreitete Narrativ von kolonialen Machthabern als angesehenen Kaufmanns- und Handelseliten sowie Mäzenen.

Gemeinsame Fragestellungen: Der ethnografische Spaziergang in Windhoek soll etwas ausführlicher dargestellt werden. Er führte zu Orten, deren Erkundungszeitraum insgesamt eine 140-jährige koloniale Geschichte umfasst. Diese Zeitspanne ist nicht mehr im kommunikativen Gedächtnis repräsentiert, es gibt also keine lebenden Menschen mehr, deren Erinnerungen für den gesamten Zeitraum befragt werden könnten. Gleichwohl sind noch »Träume von Erinnerungsspuren« im »lokalen Unbewussten« enthalten, wie ich es hier einmal nennen möchte. Durch postkoloniale Erinnerungsarbeit sollen diese ins Bewusstsein gehoben und in kommunizierbare Erzählungen überführt werden. Von lokalen Instruktor:innen wurde die Route vorbereitet. Diese bringen dabei »oftmals intuitiv ihr Vorwissen und latente Deutungen ein, also potenzielle Thesen oder Ahnungen, wie die bisher bekannten Fragmente der Kolonialgeschichte und die eher verborgenen oder verdrängten Elemente miteinander in Zusammenhang zu bringen sind« (S. 170).

Individuelle Markierung auf einem gemeinsamen Feld: Hier zur Veranschaulichung ein Beispiel aus dem dokumentierten Erkundungsprozess einer Teilnehmerin in Windhoek:

> »Frauke Stegmann[58] berichtete von dem Gedächtnis ihrer Elterngeneration, durch das dieser Platz als Feuchtbiotyp in Erinnerung sei, an dem Kröten gequakt und andere Pflanzen- und Tierarten gelebt hatten. Inzwischen war dieses Biotop einer modernen Verkehrs- und Sanitärinfrastruktur gewichen – außer diesem »island of reed« (Anm. kleine Insel aus Schilf), das wie ein Relikt aus einer anderen Zeit überlebt hatte. Durch die nächsten zwei Stationen lernten wir weitere solche Zeichen kennen, die ebenfalls darauf verwiesen, dass der Landstrich, den wir heute als Windhoek bezeichnen, vermutlich präkolonial als Region reicher (vermutlich unterirdischer) Wasserquellen bekannt war. In enger Nachbarschaft zur Independence Road im Zentrum Windhoeks findet sich der Zoopark, der ein Elefanten-Denkmal beherbergt: Dieses repräsentiert archäologische Funde von Elefantenknochen, die vermutlich an einem Wasserloch von Menschen erlegt worden sind.
>
> Während wir durch den Park flanierten, der bedingt durch die damals herrschende extreme Wasserknappheit in der Region, von temporär trocken ge-

---

58 Dozentin im Fachbereich Visuelle Kunst an der Universität Namibia.

legten Wasserspielen charakterisiert war, begann ich zu realisieren bzw. eher zu imaginieren, dass gerade dieser Ort zu anderen Zeiten über diese überlebensnotwendige Ressource reichlich verfügt hatte. Das bestätigte sich durch die folgende Station, die so genannte Pahl-Quelle, die nicht weit vom Parlament und dem neuen Independence Museum hinter Büschen und trockenem Gras am Hang zu finden war. Vor uns zeigte sich ein großes Wasserreservoir, wie sie auf mehreren Hügeln rund um Windhoek zu sehen sind, hier mit Sicherheitsdraht umzäunt inklusive Hinweisschildern, dass diese Quelle heute ausschließlich für Trinkwasser genutzt werde. In unmittelbarer Umgebung entdeckten wir ein trocken gefallenes Bachbett, dem man bergan folgen konnte und unter den vertrockneten Bäumen eine Art Ruine mit verfallenen Treppen und Mauern – rätselhaft. Hier nun wurde das digitale Archiv des lokalen Gedächtnisses aktiviert, indem uns eine Teilnehmerin auf ihrem Smartphone eine Schwarz-Weiß-Fotografie aus den 1960ern zeigte: eine europäisch anmutende Badeanstalt inmitten eines schattigen Waldes, in deren Schwimmbecken sich »weiße« Männer und Frauen des Lebens freuten« (S. 173 f.).

In diesem Bericht wird deutlich, wie verschiedene Ebenen des Erinnerns im Storytellingprozess berührt werden, sich überlappen und zu erweiterten und vertiefenden Perspektiven führen:
Individuelle Recherchen: Die offizielle Geschichte der Orte, die Orte in ihrer Gegenwartsbedeutung, Spuren darin aus vergangenen Nutzungen werden assoziiert mit halbgewussten, vagen Erinnerungen, die im Gespräch als Ergebnisse, Lücken, Bruchstellen, Erinnerungsschnipsel auftauchen, und führen zur Recherche in Archiven und Gesprächen mit Zeitzeugen bzw. anderen Bevölkerungsgruppen (siehe auch »Weisen des Erzählens« in Unterkapitel 3.1, S. 104).
Individuelle Zusammenfassung und Verdichtung der Rechercheergebnisse: »Nach der konkreten Begehung der Orte – und den vielfältigen Gesprächen, die währenddessen möglich sind und den Austausch neuer Perspektiven befördern – hat die anschließende Reflexionsphase mehrere Funktionen: Die von den Teilnehmenden jeweils konstruierten neuen Geschichten wollen ›gehoben‹, also ausgedrückt werden: ›Was hat die Einzelnen während des Spaziergangs besonders beschäftigt? Wo gab es ein emotionales Hoch oder Tief, das man mit andern teilte? Welche Themen sind dominant oder welche subjektiven Deutungsspuren werden durch andere bestätigt? Wo kristallisieren sich neue Zusammenhänge aus, die wir zuvor nicht sahen oder nur ahnten?‹« (S. 171) Damit wird ein gemeinsamer Kenntnisraum geschaffen.
Überindividuelle Schlussfolgerungen aus dem gemeinsamen Erfahrungsschatz: In einem sich anschließenden reflexiven Teil werden mithilfe von Fotos und Text-

collagen die individuellen Erfahrungen inhaltlich zusammengefasst und verdichtet, sodass sie präsentiert werden können: »Die individuellen Storys nehmen sinnliche und emotionale Eindrücke während des Walkens als Ausgangspunkt für politische, theoretische, historische und künstlerische Auseinandersetzungen mit bestimmten Orten und Themen wie zum Beispiel die geschichtliche Verbindung zwischen Namibia und Deutschland, Kolonialismus, Rassismus, Apartheid, Gewalterfahrungen, Diskriminierung und Dekolonisierung. Alle Stücke haben subjektiven, assoziativen und reflexiven Charakter und beziehen Vorerfahrungen und Gefühle der Teilnehmenden ein« (S. 176).

Nach den Einzelpräsentationen stellt sich in einem weiteren Schritt die Frage, welche neuen Blicke auf die Geschichte sich aufgetan haben.
Erarbeitung einer gemeinsamen Präsentationsform des ergänzenden Narrativs:
Dann werden die Einzelperspektiven von den Teilnehmenden in drei Kurzfilmen zusammengeführt. Damit wird ein neuer, ein eigener Blick dokumentiert und in das kulturelle Gedächtnis überführt. Die gemeinsame Arbeit (inklusive Kurzfilme) wurde u. a. in einem Blog der Allgemeinheit zur Verfügung gestellt.
Vermittlung in die Öffentlichkeit:
   Web-Seite: Walking Windhoek: https://blogs.uni-bremen.de/walkingwindhoek/

Fazit: Walking Windhoek – Bremen
In diesem Storytellingprozess wurden den dominanten Erzählungen (und Verdrängungen) über vorkoloniale, koloniale und postkoloniale Erfahrungen neue hinzugefügt – und damit die historische Gesamterzählung erweitert. »Die Methode des Walking in Kombination mit Visualisierungsstrategien zur Initiierung dekolonialer Perspektiven auf die jeweilige Geschichtsschreibung ist insgesamt noch weniger erprobt. Es war daher faszinierend, welch unterschiedliche Zugänge und Deutungsansätze hier innerhalb kürzester Zeit ermöglicht wurden« (Gruber u. Weißköppel, 2020, S. 181).

Der Prozessverlauf im Storytelling – eine Zusammenfassung
- Entwicklung einer gemeinsamen Fragestellung
- individuelle Markierungen auf einem gemeinsamen Feld
- individuelle Recherchen
- individuelle Zusammenfassung und Verdichtung der Rechercheergebnisse
- gegenseitige Präsentation der Zusammenfassungen
- überindividuelle Schlussfolgerungen aus dem gemeinsamen Erfahrungsschatz
- Erarbeitung einer gemeinsamen Präsentationsform des ergänzenden Narrativs
- Vermittlung in die Öffentlichkeit.

Nachwort: Sich selbst beheimaten

Am Ende des Buches möchte ich auf den Titel zu sprechen kommen: »Sich selbst beheimaten«. Mir liegen bei dieser Formulierung zwei Aspekte am Herzen: der Rückbezug auf sich selbst und das Verb »beheimaten« als andauernder Vollzug.

»Ein Mensch ist immer irgendwo, so fängt das an. Wo er ist, das ist weder gleichgültig noch willkürlich. Er wird das […] später sein Schicksal nennen. Und er wird erzählen von Orten, an denen er […] war. Und vielleicht von Orten, zu denen er noch hinwill. Orte sind es, die sein Leben bestimmen, vom Anfang bis zum Ende. Orte, an denen er glücklich war. Orte, von denen er vertrieben wurde. Orte, die ihm zu eng geworden sind. Orte, von denen ihm viel erzählt wurde« (Metz u. Seeßlen, 2019). Einen Ort braucht der Mensch, ohne Ort kann er nicht leben. Und jeder Mensch nimmt selbst einen Platz in der Welt ein, lässt sich verorten.

Unser erster Ort ist der Mutterleib. Nach der Geburt ist unser Körper der Sitz unseres Lebens vom ersten bis zum letzten Atemzug, ein Ort und doch kein Ort im herkömmlichen Sinne, beständig und unbeständig zugleich. So beginnt und endet unser Da-Sein mit Leibern – welch schönes, alte Wort. Und unsere Lebensgeschichte, die wir uns im Erzählen zugleich erschließen und erschaffen, ist verkörperte Geschichte.

Siri Hustvedt bezieht sich auf Aby Warburg, wenn sie sagt, dass der Denkraum und damit auch der Erzählraum »durch die Trennung des Babys von seiner Mutter bei der Geburt ermöglicht [wird]. Das Abschneiden des einen vom anderen eröffnet einen Raum zwischen Subjekt und Objekt, in dem sich Reflexion entwickeln kann. […] Denkraum ist [nach Hustvedt] ein poetisches Wort für reflexives Selbst-Bewusstsein« (Hustvedt, 2019, S. 134). Mit der Geburt, so die Schlussfolgerung, ist die Suche nach Beheimatung in der Zweiheit, der Nichteinheit, als menschliche Gabe und Aufgabe markiert.

Mit Denkraum ist zugleich ein innerer Ort benannt, auch ein sozialer Zwischenraum, kein äußerer Ort. »Sich beheimaten« lässt sich also nicht erleben ohne Getrenntsein, Fremdsein, auch Verlorenheit. Die unbekannte Heimat des

Ichs im Körper, in den gleichwohl alles eingeschrieben ist und sich immer weiter einschreibt, das Bewegtsein zwischen Aufbrechen und Ankommen und Aufbrechen machen »sich beheimaten« erst zum Thema.

Wir alle kennen diese Bewegtheit.
Wenn auch nicht im gleichen Maß.
Wir alle kennen die Mühe, die es immer wieder bedeutet, sich im eigenen Leben zu befestigen.

»Wenn ich durch die Straßen [von Paris] gehe«, sagte Farah Pahlavi, ehemalige Kaiserin des Iran, die 1979 ins Exil ging, »fühle ich mich nie so sicher, wie ich mich in meinem eigenen Land gefühlt habe. Ich meine nicht die politische Sicherheit: ich meine die psychische und physische Vertrautheit«. (Leyen, 2006, S. 240 f.)

Dies ist ein eindringliches Beispiel für den lebendigen Zwiespalt des Erzählens als Gabe und Aufgabe: Das Fremdsein im äußeren Ort Paris bedeutet im inneren Erleben Sicherheit und Unsicherheit zugleich. Die Notwendigkeit des Woandersseins lässt die Tiefe des Vertrautgewesenseins erst aufscheinen.

Ein alltäglicheres Beispiel ist mir selbst in Erinnerung geblieben:

Meine Nichte hatte ich lange nicht gesehen. Nun saß sie bei uns am Tisch, stützte ihre Arme darauf und mein Blick fiel auf ihren bloßen Unterarm. Und im Bruchteil einer Sekunde war ich vollständig und absolut daheim: Diese Unterarme waren genauso, wie Unterarme zu sein hatten. Was für eine abstruse Idee. Aber abstrus oder nicht: Diese Unterarme stellten für mich die Urform aller Unterarme da und mir kamen auf Anhieb ein halbes Dutzend Leute in den Sinn, die mit genau diesen Unterarmen in der grauen Urzeit meines Lebens an Küchentischen gesessen hatten wie ich. Ich hatte sie lange nicht gesehen.

Obwohl ich also zuhause war, erlebte ich genau dazu einen Moment der Distanz, einen Zwiespalt. Im ersten Augenblick hatte ich fast eine Art schlechtes Gewissen: Dass meine Kinder dieses Gefühl der ursprünglichen Beheimatung in mir augenscheinlich nicht hervorriefen.

Aber es gilt eben: »Kinder [können] nicht den Verlust von Angehörigen ausgleichen und die Leere, die sie hinterlassen, nicht füllen: Sie repräsentieren nicht das Fehlende, sondern das Neue« (Müllner, 2013, S. 79).

Wir haben uns angewöhnt, Wurzeln als Symbol für unsere Herkunft, als Symbol der Vergangenheit zu betrachten. Wurzeln sind jedoch nicht Vergangenheit. Wurzeln sind Gegenwart. Die Gegenwart ist Kristallisationspunkt von Früherem und Zukünftigem. Wurzeln sind ebenso gegenwärtig wie Blüte oder Frucht, auch wenn sie, um ihre Aufgabe zu erfüllen, meist unterirdisch – und damit verdeckt – liegen. Sie sich bewusst zu machen, ermöglicht ein Erleben von Ganzheit. Sich von ihnen getrennt, gar abgeschnitten zu fühlen, macht den Lebensvollzug in der Gegenwart beschwerlich.

Fremdheit und Beheimatung, Sichtbares und Verborgenes sind so Pole, zwischen denen das Erzählen als Brücke schwingt – von zeitlich und räumlich sehr unterschiedlichen »Orten« aus.

In der Biografiearbeit wird das vergangene, fehlende, unbekannte Verborgene herbeierzählt: Über das »Was«, als Thema und das »Wie«, als Weise des Erzählens erzeugen Biografisierende die Sichtbarkeit ihrer eigenen Geschichten und sich selbst darin.

Erzählen als Sichtbarmachen, dementsprechend als Sichtbarwerden und Brückenschlagen zwischen Wurzeln und Frucht, Sichtbarem und Verborgenem vermag uns schließlich auch Asyl zu geben, wo Beheimatung verloren gegangen ist.

Das scheint mir eines der Geheimnisse des Biografischen zu sein: das, was wir nicht begreifen trotzdem mitzuerzählen und so das Nochnicht und Dennoch bestehen zu lassen, dem von uns noch nicht Entwickelten, Er- und damit Gekannten als Frage Raum zu geben. Denn wer eine Frage hat, der hat schon viel.

Professionelle Biografiearbeit schließt das Gehörtwerden und das Gespräch als Resonanzraum ein. Damit ist ein weiterer nichtmaterieller Raum angesprochen. Nun bedeutet ein Gespräch ja nicht, einen Wortbeitrag abzugeben, eine Erwiderung zu hören usw. Es entsteht nicht, indem zwei (oder mehrere) Personen wechselseitig etwas von sich geben. Ein Gespräch ist das Gewebe, das *zwischen* Personen entsteht, wenn sie sich *miteinander* unterhalten, indem sie sich aufeinander *beziehen* – wenn deren Gedanken aneinander Halt finden, sich herausfordern, aufeinander zugehen, sich umeinanderdrehen, kurz, wenn sie sich miteinander bewegen wie in einem Tanz.

Was wir in einem biografischen Gespräch also bestenfalls tun ist, diesen Resonanzraum bereitzustellen und das Gegenüber zu einem Tanz mit seinem oder ihrem Thema einzuladen, sich im Raum des Gesprächs zu bewegen:

In der Geborgenheit/Sicherheit dieses gemeinsamen Raumes können nun Fragen gestellt werden.

> Fragen, die Erfahrungen eröffnen –
> eröffnen Assoziationen –
> werden zu Geschichten –
> führen zu einem Erkennen, das frei im Raum schwingt
> und bleibt, wenn man ins Freie tritt …

Ein biografisches Gespräch zu führen, gleicht einem künstlerischen Akt, in dem die Mentor:in Raum und Tanzanleitung bereitstellt, damit sich Biografisierende im eigenen Thema und Rhythmus immer selbstverständlicher bewegen können, sich in der Bewegung immer mehr bei sich zu Hause fühlen. In diesem Sinne ist die Mentorenschaft in der Biografiearbeit Tanz und Dis-Tanz zugleich.

Als Resümee des Nachdenkens über Beheimatung an Orten und in Räumen, in der Erzählung der eigenen Geschichte und im eigenen Körper kann genannt werden, dass Heimat nicht (nur) als äußerer Ort gedacht werden sollte, sondern als aktives inneres Tun: Sich beheimaten in der eigenen Gechichte ist ein dynamisches Geschehen, das nicht zu Ende kommt. Als solches setzt es die Suche nach dem eigenen Gewordensein und Werden in Gang, das zur Biografiearbeit und ihren Ausdrucksmöglichkeiten führt.

Dafür die je eigene Stimme zu finden, zu erheben, sich zu Gehör zu bringen, seine Geschichte zu erzählen und damit da zu sein, heißt sich beheimaten.

Die »narrative Vollständigkeit des Erzählens« (Hustvedt, 2019, S. 71 f.), wie wir sie z. B. aus abgeschlossenen Formaten des Theaters, des Kinos und aus der Literatur kennen, ist im Biografischen möglich und wird doch zugleich permanent aufgehoben. In der Biografiearbeit gibt es in diesem Sinne keine narrative Vollständigkeit. Die Dinge bleiben im Fluss, wir bleiben in Veränderung und damit im Gespräch mit dem Leben. Das Erzählen geht weiter.

Ich habe dieses Buch geschrieben, um einen Denk- und Reflexionsraum zum Thema Biografiearbeit zu gestalten. Indem Sie ihn als Leserinnen und Leser betreten haben, ist er lebendig geworden. Es war mir ein Vergnügen.

Die Beteiligten

Aleida Assmann, Anglistin, Ägyptologin, Literatur- und Kulturwissenschaftlerin, war von 1993–2014 Professorin für Anglistik und Allgemeine Literaturwissenschaft an der Universität Konstanz. 2017 erhielt sie zusammen mit ihrem Mann Jan Assmann den Balzan Preis für ihre Forschungen zum Kollektiven Gedächtnis und 2018, ebenfalls zusammen mit Jan Assmann, den Friedenspreis des Deutschen Buchhandels. Zuletzt erschienen: »Der europäische Traum. Vier Lehren aus der Geschichte« (2018) und »Die Wiedererfindung der Nation. Warum wir sie fürchten und warum wir sie brauchen« (2020).

Eva Burghardt (Master of Arts), freischaffende Tänzerin, Choreografin und Dozentin für Tanz und Performance, Mentorin für Biografiearbeit (SYIM), Heilpraktikerin für Psychotherapie; arbeitet vor allem in Berlin und Brandenburg.
   Seit 2017 erforscht sie ein neues Arbeitsfeld unter dem Titel »Biografiearbeit in Bewegung«, in welchem sie generationsübergreifende Performanceprojekte anbietet, die sich an der Schnittstelle von Biografiearbeit und Tanz befinden.
produktion@evaburghardt.com

Christa Hengsbach, Musik- und Theaterpädagogin, Vorsitzende des Vereins »Interkulturelle Werkstatt e. V.« Frankfurt am Main, Prädikantin bei der EKHN, Dozentin/Trainerin für Biografiearbeit, Frankfurter Forum für Biografiearbeit.
www.lebensmutig.de

Anna Hoff, Diplom-Politologin, Moderatorin, Systemische Beraterin sowie Ehe-, Familien- und Lebensberaterin (i. W.). Von 2013 bis 2021 war sie Pressereferentin bei der Bundeszentrale für politische Bildung. Eins ihrer zentralen Anliegen ist es, die Methoden der systemischen Beratung in die politische Bildung zu integrieren. Zudem beschäftigt sie sich mit der Sichtbarkeit von Menschen im öffentlichen Raum sowie der Dekonstruktion von Machtverhältnissen.
www.annahoff.com

Susanne Ringeisen, Krankenschwester mit Weiterbildungen Palliative Care, Pain Nurse, Spiritual Care, Würdezentrierte Therapie, seit 2005 im Stationären Hospiz tätig. Weiterbildungen: Systemisches Coaching, Familienaufstellung, Mentorin für Biografiearbeit (SYIM), Absolventin der Laien-Uni Theologie der Ev. Kirche der Pfalz; tätig in eigener Praxis.
www.susanne-ringeisen.de

Julia Schmidt, Dipl.-Soz. päd./M.A., Reittherapeutin (IPTh: Institut für Pferdegestützte Therapie), Mentorin für Biografiearbeit (SYIM), Gründungs- und Vorstandsmitglied des Berufsverbandes für Fachkräfte Pferdegestützter Interventionen.
www.reittherapie-wittgenstein.de

Abbildungs- und Tabellenverzeichnis

Abbildungen:

Abbildung 1: Die vier Gedächtnisebenen und ihre Ausdrucksformen (nach einer Anregung von Dr. Natascha Unfried in einem Seminar zur Psychotraumatologie, 2019 im SYIM, Kassel)

Abbildung 2: Drei Grundaspekte des »Ich«-Gefühls

Abbildung 3: Irritation des »Ich«-Gefühls durch fehlende Kenntnis eines Grundaspekts

Abbildung 4: Unsicherheit/Vagheit des »Ich«-Gefühls durch fehlende Kenntnisse über zwei Grundaspekte

Abbildung 5: Leere/Verletzlichkeit/Indifferenz des »Ich«-Gefühls durch völlig fehlende Kenntnisse von Grundaspekten

Abbildung 6: Biografiearbeit: Verbindung zwischen Setting, Bedürfnis/Motivation der Teilnehmenden, Gedächtnisebenen (nach Assmann) und dem Schwerpunkt in der fachlichen Begleitung (Schindler, 2014, S. 104)

Abbildung 7: Resonanzräume der Biografiearbeit

Abbildung 8: Die biografische Parallelisierung und Verflechtung von Kairos und Chronos

Abbildung 9: »Der rote Faden« (Tuschezeichnung von Barbara Ebke, Mentorin für Biografiearbeit, SYIM, Kassel)

Abbildung 10: »Lebensgewebe« (gefilztes Bild von Ulrike Hagemann, Mentorin für Biografiearbeit, SYIM, Kassel)

Abbildung 11: Der »Lebensfluss« gibt der Erinnerung eine Gesamtform (zu sehen ist nicht das Original der Klientin, sondern eine von der Mentorin während der Biografie-Weiterbildung im SYIM, Kassel nachgelegte Version)

Abbildung 12: Der Lebensbaum des Einzelnen wurzelt in den Vorgängergenerationen

Abbildung 13: »Mein Wurzelwerk« – Skizze des familiär empfundenen Wurzelwerks einer 67-jährigen Frau
Abbildung 14: Beispiel für eine »Identitätsblume«
Abbildung 15: Symbole für die grafische Darstellung der Familienstruktur (in Anlehnung an McGoldrick, Gerson u. Petry, 2009)
Abbildung 16: Grundstruktur eines Genogramms
Abbildung 17: Genogrammzeichen für Pflegekinder
Abbildung 18: Genogrammzeichen für Adoptivfamilien
Abbildung 19: Genogrammzeichen für Familien durch Samenspende
Abbildung 20: Genogrammzeichen für Familien durch Leihmutterschaft und Samenspende
Abbildung 21: Altstadtstraße mit Lichtgasse (Foto: Barbara Ebke, Mentorin für Biografiearbeit, SYIM, Kassel)
Abbildung 22: Farbig gestaltete Lebensphasen (von Ulrike Hagemann, 63 J., Mentorin für Biografiearbeit, SYIM, Kassel)
Abbildung 23: Symbolische Formen/Schaubilder für Kairos- und Chronosaspekte
Abbildung 24: »Die Partitur meines Lebens« (Foto: Ulrike Hagemann, Mentorin für Biografiearbeit, SYIM, Kassel)
Abbildung 25: Dreieck der Gewalt (nach Johan Galtung)
Abbildung 26: Die vier Aspekte der Elternschaft (übernommen aus Schindler, 2020, S. 178; nach Lattschar u. Wiemann, 2007, S. 31)
Abbildung 27: Wirkkreis des beruflichen Handelns (von Herta Schindler)
Abbildung 28: Seerosenmodell (Zeichnung von Emily Schindler nach Gellert u. Nowak, 2007, S. 165; ursprünglich von Reiner Czichos)
Abbildung 29: Szene aus einer Gruppenchoreographie mit Objekt (Stoffhase) und Taktgebern (Foto: Elma Riza, 2018)
Abbildung 30: Pferdegestützte Biografiearbeit im Kontext von allgemeiner Biografiearbeit und pferdegestützten Interventionen
Abbildung 31: Das Pferd beobachtet das Auslegen der Lebenslinie (Foto: Julia Schmidt)
Abbildung 32: Szene aus der Interkulturellen Werkstatt e. V. (Foto: Christa Hengsbach)
Abbildung 33: Szene aus dem Tanztheater »Das Eigene und das Fremde« (Foto: Christa Hengsbach)
Abbildung 34: Die Lebensorte der Vorfahren von vier Teilnehmenden auf der Europakarte

Tabellen:

Tabelle 1:	Objekte als Medium der Erinnerung
Tabelle 2:	Stufen der psychosozialen Entwicklung nach Erik Erikson (nach Röhrbein, 2019, S. 30)
Tabelle 3:	Die sechs Entwicklungsphasen im 7-Jahres-Rhythmus
Tabelle 4:	Mögliche Verbindungen von Kairos- und Chronosaspekten
Tabelle 5:	Weltanschauliche Prägungen aus der Kindheit reflektieren; Ergänzung von Satzanfängen
Tabelle 6:	Stufen des Glaubens (nach Fowler, 1991; Schweitzer, 1987)
Tabelle 7:	Ein »Elfchen« erzeugen

Literatur

Alley, J. (2019). Unser Vergessen – unsere Identität. In J. Alley, K. Wettengl (Hrsg.), Vergessen. Warum wir nicht alles erinnern (S. 41–51). Frankfurt a. M.: Historisches Museum Frankfurt/Petersberg: Imhof.
Arendt. H. (1963). Eichmann in Jerusalem. Ein Bericht von der Banalität des Bösen. München: Kindler.
Arendt, H. (2016). Sokrates. In H. Arendt, Sokrates. Apologie der Pluralität (S. 35–84). Berlin: Matthes & Seitz.
Assmann, A. (1999). Zur Problematik von Erinnern und Erben. In E. Schulz-Jander, B. Jansen (Hrsg.), Erinnern und Erben in Deutschland. Versuch einer Öffnung (S. 148–166). Kassel: Euregio-Verlag.
Assmann, A. (2016). Das neue Unbehagen an der Erinnerungskultur. Eine Intervention. München: Beck.
Assmann, A. (2018). Erinnerungsräume. Formen und Wandlungen des kulturellen Gedächtnisses. München: Beck.
Assmann, J. (2007). Das kulturelle Gedächtnis. Schrift, Erinnerung und politische Identität in frühen Hochkulturen. München: Beck.
Assmann, J. (2015). Exodus. Die Revolution der Alten Welt. München: Beck.
Bachmann, I. (1981). Gedichte Erzählungen Hörspiele Essays (S. 312). München, Zürich: R. Piper Co. Verlag
Bar-On, D. (1993). Die Last des Schweigens: Gespräche mit Kindern von Nazi-Tätern. Frankfurt a. M. u. New York: Campus.
Bar-On, D. (Hrsg.) (2000). Den Abgrund überbrücken. Mit persönlicher Geschichte politischen Feindschaften begegnen. Hamburg: Edition Körber-Stiftung.
Barzen, A. (2020). Psychische, soziale und emotionale Wirkung pferdegestützter Interventionen bei Kindern: Ein systematisches Review. Mensch und Pferd international, 12, 48–63. http://dx.doi.org/10.2378/mup2020.art08d (abgerufen am 28.12.2021).
Becker, D. (2006). Die Erfindung des Traumas – verflochtene Geschichten (Fotos Maria Vedeer). Berlin: Edition Freitag.
Biniek, E. M. (1982). Psychotherapie mit gestalterischen Mitteln. Darmstadt: Wissenschaftliche Buchgesellschaft.
Bjerre, P. (1936). Das Träumen als Heilungsweg der Seele. Zürich u. Leipzig: Rascher.
Blattmann, E. (1991). Geheimnisvolle Sternenwelt. Eine phänomenologische Betrachtung des Fixsternhimmels. Stuttgart: Urachhaus.
Bormuth, M. (2016). Einleitung. In H. Arendt, Sokrates. Apologie der Pluralität (S. 7–33). Berlin: Matthes & Seitz.
Brainard, J. (1975). I Remember. New York: Full Court Press.
Brug, J. van der, Locher, K. (2003). Unternehmen Lebenslauf. Biografie, Beruf und persönliche Entwicklung. Stuttgart: Urachhaus.

Bundeszentrale für politische Bildung (2020). Die Methode der Narrativen Biografiearbeit: Jamal al-Khatib X NISA. https://www.bpb.de/lernen/digitale-bildung/bewegtbild-und-politische-bildung/jamal/291016/die-methode-der-narrativen-biografiearbeit (abgerufen am 28.12.2021).

Burkhard, G. (1992). Das Leben in die Hand nehmen. Arbeit an der eigenen Biografie. Stuttgart: Verlag freies Geistesleben.

Capelle, W. (Hrsg.) (2008). Die Vorsokratiker: Geleitwort und Nachbemerkungen von Christof Rapp (9. Aufl.). Stuttgart: Kröner.

Carofiglio, G. (2013). In ihrer dunkelsten Stunde. Roman. München: Goldmann.

Cramer, F. (1988). Chaos und Ordnung. Die komplexe Struktur des Lebendigen. Stuttgart: Deutsche Verlags-Anstalt.

Cramer, F. (1996). Symphonie des Lebendigen. Versuch einer allgemeinen Resonanztheorie. Frankfurt a. M. u. Leipzig: Insel.

Dardan, A. (2021). Betrachtungen einer Barbarin. Hamburg: Hoffmann und Campe.

De Shazer, S. (2009). Worte waren ursprünglich Zauber. Von der Problemsprache zur Lösungssprache. Heidelberg: Carl-Auer.

Douglas, M. (1985). Reinheit und Gefährdung, Eine Studie zu Vorstellungen von Verunreinigung und Tabu. Berlin: Reimer.

Erdheim, M. (1998). »Fremdenangst kennt jede Kultur.« Interview mit Mario Erdmann von Claudia Kühner und Daniel Weber. Neue Zürcher Zeitung, 6/1998.

Erikson, E. H. (1966/2015). Identität und Lebenszyklus (27. Aufl.). Frankfurt a. M.: Suhrkamp.

Erikson, E. H. (2016). Der vollständige Lebenszyklus (9. Aufl.). Frankfurt a. M.: Suhrkamp.

Erlach, C., Müller, M. (2020). Narrative organizations: making companies future proof by working with stories. Berlin: Springer.

Estés, C. P. (1993). Die Wolfsfrau. Die Kraft weiblicher Urinstinkte. München: Heyne.

Förster, J. (2007). Kleine Einführung in das Schubladendenken. München: Deutsche Verlags-Anstalt.

Fowler, J. W. (1991). Stufen des Glaubens. Die Psychologie der menschlichen Entwicklung und die Suche nach Sinn, Gütersloh: Gütersloher Verlagshaus Mohn.

Freudenberg, L. (2017). Wir ergründen Geschichten unserer Eltern und Großeltern. Das Archivwesen in Deutschland und die Möglichkeit der Recherche von Teilen der Familiengeschichte. In R. Stachowske (Hrsg.), Leben ist Begegnung (S. 110–119). Kröning: Asanger.

Friedman, R. (2016). Friede und Versöhnung. Vortrag auf der Dresdner Tagung der Systemischen Gesellschaft 2016 (als DVD publiziert).

Friedman, R. (2018). Die Soldatenmatrix und andere psychoanalytische Zugänge zur Beziehung von Individuum und Gruppe. Gießen: Psychosozial-Verlag.

Fuchs, Thomas (2011). Leibliche Sinnimplikate. In H.-D. Gondek, T. N. Klass, L. Tengelyi (Hrsg.), Phänomenologie der Sinnereignisse (S. 291–305). München: Wilhelm Fink.

Galeano, E. (1991). Das Buch der Umarmungen. Wuppertal: Peter Hammer.

Geiser, C. (2004). Rezension zu Gindl (2002). Psychotherapie Forum, 12 (2), 114–115.

Gellert, M., Nowak, C. (2007). Teamarbeit, Teamentwicklung, Teamberatung. Ein Praxisbuch für die Arbeit in und mit Teams (3. Auf.). Meezen: Limmer.

Giddens, A. (1991). Modernity and self-identitiy. Self and society in the late modern age/Stanford CA: Stanford University Press.

Gierz, G. (2018). Die Einzigartigkeit im Alter. Choreographische Verfahren mit Tanzenden ab 60 Jahren. In S. Quinten, C. Rosenberg (Hrsg.), Tanz – Diversität – Inklusion (S. 83–96). Bielefeld: transcript.

Gindl, B. (2002). Anklang. Die Resonanz der Seele. Über ein Grundprinzip therapeutischer Beziehung. Paderborn: Junfermann. (Rez. siehe Geiser, 2004).

Girod-Pierrot, R. (2012). Bewegungsimprovisation, Wahrnehmung und Körperausruck, Musikalisch-rhythmische Bewegungsgestaltung, Tänzerische Kommunikation und Interaktion in Gruppen. Sankt Augustin: Academia Verlag.

Girrulat, H., Markert, E. C., Nischak, A., Schollas, T., Stachowske, R. (2007). Systemische Erinnerungs- und Biografiearbeit (Vorwort: A. von Schlippe). Tübingen: Systemischer Verlag Tübingen.
Giruc, M. (2011). Tiere, mit denen wir lebten. Tiergestützte Biografiearbeit mit Demenzkranken. Hannover: Schlütersche Verlagsgesellschaft.
Goethe, J. W. (1809/1956). Die Wahlverwandtschaften. Stuttgart: Reclam.
Gruber, M., Weißköppel, C. (2020). Encountering post-colonial realities in Namibia. In: Ethno-Scripts. Zeitschrift für aktuelle ethnologische Studien, 22(1), 168–183.
Grubner, A. (2013). Dekonstruktion von Geschlecht – eine Theorieerweiterung. Systeme, 27 (2), 97–124.
Grün, A. (2009). »Wenn ich sterbe, falle ich tief in deine Liebe hinein.« CD. Münsterschwarzach: Vier-Türme Verlag.
Gudjons, H., Wagener-Gudjons, B., Pieper, M. (2020). Auf meinen Spuren. Übungen zur Biografiearbeit (8. Aufl.). Bad Heilbrunn: Julius Klinkhardt.
Gümüsay, Kübra (2020). Sprache und Sein. München: Hanser Berlin.
Haas, W. (2009). Der Brenner und der liebe Gott. Hamburg: Hoffmann und Campe.
Habermas, T. (2019). Wir erinnern, wer wir sind. In J. Alley, K. Wettengl (Hrsg.), Vergessen. Warum wir nicht alles erinnern (S. 59–64). Frankfurt a. M.: Historisches Museum Frankfurt/Petersberg: Imhof.
Haight, B. K., Haight, B. S. (2007). The Handbook of Structured Life Review. Baltimore: Professions Press.
Halbwachs, M. (1985). Das Gedächtnis und seine sozialen Bedingungen. Frankfurt a. M.: Suhrkamp.
Halbwachs, M. (1991). Das kollektive Gedächtnis/Maurice Halbwachs. Mit einem Geleitwort zur dt. Ausg. Von Heinz Maus. Aus dem Franz. von Holde Lhoest-Offermann. Frankfurt a. M.: Fischer.
Heer, H., Ullrich, V. (1985). Geschichte entdecken. Reinbek: Rowohlt.
Heidegger, M. (1927/2006). Sein und Zeit (19. Aufl.) Tübingen: Niemeyer.
Heimes, S. (2012). Warum schreiben hilft. Die Wirksamkeitsnachweise zur Poesietherapie Göttingen: Vandenhoeck & Ruprecht.
Heller, A. (2020). Beiträge zur Philosophie der autobiografischen Erinnerung. Familiendynamik, 45 (2), 132–138.
Hellinger, B. (1996). Die Mitte fühlt sich leicht an. Vorträge und Geschichten. München: Kösel.
Hildebrand, E. (Hrsg.) (2014). Dem Neuen entgegen. Biografische Texte zum Umgang mit Kriegs-Nachkriegserlebnissen. Anthologie. Leipzig: Engelsdorfer Verlag.
Hinding, B., Albrecht, M., Soares, Y. B., Kastner, M. (2016). Ansatzpunkte zur Förderung innovationsbezogenen Verhaltens von Beschäftigten in Gesundheits- und Sozialberufen. In G. Becke, P. Bleses, F. Frerichs, M. Goldmann, B. Hinding (Hrsg.), Zusammen – Arbeit – Gestalten. Soziale Innovationen in sozialen und gesundheitsbezogenen Dienstleistungen (S. 163–182). Wiesbaden: Springer VS.
Hoffman, M., Asquith, R. (2021). Du gehörst dazu. Das große Buch der Familien. Frankfurt a. M.: Fischer Sauerländer.
Hofmeister, S. (2019). Mein Lebenshaus hat viele Zimmer. Die eigene Biografie verstehen und dem inneren Ruf folgen. München: Kösel.
Höhne, D. (2014). Praxiserfahrungen in der Beratung und Therapie mit älteren Menschen. Auch Therapeuten werden älter. In T. Friedrich-Hett, N. Artner, R. A. Ernst (Hrsg.), Systemisches Arbeiten mit älteren Menschen: Konzepte und Praxis für Beratung und Psychotherapie (S. 244–265). Heidelberg: Carl-Auer.
Hölzle, C. (2011). Bedeutung von Ressourcen und Kreativität für die Bewältigung biografischer Herausforderungen. In C. Hölzle, I. Jansen (Hrsg.), Ressourcenorientierte Biografiearbeit. Grundlagen – Zielgruppen – Kreative Methoden (S. 71–88). Wiesbaden: VS.
Hölzle, C., Jansen, I. (Hrsg.) (2011). Ressourcenorientierte Biografiearbeit. Grundlagen – Zielgruppen – Kreative Methoden. Wiesbaden: VS.

Horst, K. ter, Mohr, K. (2012). Mein Lebensbuch!!! Für Pflege- und Adoptivkinder. Bad Bentheim: Eylarduswerk.
Horst, W. van der (2003). Meine Familiengeschichte. Der praktische Ratgeber zur Ahnenforschung. Freiburg: Herder.
Hustvedt, S. (2011). Die zitternde Frau. Eine Geschichte meiner Nerven. Reinbek: Rowohlt.
Hustvedt, S. (2019a). Eine Frau schaut auf Männer, die auf Frauen schauen. Essays über Kunst, Geschlecht und Geist. Reinbek: Rowohlt.
Hustvedt, S. (2019b). Wenn Gefühle auf Worte treffen. Ein Gespräch mit Elisabeth Bronfen. Zürich: Kampa.
Hustvedt, S. (2021). Mitschrift aus der Vorlesung vom 11. Juni 2021: »Conditio humana« Jugendsymposium Kassel.
Jäger, W. (2000). Mystische Spiritualität. Textsammlung. Karlstadt: Gerhard Kralik.
Jänicke, W., Forstmeier, S. (2013). Techniken der Visualisierung und Verbalisierung. In A. Maercker, S. Forstmeier (Hrsg.), Der Lebensrückblick in Therapie und Beratung (S. 187–202). Berlin u. Heidelberg: SpringerMedizin.
Jansen, I. (2011). Biografie im Kontext sozialwissenschaftlicher Forschung und im Handlungsfeld pädagogischer Biografiearbeit. In C. Hölzle, I. Jansen (Hrsg.), Ressourcenorientierte Biografiearbeit (S. 17–30). Wiesbaden: VS.
Jung, C. G. (1929). In W. Richard (Hrsg.). Das Geheimnis der goldenen Blüte. Zürich: Rascher.
Jureit, U. (2019). Vergessen als kulturelle Praxis. In J. Alley, K. Wettengl (Hrsg.), Vergessen. Warum wir nicht alles erinnern (S. 142–148). Frankfurt a. M.: Historisches Museum Frankfurt/Petersberg: Imhof.
Keil, A. (2006). Dem Leben begegnen. Vom biologischen Überraschungsei zur eigenen Biografie. Kreuzlingen u. München: Heinrich Hugendubel.
Kestenberg, J. (1972). Psychoanalytic Contributions to the problem of children of survivors from Nazi persecution. In Israel Annals of Psychatrie & Related Disciplins, 10, 311–325.
Keupp, H. (o. J.). Identität. Essay (Lexikon der Psychologie). https://www.spektrum.de/lexikon/psychologie/identitaet/6968 (Zugriff am 10.12.2021).
Keyserlingk, L. von (1998). Neue Wurzeln für kleine Menschen. Von Trennungen und Neuanfängen. Freiburg i. Br.: Herder.
Kierkegaard, S. (1911/2021). Gesammelte Werke, Bd. 8, Die Krankheit zum Tode. Leipzig/Frankfurt a. M.: Deutsche Nationalbibliothek.
Kindl-Beilfuß, C. (2012). Einladung ins Wunderland. Systemische Feedback- und Interventionstechniken. Heidelberg: Carl-Auer.
Kizilhan, J. (2005). Migrationserfahrung als Ausgangspunkt von Biografiearbeit. Forum Erziehungshilfen, 11 (3), 140–143.
Klingenberger, H. (2017). Biografiearbeit mit Migranten. Anlässe, Übungen, Impulse. München: Don Bosco.
Knausgardt, K. O. (2018). Kämpfen. Roman. München: btb.
Kornfield, J. (2003). In D. Föllmi, O. Föllmi (Hrsg.), Die Weisheit des Buddhismus. Tag für Tag. München: Knesebeck.
Korte, M. (2017). Wir sind Gedächtnis. Wie unsere Erinnerungen bestimmen, wer wir sind. München: Deutsche Verlags-Anstalt.
Kranich, E.-M. (2003). Der innere Mensch und sein Leib. Eine Anthropologie. Stuttgart: Verlag Freies Geistesleben.
Kundera, M. (2015). Das Fest der Bedeutungslosigkeit. Roman. München: Hanser.
Küpper, B., Zick, A. (2015). Gruppenbezogene Menschenfeindlichkeit. In Online-Dossier »Rechtsextremismus« der Bundeszentrale für politische Bildung https://www.bpb.de/politik/extremismus/rechtsextremismus/214192/gruppenbezogene-menschenfeindlichkeit (abgerufen am 28.12.2021).

Lattschar, B., Wiemann, I. (2007). Mädchen und Jungen entdecken ihre Geschichte. Grundlagen und Praxis der Biografiearbeit. Weinheim u. München Juventa.

Lévi-Strauss, C. (1992). Die elementaren Strukturen der Verwandschaft. Suhrkamp: Berlin.

Leyen, M. L. von der (2006). Lebenslinien. Außergewöhnliche Persönlichkeiten erzählen ihre Geschichte. München u. Zürich: Piper.

Lindqvist, S. (1991). Grabe, wo du stehst. Handbuch zur Erforschung der eigenen Geschichte. Bonn: J. H. W. Dietz Nachf.

Maercker, A., Forstmeier, S. (Hrsg.) (2013). Der Lebensrückblick in Therapie und Beratung. Berlin u. Heidelberg. SpringerMedizin.

Mahlke, K. (2013). Wortlose Kommunikation in Cheifecs *Lenta biografia*. In A. Assmann, J. Assmann (Hrsg.), Schweigen (Archäologie der literarischen Kommunikation XI) (S. 193–210). München: Wilhelm Fink.

Manne, K. (2019). Down Girl. Die Logik der Misogynie. Berlin: Suhrkamp.

Maoz, I. (2000). Mit persönlicher Geschichte politischen Feindschaften begegnen. In D. Bar-On (Hrsg.), Den Abgrund überbrücken (S. 165 f.). Hamburg: Edition Körber-Stiftung.

Markowitsch, H. J., Welzer, H. (2005). Das autobiographische Gedächtnis. Hirnorganische Grundlagen und biosoziale Entwicklung. Stuttgart: Klett-Cotta.

Marotzki, W. (2009). Einführung in die Allgemeine Pädagogik. Vorlesungskript Universität Magdeburg.

Marotzki, W., Nohl, A.-M., Ortlepp W. (2021). Einführung in die Erziehungswissenschaft (3. Aufl.). Opladen: Barbara Budrich (utb).

Mayer, M., Welsche, M. (2017). Älter werden mit Pferd – Potenziale und Herausforderungen im Prozess eines gelingenden Alterns. Mensch und Pferd international, 2, 48–57, http://dx.doi.org/10.2378/mup2017.art09d (abgerufen am 28.12.2021).

McGoldrick, M. (2007). Wieder heimkommen. Auf Spurensuche in Familiengeschichten. Heidelberg: Carl-Auer.

McGoldrick, M., Gerson, R., Petry, S. (2009). Genogramme in der Familienberatung (3. Aufl.). Bern: Huber.

Metz, M., Seeßlen, G. (2019). Essay und Diskurs: Heimat als Utopie – Heimat der offene Begriff. Deutschlandfunk, 3.10 2019, ARD Audiothek.

Meyers Verlagsanstalt (2008). Lexikon der Naturwissenschaften. Mannheim: Meyers Lexikonverlag.

Miethe, I. (2011/2014). Biografiearbeit. Lehr- und Handbuch für Studium und Praxis (2. Aufl.). Weinheim u. Basel: Beltz Juventa.

Mika, B. (2014). Mutprobe. Frauen und das höllische Spiel mit dem Älterwerden. München: Bertelsmann.

Möller, H. (2001). Was ist gute Supervision? Stuttgart: Klett-Cotta.

Molter, H. (2007). Einführung: Menschen sind erzählende und erzählte Wesen. systhema (Themenschwerpunkt: Biografiearbeit – systemisch gesehen), 21 (1), 4–5.

Montier, J.-P. (2002). Henri Cartier-Bresson. Seine Kunst – Sein Leben. München u. a.: Schirmer/Mosel.

Müllner, I. (2013). Pessach als Ereignis und Ritual. Die narrative Einbindung kommender Generationen in Ex 12,1–13,16. In U. E. Eisen, P. von Möllendorff (Hrsg.), Über die Grenze: Metalepse in Text- und Bildmedien des Altertums (S. 59–96). Berlin u. Boston: De Gruyter.

Natho, F. (2013). Gespräche mit dem inneren Schweinehund. Arbeit mit Tierfiguren in systemischer Beratung und Therapie (3. Aufl.). Göttingen: Vandenhoeck & Ruprecht.

Nesser, H. (2010). Und Piccadilly Circus liegt nicht in Kumla. München: btb.

Niel-Dolzer, E. (2020). Biografie, Narrativ und Historizität – über den Unterschied zwischen Erzählen und Aneignen der eigenen Geschichte. systeme, 34 (1), 5–18.

Obama, M. (2019). Becoming. Meine Geschichte. München: Goldmann.

Obst, H. (2009). Reinkarnation. Weltgeschichte einer Idee. München: C. H. Beck.
Ogette, T. (2018). exit RACISM: rassismuskritisch denken lernen (2. Aufl.). Münster: UNRAST.
Opitz, H. (1998). Biografie-Arbeit im Alter. Würzburg: Ergon.
Petzold, H., Orth, I. (1985). Poesie- und Bibliotherapie. Entwicklung, Konzepte und Theorie – Methodik und Praxis des Integrativen Ansatzes. In H. Petzold, I. Orth (Hrsg.), Poesie und Therapie. Über die Heilkraft der Sprache. Poesietherapie, Bibliotherapie, literarische Werkstätten (S. 21–102). Paderborn: Junfermann.
Plato (2021). Phaidon. Ein Gespräch über die Unsterblichkeit der Seele. In: K. Neuhaus-Richter (Hrsg.), Phaidon. Berlin: Henricus.
Plha, W., Friedmann, R. (2019). Psychosoziale Aspekte von Radikalität und Extremismus. In »Infodienst Radikalisierungsprävention« der Bundeszentrale für politische Bildung. https://www.bpb.de/politik/extremismus/radikalisierungspraevention/294499/psychosoziale-aspekte-von-radikalitaet-und-extremismus (abgerufen am 28.12.2021).
Prinsenberg, G. (1997). Der Weg durch das Labyrinth. Biografisches Arbeiten. Stuttgart: Urachhaus.
Rauh, H. (2017). Vorgeburtliche Entwicklung und frühe Kindheit. Kindheit und Jugendzeit aus entwicklungspsychologischer systemischer Sicht. In R. Stachowske (Hrsg.), Leben ist Begegnung. Systemische Therapie und Beratung (S. 231–241). Kröning: Asanger.
Reich, G. (2017). Die Einflüsse der Zeitgeschichte auf Familiendynamik und Familientherapie. In R. Stachowske (Hrsg.), Leben ist Begegnung. Systemische Therapie und Beratung (S. 55–70). Kröning: Asanger.
Reulecke, A.-K. (1993). »Die Nase der Lady Hester« Überlegungen zum Verhältnis von Biographie und Geschlechterdifferenz. In H. Röckelein (Hrsg.), Biographie als Geschichte (S. 117–142). Tübingen: edition diskord.
Rilke, R. M. (1931). Briefe an einen jungen Dichter. Insel-Bücherei Nr. 406 (101.-120 Tsd.). Leipzig: Insel-Verlag.
Roedel, B. (1992). Praxis der Genogrammarbeit oder die Kunst des banalen Fragens (2. Aufl.). Dortmund: Borgmann.
Röhrbein, A. (2019). Und das ist noch nicht alles. Systemische Biografiearbeit. Heidelberg: Carl-Auer.
Roig, E. (2021). Why We Matter. Das Ende der Unterdrückung. Berlin: Aufbau.
Rosa, H. (2017). Resonanz. Eine Soziologie der Weltbeziehung. Berlin: Suhrkamp.
Rosa Luxemburg Stiftung Hamburg (2021). Seminarankündigung »Erzählen und Zuhören. Biografiearbeit als Politische Bildung und emanzipatorische Praxis«. https://hamburg.rosalux.de/veranstaltung/es_detail/VHSTG/erzaehlen-und-zuhoeren-biografiearbeit-als-politische-bildung-und-emanzipatorische-praxis?cHash=2fc4b5e8304f4a6d8879df4684db3b15 (abgerufen am 28.12.2021).
Rosenthal, G. (Hrsg.) (1997). Der Holocaust im Leben von drei Generationen. Familien von Überlebenden der Shoah und von Nazi-Tätern. Gießen: Psychosozial-Verlag.
Rudnick, C. S. (2017). Der Löwenzahn bricht meist dann durch den Beton, wenn von oben die Sonne scheint. In R. Stachowske (Hrsg.), Leben ist Begegnung. Systemische Therapie und Beratung (S. 130–140). Kröning: Asanger.
Ruhe, H. G. (2003). Methoden der Biografiearbeit, Lebensspuren entdecken und verstehen (2. Aufl.). Weinheim u. a.: Beltz.
Ruhe, H. G. (2014). Praxishandbuch Biografiearbeit. Methoden, Themen und Felder. Weinheim u. Basel: Beltz Juventa.
Ryan, T., Walker, R. (2004). Wo gehöre ich hin. Biografiearbeit mit Kindern und Jugendlichen (3. Aufl.). Weinheim u. München Juventa.
Said, E. (1994). Kultur und Imperialismus. Einbildung und Politik im Zeitalter der Macht. Frankfurt a. M.: Fischer.
Sands, P. (2016). Rückkehr nach Lemberg. Über die Ursprünge von Genozid und Verbrechen gegen die Menschlichkeit – eine persönliche Geschichte. Frankfurt a. M.: Fischer.

Sands, P. (2020). Die Rattenlinie. Ein Nazi auf der Flucht. Lügen, Liebe und die Suche nach der Wahrheit. Frankfurt a. M.: Fischer.
Satir, V. (2020). Selbstwert und Kommunikation. Stuttgart: Klett-Cotta.
Saupe, A., Wiedemann, F. (2015). Narration und Narratologie. Erzähltheorien in der Geschichtswissenschaft. https://docupedia.de/images/9/9e/Narration.pdf (abgerufen am 28.12.2021).
Scheidhacker, M. (2010). Der Pferd-Komplex – über die psychodynamische Bedeutung von Pferden in der Therapie. Mensch und Pferd international, 4, 136–144.
Scheller, I. (2012). Szenisches Spiel. Handbuch für die pädagogische Praxis. Berlin: Cornelsen Scriptor.
Schindler, H. (2014a). Wenn die Wellen höher schlagen. Biografische Aspekte in der Supervision. Kontext. Zeitschrift für systemische Therapie und Familientherapie, 45 (2), 186–201.
Schindler, H. (2014b). Den Faden verweben – Biografiearbeit mit älteren Menschen. In T. Friedrich-Hett, N. Artner, R. A. Ernst (Hrsg.), Systemisches Arbeiten mit älteren Menschen: Konzepte und Praxis für Beratung und Psychotherapie (S. 93–108). Heidelberg: Carl-Auer.
Schindler, H. (2016a). Die Zeit ist eine Brücke. Generationsübergreifendes Arbeiten in Schreibgruppen. Zeitschrift für systemische Therapie und Beratung, 34 (1), 30–36.
Schindler, H. (2016b). »Mit meiner Stimme sprechen, mehr, anderes habe ich nicht gewollt.« Angeleitetes biografisches Schreiben als ein sich selbst vergewisserndes Erzählen. In: Erzähltes Leben: Auto-Biographien in interdisziplinärer Perspektive, Dokumentation 24 des Evangelischen Pressedienstes epd.
Schindler, H. (2020). Systemtherapeutische Biografiearbeit im Pflegekinder- und Adoptionsbereich. In T. Kuhnert, M. Berg (Hrsg.), Systemische Therapie jenseits des Heilauftrags (S. 173–184). Göttingen: Vandenhoeck & Ruprecht.
Schindler, H., Schiffner, B. (2007). Nimm deine Wurzeln und geh. Biografiearbeit unter systemischer Perspektive in der Arbeit mit Adoptions- und Pflegekindern und deren Eltern. systhema (Themenschwerpunkt: Biografiearbeit – systemisch gesehen), 21 (1), 70–82.
Schirach, F. von (2014). Du bist, wer du bist. Warum ich keine Antwort auf die Fragen nach meinem Großvater geben kann. In F. von Schirach, Die Würde ist antastbar. Essays (S. 37–46). München u. Zürich: Piper.
Schlippe, A. von (2007). Vorwort. In H. Girrulat, E. C. Markert, A. Nischak, T. Schollas, R. Stachowske, Systemische Erinnerungs- und Biografiearbeit. Tübingen: Systemischer Verlag.
Schlippe, A. von (2011). Im Wissen um die alten Geschichten neue Geschichten erzählen. Vortrag auf der Tagung des Fachverbandes für Biografiearbeit: Vom Erleben zum Erzählen. Von der Kunst, über das Leben zu erzählen. Kassel.
Schmidt, J. (2017). Pferdegestützte Biografiearbeit mit Menschen in der zweiten Lebenshälfte (unveröffentlichte Masterarbeit, erhältlich über die Autorin).
Schmidt, J., Gomolla, A. (2012). Auswirkung der Reittherapie auf die psychische Befindlichkeit von Patienten mit neurologischen Erkrankungen. Mensch und Pferd international, 4, 148–152. http://dx.doi.org/10.2378/mup2012.art07d (abgerufen am 28.12.2021).
Schmidt, J., Wartenberg-Demand, A., Forstmeier, S. (2020). Equine-assisted biographical work (EABW) with individuals in the second half of life: study protocol of a multicentre randomised controlled trial. https://dx.doi.org/10.1186/s13063-020-04784-3 (abgerufen am 28.12.2021).
Schmidt, J., Wartenberg-Demand, A., Forstmeier, S. (2021). Pferdegestützte Biografiearbeit für Erwachsene (PBA-E). Ein Konzept am Beispiel der subklinischen Depression. Mensch & Pferd, 3, 96–108. http://doi.org/10.2378/mup2021.art14d (abgerufen am 28.12.2021).
Schmidt, W. (2000). Versöhnung durch persönliche Geschichte. In D. Bar-On (Hrsg.), Den Abgrund überbrücken. Mit persönlicher Geschichte politischen Feindschaften begegnen. Körber-Stiftung.
Schützenberger, A. A. (2002). Oh meine Ahnen. Wie das Leben unserer Vorfahren in uns wiederkehrt. Heidelberg: Carl-Auer.

Schweitzer, F. (1987). Lebensgeschichte und Religion. Religiöse Entwicklung u und Erziehung im Kindes- und Jugendalter. München: Kaiser.
Sheldrake, R. (2001). Das morphische Feld sozialer Systeme. In G. Weber (Hrsg.), Derselbe Wind lässt viele Drachen steigen. Systemische Lösungen im Einklang (S. 29–43). Heidelberg: Carl-Auer.
Siebeck, C. (2019). »Grabe wo du stehst!« Motive der Neuen Geschichtsbewegung in der Bundesrepublik der 1980er Jahre. http://lernen-aus-der-geschichte.de/Lernen-und-Lehren/content/14353 (abgerufen am 10.12.2021).
Simon, F. (2019). Anleitung zum Populismus. Heidelberg: Carl-Auer.
Sokrates (nach Platon: Symposion/Das Gastmahl), zit. nach Heiner Keupp (2010). Ringen um Identität in der spätmodernen Gesellschaft. Vortrag bei den 60. Lindauer Psychotherapiewochen am 18. April 2010. http://www.ipp-muenchen.de/texte/keupp_10_lindau-ringen_ppt.pdf (abgerufen am 28.12.2021).
Specht-Tomann, M. (2009). Biografiearbeit in der Gesundheits-, Kranken- und Altenpflege, Heidelberg: Springer.
Steidele, A. (2019). Poetik der Biographie. Berlin: Matthes & Seitz.
Tellington-Jones, L. (2014). Tellington Touch® für Pferde. Stuttgart: Kosmos Verlag.
Transkulturelle Biographiearbeit. Ein Handbuch (2012). (Hrsg.), ProjektpartnerInnen von »REALIZE – Transcultural Biography Work for Adult Education«– Ein Grundtvig Projekt. http://fbi.or.at/download/2012_TBA.pdf (abgerufen am 19.12.2021).
Tschechow, A. (1904/2013). Der Kirschgarten. UA 1904 in Moskau. Zit. nach Bühnenfassung Staatstheater Kassel, Spielzeit 2013/14.
Turner, D. C, Wohlfahrt, R., Beetz, A. (2018). Geschichte tiergestützter Interventionen. In A. Beetz, M. Riedel, R. Wohlfahrt (Hrsg.), Tiergestützte Interventionen. Handbuch für Aus- und Weiterbildung. München: Ernst Reinhardt.
Unterholzer, C. C. (2019). Es lohnt sich, einen Stift zu haben. Schreiben in der systemischen Therapie und Beratung. Heidelberg: Carl-Auer.
Urmoneit, I. (2015). Pferdegestützte systemische Pädagogik (2. Aufl.). München: Ernst Reinhardt.
Wais, M. (2010). Biografiearbeit Lebensberatung. Krisen und Entwicklungschancen des Erwachsenen. Stuttgart: Urachhaus.
Walter, T. (2017). Gerechtigkeit ist den Opfern geschuldet – oder: die Sprache der Liebe in vier Thesen und neun Bildern. In R. Stachowske (Hrsg.), Leben ist Begegnung. Systemische Therapie und Beratung (S. 120–129). Kröning: Asanger.
Weiher, E. (2009). Das Geheimnis des Lebens berühren – Spiritualität bei Krankheit, Sterben, Tod. Eine Grammatik für Helfende. Stuttgart: Kohlhammer.
Welsch, W. (1999). Transculturality – The Puzzling Form of Cultures Today. In M. Featherstone, S. Lash (Hrsg.), Spaces of Culture: City, Nation, World (S. 194–213). London: Sage, http://www.westreadseast.info/PDF/Readings/Welsch_Transculturality.pdf (abgerufen am 28.12.2021).
Welsch, W. (2005). Transkulturelle Gesellschaften. In P. U. Merz-Benz, G. Wagner (Hrsg.), Kultur in Zeiten der Globalisierung. Neue Aspekte einer soziologischen Kategorie (S. 39–68). Frankfurt a. M.: Humanities Online.
Werder, L. von (1993). Lehrbuch des kreativen Schreibens. Berlin u. Milow: Schibri-Verlag.
Wickel, H.-H. (2011). Biografiearbeit mit dementiell erkrankten Menschen. In C. Hölzle, I. Jansen (Hrsg.), Ressourcenorientierte Biografiearbeit (2. Aufl., S. 254–269). Wiesbaden: VS.
Winkler, N., Bellmann, A. (2013). Der Einfluss pferdegestützter Therapie auf psychische Parameter. Eine quantitative Zusammenfassung des Forschungsstands. Mensch & Pferd international, 5, 4–16. http://dx.doi.org/10.2378/mup2013.art01d (abgerufen am 28.12.2021).
Winnicott, D. W. (1971). Vom Spiel zur Kreativität. Stuttgart: Klett-Cotta.
Winslade, J., Monk, G. (2011). Narrative Mediation: Ein besonderer Konfliktlösungsansatz. Familiendynamik, 36 (3), 206–213.

Wittmann, G., Schorn, U., Land, R. (2013). Anna Halprin. Tanz Prozesse Gestalten. München: Kieser.
Wohlfahrt, R., Mutschler, B. (2020). Die Heilkraft der Tiere. Wie der Kontakt mit Tieren uns gesund macht. München: btb.
Wolf, C. (1974). Unter den Linden. 3 unwahrscheinliche Geschichten. Berlin u. Weimar: Aufbau/ Darmstadt: Luchterhand.
Yilmaz, B. (2021). Ehrensache: Kämpfen gegen Judenhass. Frankfurt a. M.: Suhrkamp.
Zivilgesellschaftliche Ausstiegsberatung in Nordrhein-Westfalen (o. J.). »… alleine hätte ich das nie geschafft!« https://nina-nrw.de/wp-content/uploads/2020/11/alleine-haette-ich-das-nie-geschafft-ES-WEB.pdf (abgerufen am 28.12.2021).